MatheNetz 5

Herausgegeben von

Jutta Cukrowicz, Hamburg
Joachim Theilenberg, Langenfeld
Prof. Dr. Bernd Zimmermann, Jena

Diese Ausgabe wurde bearbeitet von:

Heike Becker, Bielefeld
Stephanie Gabriel, Wuppertal
Margit Igelbüscher, Wuppertal
Michael Mohring, Wetter-Volmarstein
Christian Schirra, Düsseldorf
Dr. habil. Wolfgang Schwarz, Wenden

westermann

Autoren vorangegangener Ausgaben:

Jutta Cukrowicz, Mechthild Ebenhöh, Heinz Kalenberg, Peter Stender, Joachim Theilenberg,

Stephanie Wichtmann

Druck A 5 4 3 2 1 / Jahr 2009 08 07 06 05
Alle Drucke der Serie A sind im Unterricht parallel verwendbar.

Lektorat: Nicole Sacha
Typografie und Lay-out: Eilert Focken, Jürgen Brohm
Herstellung: Reinhard Hörner, Dirk Walter-von Lüderitz

Umschlaggestaltung: Idee Design, Edgar Rüttger, Langlingen
Satz: O & S Satz GmbH, Hildesheim
Repro, Druck und Bindung: westermann druck GmbH, Braunschweig

ISBN 3-14-**12 3915**-0

Erklärung der Bildsymbole

Aufgabe, die in Partnerarbeit bearbeitet werden soll

Aufgabe, die in Gruppenarbeit bearbeitet werden soll

Etwas schwierigere Aufgabe

Rechercheaufgabe

Aufgabe zur Kopfgeometrie

Aufgabe mit historischen Bezügen

L 1 Aufgabe, deren Lösung hinten im Buch angegeben ist

Wiederholungsaufgabe

MatheNetz ist ein Buch zum TUN und MACHEN – es lädt ein zum Entdecken, Probieren, Spielen und Staunen.

Einstiege

E1 Die **Kapitel** teilen sich in thematisch abgeschlossene **Unterkapitel.** Mit einem der **Einstiege** in ein Unterkapitel kann man sich das Thema **allein, zu zweit** oder auch **in der Gruppe selbstständig erarbeiten.** Anschließend kann über die verschiedenen Zugänge zum gleichen Thema diskutiert werden.

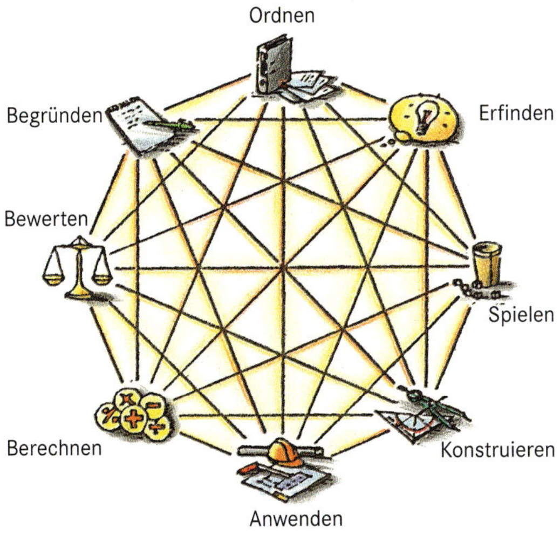

Die Ecken des Achtecks sind alle miteinander verbunden. Dadurch entsteht ein Netz.
Es weist auf die vielen wichtigen und interessanten Querverbindungen innerhalb der Mathematik und zwischen Mathematik und Umwelt hin.
Wie vieler solcher Verbindungslinien gibt es in einem Achteck?
Kann man sie mit System zählen?
Gibt es eine Formel, mit der man die Anzahl ausrechnen kann?
Wie ist das bei anderen Eckenanzahlen?
Wie zeichnet man ein Achteck, das so schön regelmäßig ist?

Antworten auf derartige Fragen findet man auf vielerlei Wegen. Wichtig ist sich die **Lösungsstrategien** zu merken, denn sie können bei der Lösung anderer Probleme hilfreich sein.

Grundwissen

Im **Grundwissen** eines Unterkapitels sind wichtige Ergebnisse aufgeschrieben und nützliche Verfahren an Beispielen erklärt. Dabei werden auch Bezeichnungen eingeführt, die man in der Mathematik braucht.

„tetra" bedeutet vier

Am Rand gibt es gelegentlich zusätzliche Informationen oder Merkhilfen.

Übungen

Die zahlreichen nachfolgenden **Übungen** sorgen für das notwendige **Training** und die **Anwendung** des Gelernten. Sie regen auch an zu Partner- und Gruppenarbeit, zum Schreiben von Geschichten, zum **Erklären, Begründen** und **Vergleichen.**
Zu manchen Übungen finden sich die **Lösungen** in verschlüsselter Form auf derselben Seite.

Ausstiege

A1 Mit den **Ausstiegen** gibt es weitere Angebote für alle, die das Thema besonders interessiert und die noch mehr Entdeckungen machen wollen. Hierzu gehören auch Begebenheiten aus der Geschichte der Mathematik oder literarische Bearbeitungen von mathematischen Inhalten.

Am Ende eines Kapitels werden in der **Zusammenfassung** noch einmal die wichtigsten Inhalte des Kapitels aufgeführt.

Den Abschluss eines jeden Kapitels bildet das **Projekt.** Die Projekte gehen inhaltlich über das Kapitelthema hinaus und vernetzen dessen Inhalte innerhalb der Mathematik oder auch mit der Lebensumwelt. Manche können auch von Kapitelbeginn an die Arbeit begleiten oder zu anderen Zeiten im Schuljahr durchgeführt werden.

MatheNetz bietet viele Möglichkeiten zu **üben** und sich selbst zu **kontrollieren:**
In den **vermischten Übungen** am Ende jedes Kapitels werden Aufgaben zu verschiedenen Themen gestellt und Inhalte verschiedener Kapitel miteinander vernetzt. Einige diese Übungen sind mit einem **L** gekennzeichnet. Für diese finden sich Lösungen am Buchende.
Dort gibt es auch zu jedem Kapitel zwei **Tests,** deren Lösungen ebenfalls einige Seiten später stehen.
Mit der **Mathe-Box** (siehe unten) kann man einzeln oder zu mehreren zu Hause oder in der Schule üben und wiederholen.
Schließlich finden sich auf vielen Buchseiten unten **Wiederholungsaufgaben** zu früher behandelten Themen.

Das **MatheNetz**-Team hofft, dass die Arbeit mit MatheNetz allen, Schülerinnen und Schülern ebenso wie Lehrerinnen und Lehrern, Spaß macht und dass dabei Verständnis für mathematische Zusammenhänge entsteht.

Die Mathe-Box

Das Zeichen am Rand weist darauf hin, dass man hier die Mathe-Box füllen kann – so entsteht im Laufe der Zeit eine Sammlung von Aufgaben mit Lösungen. Jeder kann sich seine eigene Mathe-Box basteln, vielleicht wollt ihr aber auch eine für die ganze Klasse haben.

Bei einer Mathe-Box-Aufgabe schreibt jedes Gruppenmitglied auf eine Seite einer Karteikarte eine Aufgabe und auf die andere Seite die Lösung, manchmal ist das auch vertauschbar.
Alle Aufgabenkarten werden in der Box gesammelt. Anschließend zieht jeder eine Karte, löst die Aufgabe und kontrolliert die Lösung mithilfe der Rückseite der Karte. Wenn die Ergebnisse übereinstimmen, wird die Karte zurückgelegt und eine neue bearbeitet. Andernfalls sucht man gemeinsam den Fehler und verbessert ihn.

Als Box könnt ihr eine Papp- oder Kunststoffkiste nehmen, möglichst mit Deckel. Innen solltet ihr sie unterteilen: ein Teil passend für Karteikarten, der andere Teil bietet Platz für Materialien, Spielsteine, ...

Wenn du die Box allein benutzt, kannst du den Kartenteil in drei Fächer unterteilen:
1 – Alles, was du nicht kannst
2 – Wiederholung in zwei Wochen
3 – Wiederholung in drei Monaten

Auf die Karteikarten könnt ihr oben das Kapitel und das Thema schreiben und den Autor der Karte. Ihr könnt auch für verschiedene Kapitel unterschiedliche Farben verwenden.

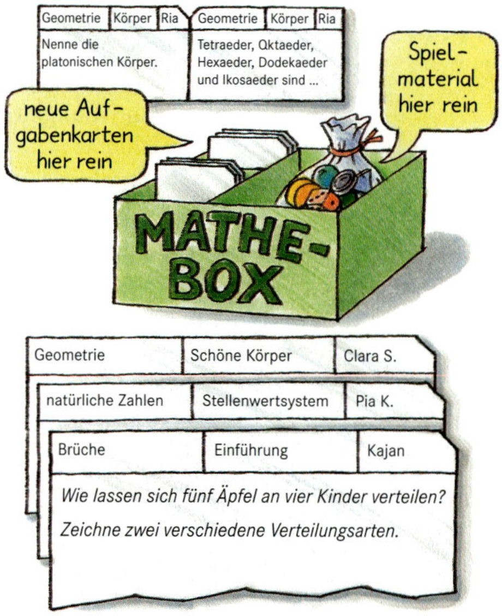

1.1 Musterhaft – Regelmäßige Vielecke

Einstiege

E1 a) Beschreibt die Plättchen möglichst genau. Fertigt mithilfe der Vorlagen hinten im Buch möglichst viele der Plättchen an.

b) Aus den Teilen lassen sich schöne Muster legen.
Welche Eigenschaft der Plättchen fällt euch an den Beispielen auf?
Legt selbst neue Muster und zeichnet sie in eure Hefte.

c) Einige Muster sind lückenlos in alle Richtungen erweiterbar.
Findet unter den Beispielen solche Muster und setzt sie fort.
Geht das auch bei euren eigenen Mustern?
Sucht nach geeigneten Beispielen.

d) Neugierig geworden? Erkundet solche lückenlosen Endlosmuster genauer.
Sucht nach Mustern aus möglichst *vielen* und aus möglichst *wenigen* Plättchenarten.
Gibt es Muster, in denen alle fünf Arten verwendet werden?
Gibt es Muster aus einer einzigen Art?
Berichtet in der Klasse über eure Ergebnisse.

E2 a) Hinten im Buch findet ihr eine Vorlage für fünf verschiedene regelmäßige Vielecke.
Kopiert sie und stellt euch Pappschablonen her. Zeichnet Vielecke und schneidet sie aus.
Versucht jetzt möglichst viele Teile der gleichen Sorte auf einem Blatt unterzubringen.
Besprecht euch innerhalb der Gruppe.
Schafft ihr auch Lösungen ohne Zwischenräume zwischen den Teilen?
Macht anschließend dasselbe mit den anderen Vielecken. Teilt die Arbeit unter euch auf.

b) Vergleicht die Lösungen der verschiedenen Gruppen miteinander.
Welches ist die beste Dreieck-Lösung? Wer hat die beste Fünfeck-Lösung?
Kopiert die jeweils besten Lösungen für alle. Klebt sie auf Pappe und schneidet die Vielecke aus. Hebt sie für später gut auf.

c) Beschreibt die Vielecke: Was haben sie gemeinsam, was unterscheidet sie?
Legt aus den Vielecken Muster, die aus mehreren (aus zwei; aus möglichst vielen) Plättchensorten bestehen.
Übertragt die Muster, die euch gut gefallen, in eure Hefte.
Gibt es lückenlose Muster? Gibt es solche, die sich in alle Richtungen fortsetzen lassen?

Materialliste!!!
Kopiervorlage (hinten im Buch)
farbige Pappe
Schere
Stecknadeln
Lineal

Grundwissen

Vieleck

1 Bei Dreiecken, Vierecken und Fünfecken sind alle Seiten geradlinig. Allgemein nennt man eine solche Figur mit nur geraden Seiten ein **Vieleck.**
Man benennt Vielecke nach der Anzahl ihrer Ecken.

regelmäßiges Vieleck

2 Hat ein Vieleck lauter gleich lange Seiten, heißt es **gleichseitig.** Sind zusätzlich auch noch alle Ecken gleich geformt, spricht man von **regelmäßigen Vielecken.** Einige Beispiele sind hier abgebildet. Das gleichseitige Dreieck ist auch regelmäßig; das regelmäßige Viereck ist das Quadrat.

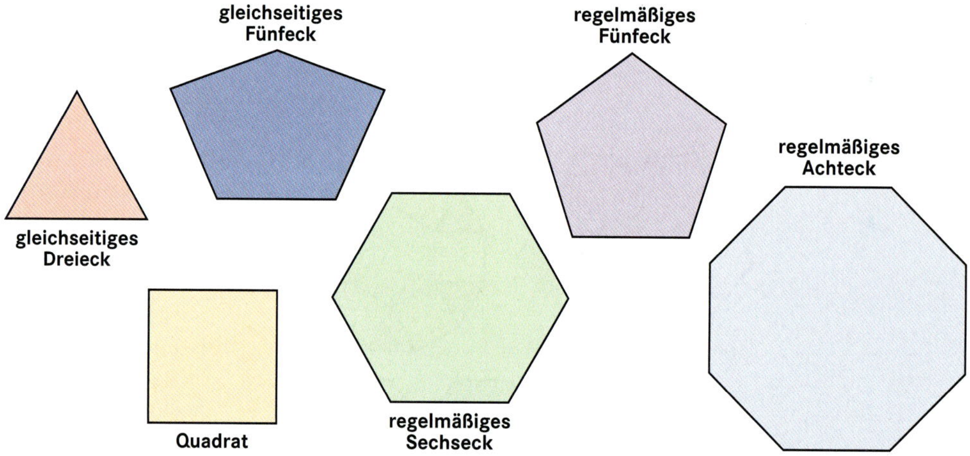

3 Aus gleichseitigen Dreiecken, Quadraten und regelmäßigen Sechsecken kann man lückenlose ebene Muster **(Parkette)** legen.

Aus regelmäßigen Fünf- und Achtecken lassen sich keine lückenlosen ebenen Muster legen.

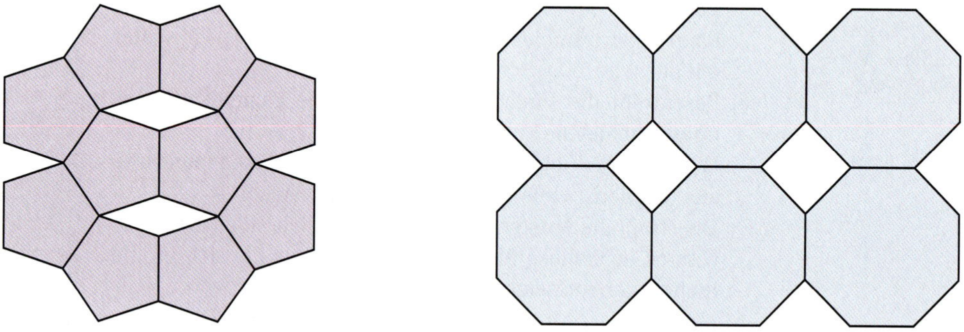

Übungen

1 Erfinde ein Muster mit
a) gleichseitigen Dreiecken und Quadraten;
b) gleichseitigen Dreiecken und regelmäßigen Sechsecken;
c) Quadraten und regelmäßigen Achtecken;
d) gleichseitigen Dreiecken, Quadraten und regelmäßigen Sechsecken.

2 Übertrage das Muster in dein Heft und setze es fort. Stelle dir geeignete Schablonen her.

a)

b)

c)
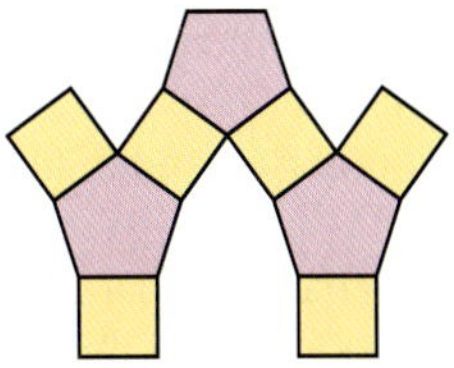

d)
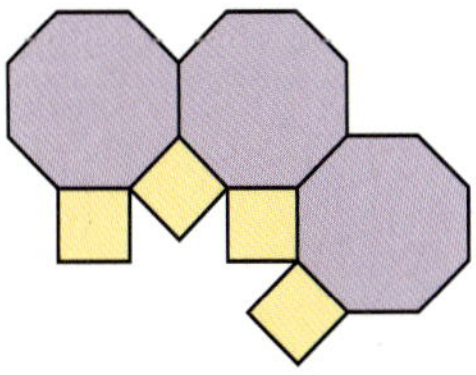

3 Übertrage das Muster in dein Heft und setze es lückenlos fort.

a)
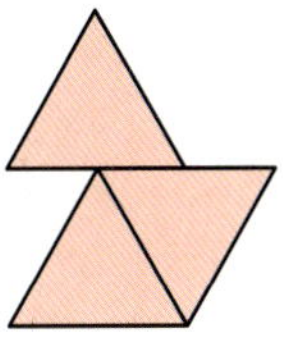

b)
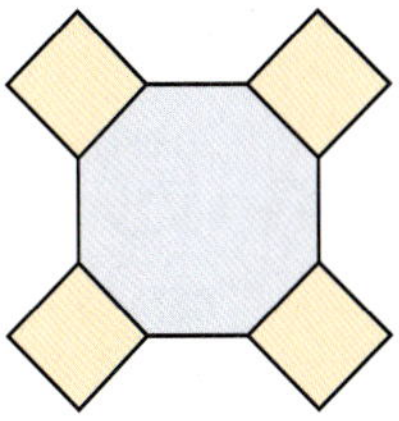

c)
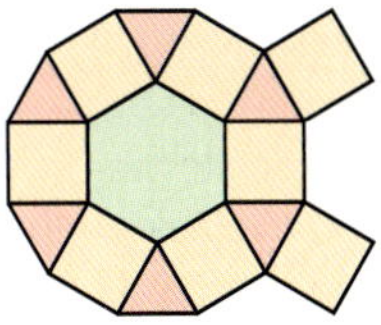

d)
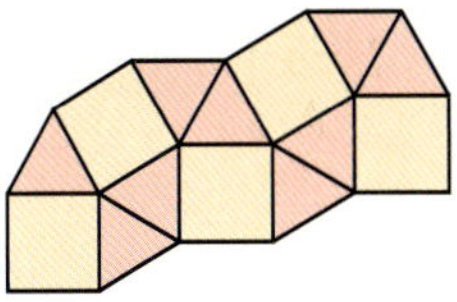

4 Zeichne je ein gleichseitiges, aber nicht regelmäßiges Viereck, Fünfeck und Sechseck.
Gibt es mehrere Lösungen?
Kannst du auch ein nicht regelmäßiges gleichseitiges Dreieck zeichnen?
Begründe deine Antwort.

5 Das abgebildete Puzzleteil ist aus regelmäßigen Vielecken gebaut.
Bilde aus ihm lückenlose Muster.

a)
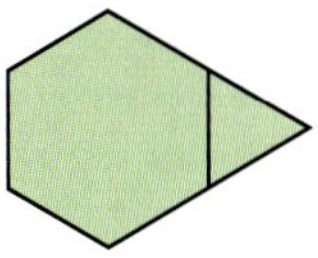

b)

c)
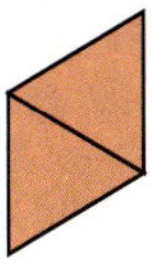

d)
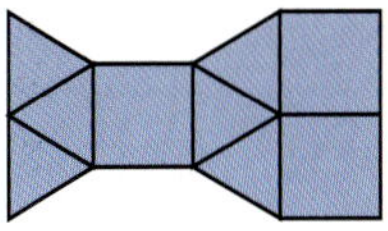

6 Untersuche deine Umgebung. Wo findest du regelmäßige Vielecke?

7 Lege die Figur mithilfe von regelmäßigen Vielecken nach.

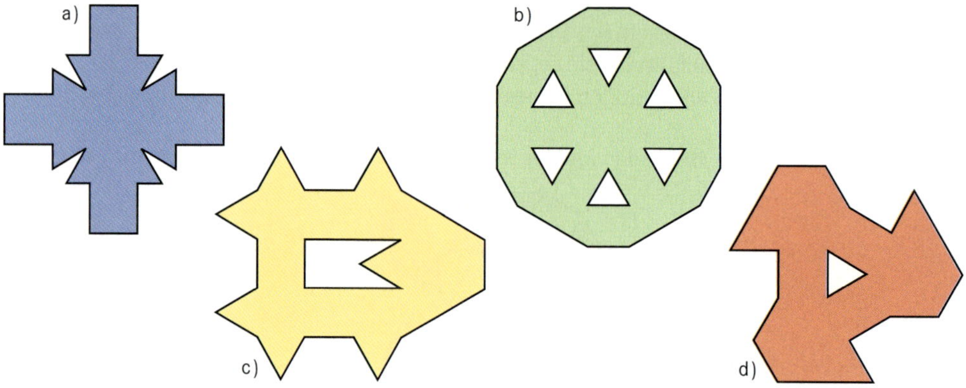

8 a) Zeichne zwei regelmäßige Sechsecke in dein Heft. Verbinde in dem einen mit dem Lineal jeden Eckpunkt mit seinem übernächsten Nachbarn. Verbinde in dem zweiten mit dem Lineal jeden Eckpunkt mit dem gegenüberliegenden Eckpunkt.
Was für Figuren entstehen jeweils?

b) Zeichne umgekehrt mithilfe eines gleichseitigen Dreiecks ein regelmäßiges Sechseck. Schau dir dazu deine Zeichnung aus a) an. Kannst du entsprechend ein regelmäßiges Sechseck benutzen um damit ein regelmäßiges Zwölfeck zu zeichnen?

c) Mit welcher Schablone kannst du ein regelmäßiges Sechzehneck konstruieren, mit welcher ein regelmäßiges Zehneck?

Ausstiege

A1 Neben regelmäßigen Vielecken sind auch Sterne schön. Es sind ebenfalls Vielecke, teilweise sogar gleichseitige. Allerdings ist jede zweite Ecke nach innen gestülpt.

a) Zeichne verschiedene gleichseitige fünfzackige Sterne. Versuche auch besonders gleichmäßige zu finden.

b) Finde verschiedene Formen sechszackiger Sterne.

c) Wie kann man aus einem regelmäßigen Vieleck einen Stern machen?

A2

In der Kunst werden oft Vielecke und unendliche Muster verwendet. Links siehst du einen Ausschnitt aus einem Wandmosaik des Thronsaales der Alhambra in der spanischen Stadt Granada.
Suche in der Bücherei oder zu Hause nach weiteren Beispielen.

A3 Regelmäßige Vielecke haben manchmal magische Bedeutung. Suche nach Informationen, z. B. über Pentagramme oder den Drudenfuß.

1.2 Wie im alten Griechenland – Platonische und archimedische Körper

Einstiege

Materialliste!!!
Tonkarton
gleichlange Stäbe
(z.B. Zahnstocher, Schaschlikspieße)
Schere
Klebstoff

E1

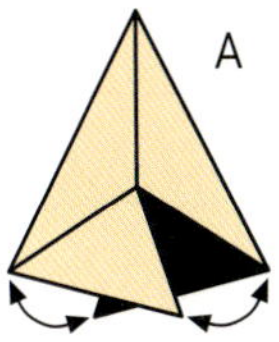

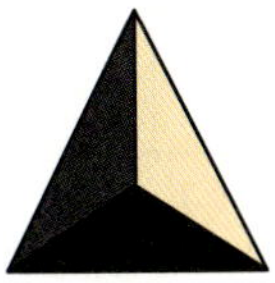

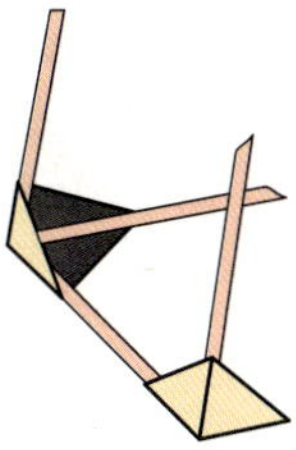

Am Buchende findet ihr Vorlagen A, B, C, D und E für Körperecken. Wählt euch eine aus und stellt davon viele her. Faltet und klebt aus ihnen Eckentaschen. Verbindet die Eckentaschen mit den gleichlangen Stäben, sodass ein geschlossener Körper entsteht.

a) Beschreibt den Körper möglichst genau. Zeichnet mithilfe der Vieleckschablonen am Buchende einen Bastelbogen, aus dem man durch Zusammenklappen den Körper herstellen kann.

b) Stellt euch mithilfe der Vieleckschablonen von jeder Sorte genügend viele Vielecke her. Benutzt sie um Bastelbögen für Körper zu finden, deren Außenfläche aus verschiedenen Vielecksorten besteht.
Sucht nach Körpern, bei denen alle Ecken die gleiche Form haben. Mithilfe der Vielecke könnt ihr nun auch Eckentaschen für diese Körper herstellen und daraus den neuen Körper basteln.

c) Sammelt die Ergebnisse aller Gruppen in einer Tabelle.
Findet Zusammenhänge.

Körper	Flächenart	Kantenanzahl	Flächenanzahl	Eckenanzahl

E2

a) Beschreibt die Spielwürfel möglichst genau. Erkennt ihr Gemeinsamkeiten?

b) Nehmt ein Blatt Papier, legt einen der Würfel darauf und zeichnet mit einem Bleistift den Umriss der Bodenfläche nach. Kippt den Körper dann über eine Kante ohne ihn zu verrutschen.
Zeichnet den Umriss der neuen Bodenfläche nach. Rollt den Körper nacheinander auf alle Seitenflächen.
Betrachtet die entstandene Zeichnung. Was stellt sie dar und wozu kann man sie benutzen?

c) Macht dasselbe möglichst mit allen fünf Körpern. Beschreibt eure Zeichnungen.
Findet verschiedene Muster für dieselben Körper.

E3

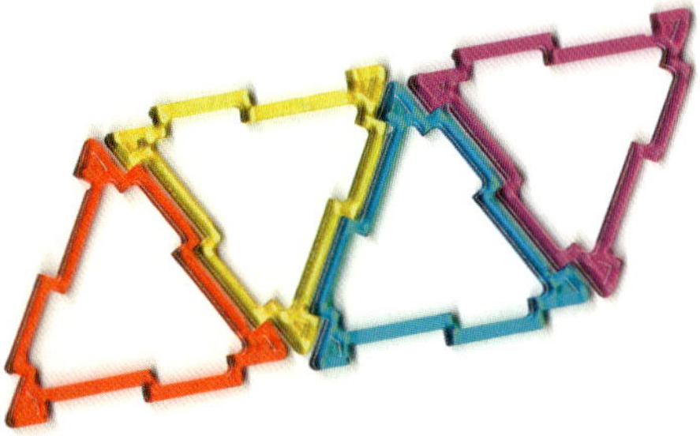

a) Faltet die abgebildete Figur zu einem geschlossenen Körper und beschreibt ihn. Schaut euch die Ecken des Körpers genauer an. Was fällt euch auf?

b) Sucht weitere Dreieckmuster, die sich zu geschlossenen Körpern zusammenfalten lassen. Übertragt geeignete Muster in eure Hefte. Baut die Körper aus den Dreiecken nach. Gibt es Körper, bei denen alle Ecken die gleiche Form haben?
Versucht dies auch mit den anderen Vielecksorten. Womit gelingt es?

c) Erstellt für alle Körper, die ihr in a) und b) gefunden habt, eine Tabelle wie in **E1**.

d) Bearbeitet die Aufgaben a) bis c) auch für Muster aus mehr als einer Vielecksorte.

Schablone zur Herstellung der Bauteile hinten im Buch!

Grundwissen

Körper
Seitenfläche
Kante
Ecke

1 **Körper** sind räumliche Gebilde.
Sie haben eine Außenfläche, die aus mehreren **Seitenflächen** bestehen kann. Wo zwei Seitenflächen aneinander grenzen, entsteht eine **Kante.**
Wo Kanten aufeinander treffen, entsteht eine **Ecke.**

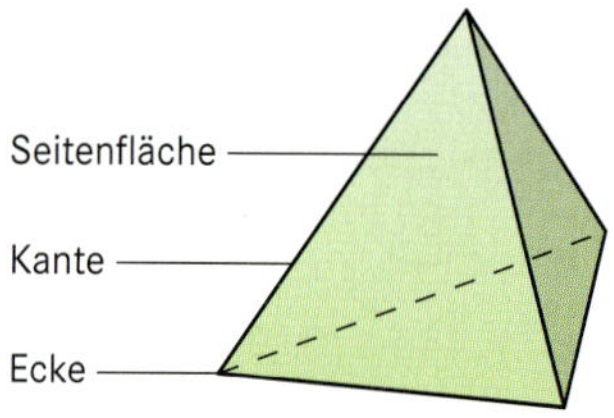

Netz eines Körpers

2 Ein ebenes Muster, das man zu einem Körper zusammenfalten kann, also einen Bauplan des Körpers, nennt man **Netz des Körpers.** Rechts sind ein Netz eines Körpers und eine Zeichnung des fertigen Körpers dargestellt. Ein Netz erhält man, indem man die Außenfläche des Körpers entlang passender Kanten aufklappt.

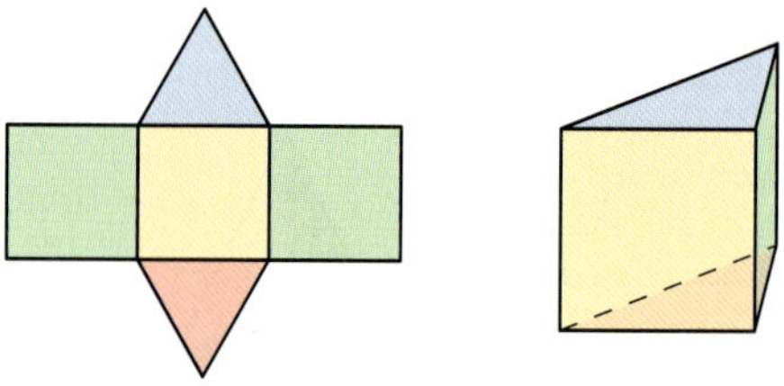

platonischer Körper

3 Besonders schön sind Körper, bei denen die Außenfläche nur aus gleichen regelmäßigen Vielecken besteht und alle Ecken gleich geformt sind.
Sie heißen **platonische Körper** nach dem griechischen Philosophen PLATON (427–348 v. Chr.). Es gibt nur fünf platonische Körper.

Tetraeder

„tetra" ist griechisch und bedeutet „vier".

Tetraeder

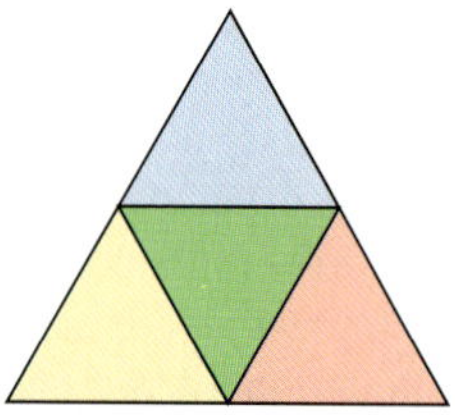

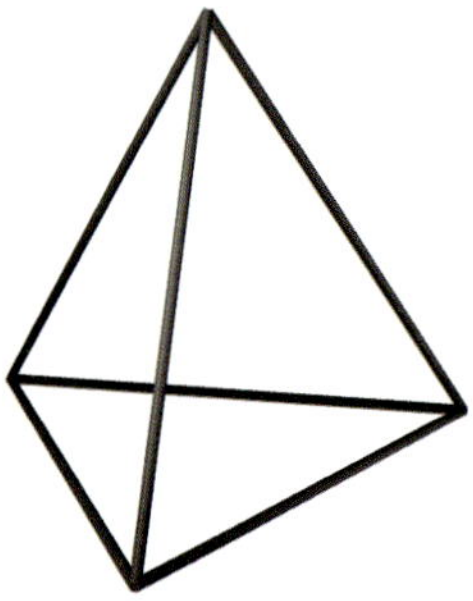

Alle vier Seitenflächen eines Tetraeders sind gleichseitige Dreiecke.
An jeder Ecke stoßen drei Dreiecke aneinander.

Würfel

„hexa" (griech.) bedeutet „sechs".

Würfel oder **Hexaeder**

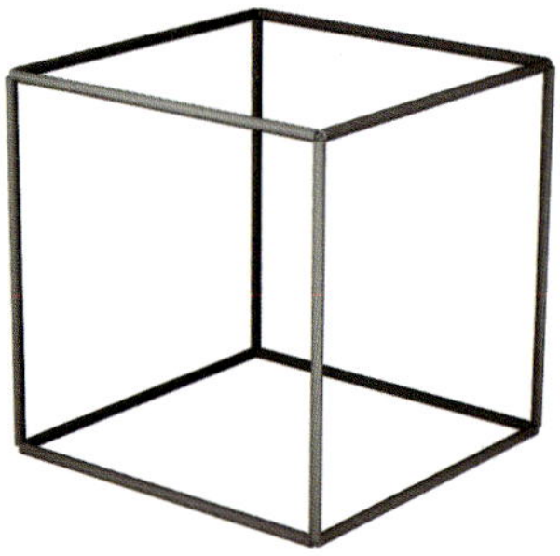

Alle sechs Seitenflächen eines Würfels sind Quadrate.
An jeder Ecke stoßen drei Quadrate aneinander.

Oktaeder

„okto" (griech.) bedeutet „acht".

Oktaeder

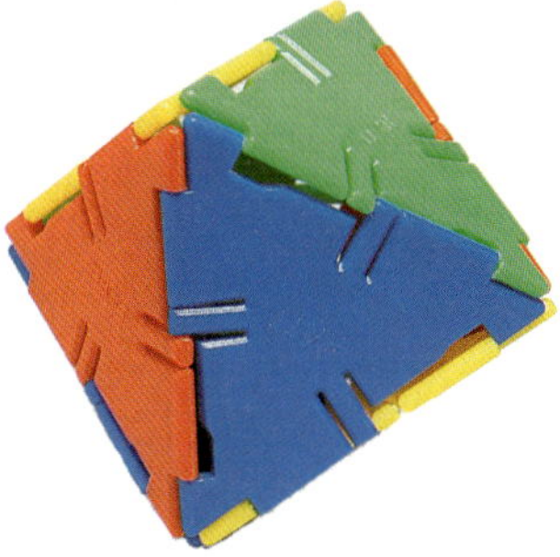

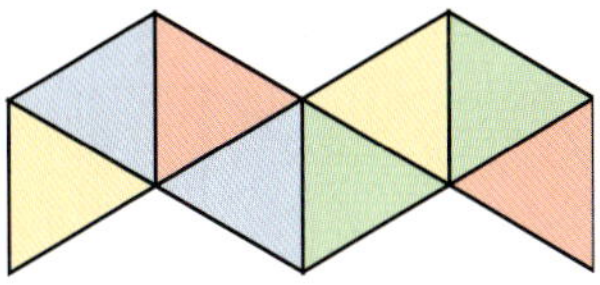

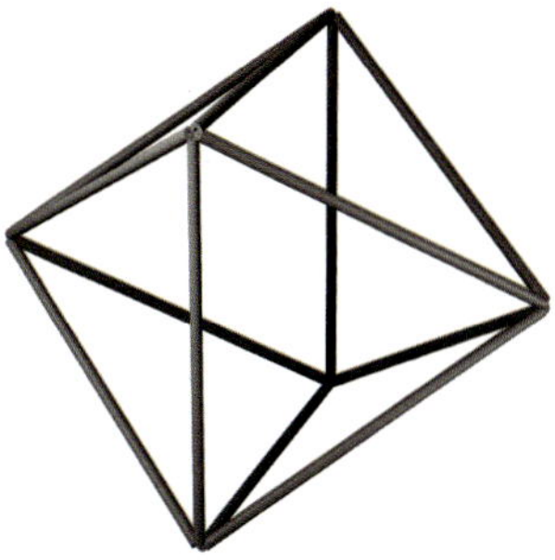

Alle acht Seitenflächen eines Oktaeders sind gleichseitige Dreiecke.
An jeder Ecke stoßen vier Dreiecke aneinander.

Dodekaeder

„dodeka" (griech.) bedeutet „zwölf".

Dodekaeder

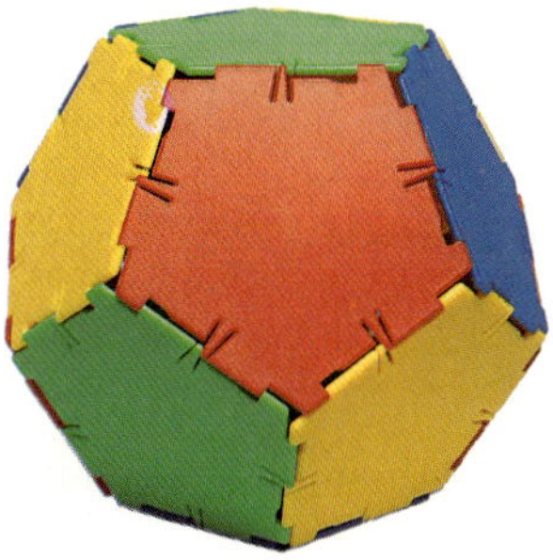

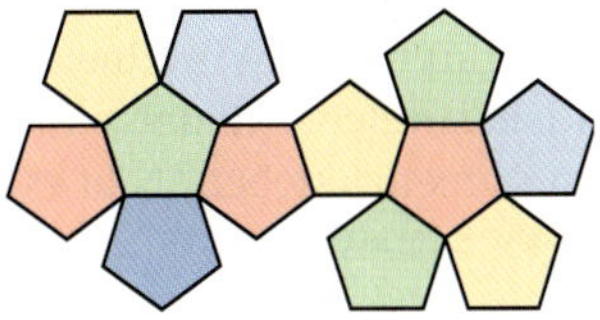

Alle zwölf Seitenflächen eines Dodekaeders sind regelmäßige Fünfecke.
An jeder Ecke stoßen drei Fünfecke aneinander.

Ikosaeder

„eikosi" (griech.) bedeutet „zwanzig".

Ikosaeder

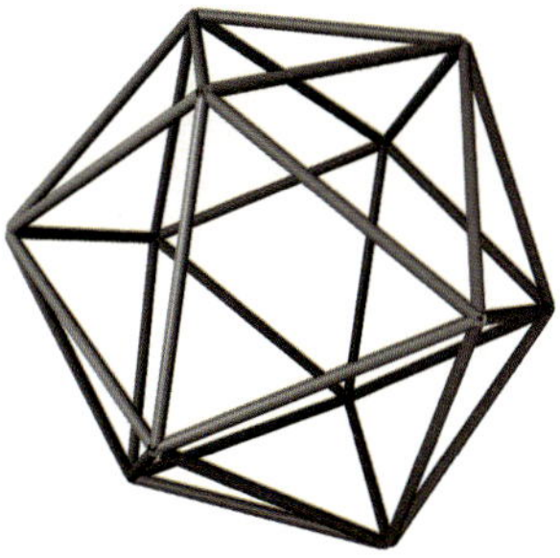

Alle zwanzig Seitenflächen eines Ikosaeders sind gleichseitige Dreiecke.
An jeder Ecke stoßen fünf Dreiecke aneinander.

4 Auch wenn die Außenflächen eines Körpers aus verschiedenen regelmäßigen Vielecken bestehen, können alle Ecken gleich geformt sein.
In allen Ecken stoßen die Flächen dann auf die gleiche Art aneinander.

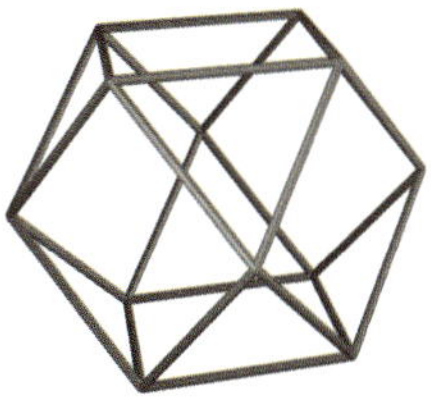

archimedischer Körper

Solche Körper heißen **archimedische Körper** nach dem griechischen Mathematiker und Physiker ARCHIMEDES (285–212 v. Chr.).

Übungen

1 Übertrage das Netz auf ein Blatt.
Markiere die Eckpunkte der Flächen, die in einer Körperecke zusammenstoßen, mit derselben Farbe. Wie viele Ecken hat der Körper? Wie viele Kanten?
Schneide das Netz aus und falte den Körper zusammen. Sind alle Ecken gleich geformt?

a)

b)

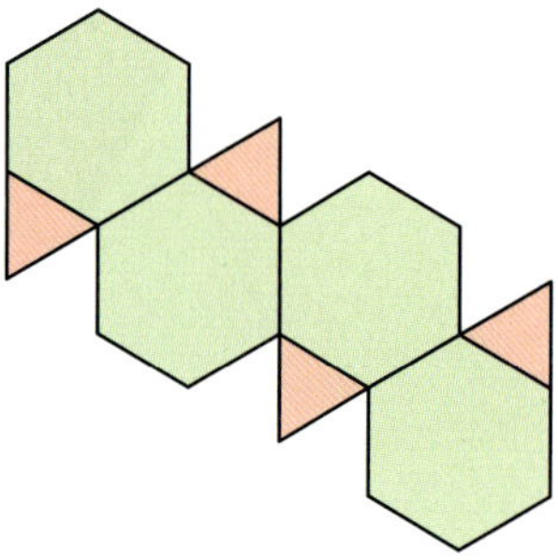

2 a) Schneidet aus Kästchenpapier Figuren aus, die aus sechs Kästchen bestehen. Wie viele verschiedene Figuren findet ihr?
b) Welche der Figuren sind Würfelnetze?
c) Wie viele Klebestreifen benötigt man um alle Kanten des Würfels zusammenzukleben? Gibt es ein Netz mit möglichst wenigen Klebestreifen?

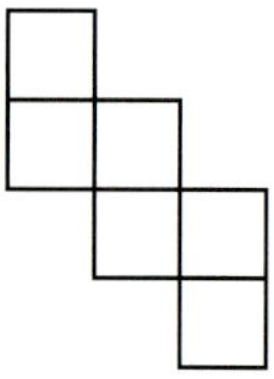

3 Aus welchen ebenen Vielecken besteht das Netz? Bestimme die Anzahl der Flächen, der Ecken und der Kanten des Körpers. Beschreibe den Körper.
Falls du Lust hast, kannst du anschließend den Bauplan auf ein Blatt übertragen, den Körper basteln und deine Antwort überprüfen. An den gebastelten Körpern kannst du auch untersuchen, ob es sich um archimedische Körper handelt.

a)

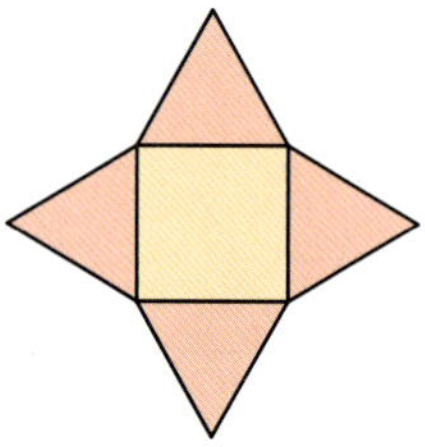

b)

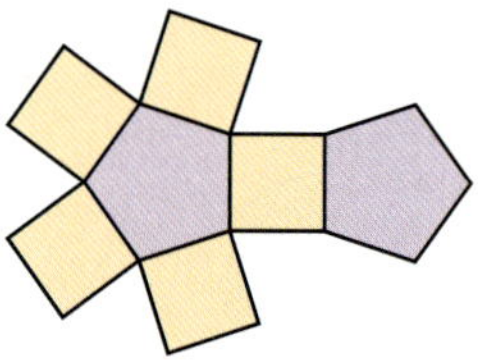

c)

4 Erfinde Körpernetze mit
a) regelmäßigen Fünfecken und Quadraten;
b) gleichseitigen Dreiecken und regelmäßigen Sechsecken;
c) Quadraten und regelmäßigen Achtecken.

5 Informiere dich im Lexikon, in der Bücherei oder im Internet über Platon und Archimedes. Schreibe einen kurzen Aufsatz über einen von beiden.

6 Für die Griechen hatte jeder platonische Körper eine besondere Bedeutung. Finde heraus welche und stelle ein Plakat dazu her.

Eine alte Taschenuhr geht in jeder Stunde 20 Sekunden nach.
Wie viel verliert die Uhr an einem Tag (24 Stunden)?

Ausstiege

A1 Hier siehst du ein Beispiel dafür, dass sich auch bekannte Künstler mit den platonischen Körpern beschäftigt haben.

a) Beschreibe das Bild.

b) Informiere dich über M. C. ESCHER, der sich besonders oft mit geometrischen Problemen beschäftigt hat.
Schreibe eine kurze Zusammenfassung deiner gesammelten Informationen oder erstelle ein Info-Plakat.

c) Suche nach weiteren Beispielen.

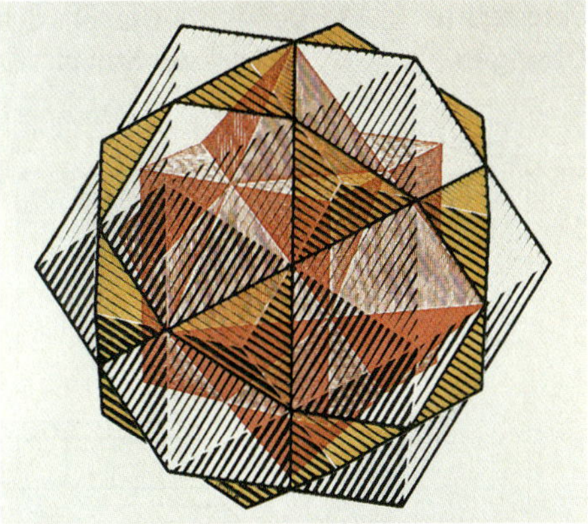

M. C. Escher: Stereometrische Figur (1961)

A2

a) Der Stern auf dem Bild ist aus einem Dodekaeder entstanden.
Findet heraus, wie.

b) Zeichnet ein Netz für eine Sternspitze des Dodekaeder-Sternes.
Was könnt ihr verändern, wenn ihr die Sternspitzen unterschiedlich lang herstellen wollt?

c) Bastelt einen solchen Stern.

d) Um eure Sammlung mathematischer Modelle zu vervollständigen, könnt ihr auch Sterne der übrigen platonischen Körper herstellen.

A3 a) Beschreibe das rechte Bild.
Wie könnte ESCHER den Kristall gezeichnet haben?
Welcher Grundkörper versteckt sich im Inneren?
Tipp: Denke dir alle Spitzen weg.

b) Unten siehst du Kandiskristalle.
Suche nach weiteren Beispielen für ähnliche Kristalle.

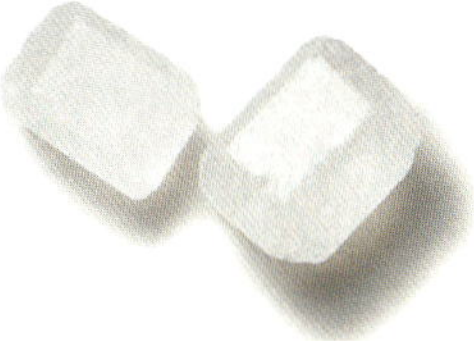

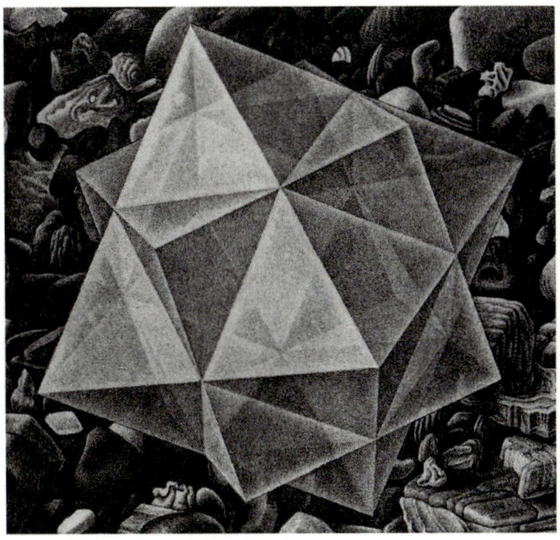

M. C. Escher: Kristall (1947)

A4 a) Wählt einen der platonischen Körper aus und stellt ihn aus einem schneidbaren Material her (Knetgummi, Kartoffel, Marzipan, Salzteig, ...).
Schneidet mit einem Messer alle Ecken so ab, dass von allen Kanten einer Ecke gleich viel weggeschnitten wird. Beschreibt den so entstehenden Körper.
Schneidet auch die Ecken bis zur Mitte der zugehörigen Kanten weg.

b) Führt die gleiche Untersuchung auch an den anderen platonischen Körpern durch.

Vermischte Übungen

L1 Der Würfelstapel ist aus gleich großen Würfeln gebaut. Dabei gibt es keine unsichtbaren Löcher oder Stufen. Aus wie vielen Würfeln besteht der Stapel?

a)
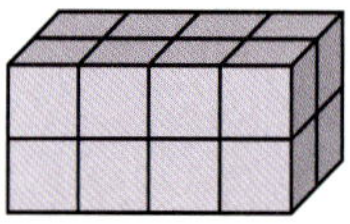
b)

c)

d)

e)

f)

L2 a) Wie viele gleichseitige Dreiecke kann man in der Ebene an einer Ecke zusammenlegen? Aus wie vielen gleichseitigen Dreiecken kann eine Ecke eines Körpers geformt werden?
b) Lege ein ebenes Muster aus regelmäßigen Sechsecken und gleichseitigen Dreiecken. Wie viele Dreiecke benötigst du dabei? Zeichne Beispiele. Kann man aus den Sechsecken und Dreiecken auch einen schönen Körper bauen?
c) Lege aus regelmäßigen Achtecken und Quadraten ein ebenes Muster. Welche Art regelmäßiges Vieleck benötigt man zusätzlich zu Achtecken um einen schönen Körper zu bauen?

L3 Der Körper, den du hier von der Seite und von vorne siehst, besteht nur aus gleich großen Würfeln. Wie viele sind es mindestens? Wie viele sind es höchstens? Zeichne den Körper von oben.

a)
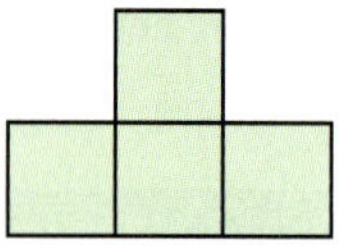
Vorderansicht
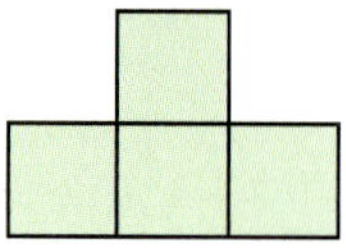
Seitenansicht

b)
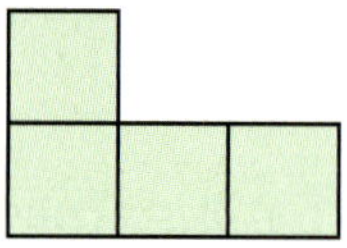
Vorderansicht
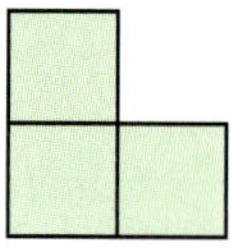
Seitenansicht

Materialliste!!!
große Kartoffel
Messer
Küchenreibe

4 Schneide aus einer großen Kartoffel möglichst genau einen Würfel. Halte ihn so, dass er auf einer Ecke steht und die gegenüberliegende Ecke genau darüber ist.
Reibe ihn in dieser Stellung über eine Küchenreibe. Was für eine Figur entsteht an der abgeriebenen Ecke? Reibe an allen Ecken gleich viel weg. Was für ein Körper entsteht?
Reibe so viel weg, dass wieder alle Seitenflächen regelmäßige Vielecke sind. Versuche so einen archimedischen Körper aus dem Würfel zu reiben.
Notiere alle deine Beobachtungen. Erstelle ein Info-Plakat.

5 a) Setzt sich das Muster bei diesem Würfel auf allen Seitenflächen passend fort?
b) Überprüfe deine Vermutung, indem du das Netz abzeichnest und ausschneidest und zu einem Würfel zusammenklebst.
c) Entwirf selbst Würfelnetze mit Mustern, die sich passend fortsetzen. Prüfe wie in b).

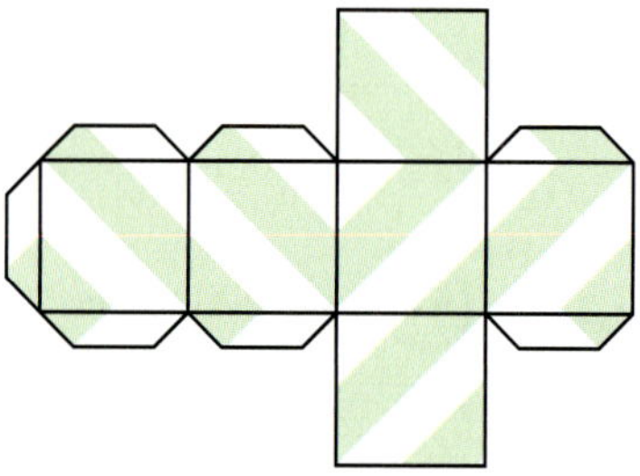

6 Versuche zu begründen, warum es nur fünf platonische Körper gibt.

7 a) Aus welchen Figuren besteht die Außenfläche und wie viele Flächen sind es jeweils? Wie viele Kanten und Ecken haben die Körper? Handelt es sich um archimedische Körper?

b) Bastele einen archimedischen Körper, dessen Außenfläche aus drei verschiedenartigen Seitenflächen besteht.

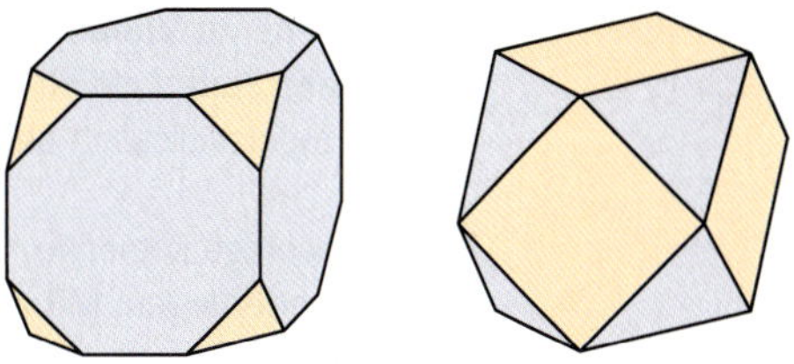

8 

a) Schau dir das Logo des Känguru-Wettbewerbs genauer an.
Welche besondere Eigenschaft hat das Bild auf dem Quadrat?

b) Beispiel für eine Känguru-Aufgabe:
Die rechte Abbildung zeigt das Netz eines Tetraeders. Irgend jemand hat zwischen die vier Zeichnungen des fertigen Tetraeders, die jeweils den Blick von oben auf eine der Ecken darstellen, eine falsche Zeichnung dazugelegt.
Welche ist das?

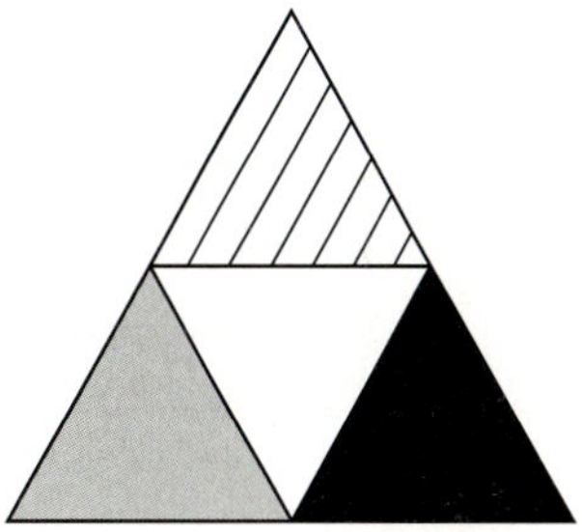

(A)	(B)	(C)	(D)	(E)
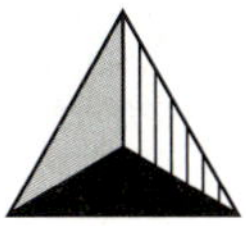	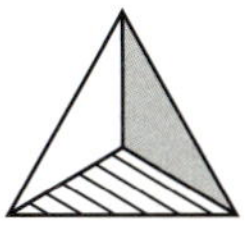	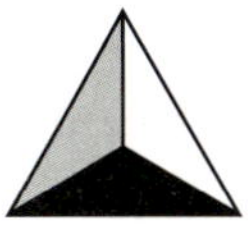		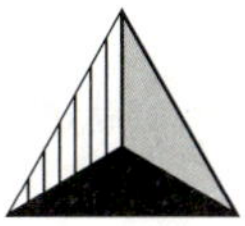

9 Der Körper ist durch Zusammenkleben von Würfeln entstanden. Dabei ist immer nur eine der beiden sich berührenden Flächen mit Klebstoff bestrichen worden.
Außerdem gibt es keine unsichtbaren Löcher oder Stufen.

a) Aus wie vielen Würfeln besteht dieser Körper?

b) Wie viele Seitenflächen wurden mit Kleber bestrichen?

c) Aus wie vielen Quadraten besteht die gesamte Außenfläche des Körpers?

d) Hannes erzählt: „Ich habe einen Körper aus 20 Würfeln gebastelt. Dafür habe ich 25 Seitenflächen mit Kleber bestrichen. Die Außenfläche meines Körpers besteht aus 68 Quadraten."
Lena erwidert: „Das kann nicht stimmen, bestimmt hast du dich verzählt."
Begründe, warum Lena Recht hat.

Zusammenfassung

1 Man benennt **Vielecke** nach der Anzahl ihrer Ecken.
Sind alle Seiten gleich lang, spricht man von einem **gleichseitigen** Vieleck.
Sind zusätzlich auch alle Ecken gleich geformt, ist es ein **regelmäßiges Vieleck.**

2 Gleichseitige Dreiecke, Quadrate und regelmäßige Sechsecke lassen sich in der Ebene lückenlos aneinander legen. Mit anderen regelmäßigen Vielecken gelingt dies nicht.

3 **Körper** sind räumliche Gebilde. Sie haben eine Außenfläche, die aus mehreren **Seitenflächen** bestehen kann. Zwei aneinander stoßende Seitenflächen bilden eine **Kante.** Wo Kanten aufeinander treffen, entsteht eine **Ecke.**

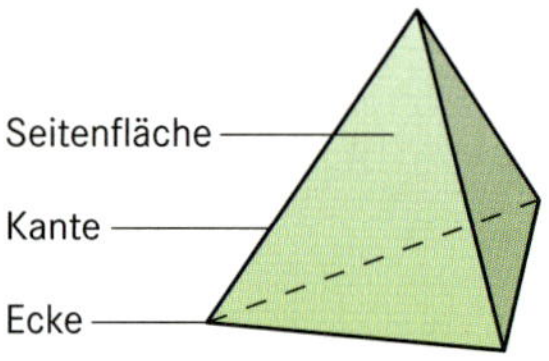

4 Das ebene Muster, das entsteht, wenn man die Außenhaut eines Körpers aufklappt, nennt man ein **Netz des Körpers.**
Rechts sind ein Körper und zwei seiner Netze abgebildet.

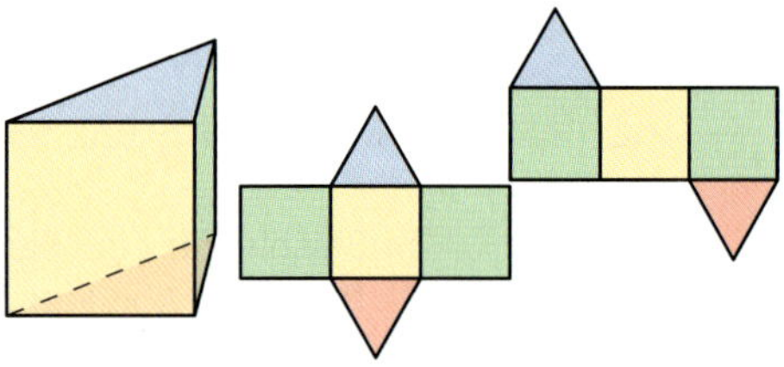

5 Die fünf **platonischen Körper** sind die einzigen Körper, deren Außenfläche nur aus gleichen regelmäßigen Vielecken besteht und deren Ecken alle gleich geformt sind:

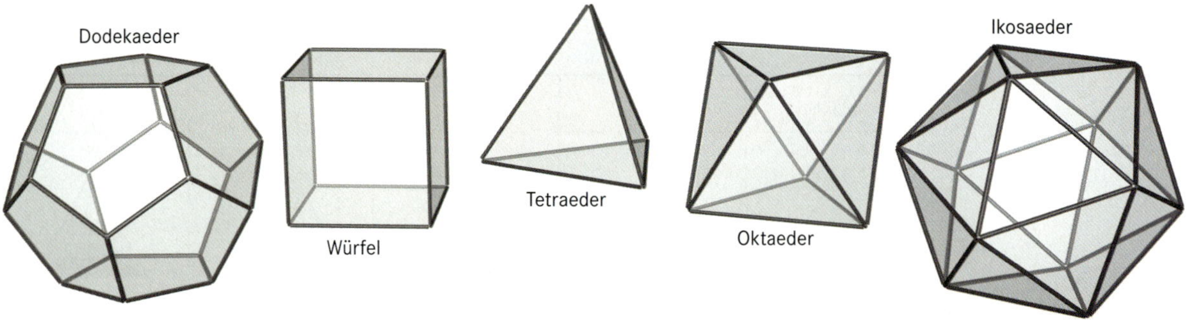

Das **Tetraeder** hat vier Ecken und sechs Kanten. Die vier Seitenflächen sind gleichseitige Dreiecke, von denen in jeder Ecke drei aneinander stoßen.
Der **Würfel** (Hexaeder) hat acht Ecken und zwölf Kanten. Die sechs Seitenflächen sind Quadrate, von denen in jeder Ecke drei aneinander stoßen.
Das **Oktaeder** hat sechs Ecken und zwölf Kanten. Die acht Seitenflächen sind gleichseitige Dreiecke, von denen in jeder Ecke vier aneinander stoßen.
Das **Dodekaeder** hat 20 Ecken und 30 Kanten. Die zwölf Seitenflächen sind regelmäßige Fünfecke, von denen in jeder Ecke drei aneinander stoßen.
Das **Ikosaeder** hat zwölf Ecken und 30 Kanten. Die 20 Seitenflächen sind gleichseitige Dreiecke, von denen in jeder Ecke fünf aneinander stoßen.

6 Die Außenfläche **archimedischer Körper** besteht aus verschiedenartigen regelmäßigen Vielecken. Diese stoßen aber in allen Ecken auf die gleiche Art aneinander.
Deshalb sind auch bei diesen Körpern alle Ecken gleich geformt.

1.5 Der Fußball

1 

Das Dodekaeder sieht einem Fußball schon recht ähnlich. Trotzdem ist ein Fußball viel komplizierter. Besorgt euch einen Leder-Fußball und entwickelt sein Körpernetz.

Untersucht: Ist der Fußball ein platonischer oder ein archimedischer Körper oder keines von beiden?

2 Stellt die Einzelteile aus Seidenpapier her. Denkt dabei an Kleberänder. Wie müssen die Einzelteile zusammengeklebt werden?
Klebt nun die Einzelteile aneinander. Wenn ihr fertig seid, könnt ihr den Ball vorsichtig aufblasen.
Die Arbeiter, die Fußbälle zusammennähen, haben kein Netz als Vorlage. Schreibt eine einfache Nähanleitung.

Materialliste!!!
- Seidenpapier
- Lineal
- Schere
- Klebstoff

3 Natürlich ist das Ausschneiden und Nähen von dickem Leder viel schwieriger als z. B. von Papier oder Stoff. Trotzdem wird diese Arbeit oft von Kindern verrichtet. Sie schaffen etwa drei Bälle pro Tag und der Lohn ist nur ein Bruchteil des Verkaufspreises.
Lest zur Information die folgenden Texte und diskutiert darüber. Informiert euch über die heutige Situation und über Meinungen zum Verbot von Kinderarbeit, zum Beispiel im Internet oder bei Organisationen wie *terre des hommes*. Überlegt euch auch die Folgen eines strikten Verbotes für die Kinder, ihre Familien und das Land.

Fußbälle von Kinderhand gefertigt
Genf: 80 Prozent der weltweiten Fußball-Jahresproduktion wird von pakistanischen Jungen gefertigt. Sie schneiden und nähen das Leder, das das Zeichen „UEFA – Euro 96 – England" trägt, unter erbärmlichen Bedingungen. Das erklärte gestern der Internationale Bund Freier Gewerkschaften (IBFG) in Genf. Allein in der pakistanischen Stadt Sialkot werden von meist Minderjährigen 36 Millionen Fußbälle im Jahr produziert.
Aus: Neue Westfälische vom 13. 6. 1996

Weltweiter Protestmarsch setzt Signal gegen Kinderarbeit
Zehntausende Kinder und Jugendliche aus aller Welt machen sich auf den weltweiten Marsch gegen Kinderarbeit ...
... Hervorgehoben wurde die Vereinbarung zwischen dem internationalen Gewerkschaftsbund und dem Weltfußballverband, wonach die FIFA keine Erzeugnisse zuläßt, verwendet oder vertreibt, die von Kindern produziert sind.
Aus: Frankfurter Rundschau vom 17. 1. 1998

4 Schreibt die Geschichte des Fußballspiels. Besorgt euch dazu Informationen über die Entstehung des Spieles, wo es herkommt, seine Regeln, ...

5 Erstellt eine Plakatwand oder eine Ausstellung mit euren Ergebnissen.

2.1 Von anno dazumal bis heute – Zahlen und Zahlzeichen

Einstiege **E1**

Tontafel mit Keilschrift (Babylonier)

quipus (Inka)

Schon vor Tausenden von Jahren haben die Menschen ihre Herden und andere Besitztümer gezählt. Weil sie die Anzahlen behalten wollten, haben sie Zahlzeichen zum Aufschreiben von Zahlen erfunden.

Ihr könnt jetzt mehr über die Zahlschreibweisen verschiedener Völker erfahren.

Dazu sucht sich jede Gruppe ein Volk aus und sammelt möglichst viele Informationen über dessen Zahlschreibweise. So wird die Gruppe zur Expertengruppe für „ihr" Volk und am Ende können die Gruppenmitglieder den anderen von ihren Ergebnissen berichten.

1. Wann und wo lebte „euer" Volk? Was könnt ihr noch darüber herausfinden?
2. Schreibt auf, welche Zahlzeichen sie benutzten und wie sie daraus die Zahlen zusammensetzten.
3. Schreibt die Zahlen von 1 bis 25 in ihrer Zahlschreibweise auf.
4. Übersetzt die Zahlen 38; 84; 550; 1111 und 6000 in ihre Zahlschreibweise.
5. Gebt die kleinste und die größte Zahl an, die man mit drei bzw. mit vier Zahlzeichen darstellen kann.
6. Löst folgende Rechenaufgaben in ihrer Zahlschreibweise:
   40 + 5   59 + 17 + 29 − 14   32 + 14 + 44 + 96
7. Gebt eure Geburtsjahre, euer Alter, eure Hausnummern, das Jahr 1999 und das heutige Datum in ihrer Zahlschreibweise an.
8. Was funktioniert besonders gut in der Zahlschreibweise eures Volkes? Wobei sind euch Probleme aufgefallen?

Material zur Zahlschreibweise einiger Völker

Die **Ägypter** benutzten bei ihren Hieroglyphen einen Strich, ein Hufeisen, ein eingerolltes Tau, eine Lotosblüte mit Stiel und einen an der Spitze abgeknickten Finger. Mit diesen Bildern konnten sie dann auch größere Zahlen schreiben.

1 10 100 1000 10 000

1000 + 400 + 30 + 7
= 1437

20000 + 3000 + 500 + 80 + 1
= 23581

Die **Babylonier** benutzten zwei Zahlzeichen: Ein „Nagel“ oder „Keil“ 𒁹 stand für die 1; ein „Winkel“ 𒌋 für die 10.
Die Tontafel zeigt einige Zahlen zwischen 1 und 59 in Keilschrift.
Jede Zahl über 59 wurde in mehreren Gruppen geschrieben.

= 1 · 60 + 21 = 81

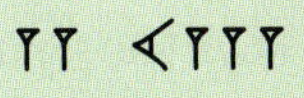

= 2 · 60 + 13 = 133

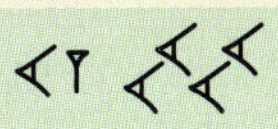

= 11 · 60 + 40 = 700.

Die **Maya** benutzten 19 Zahlzeichen, die aus den zwei Zeichen • und — gebildet wurden, und ein Zeichen für null. Das Bild zeigt einige Zahlen zwischen 1 und 19.
Zahlen über 19 wurden übereinander geschrieben.

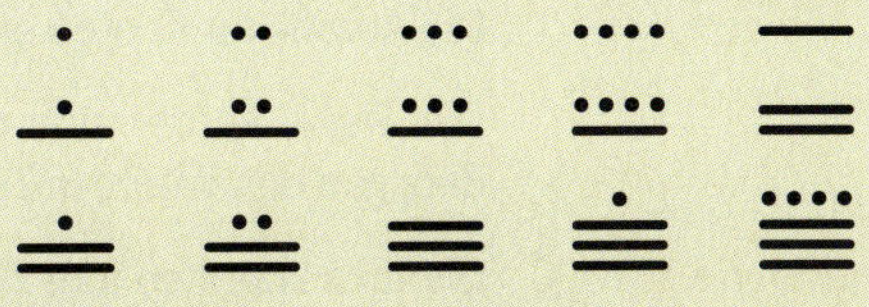

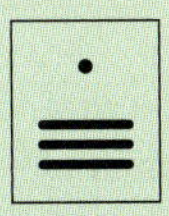

1 · 20
15
35

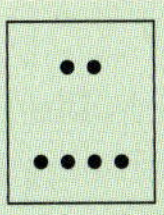

2 · 20
4
44

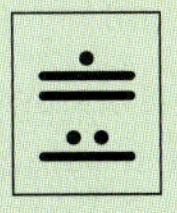

11 · 20
7
227

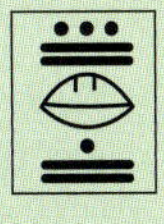

13 · 360
0 · 20
11
4691

Die **Römer** verwendeten Buchstaben als Zahlzeichen.
Die Zeichen I, X und C stehen höchstens dreimal hintereinander.
Die Zeichen V, L und D werden höchstens einmal verwendet.
Die dargestellten Werte werden addiert. Nur wenn ein Buchstabe mit einem niedrigeren Wert vor einem Buchstaben mit einem höheren Wert steht, wird subtrahiert.

I	V	X	L	C	D
1	5	10	50	100	500

MCXVI	1000 + 100 + 10 + 5 + 1	= 1116
MCCCLXXIV	1000 + 300 + 50 + 20 + (5 – 1)	= 1374
MDXCII	1000 + 500 + (100 – 10) + 2	= 1592
CDXLVI	(500 – 100) + (50 – 10) + 5 + 1	= 446

Grundwissen

Strichliste

1 In manchen Höhlenzeichnungen kann man erkennen: Die Menschen verwendeten schon vor mehr als 20 000 Jahren **Striche** zur **Darstellung von Zahlen.**
Strichlisten werden übersichtlicher, wenn man die Striche bündelt.

Zahlzeichen

Bei größeren Zahlen sind Strichlisten ungünstig. Daher haben die Menschen Bilder erfunden, die als **Zahlzeichen** dienten.

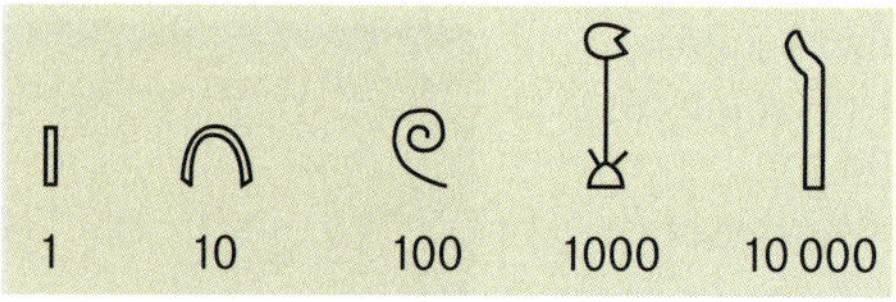

Hieroglyphen (Ägypten)

Sonnenuhr mit römischen Zahlen

Für größere Zahlen mussten Ägypter und Römer immer neue Zeichen erfinden.

Stellenwertsystem

2 Die Inka stellten vor etwa 500 Jahren Zahlen durch Knoten an Schnüren *(quipus)* dar.

An einer Stelle konnten sich bis zu neun eng aneinander gesetzte Knoten befinden.
Die Anzahl der Knoten entsprach einer Ziffer.

Die *Stelle*, an der sich diese Knoten befanden, gab den *Wert* der Ziffer an.

Die Inka knoteten ihre Zahlen in einem **Stellenwertsystem.**

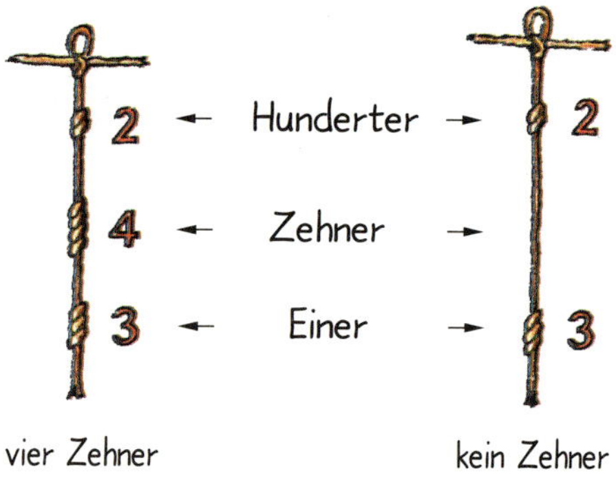

die Ziffer Null

Wenn die Inka eine Zahl wie 203 knoten wollten, so mussten sie eine Stelle freilassen.
Oft war es aber schwierig zu erkennen, ob eine Stelle freigelassen war oder nicht.
Die Inder, die schon vor mehr als 2500 Jahren ein Stellenwertsystem benutzt haben, lösten das Problem der freigelassenen Stelle: Sie erfanden die Ziffer **Null.**
Sie schrieben die Null nicht nur zwischen zwei Ziffern, sondern verwendeten sie auch am Ende von Zahlen um 200 oder 10 000 schreiben zu können.

Dezimalsystem

3 Heute wird weltweit ein Stellenwertsystem benutzt, das **Zehnersystem (Dezimalsystem).**
Es wurde von den Indern entwickelt. Kaufleute lernten es im Mittelalter beim Handel im arabischen Raum kennen und brachten es über Spanien nach Europa.
Daher werden die Ziffern 0; 1; 2; 3; 4; 5; 6; 7; 8 und 9 auch **arabische Ziffern** genannt.
Die Zahlen werden aus diesen zehn Ziffern gebildet.
In einer **Stellenwerttafel** erkennt man schnell den **Stellenwert** der Ziffern, mit denen eine Zahl dargestellt wird.

3702 = 3 Tausender + 7 Hunderter + 0 Zehner + 2 Einer

Tausender	Hunderter	Zehner	Einer
T	H	Z	E
1000	100	10	1
3	7	0	2

4 Für größere Stellenwerte gibt es besondere Bezeichnungen:

1 Million (1 Mio) = 1 000 Tausender = 1 000 000
1 Milliarde (1 Mrd) = 1 000 Millionen = 1 000 000 000
1 Billion (1 Bill) = 1 000 Milliarden = 1 000 000 000 000

6 Nullen
9 Nullen
12 Nullen

In der Stellenwerttafel sind für Tausender, Millionen, ... je drei Stellen reserviert.

Milliarden			Millionen			Tausender					
HMrd	ZMrd	Mrd	HMio	ZMio	Mio	HT	ZT	T	H	Z	E
				2	7	0	7	0	4	8	8
		2	3	8	6	0	0	0	9	2	7
4	2	8	0	9	0	0	0	0	0	0	0

Die Bündelung zu Dreiergruppen wird auch bei der Schreibweise großer Zahlen verwendet.

27 070 488	27 Millionen 70 Tausend 488
2 386 000 927	2 Milliarden 386 Millionen 927
428 090 000 000	428 Milliarden 90 Millionen

Übungen

1 Der Mensch hat schon sehr früh versucht Zahlen zu notieren. Schon vor über 20 000 Jahren machte man Kerben in Knochen oder Hölzer.

a) Überlege, was unsere Vorfahren „aufgeschrieben" haben könnten.

b) Woher stammt wohl der Spruch „Heinz hat einiges auf dem Kerbholz"?

c) Wie haben die Cowboys im wilden Westen ihre Gewehrkolben benutzt um die erlegten Büffel zu zählen?

2

Lieblingstiere von Schülerinnen und Schülern der 5. Klasse				
	5a	5b	5c	5d
Hund	卌 II	IIII	III	卌 III
Katze	IIII I	卌 I	IIII	IIII
Pferd	IIII	III	卌 卌	卌
Vogel	II	III	II	IIII
Hamster	I	III		
Delfin	II	IIII		II
Bär	卌	卌	卌	III
Sonstige	III	II	卌	IIII

Die 5d hat in allen 5. Klassen nach den Lieblingstieren der Schülerinnen und Schüler gefragt. Schreibe einen kleinen Artikel für die Schülerzeitung zu dem Thema.
Beantworte dabei mithilfe der Tabelle folgende Fragen:

(I) Wie viele Schülerinnen und Schüler haben insgesamt geantwortet?
(II) Welches Tier wurde am häufigsten als Lieblingstier genannt?
(III) Wie viele von den Befragten haben ein Haustier als Lieblingstier angegeben?
(IV) Wie viele Kinder haben einen Bären als Lieblingstier?

3 a) Lies die in der Stellenwerttafel angegebenen Zahlen.

Milliarden			Millionen			Tausender					
HMrd	ZMrd	Mrd	HMio	ZMio	Mio	HT	ZT	T	H	Z	E
				3	8	6	4	0	7	6	1
		1	7	0	6	1	8	8	5	5	5
	3	4	4	5	9	0	0	0	0	0	0
5	9	3	3	0	0	2	0	0	0	4	8

b) Übertrage die Zahlen in eine Stellenwerttafel.
35 289; 278 090; 451 000 000; 40 000 672; 2 700 030 000; 350 837 288 935; 490 874 050

4 a) Zählt in anderen Sprachen als Deutsch. Beschreibt die Unterschiede in der Zahlensprechweise.

b) Eine Million ist eine Eins mit 6 Nullen. Für Zahlen mit jeweils weiteren 6 Nullen gibt es die Bezeichnungen Billion, Trillion, Quadrillion, Quintillion usw. Dazwischen liegen Billiarde, Trilliarde usw.
Gebt jeweils die Anzahl der Nullen an und schreibt die Zahlen. Versucht herauszufinden, wie diese Bezeichnungen gebildet werden, und setzt sie um zwei Schritte fort.

5

Überlegt, von wo aus man die Stellen im Dezimalsystem zählen sollte.
Beantwortet dann die erste Frage.
Stellt euch gegenseitig ähnliche Fragen.

6 Lies die Zahl.

a) 5713
b) 18 926
c) 453 296
d) 6 925 671
e) 304 702 509
f) 999 999 999
g) 700 040 001
h) 800 400 200
i) 1 000 000 001
j) 5 432 198 765
k) 6 001 000 200
l) 2 000 090 000
m) 74 638 219 555
n) 800 523 000
o) 12 472 900 000
p) 500 200 400
q) 746 382 195 550
r) 7 463 821 955 500
s) 74 638 219 555 000
t) 12 345 678 901 234
u) 1 001 001 001 001
v) 1 999 999 999 999
w) 10 010 010 010 010
x) 98 769 876 987 698

7 Gib zu jeder Zahl aus Übung **6** den Nachfolger (Zahl + 1) und den Vorgänger (Zahl – 1) an.

8 Schreibe die Zahl nur mit Ziffern.

a) 14 Millionen 238 Tausend 411
b) 80 Millionen 35 Tausend 917
c) 4 Millionen 32
d) 12 Milliarden 375 Millionen 422 Tausend 70
e) 8 Milliarden 50 Tausend
f) 100 Milliarden 2 Millionen 10 Tausend

9 Schreibe in Ziffern und lies.

a) Die fünfstellige Zahl aus lauter Fünfen.
b) Die größte zweistellige Zahl aus zwei verschiedenen Ziffern.
c) Die kleinste siebenstellige Zahl, die keine Null enthält.
d) Die größte (kleinste) Zahl, die du bilden kannst, wenn du jede Ziffer einmal verwendest. (Achtung, die Null darf nicht ganz links stehen, „führende Nullen" werden nicht mitgeschrieben.)

10 a) Schreibe dir selbst große Zahlen auf und diktiere sie deinem Nachbarn. Vergleicht die Zahlen miteinander. Wechselt euch ab.

b) Denkt euch Zahlendiktate für die Mathe-Box aus:
Schreibt die Zahlen auf der einen Seite der Karteikarten mit Ziffern, auf der anderen in Worten.

11 a) Warum ist es für ein Volk wichtig zählen zu können?
b) Beschreibe, wie man mithilfe von Schnüren und Knoten Zahlen darstellen kann.
c) Besorge dir eine Schnur und stelle die Anzahl deiner Mitschüler dar. Denke dir eine andere Zahl aus, stelle sie auf einem *quipu* dar und lass deinen Nachbarn die Zahl lesen.
d) Zeichne die Zahlen 13; 142 und 5637 als *quipu* in dein Heft.
Wie kann man die Zahlen 205, 25 und 1000 knoten?

12 Entziffere die römischen Zahlen.

a) 

b) 

c) CCCXII Jahre vor Christi Geburt hat Appio Claudio Caeco die Via Appia und die Aqua Claudia gebaut. XXXIII Jahre nach Chr. gab es in Rom CLXX Badeanstalten und XI Wasserleitungen. In Rom und in der Nähe der Stadt gab es zu dieser Zeit MDCCXCVII Landhäuser.

13 Lies die römische Zahl.
a) Asterix Band XII
b) Papst Johannes XXIII
c) 

d) XVI. Olympische Sommerspiele

e) 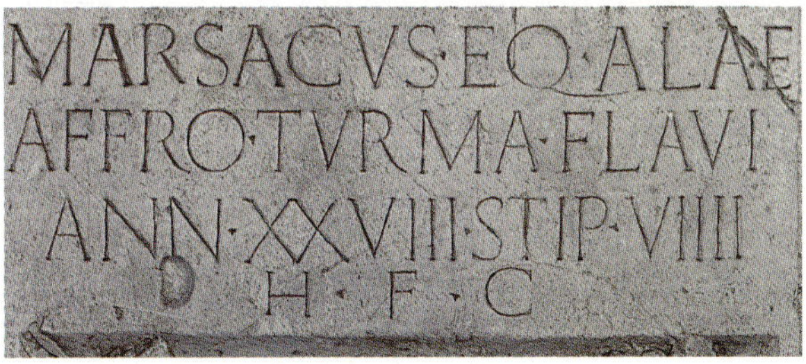

14 Welche Zahl ist hier dargestellt?

a) XXVII	b) XXXVI	c) XIX	d) CCXXII
e) DCLI	f) MDCCCLVIII	g) MCMLIV	h) DXCII
i) CDXLIX	j) MMCD	k) MCCLIX	l) MDCLXVI

15 Schreibe mit römischen Zahlzeichen.
a) 27 b) 49 c) 333 d) 1498 e) 1496 f) 2475 g) 999
h) das Datum des heutigen Tages i) dein Geburtsdatum j) deine Lieblingszahl

16 Im Dezimalsystem ist eine Zahl mit mehr Ziffern immer größer als eine Zahl mit weniger Ziffern. Wie ist das in der römischen Zahlschreibweise?

17 Berechne.

a) XVII + IV
b) XLIV + XXIX
c) CXX + LXXXVIII
d) CCCLXIX - IC
e) DXCV + CCCV
f) MCMLXV + LX
g) MMCCCXLVI + DXLIV
h) MDCLXVI - DLV
i) CDVII + DXCIII

18 a) Übertrage die Zahlen aus der Hieroglyphenschreibweise ins Dezimalsystem.

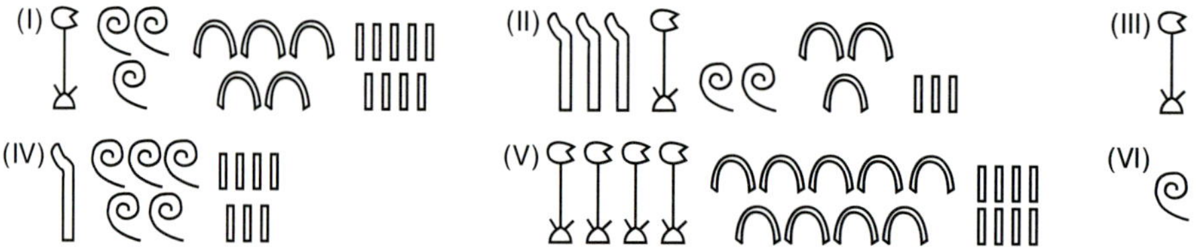

b) Wieso kommen die Ägypter bei ihren Zahlen ohne die Null aus und wieso benötigen wir die Ziffer 0?

c) Schreibe dein Alter, das Alter deiner Geschwister und deiner Eltern, eure Hausnummer und dein Geburtsdatum mit Hieroglyphen.

19 a) Ein Bauer hat seinen Viehbestand in Keilschrift auf einer Tontafel niedergeschrieben. Er hatte insgesamt 919 Tiere.
Kannst du die Übersetzung vervollständigen? Schreibe die babylonischen Zahlen und die Übersetzung dieser Zahlen in dein Heft.

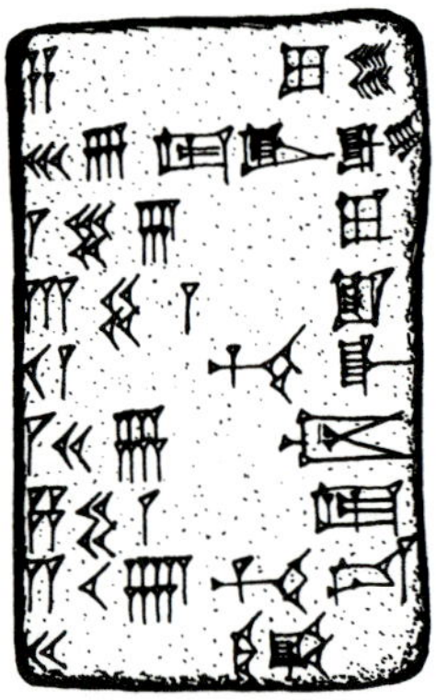

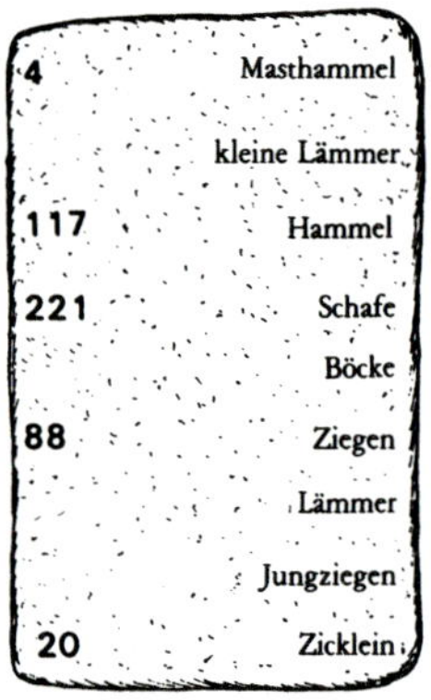

b) Übertrage in unser Zahlensystem:

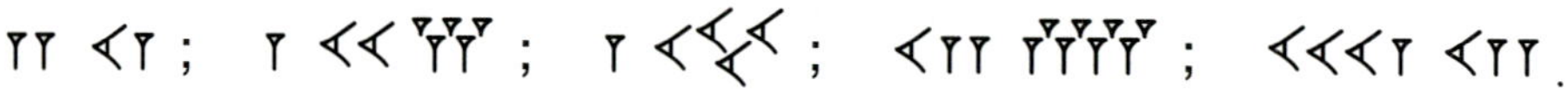

c) Schreibe die Zahlen 25; 93; 124; 193 und 1324 in Keilschrift.

20 a) Schreibe die Zahlen 25 und 77 in allen Zahlschreibweisen, die du kennst, und addiere sie in diesen Zahlschreibweisen.
Vergleiche die Rechenschritte mit denen im Dezimalsystem. Wo treten Probleme auf?

b) Zähle möglichst viele Vorteile eines Stellenwertsystems auf.

c) Im Zehnersystem spielt die Zahl 10 eine wichtige Rolle. Untersuche, ob die Zehn auch in den anderen dir bekannten Zahlschreibweisen eine besondere Zahl ist.
Wie sind die Menschen wohl auf die Zehn gekommen?
Was könnte dafür sprechen, in einem anderen Stellenwertsystem zu rechnen?

d) Auf manchen Gebieten in Sprache und Alltag findet man Hinweise auf ein Zwölfersystem, ein Sechzigersystem und andere Systeme. Gib Beispiele an. (Denke auch an andere Sprachen und Länder.)

Ausstiege

A1 Noch im 15. Jahrhundert spottete ein Franzose:

> „Wie die Puppe ein Adler sein wollte, der Esel ein Löwe, die Äffin eine Königin, so wollte die Null eine Zahl sein."

Sie ist auf jeden Fall eine Zahl außerhalb der neun anderen, meinte ein deutscher Schriftsteller:

> „wirt genannt nulla – 0 –, die nichts für sich selbs bedeut, aber dye andern bey ir mer bedeuten macht".

Erläutere, welches Problem mit der Null hier beschrieben ist. Schreibe eine Gegendarstellung, in der du die Vorteile der Null hervorhebst.

A2 In vielen Religionen haben bestimmte Zahlen eine besondere Bedeutung.

a) In welchen Zusammenhängen kommt in der Bibel die Zahl 7 vor? Frage hierzu deine Eltern, Verwandten und Bekannten. Suche selbst in der Bibel oder wende dich an deinen Religionslehrer.

b) Welche weiteren Zahlen kommen in Religionen häufig vor? Beschreibe deinen Mitschülern den Zusammenhang, in dem diese Zahlen auftreten.

A3 In vielen Ländern des Orients stellt man Zahlen in arabischer Schrift dar.

1	١	6	٦	15	١٥	100	١٠٠
2	٢	7	٧	20	٢٠	200	٢٠٠
3	٣	8	٨	30	٣٠	500	٥٠٠
4	٤	9	٩	40	٤٠	1000	١٠٠٠
5	٥	10	١٠	50	٥٠	5 000	٥٠٠٠

a) Um welche Art von Zahlschreibweise handelt es sich hier?

b) Man nennt die von uns verwendeten Ziffern „arabische Ziffern", aber die meisten sehen anders aus als die Ziffern in arabischer Schrift. Beschreibe Unterschiede und Gemeinsamkeiten.

c) Unsere Ziffern haben sich im Laufe von Jahrhunderten aus Zahlzeichen entwickelt, die damals im arabischen Raum üblich waren. Versuche etwas über diese Entwicklung herauszufinden. Entwirf ein Informationsblatt für deine Mitschüler.

Welche Zahl spuckt das Krokodil aus?

Setze nacheinander verschiedene Zahlen ein. Was fällt dir auf?

2.2 Stelle mit Wert – Stellenwertsysteme

Einstiege

E 1

1	3	5	7	9	11	13	15
17	19	21	23	25	27	29	31
33	35	37	39	41	43	45	47
49	51	53	55	57	59	61	63

Karte Nr. 1

2	3	6	7	10	11	14	15
18	19	22	23	26	27	30	31
34	35	38	39	42	43	46	47
50	51	54	55	58	59	62	63

Karte Nr. 2

4	5	6	7	12	13	14	15
20	21	22	23	28	29	30	31
36	37	38	39	44	45	46	47
52	53	54	55	60	61	62	63

Karte Nr. 3

8	9	10	11	12	13	14	15
24	25	26	27	28	29	30	31
40	41	42	43	44	45	46	47
56	57	58	59	60	61	62	63

Karte Nr. 4

16	17	18	19	20	21	22	23
24	25	26	27	28	29	30	31
48	49	50	51	52	53	54	55
56	57	58	59	60	61	62	63

Karte Nr. 5

32	33	34	35	36	37	38	39
40	41	42	43	44	45	46	47
48	49	50	51	52	53	54	55
56	57	58	59	60	61	62	63

Karte Nr. 6

Lena kennt einen Zaubertrick mit diesen sechs Kärtchen.

Tom zeigt auf die erste und die fünfte Karte. Sofort ruft Lena begeistert: „Du hast dir die Zahl 17 ausgedacht."
„Richtig", entgegnet Tom verblüfft. „Wie hast du das so schnell herausbekommen? Ich denke mir noch eine andere Zahl aus."
Tom zeigt diesmal auf die dritte, vierte und fünfte Karte. „28" ist die prompte Antwort.
Auch beim nächsten Versuch, Tom hat auf die zweite, die fünfte und die sechste Karte gezeigt, liegt Lena mit ihrer Antwort „50" richtig.

a) Welche Zahl nennt Lena, wenn Tom (I) auf die zweite und sechste Karte; (II) auf alle sechs Karten; (III) nur auf die erste (nur auf die zweite; ...) Karte zeigt?
b) Wenn du das System durchschaut hast, kannst du dir selbst solche Kärtchen herstellen und deine Eltern, Freunde oder Bekannten mit dem „Zaubertrick" verblüffen.
c) Wir wollen den Zaubertrick auf Zahlen von 1 bis 127 ausdehnen.
Wie viele Karten benötigt man dazu? Welche Zahlen kommen auf die einzelnen Karten?

E 2 Dir steht jeweils ein Gewichtsstück von 1 kg, 2 kg, 4 kg und 8 kg zur Verfügung. Mit diesen Gewichtsstücken kannst du auf einer Balkenwaage jede Kilogrammzahl von 1 kg bis 15 kg abwiegen.

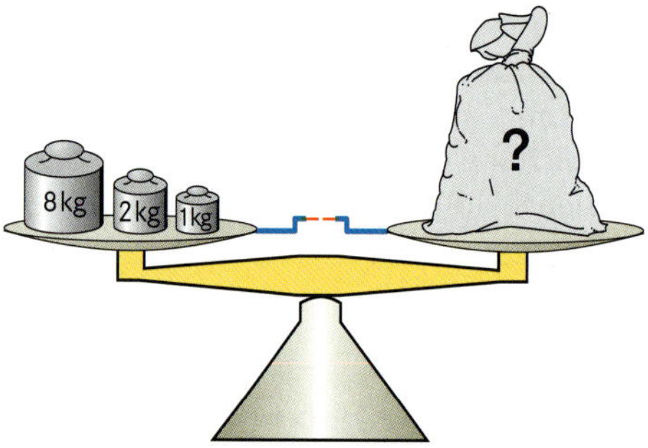

	8 kg	4 kg	2 kg	1 kg
1 kg				×
2 kg			×	
3 kg			×	×
4 kg		×		
5 kg		×		×
⋮				

a) Welche Gewichtsstücke benötigt man um 1 kg, 2 kg, ... und 15 kg abzuwiegen?
Du kannst deine Ergebnisse wie in der Tabelle angedeutet aufschreiben.
b) Welche Gewichtsstücke würdest du als Nächstes dazunehmen um größere Gewichte abzuwiegen? Begründe deine Wahl.

E3 Der Rechenkünstler Magnus Rechenfix behauptet mit seinen Fingern bis 1023 zählen zu können. Um seinem Publikum dies zu beweisen fängt er an zu zählen:

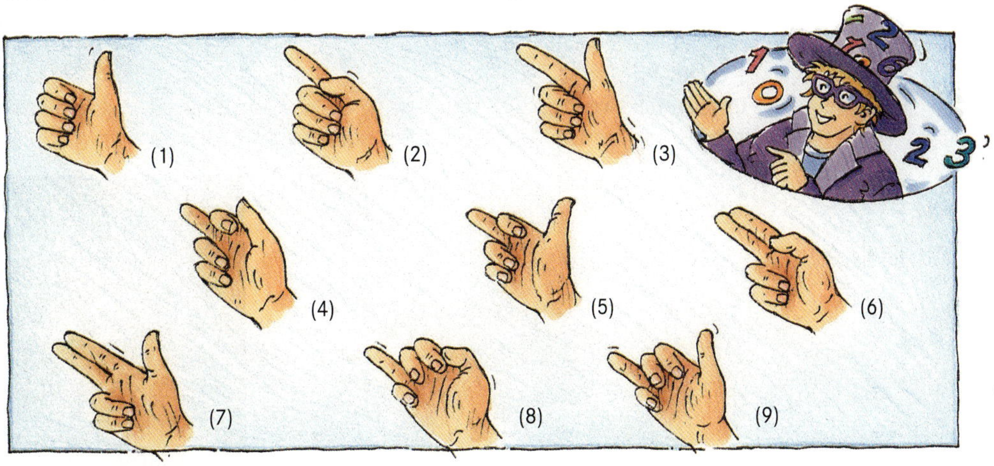

a) Welche Finger braucht Magnus Rechenfix um 10, 11 und 12 darzustellen?
b) Für welche Zahl steht der kleine Finger der rechten Hand? Was wird mit dem kleinen Finger, dem Zeigefinger und dem Daumen der rechten Hand angezeigt?
c) Versuche mit dem Trick von Magnus Rechenfix mit deinen Fingern zu zählen. Bis zu welcher Zahl kommst du, wenn du alle fünf Finger deiner rechten Hand benutzt?
d) Erkläre, wie Magnus Rechenfix mit seinen zehn Fingern bis 1023 zählen kann.

E4

Der König von Steiningen sperrt seine Gefangenen ohne Wasser und Brot in ein Felsenlabyrinth.
a) Von Zeit zu Zeit gibt er ihnen einen Zahlencode um sie zu Wasser und Nahrung zu führen. Der Code 0110111 führt zum Wasser. Erläutere.
Welcher Code führt zum Brot, welcher zum Fleisch?
b) Nach einigen Wochen will der König alle Gefangenen freilassen, die die Zahl 2317 richtig entschlüsseln. Wie kommen die Gefangenen mit dieser Information aus dem Labyrinth?
c) Zeichne ein eigenes Labyrinth, verschlüssele einen Fluchtweg und lasse deine Mitschüler die Lösung suchen.

Grundwissen

1 Im *Zehnersystem* werden Zahlen mit *zehn* Ziffern dargestellt.
Die Stellenwerte *verzehnfachen* sich, wenn man eine Stelle nach links geht:
1; 1 · 10; 10 · 10; 10 · 10 · 10;

mal 10 mal 10 mal 10

1000	100	10	1
10 · 10 · 10	10 · 10	10	1

Für Ausdrücke wie 10 · 10 · 10 oder 2 · 2 · 2 · 2 · 2, in denen jeweils eine Zahl mit sich selbst multipliziert wird, verwendet man die **Potenzschreibweise.**

Potenz

$\underbrace{10 \cdot 10 \cdot 10}$ = 10^3 (gelesen: „10 hoch 3")
3 gleiche Faktoren

$\underbrace{2 \cdot 2 \cdot 2 \cdot 2 \cdot 2}$ = 2^5 (gelesen: „2 hoch 5")
5 gleiche Faktoren

$\underbrace{5 \cdot 5 \cdot 5 \cdot 5}$ = 5^4 (gelesen: „5 hoch 4")
4 gleiche Faktoren

Zehnerpotenz

Die Stellenwerte im *Zehnersystem* sind **Zehnerpotenzen.**

Stellenwert	1 000 000	100 000	10 000	1000	100	10	1
Potenzschreibweise	10^6	10^5	10^4	10^3	10^2	10^1	10^0
5432019	5	4	3	2	0	1	9

10^6 hat 6 Nullen.

In der Folge der Stellenwerte nimmt der Exponent der Zehnerpotenz von links nach rechts immer um 1 ab. Aus Gründen der Einheitlichkeit setzt man das nach rechts fort und schreibt auch $10 = 10^1$ und $1 = 10^0$.

$$5\,432\,019 = 5 \cdot 10^6 + 4 \cdot 10^5 + 3 \cdot 10^4 + 2 \cdot 10^3 + 0 \cdot 10^2 + 1 \cdot 10^1 + 9 \cdot 10^0$$

2 Im Computer werden Informationen durch Leitungen übertragen, in denen entweder Strom fließt (1) oder kein Strom fließt (0). Um Zahlen, Buchstaben und andere Zeichen darzustellen verwendet man mehrere Leitungen.

16 + 8 + 0 + 2 + 0 = 26

Man kann sich diese Darstellung von Zahlen auf einem Stellenwertstreifen veranschaulichen: Es darf auf jede Stelle entweder ein Stein (1) oder kein Stein (0) gelegt werden.

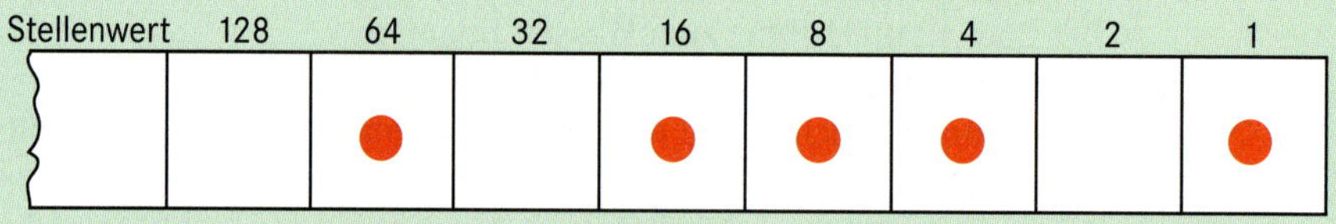

1011101 = 1 · 64 + 0 · 32 + 1 · 16 + 1 · 8 + 1 · 4 + 0 · 2 + 1 · 1 = 93

Dualsystem

3 Im **Zweiersystem** oder **Dualsystem** werden Zahlen mit *zwei* Ziffern (0 und 1) dargestellt.

Die Stellenwerte *verdoppeln* sich, wenn man eine Stelle nach links geht:
1; 1 · 2 = 2; 2 · 2 = 4; 2 · 2 · 2 = 8; ...

mal 2 ← mal 2 ← mal 2 ←

8	4	2	1
2 · 2 · 2	2 · 2	2	1
1	1	0	1

1 · 8 + 1 · 4 + 0 · 2 + 1 · 1 = 13

Zahlen im Dualsystem liest man ziffernweise: 1101 = „eins-eins-null-eins".
Um sie von den Zahlen des Zehnersystems unterscheiden zu können schreibt man sie oft mit einer kleinen tiefgestellten 2 am Ende: 1101 = 1101_2.

Zweierpotenz

Die Stellenwerte im Zweiersystem sind **Zweierpotenzen.**

Stellenwert	64	32	16	8	4	2	1
Potenzschreibweise	2^6	2^5	2^4	2^3	2^2	2^1	2^0
1101010_2	1	1	0	1	0	1	0

$1101010_2 = 1 \cdot 2^6 + 1 \cdot 2^5 + 0 \cdot 2^4 + 1 \cdot 2^3 + 0 \cdot 2^2 + 1 \cdot 2^1 + 0 \cdot 2^0 = 106$

4 **Zählen im Dualsystem:**
Wenn eine Zahl aus lauter Einsen besteht, hat die nächste Zahl eine neue Stelle.

Umrechnen einer Zahl **vom Dualsystem ins Dezimalsystem:**
Man trägt die Zahl, rechts beginnend, in eine Stellenwerttafel ein und rechnet wie in **3**.

Umrechnen einer **Zahl vom Dezimalsystem ins Dualsystem:**
Man spaltet schrittweise die jeweils größte Zweierpotenz ab:

dezimal	dual	
1	1	
2	**10**	**neue Stelle**
3	11	
4	**100**	**neue Stelle**
5	101	
6	110	
7	111	
8	**1000**	**neue Stelle**
9	1001	
10	1010	
11	1011	
12	1100	

43 = **1** · 32 + 11	1	**Ziffern**
= 1 · 32 + **0** · 16 + 11	10	**für die**
= 1 · 32 + 0 · 16 + **1** · 8 + 3	101	**Dual-**
= 1 · 32 + 0 · 16 + 1 · 8 + **0** · 4 + 3	1010	**schreib-**
= 1 · 32 + 0 · 16 + 1 · 8 + 0 · 4 + **1** · 2 + 1	10101	**weise**
= 1 · 32 + 0 · 16 + 1 · 8 + 0 · 4 + 1 · 2 + **1** · 1	101011	

und damit: 43 = 101011_2

Quadratzahl
Kubikzahl

5 Potenzen mit dem *Exponenten* 2 heißen **Quadratzahlen.**
Potenzen mit dem *Exponenten* 3 heißen **Kubikzahlen.**

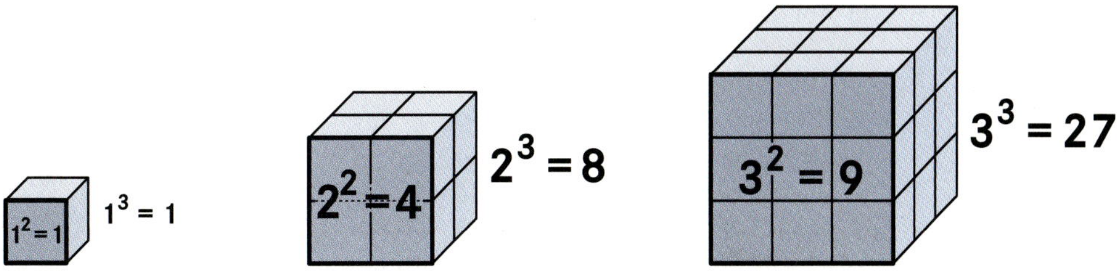

Übungen

1 a) Berechne die Zehnerpotenzen bis 10^{10} und lies sie mit den üblichen Bezeichnungen.
b) Berechne die Zweierpotenzen bis 2^{12} und lerne sie auswendig.
c) Welche Zweierpotenz ist 1024?
d) Berechne die Quadratzahlen bis 20^2. Lerne sie mindestens bis 12^2 auswendig.
e) Berechne die Kubikzahlen bis 20^3.

2 Schreibe ab und ergänze.
a) $2^7 = \square$ b) $2^{\square} = 64$ c) $\square^9 = 512$ d) $10^0 = \square$ e) $10^{\square} = 10$ f) $\square^{10} = 10\,000\,000\,000$

Nullen nicht vergessen!

3 Welche Zahl ist dargestellt?
a) $5 \cdot 10^4 + 9 \cdot 10^3 + 4 \cdot 10^1 + 1 \cdot 10^0$
b) $8 \cdot 10^{11} + 5 \cdot 10^5 + 2 \cdot 10^4 + 3 \cdot 10^3$
c) $7 \cdot 10^{11} + 2 \cdot 10^9 + 9 \cdot 10^7 + 6 \cdot 10^5 + 8 \cdot 10^3$
d) $1 \cdot 10^{14} + 2 \cdot 10^8 + 3 \cdot 10^2$

4 Schreibe die Zahl wie in Übung **3**.
a) 15 Millionen 278 Tausend 421
b) 90 Millionen 25 Tausend 836
c) 8 Millionen 23
d) 42 Milliarden 369 Millionen 244 Tausend 26

5 Die Zahl 20 wird im Dualsystem durch 10100_2 dargestellt. Zähle im Dualsystem von 20 bis 35.

6 Rechne die Zahl vom Dualsystem ins Dezimalsystem um.
a) 10_2 b) 11_2 c) 110_2 d) 10011_2 e) 11100_2
f) 110011_2 g) 10000_2 h) 101010_2 i) 111111_2 j) 100011_2

7 Gib die nächsten fünf Zahlen im Dualsystem an.
a) 11001_2 b) 1111_2 c) 10010_2 d) 101010_2 e) 100100_2

8 Gib die Zahlen im Dualsystem an, die direkt vor und direkt hinter der Zahl liegen.
a) 1001_2 b) 1111_2 c) 110011_2 d) 100000_2 e) 111111_2

9 Ordne die Zahlen der Reihe nach.
a) 1100_2; 1010_2; 1000_2; 1111_2; 1100_2; 1011_2
b) 10010_2; 10111_2; 100110_2; 10011_2; 100000_2
c) 10101_2; 11100_2; 100000_2; 1111_2; 10110_2
d) 11_2; 11011_2; 11101_2; 111011_2; 110111_2

10 Rechne vom Dezimalsystem ins Dualsystem um.
a) 7 b) 12 c) 25 d) 65 e) 80
f) 110 g) 135 h) 222 i) 350 j) 1023

11 Beim Gleissystem eines Rangierbahnhofs kann jede Weiche auf zwei Arten geschaltet werden.
a) Auf welches Gleis gelangt ein Waggon bei der Gleisschaltung 0 0 I I und bei der Schaltung 0 0 I 0?
b) Wie müssen die einzelnen Weichen geschaltet sein, wenn der Waggon auf Gleis 13, 8, 12 oder 7 gelangen soll?
c) Auf Gleis 0 gelangt man über 0 0 0 0, auf Gleis 1 über 0 0 0 I und auf Gleis 2 über 0 0 I 0. Die Übereinstimmung mit den Zahlen im Dualsystem stimmt aber für Gleis 8 nicht mehr. Gib eine Begründung.
d) Wie müssten die Gleise angelegt sein, damit alle Gleisnummern der Darstellung im Dualsystem entsprechen? Zeichne.

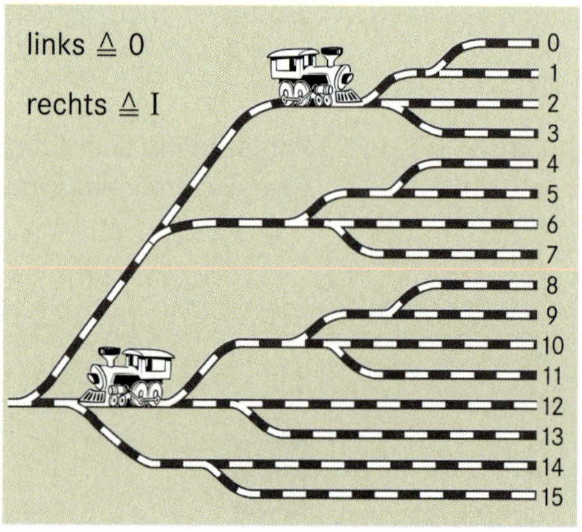

12 Ordne die Zahlen der Reihe nach.

a) $4; 12; 10_2; 101_2; 90$ b) $1010_2; 18; 10001_2; 25; 10111_2$ c) $10; 10_2; 102; 100_2$
d) $1011_2; 64; 87; 10010_2$ e) $56; 1001; 11101_2; 11; 101; 101_2$ f) $111; 111_2; 11; 10; 2$

13 Ordne die Zahlen der Reihe nach.

a) $2^2; 102; 101_2; 1001_2$ b) $10; 1^3; 10^2; 10_2; 102$ c) $11; 1101_2; 10^3; 8^2; 101_2$
d) $11_2; 9^2; 80; 110010_2$ e) $100^2; 100; 100_2; 11^2$ f) $3^2; 111_2; 2^3; 1001_2; 25$

14 Stefan und Mike wollen sich Nachrichten mithilfe ihrer bunten Taschenlampen übermitteln.

a) Wie viele Stellen benötigen sie um alle Buchstaben im Dualsystem verschlüsseln zu können?
b) Was bedeutet die folgende Nachricht?
100 101 1001 1110 101 101 1100 10100 101 10010 1110 1011 1111 1101 1101 101
1110 1110 1 11 1000 1000 1 10101 10011 101

○ bedeutet 1 ● bedeutet 0

A	B	C	D	E	F
1	10	11	100	101	110

15

Im Computer kann durch *eine* Leitung eine Information von *einem* **Bit** übermittelt werden: Entweder es fließt Strom (1) oder es fließt kein Strom (0).
Mit *zwei* Leitungen kann eine Information von *zwei* Bit übertragen werden. Es sind dann die Kombinationen 00, 01, 10 und 11 möglich. Für mehr Informationen verwendet man mehrere Leitungen.
Dabei werden acht Bits zu einem **Byte** zusammengefasst.

a) Wie viele unterschiedliche Zeichen lassen sich durch ein Byte darstellen?
b) Würden nicht schon sieben Bits ausreichen um alle Buchstaben und Ziffern darzustellen?
c) Welche besondere Rolle spielt die Zahl 2^{10} bei Bits und Bytes?

16 Die Begriffe *Dutzend* und *Gros* sind Mengenbezeichnungen, die früher im Großhandel üblich waren. Ein Dutzend sind zwölf Stück und ein Gros entspricht zwölf Dutzend.

a) Wie viele Apfelsinen bestellt ein Großhändler, wenn er fünf Gros ordert?
b) Ein weiterer Händler bestellt zwei Gros und sechs Dutzend Bananen, drei Gros und vier Dutzend Birnen sowie sechs Gros und acht Dutzend Äpfel.
Wie viele Bananen, Birnen und Äpfel hat er bestellt?
c) Drücke eine Bestellung von 1000 Stück in Gros und Dutzend aus.

17 a) Wie kann man im Dualsystem erkennen, ob eine Zahl gerade oder ungerade ist?
b) Welche Regel kannst du für das Verdoppeln im Dualsystem aufstellen?
Was geschieht, wenn du die Zahlen vervierfachst oder verachtfachst?
c) Wie sehen entsprechende Regeln für das Dezimalsystem aus?
d) Auch im Dezimalsystem kann man Zahlen mit Steinen auf einem Stellenwertstreifen darstellen. Wie viele Steine dürfen dort höchstens auf jeder Stelle liegen?

Lisa will zwei Bündel ausgelesene Zeitschriften zum nächstgelegenen Altpapiercontainer bringen. Welches Gewicht muss sie ungefähr schleppen?
5 kg; 10 kg; 20 kg; 50 kg; 100 kg; 200 kg.

18 Zur Umrechnung einer Zahl aus dem Dezimalsystem ins Dualsystem gibt es ein Rechenverfahren, bei dem sich die Ziffern im Dualsystem ganz automatisch ergeben.

39 : 2 = 19 + 1 : 2	1
19 : 2 = 9 + 1 : 2	11
9 : 2 = 4 + 1 : 2	111
4 : 2 = 2 + 0 : 2	0111
2 : 2 = 1 + 0 : 2	00111
1 : 2 = 0 + 1 : 2	100111

a) Versuche das Verfahren zu verstehen und wende es auf 58; 167 und 400 an.
b) Die Zahl 39 enthält auf jeden Fall einen Einer, weil sie ungerade ist. Also muss die letzte Ziffer eine 1 sein. Die verbleibenden 38 kann man in 19 Zweier aufteilen. Die 19 Zweier lassen sich zu 9 Vierern zusammenfassen, wobei ein Zweier übrigbleibt. Dies ist die vorletzte 1. Aus den 9 Vierern kann man 4 Achter und 1 Vierer bilden ...
Vervollständige die Argumentation und überprüfe sie am Beispiel.

Ausstiege

A1 Beim **Dreiersystem** dürfen auf jeder Stelle eines Stellenwertstreifens 0, 1 oder 2 Steine liegen.

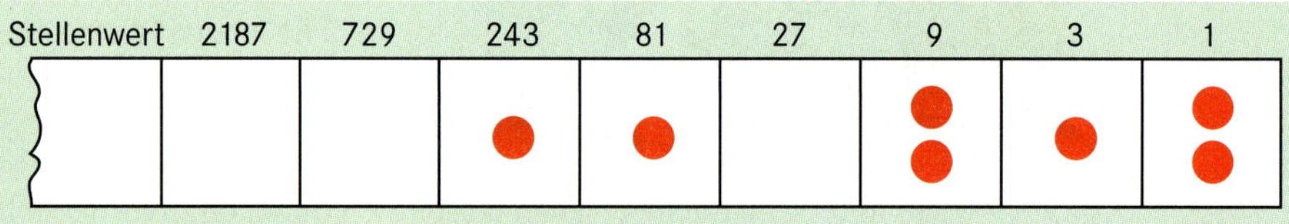

$11021_3 = 1 \cdot 243 + 1 \cdot 81 + 0 \cdot 27 + 2 \cdot 9 + 1 \cdot 3 + 2 \cdot 1 = 347$

Im *Dreiersystem* werden Zahlen mit *drei* Ziffern (0, 1 und 2) dargestellt.

Die Stellenwerte *verdreifachen* sich, wenn man eine Stelle nach links geht.

Die Stellenwerte im Dreiersystem sind **Dreierpotenzen.**

mal 3 ← mal 3 ← mal 3 ←

27 3^3	9 3^2	3 3^1	1 3^0
1	2	0	2

$1 \cdot 27 + 2 \cdot 9 + 0 \cdot 3 + 2 \cdot 1 = 47$

$1202_3 = 1 \cdot 3^3 + 2 \cdot 3^2 + 0 \cdot 3^1 + 2 \cdot 3^0 = 47$

a) Notiere die Zahlen von 0 bis 30 im Dreiersystem.
b) Übertrage ins Dezimalsystem.
(I) 2210_3 (II) 1200_3 (III) 222_3 (IV) 100221_3 (V) 102011_3
c) Schreibe im Dreiersystem.
(I) 55 (II) 79 (III) 120 (IV) 200 (V) 500
d) Nach welchen Regeln können Zahlen des Dreiersystems verdreifacht oder verneunfacht werden? Stelle ähnliche Regeln auch für andere Stellenwertsysteme auf.

A2

000 → 001 → 011 → 010 → 110 → 111 → 101 → 100 → 000 → ...

Im Beispiel sind die ersten acht Zahlen im Dualsystem in eine Reihenfolge gebracht, die nicht dem Zählen entspricht: Von einer Zahl zur nächsten wird jedesmal nur eine Ziffer verändert und die letzte Zahl geht durch Änderung einer Ziffer wieder in die erste über.
a) Findet andere solche Reihenfolgen und vergleicht sie. Wie viele gibt es?
b) Übertragt die Zahlen ins Dezimalsystem und untersucht die Reihen.

2.3 Vergleichsweise ordentlich – Vergleichen und Ordnen

Einstiege

E1

a) Finde möglichst verschiedene Antworten auf die Frage.
Was könnte Sibel mit ihrem Einwand meinen?

b) Beschreibe, wie man zwei Zahlen vergleicht, die im Dezimalsystem dargestellt sind. Beschreibe den Vergleich auch für andere Zahldarstellungen.

E2

a) Welches Problem hat der Verkäufer in dem Laden? Wie könnte man es lösen?
Denkt euch möglichst viele Strategien aus.

b) Frau Weiß ist zum ersten Mal im Bürgerbüro. Am Eingang zur Wartezone sieht sie ein Gerät, aus dem jeder einen Zettel ziehen soll. Neben der Tür zum Beratungsbereich hängt eine Anzeigetafel, auf der zu lesen ist: A 98; B 01; A 97; A 99; A 96.
Frau Weiß schaut auf den Zettel, den sie gezogen hat: B 09. Nun weiß sie Bescheid.
Beschreibt das System. Wann ist Frau Weiß an der Reihe? Kennt ihr ähnliche Systeme?

E3

a) Wieso grinst der kleine Elefant? Kannst du die Anzeige der Waage erklären?

b) Wie funktioniert die römische Schnellwaage im Bild unten?
Vergleiche die Skalen von Personenwaage und Schnellwaage.

c) Sucht nach weiteren Arten von Skalen. Vergleicht sie und nennt Vor- und Nachteile.

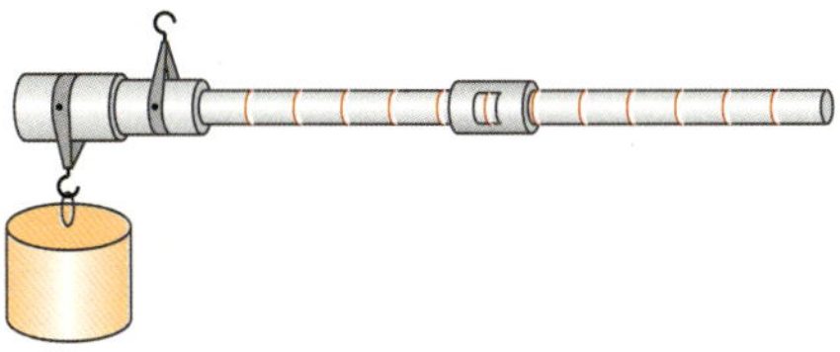

Grundwissen

natürliche Zahl

1 Wenn man bei null beginnt und immer um 1 weiterzählt, erhält man die einfachste Zahlenfolge: 0; 1; 2; 3; 4; 5; 6; 7; 8; 9; 10; 11; 12; 13; ... nennt man die **natürlichen Zahlen.**

Die natürliche Zahl direkt vor einer natürlichen Zahl heißt **Vorgänger**, die dahinter **Nachfolger** der Zahl.

Vorgänger von 7: $7 - 1 = 6$
Nachfolger von 7: $7 + 1 = 8$

Die natürlichen Zahlen haben einen Anfang bei null, aber kein Ende. Man kann von jeder natürlichen Zahl ausgehend immer weiterzählen. Auf diese Art kommt man zu immer größeren Zahlen ohne ein Ende erreichen zu können.
Man sagt, es gibt *unendlich viele* natürliche Zahlen.

Zahlenstrahl

Die natürlichen Zahlen lassen sich gut an einem **Zahlenstrahl** veranschaulichen.

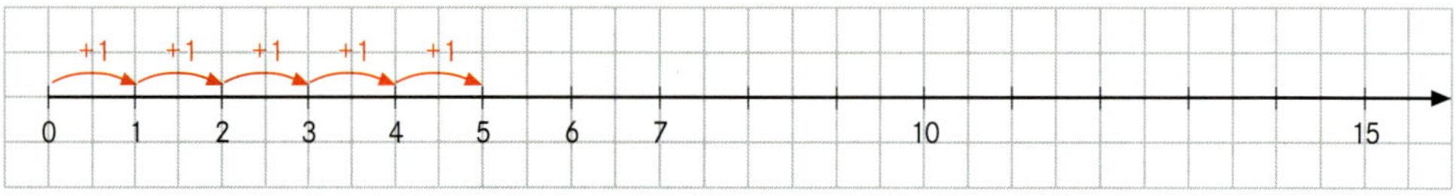

Der Zahlenstrahl beginnt bei null und ist in Richtung der Pfeilspitze ohne Ende.
Beim Zeichnen markiert man den Anfang mit null und trägt dann in jeweils gleichen Abständen, z. B. mit der Längeneinheit 1 cm, die Zahlen 1; 2; 3; ... ab.

2 Der Zahlenstrahl verdeutlicht die **Ordnung** der natürlichen Zahlen:
In Richtung der Pfeilspitze ⟶ werden die Zahlen größer.

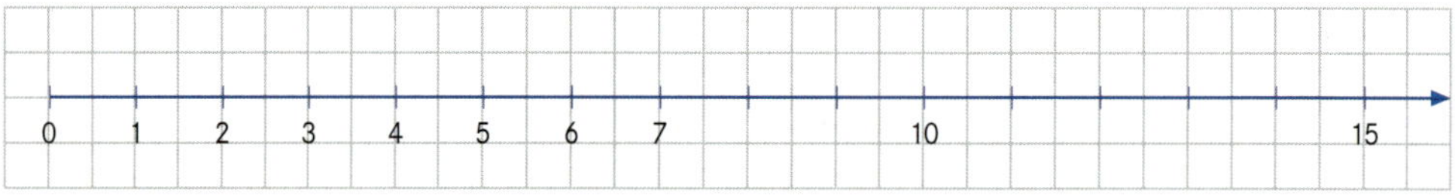

kleiner als
größer als

15 steht am Zahlenstrahl weiter rechts (in Richtung Pfeilspitze) als 4. Deshalb gilt:
4 **ist kleiner als** 15 bzw. 15 **ist größer als** 4.
$4 < 15$ bzw. $15 > 4$

Mehrere Zahlen vergleicht man in einer Kette:

Kleinerkette
Größerkette

Kleinerkette: $4 < 15 < 139 < 149$
Größerkette: $149 > 139 > 15 > 4$

In einer solchen Kette darf man *nie beide* Zeichen $<$ und $>$ verwenden.

3 Die natürlichen Zahlen lassen sich in **gerade Zahlen** und **ungerade Zahlen** einteilen.
Die geraden Zahlen (ohne die Null) bilden die **Zweierreihe**.
Auch andere Einmaleinsreihen beschreiben Zahlen mit besonderen Eigenschaften.

natürliche Zahlen	
gerade	ungerade
0; 2; 4; 6; 8; 10; 12; 14; 16; 18; 20; 22; 24; ...	1; 3; 5; 7; 9; 11; 13; 15; 17; 19; 21; 23; 25 ...

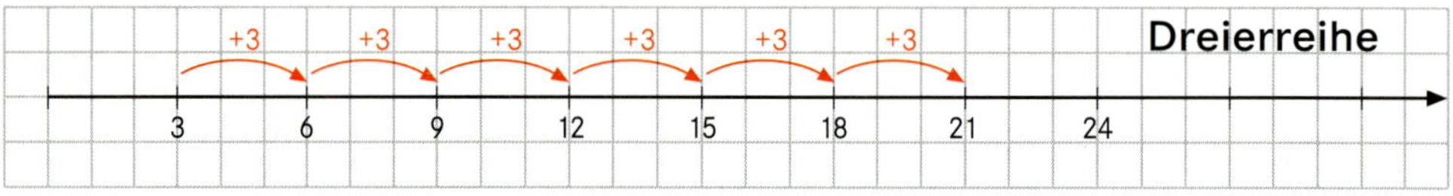

Übungen

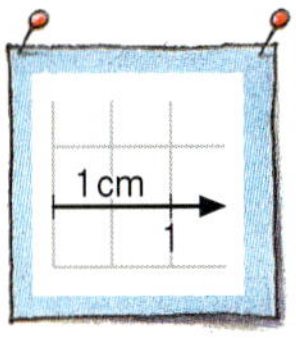

1 Zeichne einen Zahlenstrahl (Längeneinheit 1 cm) und markiere die Zahlen.
a) 1; 5; 7; 11   b) 1; 3; 6; 7; 9   c) 1; 2; 4; 7; 10

2 Zeichne einen Zahlenstrahl und markiere in unterschiedlichen Farben die ungeraden Zahlen, die geraden Zahlen, die Viererreihe und die Quadratzahlen.

3 Zeichne den Zahlenstrahl ab und ergänze die fehlenden Zahlen. Markiere auch 5; 55 und 105.

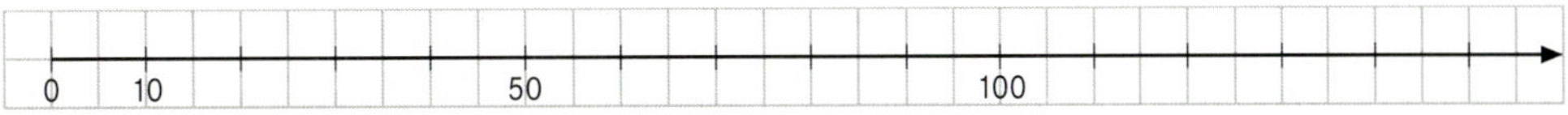

4 Zeichne jeweils einen geeigneten Zahlenstrahl und markiere die folgenden Zahlen.
a) 5; 20; 35; 50; 55   b) 100; 500; 700; 850   c) 10 000; 25 000; 35 000; 60 000

5 a) Wie lang ist ein Zahlenstrahl?
b) Auf dem Zahlenstrahl sind einige Punkte markiert. Schätze welche Zahlen da liegen.

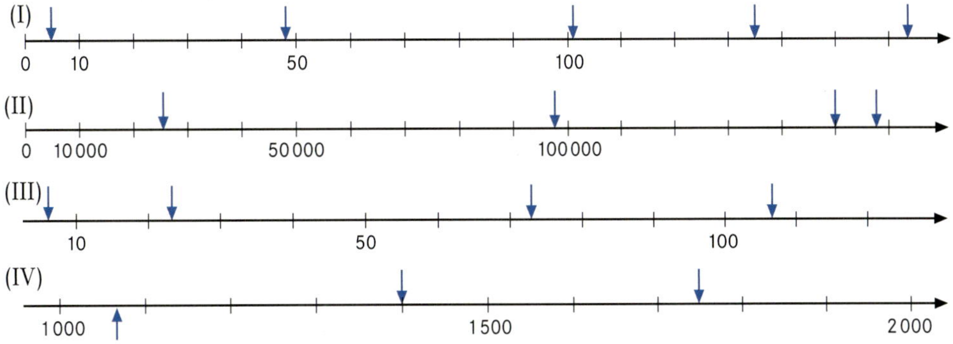

c) Stellt euch gegenseitig weitere solche Aufgaben.

6 a) Gib jeweils den Vorgänger und den Nachfolger an.
(I) 4; 56; 98   (II) 101; 50 006; 60 999   (III) 876 654; 879; 10 000
b) Gibt es Zahlen, die keinen Vorgänger oder Nachfolger haben? Begründe.

7 Schreibe ab und setze für die Leerstelle das passende Zeichen (<; >; =) ein.
a) 53 781 ▒ 53 823   b) 20 202 ▒ 20 220   c) 9652 ▒ 9562   d) 2005 ▒ 305
e) 4999 ▒ 4899   f) 12 366 ▒ 9822   g) 2555 ▒ 2555   h) 4030 ▒ 4003

8 Ordne die folgenden Gebrauchtwagen jeweils nach der Zahl der gefahrenen Kilometer, dem Baujahr, dem Spritverbrauch und dem Preis.

Luxor
85 000 km
5 Jahre alt
Verbrauch 14 Liter
15 900 Euro

Sportivo
135 000 km
7 Jahre alt
Verbrauch 13 Liter
9950 Euro

Rabbit
88 000 km
5 Jahre alt
Verbrauch 8 Liter
8700 Euro

Dixy
117 000 km
5 Jahre alt
Verbrauch 6 Liter
9950 Euro

Piggy
110 000 km
7 Jahre alt
Verbrauch 6 Liter
5400 Euro

Rasaranti
125 000 km
6 Jahre alt
Verbrauch 11 Liter
8850 Euro

Duck
84 000 km
9 Jahre alt
Verbrauch 8 Liter
2950 Euro

Rory
175 000 km
9 Jahre alt
Verbrauch 11 Liter
1500 Euro

9 Lisa behauptet: „Die größte natürliche Zahl heißt Trillion." Was meinst du zu dieser Behauptung? Schreibe in einem kurzen Aufsatz deine Vorstellung über die größte natürliche Zahl auf.

10 Schreibe als Kleinerkette.
a) 5214; 5412; 5520; 5413; 5144
b) 99 090; 99 099; 99 009; 99 990; 99 099

11 Ordne alle dreistelligen Zahlen, in denen die Ziffern 3, 6 und 7 genau einmal vorkommen, der Größe nach. Gib die kleinste und die größte fünfstellige Zahl an.

12 Wählt einen Spielführer und bildet Gruppen. Der Spielführer ruft nun ein Merkmal auf, nach dem ihr euch innerhalb der Gruppe aufstellen müsst. Dies kann z. B. eure Telefonnummer, die Körpergröße oder das Geburtsdatum sein. Die Gruppe, die zuerst in der richtigen Reihenfolge steht, erhält einen Punkt. Die Gruppe mit den meisten Punkten hat gewonnen.

13 Von drei Grundstücken ist das erste kleiner als das zweite und auch das dritte Grundstück ist kleiner als das zweite. Welches ist das kleinste und welches das größte Grundstück?

Ausstiege

A1 HANS MAGNUS ENZENSBERGER hat in seinem Buch *„Der Zahlenteufel - Ein Kopfkissenbuch für alle, die Angst vor der Mathematik haben"* viel Interessantes über die Mathematik und die natürlichen Zahlen geschrieben. Der Schüler Robert träumt darin von einem kleinen, roten Zahlenteufel. Es kommt zu folgendem Gespräch:

„Wenn man sich über Mathematik so einfach unterhalten kann wie über Filme oder Fahrräder, wozu braucht es dann einen Teufel?"
„Das ist es ja gerade, mein Lieber", erwiderte der Alte. „Das Teuflische an den Zahlen ist, dass sie so einfach sind. Im Grunde brauchst du nicht einmal einen Taschenrechner dazu. Du brauchst, um damit anzufangen, nur eins: die Eins. Mit der kannst du fast alles machen. Wenn dir zum Beispiel große Zahlen Angst machen, sagen wir mal, Fünfmillionensiebenhundertdreiundzwanzigtausend achthundertzwölf, dann fang es einfach so an:

$$1 + 1$$
$$1 + 1 + 1$$
$$1 + 1 + 1 + 1$$
$$1 + 1 + 1 + 1 + 1$$
.....

und so weiter, so lange, bis du bei Fünfmillionenundsoweiter angekommen bist. [...]
Dann zählst du einfach weiter. Du wirst schon sehen, das geht bis ins Unendliche. Es gibt nämlich unendlich viele Zahlen."
Robert wusste nicht, ob er das glauben sollte.
„Woher willst du das denn wissen?", fragte er. „Hast du es ausprobiert?"
„Nein, hab ich nicht. Erstens würde das zu lange dauern, und zweitens ist es überflüssig."
Das leuchtete Robert nicht ein.
„Entweder kann ich bis dahin zählen, dann ist es nicht unendlich", wandte er ein, „oder es ist unendlich, dann kann ich nicht so weit zählen."
„Falsch!", schrie der Zahlenteufel. Sein Schnurrbart zitterte, er wurde rot im Gesicht, sein Kopf schwoll an vor lauter Wut und wurde immer größer.

a) Wieso wird der Zahlenteufel so wütend? Nimm zu Roberts Überlegung Stellung.
b) Schreibe eine Fortsetzung des Textes. Der Zahlenteufel will Robert erklären, dass es unendlich viele Zahlen gibt.

2.4 Mit Zahlen gut im Bilde – Diagramme und Runden

Einstiege

E1 Johanna, Florian und Mike spielen Basketball. Sie versuchten in den letzten zehn Trainingswochen ihre Freiwurfquote zu verbessern.

Trainingsleistung von Florian

Trainingsleistung von Mike

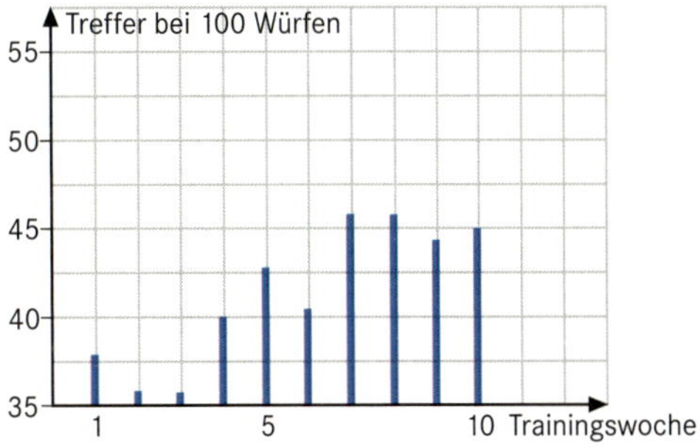

Trainingsleistung von Johanna

Trainingswoche	1	2	3	4	5	6	7	8	9	10
Treffer bei 1000 Würfen	408	403	407	412	418	422	428	424	437	450

a) Wer wirft am sichersten?
b) Stelle die Trainingsergebnisse von Johanna in einem Diagramm dar und die anderen in einer Tabelle.
c) Wer hat in den letzten zehn Trainingswochen den größten Fortschritt gemacht?
d) Worauf muss man achten, wenn man Diagramme liest?
e) Stelle die Ergebnisse von Mike grafisch so dar, wie es oben für Florian gemacht wurde. Zeichne ein Diagramm zu Florians Trainingsleistungen, das dem oben abgebildeten Diagramm von Mikes Ergebnissen entspricht.
f) Zeichne zu Johannas Trainingsergebnissen ein Diagramm so, dass man glaubt, Johanna hätte den größten Trainingserfolg gehabt.

E2 Tourismuseinnahmen in Europa (in Mio €)

	1990	2002
Deutschland	11 220	20 261
Frankreich	15 850	34 190
Griechenland	2032	10 302
Italien	12 924	28 464
Spanien	14 601	35 543
Türkei	2533	9529

Tourismuseinnahmen in Mio €

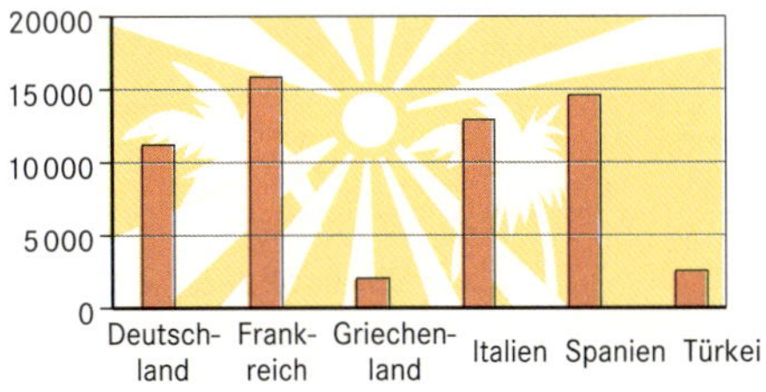

a) Im Diagramm sind die Zahlen für 1990 dargestellt. Stelle die Werte für 2002 ähnlich dar.
b) Berechne die Veränderungen von 2002 gegenüber 1990 und stelle auch diese grafisch dar.
c) Überlege dir Fragen, die man mithilfe der Informationen beantworten kann, und stelle sie deinem Partner.

---

a) Kannst du das kleine Einmaleins noch? Sage dir das Einmalzwei ($1 \cdot 2$ bis $10 \cdot 2$) auf.
Versuche es nun rückwärts.
Verfahre entsprechend mit dem Einmaldrei (Einmalvier; Einmalfünf).
b) Welche Zahlen aus dem Einmalsechs sind schon in a) vorgekommen? Wie geht's weiter?
c) Was fällt dir bei den Einerziffern im Einmalneun auf, was bei den Zehnerziffern?

Grundwissen

1 Um festzustellen, wie die Schülerinnen und Schüler zur Schule kommen, ist in allen fünften Klassen einer Schule eine Umfrage durchgeführt worden.
Bei einer solchen Befragung werden die Antworten (Daten) in Urlisten oder Strichlisten erfasst und in Tabellen sortiert.

Urliste
Strichliste
Tabelle

5a, Name	Verkehrsmittel
Gina	zu Fuß
Martin	Auto
Malte	Bus
Nora	Fahrrad
Tim	Bus
Kajan	Fahrrad
Andrea	zu Fuß

Urliste

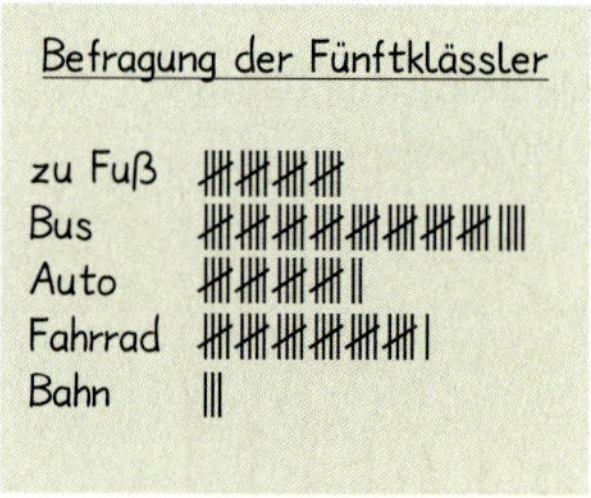

Strichliste

Befragung Klasse 5

Art	Anzahl
zu Fuß	20
Bus	44
Auto	22
Fahrrad	31
Bahn	3

Tabelle

Die Urliste ist völlig unsortiert. An der Stichliste und an der Tabelle kann man sofort erkennen, dass die meisten Schüler mit dem Bus zur Schule kommen. Die wenigsten Schüler kommen mit der Bahn.
Je länger die Strichliste ist, desto mehr Schüler kommen mit dem angegebenen Verkehrsmittel zur Schule.

Stab-diagramm

2 In einem **Stabdiagramm** entspricht die Länge der Stäbe den dargestellten Zahlen.
Die Einteilung der Achse erfolgt wie beim Zahlenstrahl. Man beginnt mit der Null und trägt dann in jeweils gleichen Abständen die Zahlen ein.

So kommen Schüler zur Schule – Umfrage unter Fünftklässlern

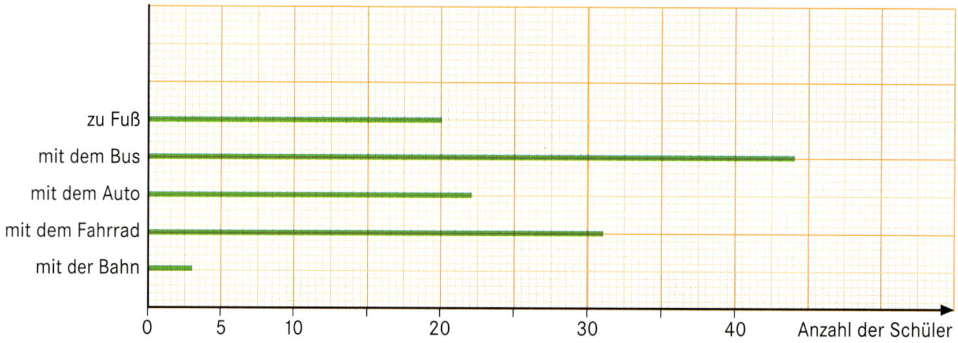

Wenn man ein Stabdiagramm zeichnen will, muss man überlegen, wie lang der längste Stab wird. Die Größe der Zeichnung wählt man dann so, dass das Diagramm übersichtlich ist und die dargestellten Werte gut ablesbar sind.

Nimmt man in unserem Beispiel für „1 Schüler 1 cm", so entsprechen „44 Schüler 44 cm". Das ist für eine Seite im Heft zu groß.
Wählt man für „1 Schüler 1 mm", so sind „44 Schüler nur 4,4 cm". Die Zeichnung wird sehr klein. Die Einteilung „1 Schüler sind 2 mm" ist sinnvoll, denn dann sind „44 Schüler 88 mm oder 8,8 cm". Das passt auf eine Seite. Drei Schüler entsprechen dann 6 mm. Auch das lässt sich noch gut einzeichnen.

3 Zu einem vollständigen Diagramm gehört auf jeden Fall eine Überschrift und eine Beschriftung der beiden Achsen.
Nur so wird klar, welcher Sachverhalt überhaupt dargestellt ist.

4 Wenn größere Zahlen, z. B. Einwohneranzahlen von Städten oder Ländern in Diagrammen dargestellt werden sollen, muss man vorher runden.

Runden

Das **Runden** einer Zahl geschieht nach folgender Regel:
Man richtet sein Augenmerk auf die *Stelle rechts von der Stelle,* auf die gerundet werden soll.

> Ist die Ziffer an dieser Stelle eine
> 0; 1; 2; 3 oder 4, so wird **abgerundet**,
> 5; 6; 7; 8 oder 9, so wird **aufgerundet**.

764■3 soll auf Hunderter gerundet werden.
Stelle, deren Ziffer betrachtet wird.
Stelle, auf die gerundet werden soll.

76403, 76413, 76423, 76433, 76443 → 76400

76453, 76463, 76473, 76483, 76493 → 76500

5 Den Unterschied zwischen der ursprünglichen Zahl und der gerundeten Zahl bezeichnet man als **Rundungsfehler**.

ursprüngliche Zahl	76 403	76 413	76 423	76 433	76 443	76 453	76 463	76 473	76 483	76 493
gerundete Zahl	76 400	76 400	76 400	76 400	76 400	76 500	76 500	76 500	76 500	76 500
Rundungsfehler	3	13	23	33	43	47	37	27	17	7

Säulendiagramm

6 Zur grafischen Darstellung benutzt man neben Stabdiagrammen häufig auch **Säulendiagramme.**

Einwohnerzahlen im Jahr 2004

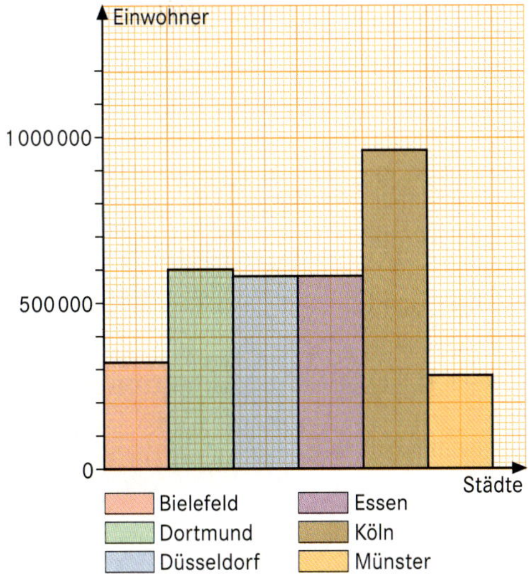

Im Säulendiagramm werden die Einwohnerzahlen durch die Höhe der Rechtecke (Säulen) angezeigt.
Zwischen den Rechtecken kann man auch einen Abstand lassen.
Auf der Hochachse fängt die gleichmäßige Zahleneinteilung in der Regel bei null an.

Damit eine Säulendiagramm beim Betrachter keinen falschen Eindruck hervorruft, müssen die Säulen gleich breit sein.

Wie beim Stabdiagramm sind auch beim Säulendiagramm die Überschrift und die Beschriftung der Achsen wichtig.
Ein Achsenbeschriftung wird auch oft durch eine Legende ersetzt.

Lesen von Diagrammen

7 Beim **Lesen von Diagrammen** orientiert man sich zunächst:
- Was ist dargestellt? Das erkennt man an der Überschrift.
- Wie ist es dargestellt? Darüber geben Achsenbeschriftung und Legende Auskunft.

In Stab- und Säulendiagrammen kann man besonders gut die Einzelergebnisse vergleichen.

> In Essen, Dortmund und Düsseldorf wohnen etwa gleich viele Menschen.
> Köln hat rund viermal so viele Einwohner wie Münster.

Übungen

1 Lies die Daten aus dem Diagramm ab.

Die Länge von Flüssen

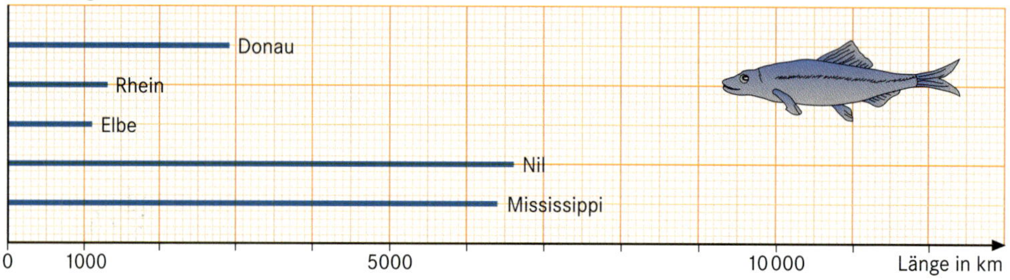

2 **Einwohnerzahlen im Jahr 2004**

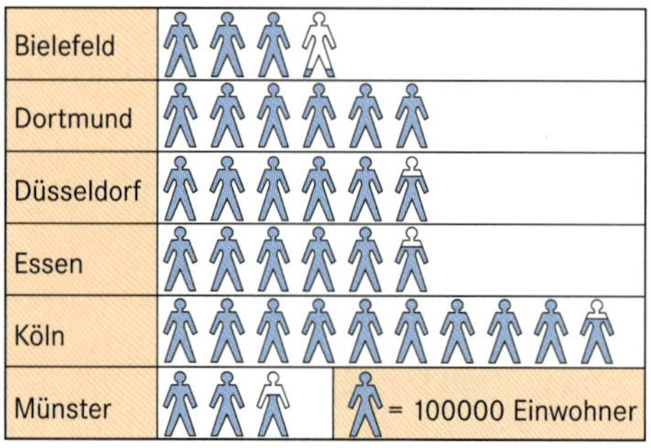

Man kann Zahlenangaben auch in einem **Bilddiagramm** darstellen.

a) Beschreibe, wie hier die Einwohnerzahlen dargestellt werden.

b) Lies die Einwohnerzahlen der Städte aus dem Diagramm ab.

c) Stelle die Einwohnerzahl deiner Heimatstadt dar.

3 Runde die Zahlen a) auf Zehner; b) auf Hunderter; c) auf Tausender:
478; 932; 4351; 5555; 4444; 7399; 1999; 6807; 7251; 9723.

4 Runde nacheinander auf Zehner, Hunderter, Tausender und Zehntausender.
Gib jeweils den Rundungsfehler an.

a) 167 352 b) 344 595 c) 6 499 012 d) 5 495 995
e) 755 499 f) 990 855 g) 4 398 454 h) 8 655 000

5 Auf welche Stelle könnte man sinnvoll runden?

a) Ein Zehnkämpfer stellt mit 9548 Punkten einen persönlichen Rekord auf.

b) Die Postleitzahl von Herdecke ist 58 353.

c) Das neue Auto hat 16 999 Euro gekostet.

d) Die Auskunft hat die Rufnummer 11 833.

e) Aachen hat 244 386 Einwohner.

f) Für eine 100-m-Läuferin wird eine Zeit von 10,88 Sekunden gestoppt.

6

gerundete Zahl	820	800	12 000	54 000	134 200	200 000
Rundungsfehler	4	36	428	3	9	1213

Auf welche Stelle könnte jeweils gerundet worden sein?
Welches könnten die ursprünglichen Zahlen gewesen sein?

7 Die angegebene Zahl ist durch Runden entstanden.
Gib an, wie groß die ursprüngliche Zahl mindestens und höchstens gewesen ist.

a) 4300 b) 710 c) 18 000 d) 18 400 e) 18 440 f) 5 Mio g) 89 Mio h) 743 Mio i) 5 Mrd

8 Wie groß kann der Rundungsfehler höchstens sein bei Rundung auf Zehner, Hunderter, Tausender, Zehntausender?

9 a) Betrachte die Rundungsfehler in den Beispielrechnungen. Was fällt auf?

b) Berechne Summe, Differenz und Produkt der Zahlen 9822 und 3274.
Runde dann beide Zahlen
(I) auf Zehner; (II) auf Hunderter
und führe die Rechnungen noch einmal mit den gerundeten Zahlen durch.
Wie groß sind die Fehler in den Ergebnissen?

Addition: $18 + 13 \approx 20 + 10 = 30$
Rundungsfehler: 2 3 1

Subtraktion: $18 - 13 \approx 20 - 10 = 10$
Rundungsfehler: 2 3 5

Multiplikation: $18 \cdot 13 \approx 20 \cdot 10 = 200$
Rundungsfehler: 2 3 34

10 Stelle die Daten der Tabelle in einem Säulendiagramm dar. Finde heraus, wo Wangerooge liegt, und erkläre die Verteilung der Feriengäste auf die einzelnen Monate.

Feriengäste auf Wangerooge							
Januar	752		Mai	8972		September	8012
Februar	812		Juni	12733		Oktober	7342
März	2413		Juli	13051		November	6082
April	9655		August	12980		Dezember	1971

11

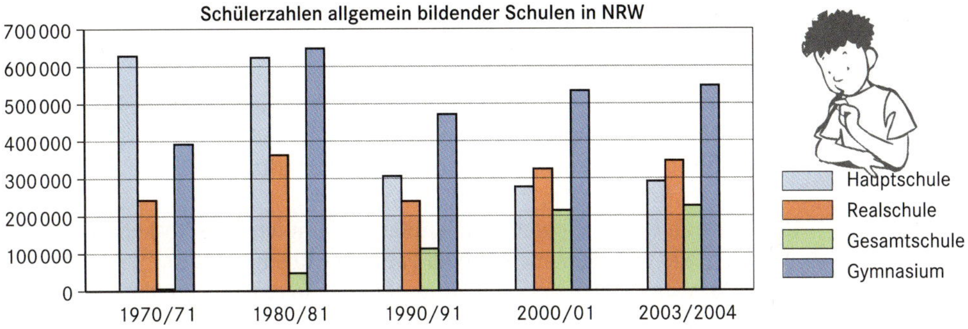

a) Wie viele Schüler besuchten im Schuljahr 2003/04 die einzelnen Schulformen?
b) Wie haben sich die Schülerzahlen an den Gesamtschulen und Gymnasien entwickelt?
c) Kannst du anhand des Diagramms die Aussage „Die Hauptschulen sterben langsam" bestätigen?

12 Bei vielen Gesellschaftsspielen benutzt man Würfel. So wirft man beim Spiel „Siedler von Catan" zwei Würfel gleichzeitig und zählt die Augenzahlen zusammen.
Wie oft kommen die möglichen Augensummen 2; 3; 4; ...; 12 vor?

3 + 5 = 8

a) Würfle zur Beantwortung dieser Frage einhundertmal. Notiere deine Ergebnisse in einer Strichliste und veranschauliche sie in einem Säulendiagramm.
b) Fasst alle Ergebnisse der Klasse zusammen und zeichnet ein Gesamtsäulendiagramm.
c) Vergleiche die beiden Diagramme aus a) und b) miteinander. Welches Diagramm hat deiner Meinung nach die größere Aussagekraft?
d) Welche Rolle spielen die Ergebnisse aus b) beim Spiel „Siedler von Catan"?

13 Im Bild erkennst du einige europäische Staaten. Du kannst die Einwohnerzahlen und die Flächen der Staaten ablesen.

a) Veranschauliche die Einwohnerzahlen in einem Bilddiagramm und die Flächen in einem Säulendiagramm.

b) Finde die Einwohnerzahlen der Hauptstädte dieser Staaten heraus und stelle sie in einem geeigneten Diagramm dar.

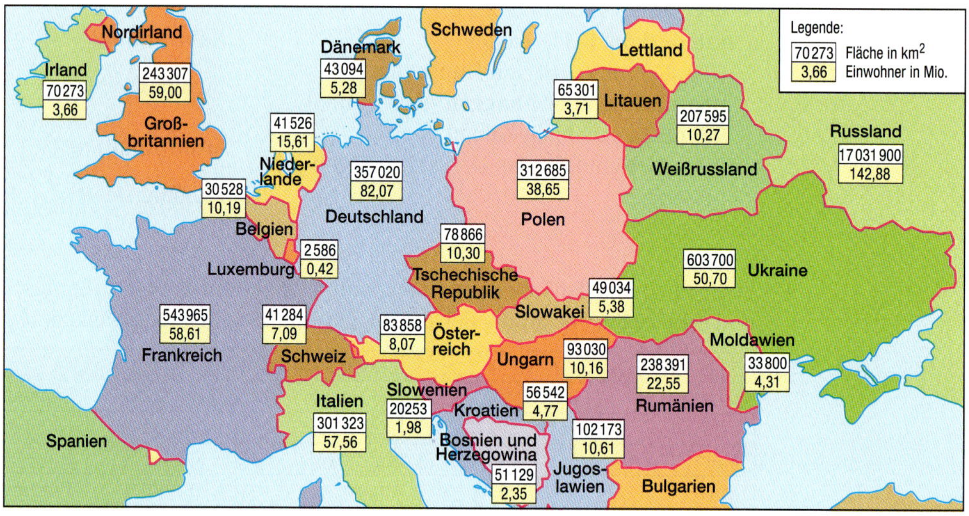

14 Wie viele Menschen leben in deutschen Großstädten?

a) Welche Städte sind deiner Meinung nach die fünf Städte Deutschlands mit den höchsten Einwohnerzahlen?

b) Finde die Einwohnerzahlen dieser Städte heraus. Ist deine Vermutung richtig?

c) Veranschauliche die Einwohnerzahlen der Städte durch verschiedene Diagrammtypen. Welches erscheint dir am besten geeignet? Begründe.

15 Führt an einer belebten Straße über 15 Minuten eine Verkehrszählung durch. Notiert dabei auch, wie viele Personen in dem Fahrzeug sitzen.

a) Wie viele Autos fahren in einer Stunde (an einem Tag) über diese Straße?

b) In wie vielen Autos sitzt nur eine (zwei, drei, vier oder mehrere) Person?

c) Verdeutlicht eure Beobachtungen in einem Diagramm.

d) Welche Möglichkeiten gibt es den Autoverkehr zu verringern?

Ausstiege

A1 „Was machen Fünftklässler in ihrer Freizeit?"

Führt zur Beantwortung dieser Frage eine Fragebogenaktion in eurer Klasse durch. Unterscheidet bei der Befragung zwischen Mädchen und Jungen.

Befragt auch noch eure Parallelklassen. Gibt es in den einzelnen Klassen unterschiedliche Ergebnisse?

Veranschaulicht das Ergebnis eurer Umfrage bildlich. Die besten Darstellungen könnt ihr in eurem Klassenraum aufhängen.

A2 a) Diagramme kannst du mit einem Tabellenkalkulationsprogramm schnell erstellen. Nimm z. B. die Werte aus **E2**, trage sie in eine Tabelle ein und markiere sie.
Klicke in der Symbolleiste auf . Es erscheint das erste Dialogfenster des „Diagramm-Assistenten“.

markieren: links klicken und ziehen

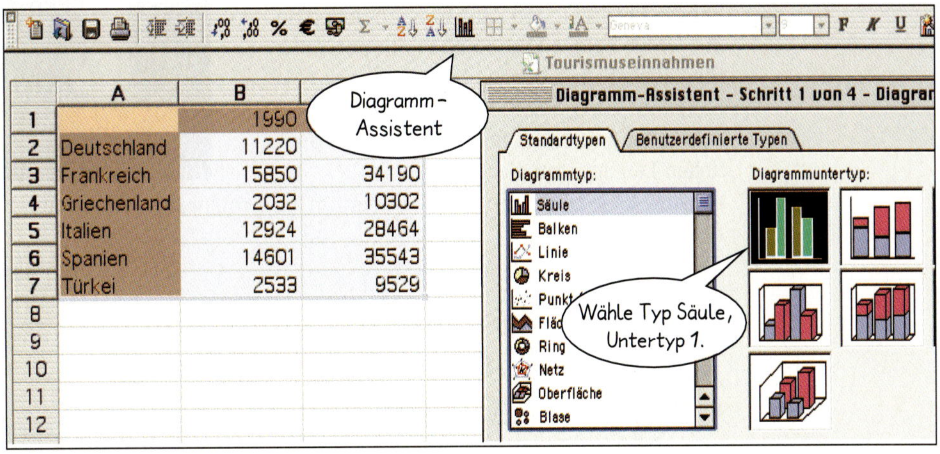

Mit den *vier Schritten* des Diagramm-Assistenten bestimmst du:

1. Diagrammtyp: Markiere den gewünschten Typ. **weiter**
2. Datenbereich: Die Werte sind schon markiert. **weiter**
3. Diagrammoptionen: Gib dem Diagramm einen Titel und lege die Achsenbeschriftung fest. **weiter**
4. Platzierung: Entscheide, ob das Diagramm neben die Tabelle oder auf ein neues Blatt kommt. **Fertig stellen**

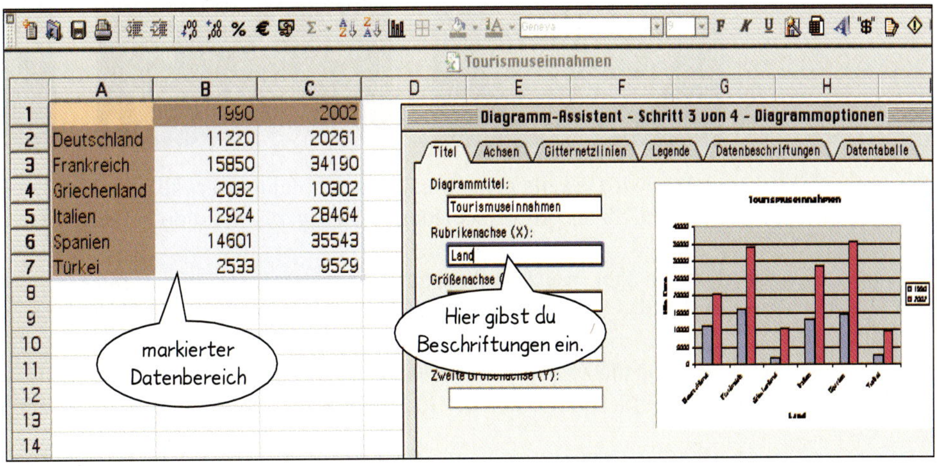

Wenn du das Diagramm fertig gestellt hast, vergiss nicht es zu speichern. Wähle dafür einen sinnvollen Namen.
Um zu drucken klicke auf .

b) Fahre mit dem Mauszeiger langsam über das fertige Diagramm und beobachte. Wenn du mit der linken Maustaste einen Doppelklick z. B. auf eine Säule machst, kannst du dein Diagramm verändern. Probiere es aus.

c) Probiere bei Schritt 1 verschiedene Diagrammtypen und -untertypen aus. Findest du einen, der sich besser für die Darstellung der Tourismuseinnahmen eignet?

Vermischte Übungen

L1 Leuchttürme haben wegen der häufig alten Türme, ihrer Lichtsignale oder der oftmals einsam gelegenen Standorte einen besonderen Reiz. Einige (wie der Leuchtturm Roter Sand) sind heute ein Museum, andere (wie die Greifswalder Oie) senden immer noch ihr Leuchtfeuer über die See.
Stelle in einem Stabdiagramm die Feuerhöhen der folgenden, noch in Betrieb befindlichen Leuchttürme dar:

Amrum 63 m; Borkum 60 m; Büsum 21 m; Greifswalder Oie 49 m; Helgoland 34 m

2

FIFA FUSSBALL-WELTMEISTERSCHAFT
DEUTSCHLAND
2006

Stadion	Sitzplätze
Berlin	76 000
Dortmund	69 000
Frankfurt	48 000
Gelsenkirchen	52 000
Hamburg	50 000
Hannover	45 000
Kaiserslautern	48 500
Köln	45 000
Leipzig	44 000
München	66 000
Nürnberg	45 500
Stuttgart	53 500

Die FIFA Fußball-Weltmeisterschaft 2006™ findet in zwölf Stadien statt.

a) Stelle die Anzahl der Sitzplätze in einem Säulendiagramm dar.

b) Wie viele Sitzplätze haben die Stadien zusammen?

L3

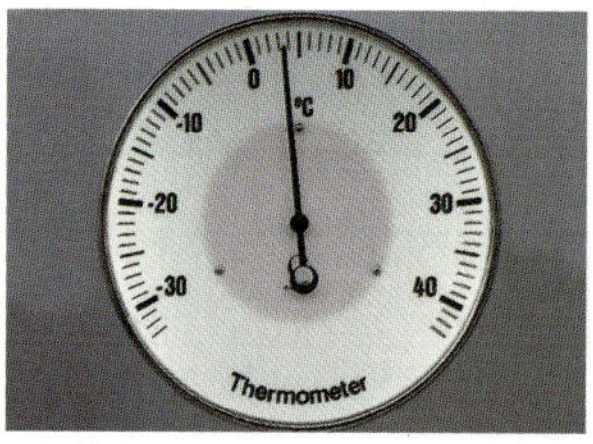

a) Was wird jeweils gemessen? Lies den Zahlenwert ab.

b) Suche Skalen an verschiedenen Messgeräten. Finde heraus, wie man sie abliest.

L4 Lies die Zahl. Welchen Wert hat die Stelle mit der roten Ziffer?

a) 43 951 b) 5 314 732 c) 34 857 442 000 d) 40 870 260

L5 Schreibe die Zahlen in einer Kleinerkette.
15 468 215; 16 Millionen; 15 Milliarden; 15 Millionen 411 Tausend 215; 15 215 411

L6 Zeichne einen Zahlenstrahl. Kennzeichne farbig

a) alle Zahlen, die um 4 kleiner oder um 4 größer sind als 7;

b) alle Zahlen, die sowohl in der Zweierreihe als auch in der Dreierreihe vorkommen.

7 Vergrößere die Zahl durch Umlegen eines Streichholzes. Finde möglichst viele Lösungen.

a) 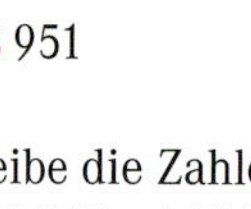

b) 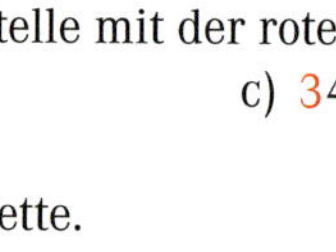

c) 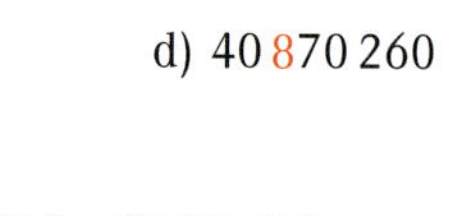

8 a) Wenn du nur ein Streichholz umlegst, so erhältst du eine richtige Gleichung. Versuche mehrere Lösungen zu finden.

IV+III=IX   XI+III=VII   XI+VI=XV

b) Denke dir ähnliche Streichholzprobleme aus und stelle sie deinen Mitschülern.

9 In das Kreuzzahlrätsel dürfen römische Zahlen bis einschließlich CCC eingetragen werden. Bestimme die gesuchte Lösungszahl. Wie viele verschiedene Lösungen findest du?

Waagerecht
1 Vielfaches von XL
2 Zahl zwischen C und CX
3 Gesuchte Lösungszahl

Senkrecht
1 Vielfaches von X
2 Jedes der Zeichen I; X und L kommt genau einmal vor
3 Quadratzahl

Nicht ins Buch schreiben!

	1	2	3
1			
2			
3			

10 a) In der Tabelle sind einige Quadratzahlen in verschiedenen Stellenwertsystemen eingetragen. Übertrage die Tabelle in dein Heft und ergänze die fehlenden Zahlen.

10	9	8	7	6	5	4	3	2
1		1					1	1
4		4					11	100
9		11					100	1001
16		20					121	10000
25		31					221	11001
36		44					1100	100100

b) Warum ist in jedem System 100 eine Quadratzahl?

11 a) Ergänze jeweils die nächsten drei passenden Zahlen im Dualsystem.
(I) 1_2; 11_2; 111_2; 1111_2; 11111_2; ...   (II) 10_2; 110_2; 1110_2; 11110_2; 111110_2; ...
b) Übertrage die Zahlen ins Dezimalsystem und setze sie um fünf weitere Zahlen fort.
c) Denke dir selbst Zahlenfolgen wie in a) und b) aus.

12 Erkläre die Fehler und ordne die Zahlen richtig.

a) $3456 > 700 < 1250 < 2567$ b) $10 < 100_2 < 110 < 10^2$
c) $5^2 < 25 < 11001_2 > 10^2$ d) $5^2 < 6^2 > 2^5 < 2^6$

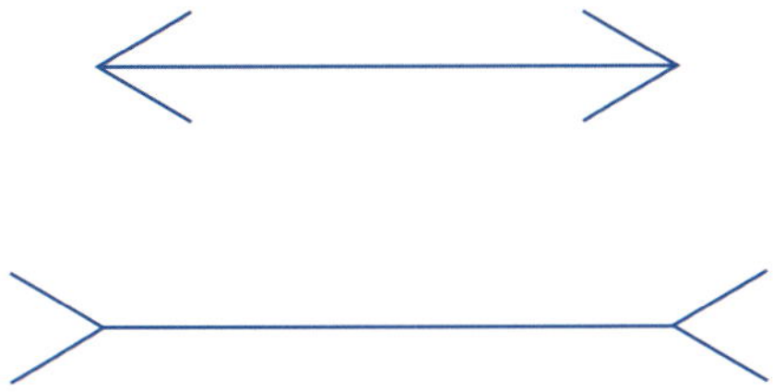

Ist doch klar, die untere Strecke ist länger!

Wetten, dass die gleich lang sind?

Schätze erst und miss dann nach.
Suche ähnliche optische Täuschungen.

14 a) Übertrage die in Sand geschriebenen Maya-Zahlen in unser Zehnersystem.

b) Übersetze die beiden Maya-Zahlen in das Dezimalsystem. Was fällt dir auf?
Woran liegt das?
Kann das Problem auch im Dezimal- oder Dualsystem auftreten?

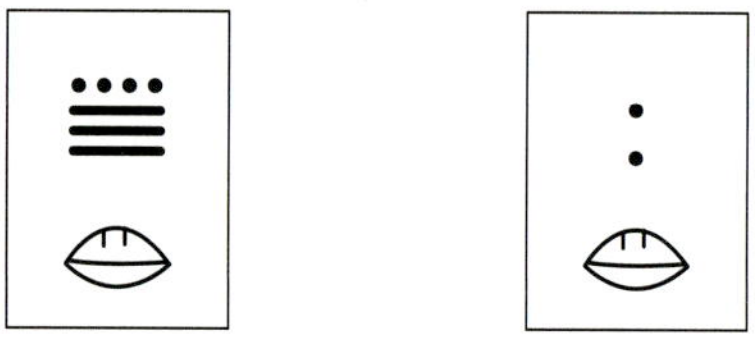

15 Das Blut übernimmt im menschlichen Körper wichtige Funktionen. Hauptbestandteile des Blutes sind die roten und weißen Blutkörperchen.

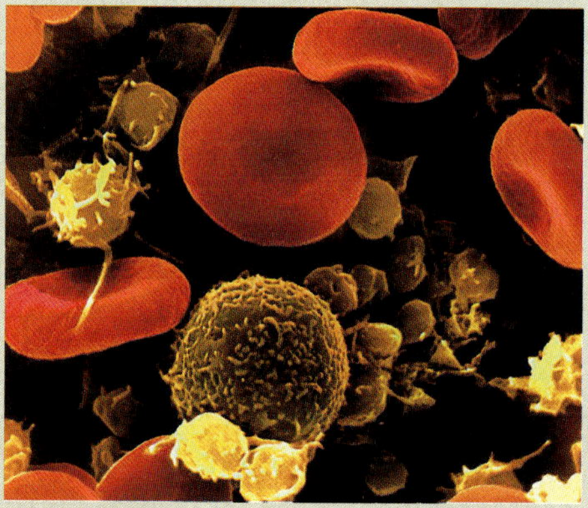

Die roten Blutkörperchen nehmen den Sauerstoff in den etwa 850 000 000 Lungenbläschen auf und transportieren ihn zu den einzelnen Zellen. Ein Liter Blut enthält etwa 5 000 000 000 000 rote Blutkörperchen. Das macht bei etwa 5 Liter Blut, die jeder Mensch besitzt, dann insgesamt 25 000 000 000 000 rote Blutkörperchen. Täglich werden hiervon 300 000 000 000 erneuert.
Die „Polizei" des menschlichen Körpers wird durch etwa 35 000 000 000 weiße Blutkörperchen gebildet. Sie greifen alle Fremdkörper wie Bakterien an und schützen uns dadurch vor Infektionen.

a) Lest den Text laut vor und stellt euch gegenseitig Fragen dazu.
b) Sucht oder schreibt selbst einen kurzen Text, in dem möglichst viele große Zahlen vorkommen, und lest ihn euren Mitschülern vor.

16 **„Hohe Hausnummer"**

Ziel des Spiels:
eine möglichst große dreistellige Zahl
Anleitung:
Die Mitspieler würfeln der Reihe nach, unmittelbar nach dem Wurf entscheidet jeder, an welche Stelle die gewürfelte Augenzahl gesetzt werden soll. Es werden drei Runden gewürfelt.

Beispiel:
1. Wurf 4, Entscheidung: Zehnerstelle
2. Wurf 2, Entscheidung: Einerstelle
3. Wurf 3, es ist nur noch die Hunderterstelle frei, also ist die erreichte Zahl: 342

a) Spielt das Spiel. Auf die gleiche Art könnt ihr auch „Niedrige Hausnummer" spielen.
b) Verändert die Spielregeln.

17 Franka schreibt ihre Briefe mit dem Computer und speichert sie unter Angabe des Datums ab: am 04.01.2003; am 07.03.2003; am 21.04.2003; am 06.05.2003; am 31.10.2003 und am 28.01.2004. Der Computer hat die Briefe aber in folgender Reihenfolge abgespeichert:
04.01.2003; 06.05.2003; 07.03.2003; 21.04.2003; 28.01.2004; 31.10.2003

a) Nach welchem System hat der Computer die Texte geordnet?

b) Wie müsste Franka das Datum der Briefe notieren, damit der Rechner die Briefe in der zeitlich richtigen Reihenfolge abspeichert?

18

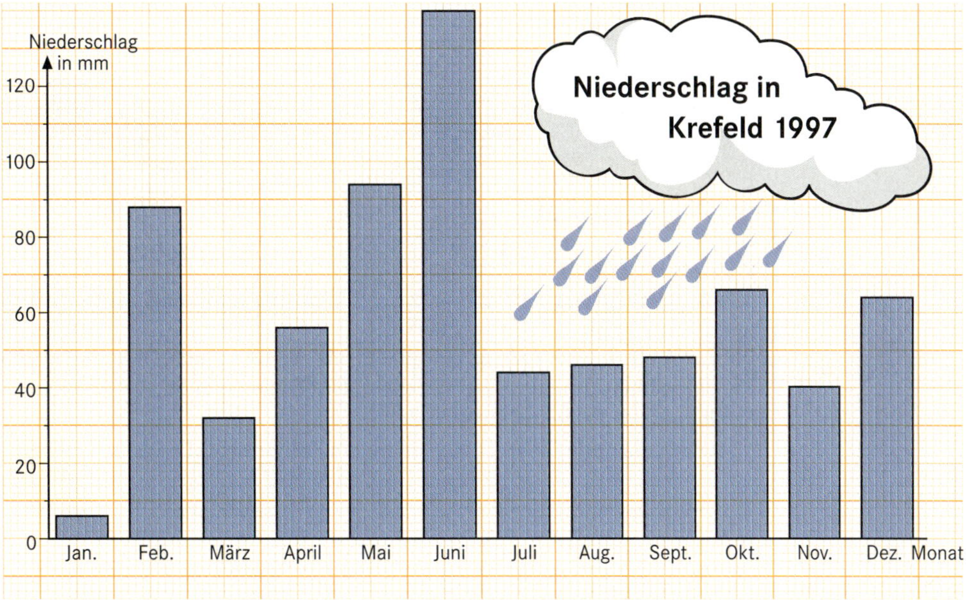

a) Was kannst du aus dem Diagramm über den Niederschlag in Krefeld im Jahr 1997 ablesen? Wie viel Niederschlag ist in dem Jahr insgesamt in Krefeld gefallen?

b) Für den durchschnittlichen Niederschlag der Jahre 1991 bis 2000 findet man:

Monat	Jan.	Feb.	März	Apr.	Mai	Juni	Juli	Aug.	Sept.	Okt.	Nov.	Dez.
durchschn. Niederschlag in mm	62	54	59	56	65	74	70	67	80	72	66	76

Stelle den durchschnittlichen Niederschlag der letzten Jahre in einem Säulendiagramm dar und vergleiche mit 1997. In welchen Monaten hat es 1997 relativ viel geregnet? Gab es 1997 auch besonders trockene Monate?

c) Suche in deinem Erdkundebuch oder deinem Atlas nach anderen Klimadiagrammen. Welche Diagramme weichen stark von den mitteleuropäischen Diagrammen ab? Zu welchen Regionen gehören sie?

19 Laut einer Zeitungsmeldung ist das Universum mindestens eine Milliarde Jahre jünger als bisher angenommen:
Nach Berechnungen des australischen Physikers Charles Lineweaver explodierte die Welt im Urknall vor ungefähr 13 400 Millionen Jahren.
Für wie alt hatte man die Welt vorher gehalten? Schreibe einen Leserbrief an die Zeitung zum Thema „sinnvolles Runden“.

Zusammenfassung

1 Unser Zahlensystem hat sich über viele Jahrhunderte entwickelt. Seinen Ursprung hat es vermutlich in Indien, wo auch erstmals ein Zahlzeichen für die 0 erfunden wurde.
Die Araber übernahmen die indischen Ziffern mit leichten Veränderungen und verwenden sie in ihrer Schrift noch heute. Um 1500 n. Chr. brachten Kaufleute die Kenntnis dieses Zahlensystems von Arabien nach Spanien, von wo es sich wegen seiner Vorteile gegenüber der römischen Schreibweise über ganz Europa verbreitete.

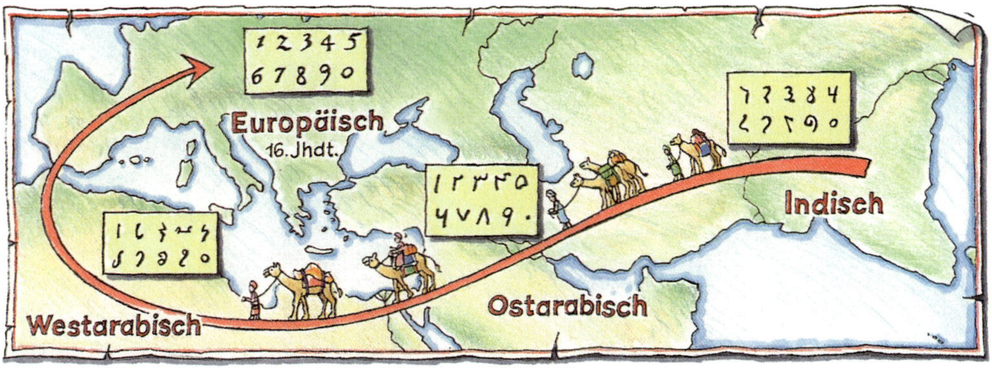

2 Die Zahlen 0; 1; 2; 3; 4; 5; 6; 7; 8; 9; 10; 11; 12; 13; ... nennt man **natürliche Zahlen**.
Die natürlichen Zahlen verwendet man beim Zählen und bei der Angabe von Anzahlen.
Es gibt unendlich viele natürliche Zahlen.
Man kann die natürlichen Zahlen an einem **Zahlenstrahl** veranschaulichen.

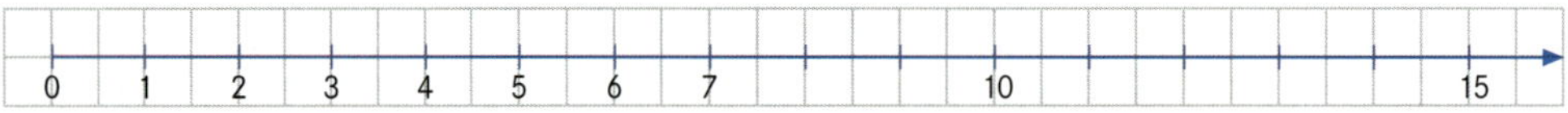

Die Pfeilspitze gibt die Richtung an, in der die Zahlen immer größer werden.
Von zwei Zahlen ist diejenige Zahl kleiner, die weiter links steht.

$3 < 5 < 10 < 15$

3 Zur Darstellung von Zahlen wird heute üblicherweise das **Dezimalsystem** (Zehnersystem) benutzt. Man verwendet *zehn* Ziffern.
Der *Wert* dieser Ziffern hängt von der *Stelle* ab, an der die Ziffer steht. Deswegen nennt man ein solches System auch **Stellenwertsystem**.
Die Stellenwerte im Dezimalsystem sind 1; 10; 100; 1000; ...
Durch Multiplikation mit 10 kommt man von einem Stellenwert zum Nächsthöheren.

4 Für Ausdrücke wie $10 \cdot 10 \cdot 10$ oder $2 \cdot 2 \cdot 2 \cdot 2 \cdot 2$, in denen jeweils eine Zahl mehrfach mit sich selbst multipliziert wird, verwendet man die **Potenzschreibweise**.

$\underbrace{10 \cdot 10 \cdot 10}_{\text{3 gleiche Faktoren}} = 10^3$ (gelesen: „10 hoch 3“)

$\underbrace{2 \cdot 2 \cdot 2 \cdot 2 \cdot 2}_{\text{5 gleiche Faktoren}} = 2^5$ (gelesen: „2 hoch 5“)

$\underbrace{5 \cdot 5 \cdot 5 \cdot 5}_{\text{4 gleiche Faktoren}} = 5^4$ (gelesen: „5 hoch 4“)

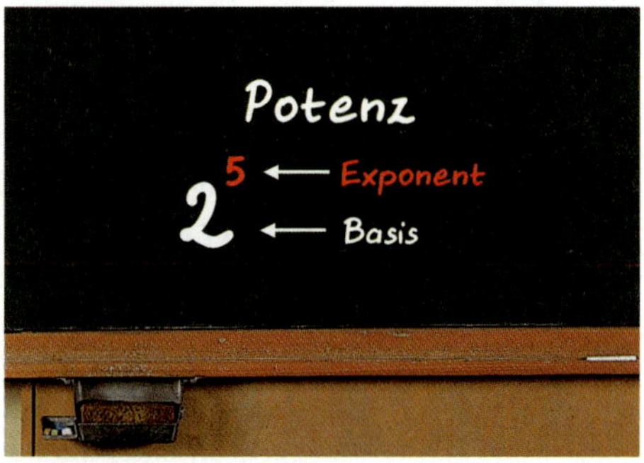

Außerdem hat man festgelegt: $10^0 = 1$ und $10^1 = 10$ und ähnlich $2^0 = 1$, $2^1 = 2$ usw.
Die Stellenwerte im Dezimalsystem sind **Zehnerpotenzen**.

5 Ein Stellenwertsystem, bei dem nur *zwei* Ziffern benutzt werden, nennt man **Dualsystem** (Zweiersystem). Die Stellenwerte im Dualsystem sind **Zweierpotenzen**:
$2^0 = 1,\ 2^1 = 2,\ 2^2 = 4,\ 2^3 = 8,\ 2^4 = 16,\ 2^5 = 32,\ 2^6 = 64,\ \ldots,\ 2^{10} = 1024$ usw.
Durch Multiplikation mit 2 kommt man von einem Stellenwert zum Nächsthöheren.

Mithilfe einer Stellenwerttafel kann man eine Zahl aus dem Dualsystem ins Dezimalsystem übertragen.

	128	64	32	16	8	4	2	1
11101001_2	1	1	1	0	1	0	0	1

$$11101001_2 = 1 \cdot 128 + 1 \cdot 64 + 1 \cdot 32 + 0 \cdot 16 + 1 \cdot 8 + 0 \cdot 4 + 0 \cdot 2 + 1 \cdot 1$$
$$= 128 + 64 + 32 + 0 + 8 + 0 + 0 + 1 = 233$$

Bei der Umrechnung einer Zahl vom Dezimalsystem ins Dualsystem beginnt man mit dem höchsten Stellenwert des Dualsystems, der in der Zahl enthalten ist.

$19 = 1 \cdot 16 + 0 \cdot 8 + 0 \cdot 4 + 1 \cdot 2 + 1 \cdot 1$
und damit: $19 = 10011_2$

6 Für praktische Zwecke, zum Beispiel für das Erstellen eines Diagramms, benötigt man oft nur geschätzte oder gerundete Zahlen.

Das **Runden** einer Zahl geschieht nach folgender Regel:
Man richtet sein Augenmerk auf die *Stelle rechts von der Stelle,* auf die gerundet werden soll.

Ist die Ziffer an dieser Stelle eine
0, 1, 2, 3 oder 4, so wird *ab*gerundet,
5, 6, 7, 8 oder 9, so wird *auf*gerundet.
Den Unterschied zwischen Zahl und Rundungszahl nennt man **Rundungsfehler.**

764■3 soll auf Hunderter gerundet werden.
Stelle, deren Ziffer betrachtet wird.
Stelle, auf die gerundet werden soll.

76403, 76413, 76423, 76433, 76443 → 76400
76453, 76463, 76473, 76483, 76493 → 76500

7 Zahlen können durch **Diagramme** veranschaulicht werden. Jedes Diagramm trägt eine Überschrift und die Achsen sind beschriftet.
Die Achsenbeschriftung kann durch eine Legende ersetzt werden.

Durchschnittlicher Wasserverbrauch je Einwohner und Tag in Liter

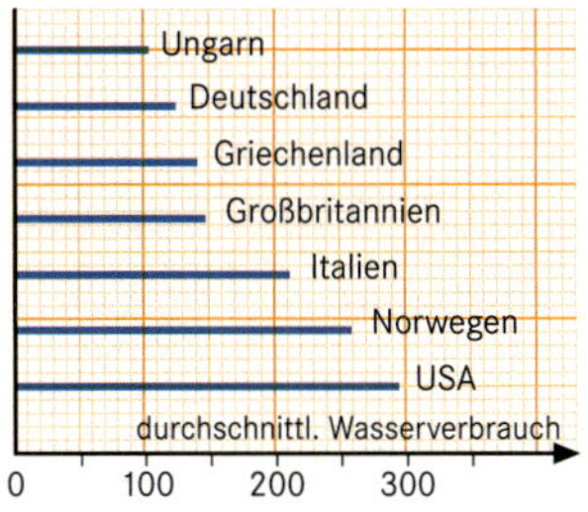

Stabdiagramm

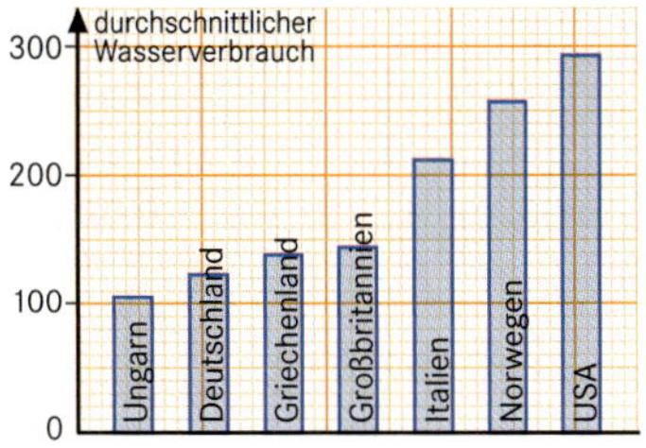

Säulendiagramm

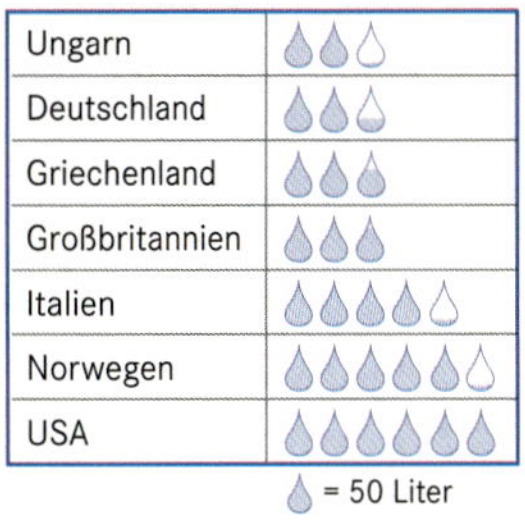

Bilddiagramm

In Stab- und Säulendiagrammen werden die Zahlen durch die Länge der Stäbe bzw. die Höhe der Säulen (Rechtecke) dargestellt. Dabei müssen die Säulen gleich breit sein.
Bei diesen Diagrammtypen kann man besonders gut die einzelnen Werte vergleichen.

Ein Einwohner der USA verbraucht am Tag durchschnittlich dreimal so viel Wasser wie ein Einwohner Ungarns.

2.7 Hexadezimalsystem

1 Über *eine* Leitung kann in einem Computer nur die Information „Strom fließt“ (1) oder „Strom fließt nicht“ (0) geleitet werden. Diese kleinste Information nennt man ein **Bit**. Über *mehr* Leitungen kann man *mehr* Informationen leiten. Gewöhnlich fasst man acht Leitungen zusammen und sendet damit achtstellige Kombinationen von Nullen und Einsen, also Dualzahlen. Eine solche 8 Bit-Information nennt man ein **Byte**.
Ein Byte kann $2^8 = 256$ verschiedene Kombinationen aus Nullen und Einsen enthalten (Wieso?).

2 Was ein Computer machen soll, muss man in eine Sprache übersetzen, die der Computer versteht: Man muss ein Programm schreiben. Dazu müsste man dann eigentlich alles – Zahlen, Texte, Befehle, ... – mit Nullen und Einsen codieren. Das ist sehr lästig und die Programmtexte werden dabei sehr lang und sind kaum noch zu lesen.
System-Programmierer nutzen deshalb als Zwischenschritt das **Hexadezimalsystem** oder Sechzehnersystem. Mit den 16 verschiedenen Ziffern kann man $16^2 = 256$ verschiedene maximal zweistellige Hexadezimalzahlen bilden. Jedes Byte kann also statt durch eine achtstellige Dualzahl auch durch eine zweistellige Hexadezimalzahl dargestellt werden.
Stelle eine Übersetzungstabelle für die ersten 256 Zahlen her: Dezimal, Hexadezimal, Dual.

dezimal	0	1	2	3	4	5	6	7	8	9	10	11	12	13	14	15
hexadezimal	0	1	2	3	4	5	6	7	8	9	A	B	C	D	E	F

3

HEX	Zeichen	HEX	Zeichen
0x3E	>	0x48	H
0x3F	?	0x49	I
0x40	@	0x4A	J
0x41	A	0x4B	K
0x42	B	0x4C	L
0x43	C	0x4D	M
0x44	D	0x4E	N

Auch Buchstaben, Satzzeichen, ... werden codiert. In einer Codetabelle z. B. des ASCII-Zeichensatzes entspricht jedes Zeichen einer Zahl von 0 bis 256. Damit lassen sich dann Texte zuerst in Hex-Code und dann in Dualzahlen darstellen.
Sucht nach einer vollständigen Codetabelle des ASCII-Zeichensatzes.

4 Recherchiert und erstellt für eine Posterausstellung zu jedem Thema ein Poster. Überlegt, was alles auf den Postern zu sehen sein soll und was dort erklärt werden muss.

Codieren von Texten
Schreibt einen kurzen Text und übersetzt ihn mithilfe eurer ASCII-Tabelle in Hex-Code

Codieren von Zahlen
Recherchiert, wie Kommazahlen im Computer gespeichert werden.

Codieren von Zahlen
Wenn ein Computer rechnet, muss er wissen, was für eine Zahlsorte verwendet wird.
Zum Beispiel ist der Typ Byte eine Zahl von 0 und 255.
Was passiert, wenn die Zahlen 138 und 183 addiert werden?
Codiert beide Zahlen als Dualzahl und addiert sie.
Was ist das Ergebnis?

Hinweis: zusätzliche Stellen vorne vergisst der Computer.

Programmieren
Was bedeutet: A5 01 65 02 85 03?

Ausschnitt aus der Befehlstabelle eines Prozessors

Befehl	Hex-Code	Beschreibung
ADC ##	65	addiert Inhalt von ## zu R
LDA ##	A5	lädt Inhalt von ## in R
STA ##	85	speichert Inhalt von R in ##

und R sind 1-Byte-Adressen im Computerspeicher

3.1 Ab und zu mit Strichen rechnen – Addieren und Subtrahieren

Einstiege

E1

+	1	2	3	4	5	6	7	8	9	10
1	2								10	
2		4			2 + 5			10		
3			6				10			
4				8		10				
5		5 + 2			10					
6				10		12				
7			10				14			
8		10						16		
9	10								18	
10										20

a) Zeichnet die Additionstafel zum „kleinen Einspluseins“ ab und füllt sie aus. Nehmt zu den Äußerungen der Gruppe Stellung.
b) Vergleicht den grünen mit dem gelben Teil der Tafel. Warum genügt es die Summen in einem der beiden Teile auswendig zu können? Würdet ihr alle den grünen Teil wählen? Begründet eure Entscheidung.
c) Untersucht die Tafel genauer und versucht Regelmäßigkeiten zu entdecken. Welche Summe kommt z. B. am häufigsten vor? Wo steht sie? Was für Zahlen stehen in der orangen „Hauptdiagonale“?
d) Ersetzt „plus“ durch „minus“ und untersucht die entstehende Tafel. Warum müssen Felder leer bleiben?
e) „Beim schriftlichen Rechnen hat man es immer nur mit dem kleinen Einspluseins zu tun. Das hängt mit dem Dezimalsystem zusammen.“ Schreibt einen kleinen Artikel dazu.

E2 Lena kennt mal wieder einen Zaubertrick und probiert ihn mit Tom aus.

a) Rechnet den „Trick“ mit verschiedenen Startzahlen durch. Wer herausfindet, wie der Trick funktioniert, kann selbst Differenzen raten.
b) Funktioniert der Trick auch, wenn man sich die Zehner- oder die Hunderterziffer nennen lässt? Begründet.
c) Wählt auch Startzahlen, die gleiche Ziffer oder Nullen enthalten. Sollte man solche Startzahlen ausschließen?
d) Funktioniert der Trick auch mit zweistelligen Zahlen? Wenn ja, beschreibt wie. Wenn nein, begründet warum nicht. Verfahrt entsprechend mit vierstelligen Zahlen.
e) Beschreibt, was dieser Zaubertrick mit dem Dezimalsystem zu tun hat.

Differenzen raten

- Wähle eine dreistellige Zahl. — 3 2 7
- Bilde die Umkehrzahl. — 7 2 3
- Subtrahiere die kleinere von der größeren Zahl. — 7 2 3 − 3 2 7 = 3 9 6
- Nenne mir die Einerziffer des Ergebnisses. — 6
- Dein Ergebnis ist 396.

Grundwissen

1 **Addieren** ist verkürztes Weiterzählen. Statt von 4 aus dreimal um 1 weiterzuzählen, kann man zu 4 auch 3 addieren.
Subtrahieren ist verkürztes Rückwärtszählen.
Statt von 7 aus dreimal um 1 zurückzuzählen, kann man von 7 auch 3 subtrahieren.

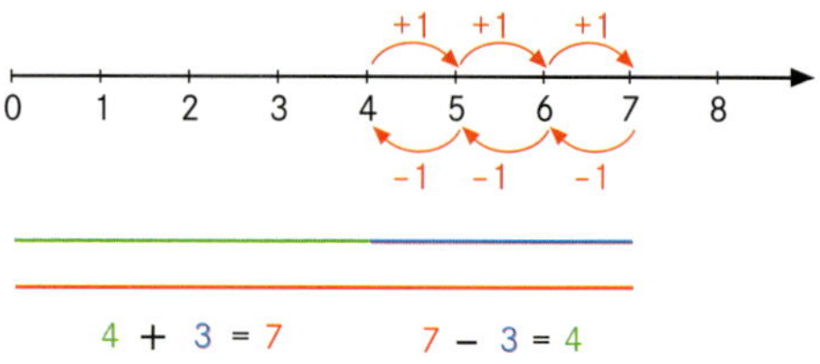

Addition
Subtraktion

Minuend (lat.): das zu Vermindernde
Subtrahend (lat.): das Abzuziehende

2

Addition					Subtraktion				
85	+	76	=	161	161	−	76	=	85
↑		↑		↑	↑		↑		↑
1. Summand		**2. Summand**		**Summe**	**Minuend**		**Subtrahend**		**Differenz**

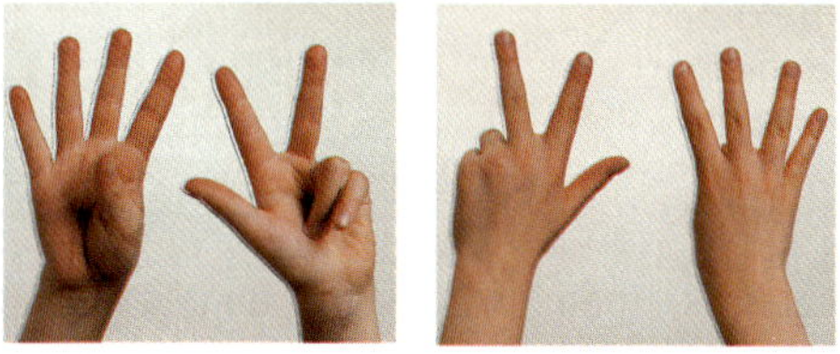

4 + 3 = 3 + 4

Es gilt das
Vertauschungsgesetz der Addition:
In einer Summe können die Summanden vertauscht werden, ohne dass sich das Ergebnis ändert.

Kommutativgesetz der Addition

Statt „Vertauschungsgesetz" sagt man in der Mathematik **Kommutativgesetz**.

Für die Subtraktion gilt kein Kommutativgesetz. Deshalb werden die Zahl, *von der* subtrahiert wird, und die Zahl, *die* subtrahiert wird, unterschiedlich bezeichnet.
Bei der Addition heißen dagegen beide Zahlen Summanden.

Klammerregel

3 Wenn mehr als zwei Zahlen addiert werden sollen, kann man die Summanden wie in den **Rechenbäumen** unterschiedlich zusammenfassen. In der Mathematik macht man das durch **Klammern** deutlich: Was in Klammern steht, soll zuerst gerechnet werden.
Bei der Addition ist das Ergebnis unabhängig davon, wie man die Summanden zusammenfasst.

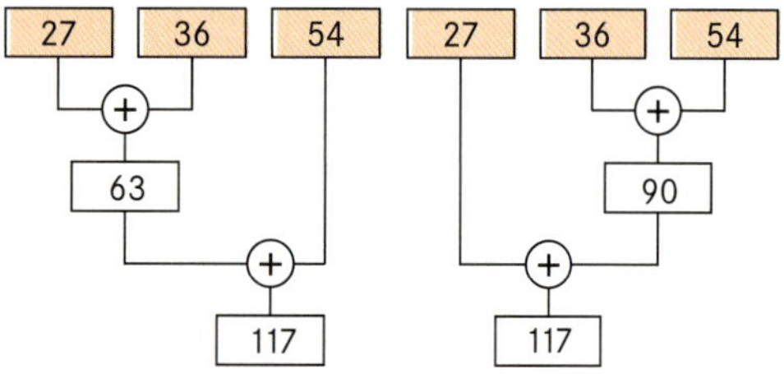

Assoziativgesetz der Addition

Deshalb gilt das
Verbindungsgesetz der Addition:
In einer Summe können Klammern verschoben oder weggelassen werden, ohne dass sich das Ergebnis ändert.

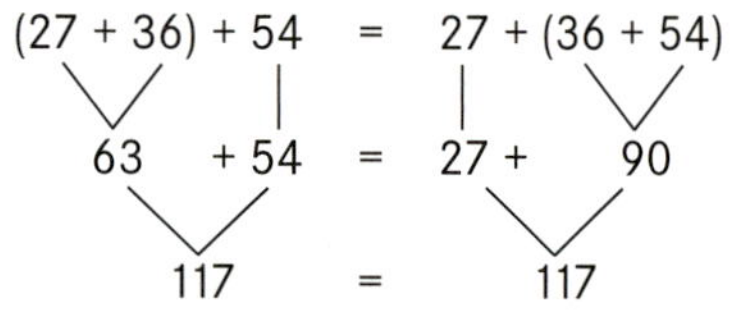

Statt „Verbindungsgesetz" sagt man in der Mathematik **Assoziativgesetz**.

4 Beim Rechnen im Stellenwertsystem wendet man das Kommutativgesetz und das Assoziativgesetz an.
Oft kann man sich mithilfe der beiden Gesetze **Rechenvorteile** verschaffen, z. B. indem man so zusammenfasst, dass man ganze Zehner, Hunderter, Tausender, ... erhält.

$$\begin{aligned}364 + 897 &= (300 + 60 + 4) + (800 + 90 + 7)\\ &= (300 + 800) + (60 + 90) + (4 + 7)\\ &= 1100 + 150 + 11\\ &= \underline{\underline{1261}}\end{aligned}$$

$$\begin{aligned}18 + 27 + 22 + 13 &= (18 + 22) + (27 + 33)\\ &= 40 + 60 = \underline{\underline{100}}\end{aligned}$$

schriftliches Addieren

5 Wenn eine Additionsaufgabe nicht ohne weiteres im Kopf zu lösen ist, kann man **schriftlich addieren:**

9123 + 68 325 + 798 + 2651

		9	1	2	3
+	6	8	3	2	5
+			7	9	8
+		2	6	5	1
	2	1	1	1	
	8	0	8	9	7

schriftliches Subtrahieren

6 Das Verfahren für das **schriftliche Subtrahieren** ähnelt dem für das Addieren.

739 – 253

	7	3	9
−	2	5	3
	1		
	4	8	6

Überträge beachten!

Stellen richtig untereinander schreiben

stellenweise ergänzen

Einerstelle: 3 + 6 = 9

Zehnerstelle: 5 + 8 = 13

Hunderterstelle: (1 + 2) + 4 = 7

Wenn mehrere Zahlen zu subtrahieren sind, gibt es zwei Wege.

189 456 – 93 476 – 6897 – 64 378

(I) Man subtrahiert gleich.

	1	8	9	4	5	6
−		9	3	4	7	6
−			6	8	9	7
−		6	4	3	7	8
	1	1	2	2	2	
		2	4	7	0	5

(II) Man addiert erst alle Subtrahenden und subtrahiert dann die Summe.

		9	3	4	7	6
+			6	8	9	7
+		6	4	3	7	8
	1	1	1	2	2	
	1	6	4	7	5	1

	1	8	9	4	5	6
−	1	6	4	7	5	1
			1			
		2	4	7	0	5

7 Für die Subtraktion gilt kein Vertauschungsgesetz und kein Verbindungsgesetz. Aber man darf z. B. wie im Verfahren (II) aus **6** alles, was subtrahiert werden soll, „sammeln".
189 456 – 93 476 – 6897 – 64 376 = 189 456 – (93 476 + 6897 + 64 376)

8 Subtrahiere von der Summe von 25 und 71 die Summe von 69 und 13.

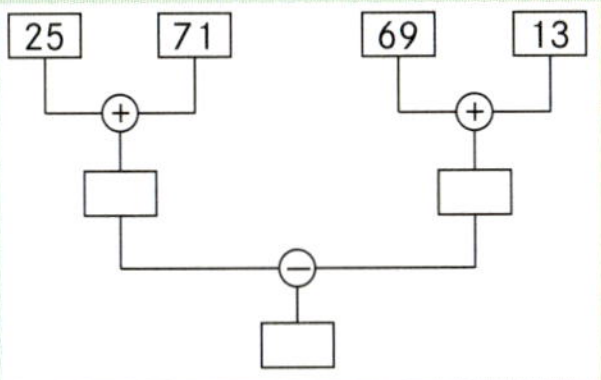

Der Term ist die Differenz aus der Summe von 25 und 71 und der Summe von 69 und 13.

(25 + 71) – (69 + 13)
Summe – Summe
Differenz

Term

Ein Rechenbaum veranschaulicht einen Rechenausdruck. Statt Rechenausdruck sagt man in der Mathematik auch **Zahlterm** oder kurz **Term**. Man kann einen Term auf verschiedene Weisen veranschaulichen, in Worten oder in der mathematischen Kurzschreibweise darstellen.

Übungen

1 Berechne im Kopf.

a)	b)	c)	d)
35 + 16	33 − 22	920 + 300	1024 − 512
86 + 14	19 − 17	546 + 154	256 + 356
47 + 36	83 − 56	822 − 222	1700 − 800
376 + 24	154 − 44	1009 − 910	7777 + 2223

2 a) Schreibe die Zahl 6 auf mindestens drei verschiedene Weisen als Summe von zwei (drei; vier) Summanden.
b) Auf wie viele verschiedene Weisen kann man 6 als Summe von zwei bzw. drei Summanden darstellen? (Ihr solltet euch in der Klasse einigen, welche Darstellungen ihr als „verschieden“ anerkennt.)
c) Stelle entsprechend die 6 als Differenz dar.
Wie viele „verschiedene“ Möglichkeiten findest du?
d) Probiere dasselbe mit 5 und mit 8.

3 Wie oft kannst du die erste Zahl von der zweiten subtrahieren?
a) 324 von 2063 b) 84 von 1736 c) 158 von 7864 d) 197 von 90 543 e) 168 von 8439

4

(I)

+	3	4	5	6	10
12					
15					
20					
30					
60					

(II)

+	1	13	17	19	23
1					
13					
17					
19					
23					

(III)

+	6	9	12	16	18
12					
16					
36					
72					
144					

(IV)

+	3	4	5	6	7
39					
56					
75					
96					
119					

a) Schreibe die Tabellen ab und fülle sie aus.
b) Ersetze „Plus“ durch „Minus“ und fülle die Tabellen wieder aus.
Welche Felder müssen nun leer bleiben?

550, 873, 212, 511, 101, 5900, 912, 689, 53, 374, 383, 203, 1110, 110, 610, 7750, 596, 796, 970, 1806, 228, 4750, 410, 915

5 Berechne im Kopf.
a) 43 + 58 b) 432 + 79 c) 19 + 854 d) 825 + 90 e) 76 + 307 f) 300 + 7450
g) 17 + 93 h) 299 + 311 i) 55 + 634 j) 123 + 987 k) 167 + 803 l) 927 + 879

6 Berechne im Kopf.
a) 239 − 27 b) 580 − 30 c) 300 − 72 d) 430 − 56 e) 5200 − 450 f) 7300 − 1400
g) 877 − 81 h) 926 − 330 i) 650 − 597 j) 909 − 499 k) 1011 − 99 l) 6023 − 5820

7 a) 2 Mio + 98 002 001 b) 9 Mrd + 54 Mio c) 13 013 013 + 17 Mio d) 10 Bill + 1001 Mrd
e) 18 Mio − 7 Mio f) 1 Mio − 900 000 g) 87 654 321 − 87 Mio h) 1 Mrd − 1 Mio

8 Schreibe die Tabelle ab und fülle sie aus.

a)

+	4	19		36	45
19					
54					
65			90		
99					
				160	

b)

−		34	43		100
20	5				
			11		
100					
190				99	
					95

c)

−		55		555	
55	55				
		55			
120			55		
				55	
567					55

9 Welche Zahl muss für das Kästchen eingesetzt werden?

a) □ + 65 = 100 b) 34 + □ = 90 c) 85 + 34 = □
d) □ - 17 = 85 e) □ - 45 = 23 f) 123 - □ = 91

10 Addiere die Zahlen in nebeneinander liegenden Kästchen und trage das Ergebnis jeweils in das darunter liegende Kästchen ein. Entdeckst du die eingebaute Rechenkontrolle?

a)
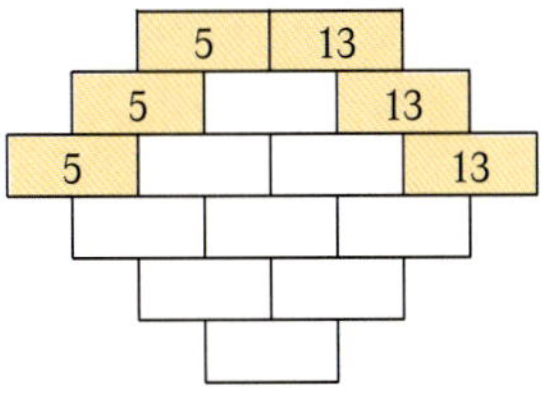

b)
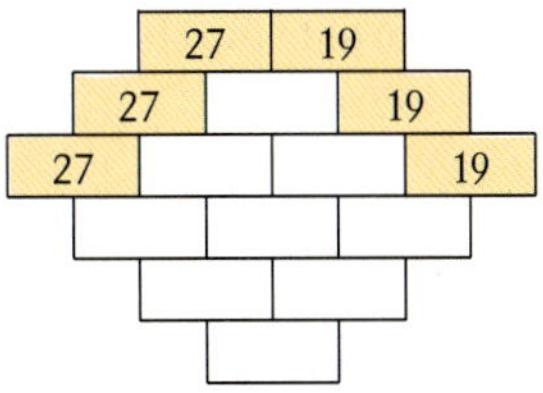

c)
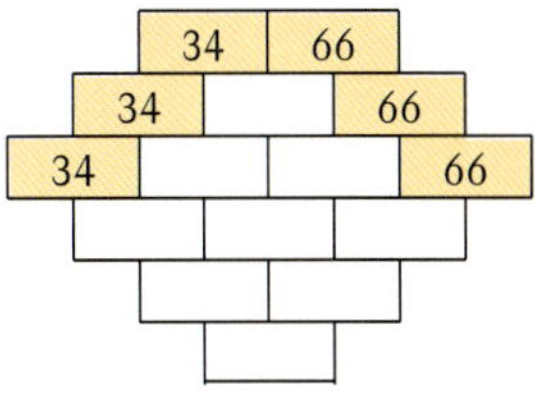

11
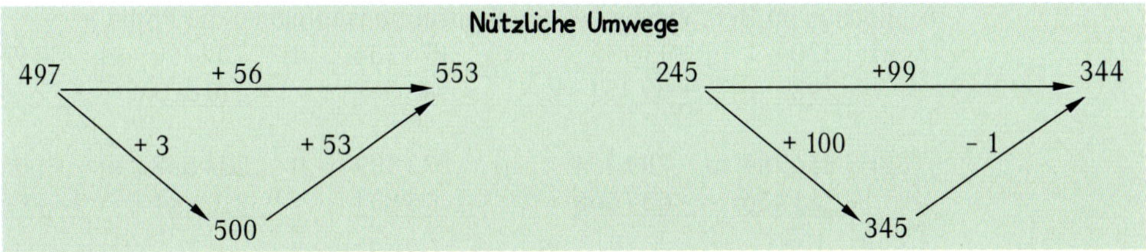

a) Beschreibe, wie man den Umweg einrichtet und wann er sich lohnt.
b) Rechne ähnlich wie in den Beispielen.
(I) 398 + 77 (II) 2297 + 3008 (III) 5970 + 63 (IV) 655 + 98 (V) 1233 + 199
(VI) 204 - 77 (VII) 3501 - 45 (VIII) 6003 - 248 (IX) 147 - 99 (X) 683 - 398

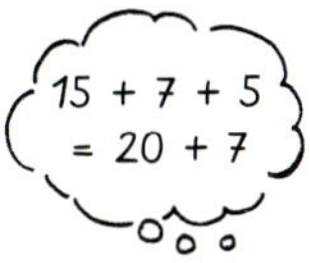

12 Berechne geschickt.

a) 24 + 7 + 16 + 23 b) 17 + 13 + 14 + 16 c) 56 + 17 + 133 + 44
d) 87 + 28 + 33 + 52 e) 133 + 277 + 23 + 17 f) 234 + 566 + 235 + 65
g) 420 + 537 + 463 + 78 h) 316 + 284 + 543 + 257 i) 123 + 277 + 631 + 49
j) 998 + 714 + 2 + 36 k) 195 + 645 + 255 + 305 l) 286 + 368 + 414 + 52

13
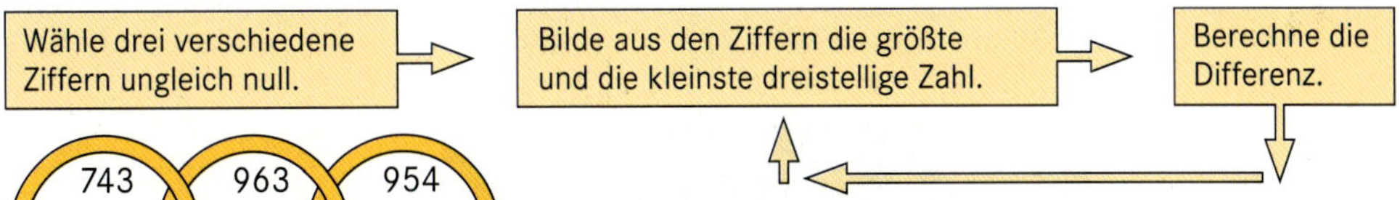

Mit den Startziffern 3, 4 und 7 erhält man eine Minuskette mit drei Gliedern.

a) Setze das Verfahren noch einen Schritt fort und erkläre, warum die Kette dadurch nicht länger wird.
Probiere das Verfahren mit verschiedenen Startziffern aus. Was fällt dir auf?
Welche deiner Minusketten hat die meisten Glieder? Versuche eine längere zu konstruieren.
b) Was passiert, wenn man zwei Ziffern wählt und zweistellige Zahlen bildet?

14 Was muss für das Kästchen eingesetzt werden?

a) 19 + □ = 91 b) □ + 27 = 345 c) 58 - □ = 23 d) □ - 184 = 245
e) 44 + □ = 72 f) □ + 81 = 582 g) 83 - □ = 19 h) □ - 333 = 892
i) 2 + 6 □ 10 - 3 j) 45 - 25 □ 7 + 8 k) 61 + 114 □ 50 + 60 + 70
l) 100 + 500 + 900 □ 1900 - 500 - 100 m) 225 + 670 □ 625 + 207

15 Addition und Subtraktion derselben Zahl heben sich gegenseitig auf.

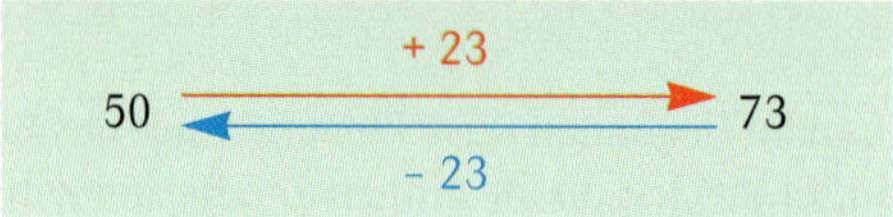

Die Subtraktion ist die Umkehrung der Addition.

73 - 23 = 50 Probe: 50 + 23 = 73
50 + ☐ = 73
☐ = 73 - 50 = 23

a) Nutze Rechenvorteile durch Vertauschen von Rechenschritten.
(I) 57 + 13 - 55 - 13 (II) 1234 + 97 - 234 + 3 (III) 128 - 76 + 903 - 28 + 76 - 803
(IV) 697 + 103 + 303 - 103 (V) 7392 - 13 + 92 + 87 (VI) 256 - 152 + 1806 - 56 + 152

b) Subtrahiere und mache die Probe durch Addieren.
(I) 150 - 125 (II) 100 - 45 (III) 400 - 320 (IV) 840 - 766 (V) 190 - 102
(VI) 257 - 99 (VII) 461 - 372 (VIII) 934 - 854 (IX) 777 - 688 (X) 1555 - 789

16 Rechne im Heft, mache bei den Subtraktionsaufgaben die Probe.

a) 3204 + 2987
b) 13 933 + 59 357
c) 876 354 + 546 347
d) 709 790 + 310 623
e) 34 965 965 + 77 268 475
f) 987 476 + 345 893
g) 356 789 - 123 456
h) 789 334 - 689 568
i) 573 389 - 75 834
j) 234 568 - 210 934
k) 9 000 000 - 111 111
l) 987 476 - 345 893
m) 856 + 697 + 889
n) 966 + 346 + 537
o) 573 389 + 178 948 + 459
p) 966 - 322 - 526
q) 697 - 251 - 346
r) 569 845 - 178 948 - 93 789
s) 40 803 + 930 + 26 933 + 63 901
t) 34 921 + 8 706 545 + 16 734 298 + 789
u) 9 758 643 + 357 864 + 1 113 334 + 6 770 433
v) 78 567 - 2347 - 356 - 71 894
w) 348 736 - 117 289 - 93 727 - 8 956
x) 81 406 - 60 579 - 12 864 - 5791

17 Berechne schriftlich.

a) 267 + 456 + 594 + 367 b) 898 + 246 + 345 + 877 c) 845 + 1203 + 1387 + 119
d) 1783 + 277 + 2573 + 317 e) 4048 - 29 - 634 - 2980 f) 135 + 9631 + 87 + 32 766
g) 3985 - 816 - 1387 - 722 h) 8920 - 463 - 92 - 4408 i) 36 091 - 55 - 315 - 6273

18

Saison	Bundesliga	2. Bundesliga
2002/03	9.764.735	3.089.625
2001/02	9.503.367	2.454.299
2000/01	8.696.712	2.925.227
1999/2000	8.849.661	3.306.086
1998/99	9.455.582	2.360.228
1997/98	9.520.385	2.468.993
1996/97	8.776.265	2.476.382
1995/96	8.906.792	2.104.693
1994/95	8.476.885	2.013.315
1993/94	7.986.681	2.344.177

Die Tabelle zeigt Zuschauerzahlen (laut Kartenverkauf) für die 1. und 2. Bundesliga.

a) Berechne, wie viele Zuschauer die beiden Ligen in jeder Saison zusammen hatten. Wie groß war jeweils der Unterschied zwischen den beiden Ligen?
b) Wie viele Zuschauer hatte jede der beiden Ligen in den zehn Jahren insgesamt?
c) Berechne für jede Liga den Unterschied zwischen der am besten und der am schlechtesten besuchten Saison.

19 Nur eine Rechnung ist richtig. Wer findet sie am schnellsten? Vergleicht anschließend eure Lösungsstrategien.

A	B	C	D	E
69872 + 1353 + 4980 75238	41234 + 123 + 1234 54321	79530 − 5580 − 5250 68700	3521 − 1230 − 980 1319	75512 − 9003 − 15000 1515

20 Welche Ziffern sind für die Kästchen einzusetzen?

a) □4□
+89□6
□321

b) □□
+ □67
+8945
□555

c) 2□738
+ 13□2
+ 78□6□
□□0629

d) 8□4
− □31
66□

e) 3□38
− □87□
13□3

f) 2□4□6
− 2□47
□046□

21 a) Addiere zur Summe von 520 und 459 die Summe von 5709 und 4291.
b) Bilde die Summe von 574 und 599 und addiere sie zu 7777.
c) Subtrahiere 1987 von der Differenz der Zahlen 4733 und 2111.
d) Subtrahiere von der Summe der Zahlen 7896 und 345 ihre Differenz.
e) Subtrahiere die Differenz der Zahlen 1340 und 940 von 12 000.
f) Subtrahiere die Differenz der Zahlen 12 000 und 4000 von ihrer Summe.
g) Addiere die Differenz der Zahlen 487 und 112 zur Differenz der Zahlen 652 und 526.

22 Veranschauliche als Rechenbaum, schreibe in mathematischer Kurzschreibweise und berechne.
a) Die Summe der Zahlen 43 und 77. (D)
b) Die Differenz aus 965 und 256. (U)
c) Subtrahiere von 1003 die Summe von 465 und 537. (K)
d) Addiere die Differenz von 873 und 55 zu ihrer Summe. (E)
e) Die beiden Summanden sind 1372 und 8351. (L)
f) Der Minuend ist 399 und der Subtrahend ist 147. (I)

Ordne die Lösungsbuchstaben in dieser Reihenfolge:

1746	709	1	9723	252	120

23 Berechne im Heft.

a) 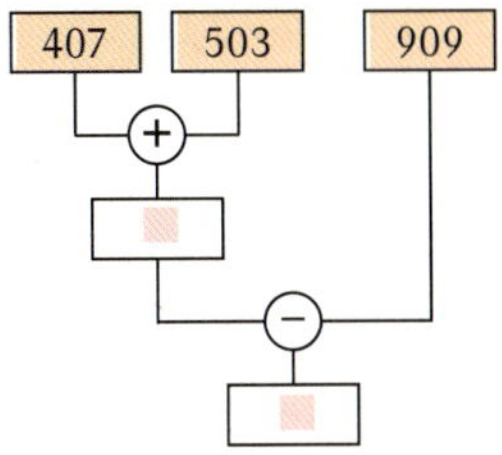

b) 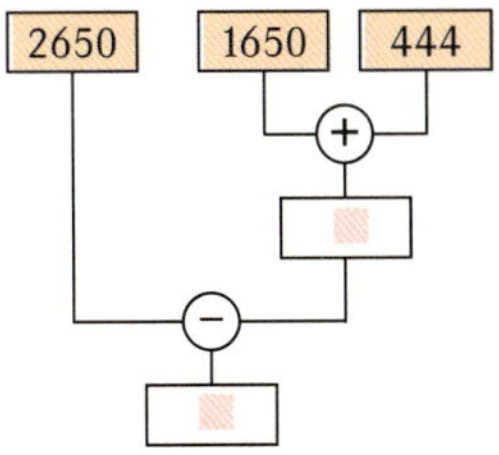

c) 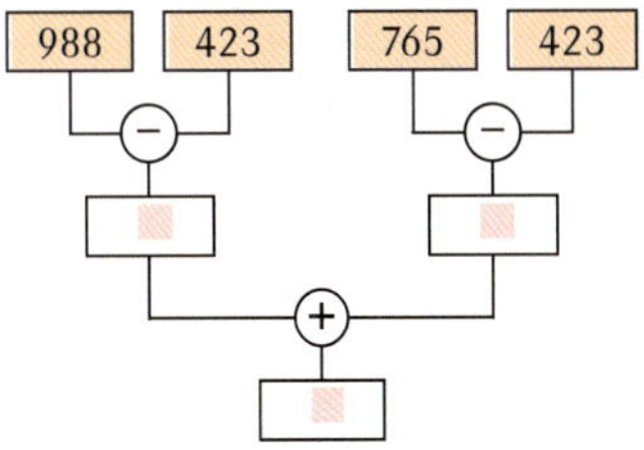

24 a) Ersetze in den Rechenbäumen aus **23** die Pluszeichen durch Minuszeichen und berechne so weit wie möglich.
b) Verändere eine Zahl in den Rechenbäumen mit „−“ so, dass alle Terme berechenbar sind.

25 Übersetze den Term in Worte und berechne.
a) (56 + 98) + 123 b) (123 + 98) + 56 c) (478 − 244) − 50 d) 478 − (244 − 50)
e) 674 + (333 − 232) f) (26 + 94) − (39 + 16) g) (856 + 498) − 354 h) 656 − (388 + 47)

26 Berechne und vergleiche die Terme. Welches der Zeichen =, < oder > passt?
a) 93 + 35 □ 35 + 93 b) 298 − 18 □ 298 + 18 c) (26 + 66) + 34 □ (66 + 34) + 26
d) 58 + 49 □ 85 + 22 e) 175 − 27 □ 121 + 37 f) 652 − 77 □ 663 − 88

27 Setze Plus und Minus so ein, dass die Gleichung stimmt.

a) 40 ▢ 140 ▢ 90 ▢ 10 = 100

b) 111 ▢ 222 ▢ 333 ▢ 29 ▢ 71 = 100

28 In einer Rechenmauer werden zwei benachbarte Steine addiert und das Ergebnis in den darüber liegenden Stein eingetragen. Zeichne ab und fülle aus.

4320
1441
808
3861

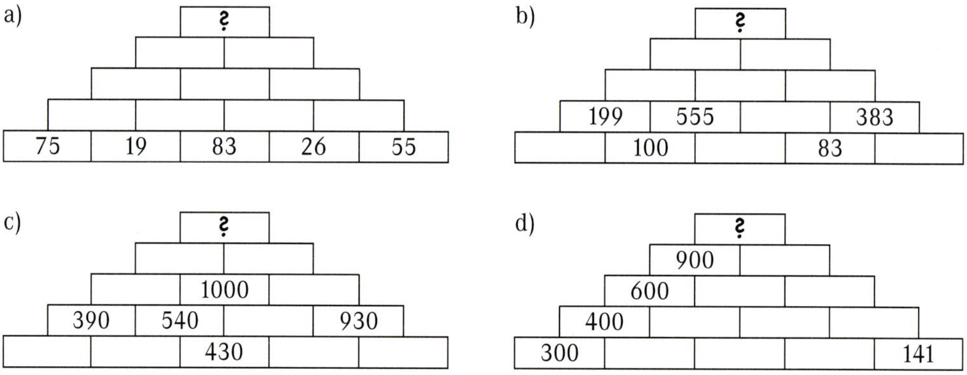

29 Denk dir selbst ähnliche Aufgaben wie in **28** aus und lass sie von deinem Partner lösen. (Achte darauf, dass sie lösbar sind.)

30 Wenn es nicht anders festgelegt ist, rechnet man von links nach rechts.

Additions- und Subtraktionsschritte dürfen vertauscht werden, wenn die Subtraktionsschritte ausführbar sind.

Noch nicht verarbeitete Rechenschritte kopieren – einfügen!

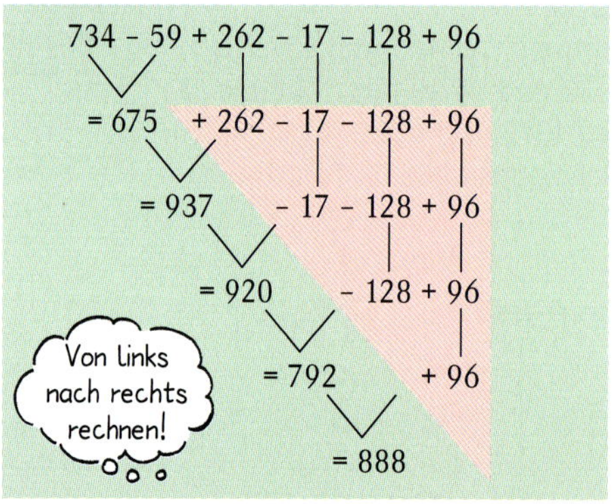

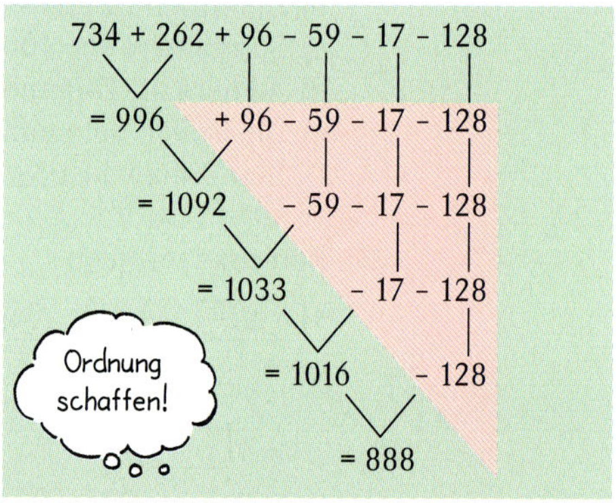

Berechne. Schaffe Ordnung durch Vertauschen, wenn es sinnvoll und erlaubt ist.

a) 1024 + 512 - 902 - 13
b) 8701 - 1701 + 50 - 49 + 450
c) 1255 + 79 - 114 + 19 - 68
d) 3770 - 70 + 698 - 98
e) 2595 + 105 + 278 - 105 - 70
f) 23 987 - 20 907 + 3080 - 160

31 a) Erläutere Frage und Antwort aus dem nebenstehenden Gespräch anhand eines Beispiels (vgl. Übung **30**).

b) Ergänze.

(I) 53 + 67 + 93 - 60 = 120 + ▢
(II) 127 - 27 + 66 + 184 = 100 + ▢
(III) 4711 - 700 + 33 - 30 = 4044 - ▢
(IV) 588 + 22 - 473 + 666 = 610 - 473 + ▢
(V) 333 - 195 - 133 + 15 = 200 - ▢
(VI) 513 + 742 - 500 - 65 = (513 - 500) + ▢
(VII) 120 + 492 + 120 + 8 = 240 + ▢

Gleich muss gleich bleiben!

Warum soll ich bloß immer alle noch nicht verarbeiteten Rechenschritte mitschleppen?

Weil sonst links und rechts vom Gleichheitszeichen nichts Gleiches steht.

32 a) 125 − 15 + 35 − 20
= 110 + 35
= 145 − 20
= 125

b) (86 − 35) + (25 + 9)
= 51 + 34
= 85

c) (75 + 13) − (87 − 48) + 67
= 88 − 39
= 49 + 67
= 116

Ist hier alles in Ordnung? Begründe deine Antwort ausführlich.

33

Gemeinsame Grenzen Deutschlands mit den Anliegerstaaten	
Anliegerstaat	Länge der Grenze in km
Dänemark (nur Land)	67
Niederlande (nur Land)	567
Belgien	156
Luxemburg	135
Frankreich	448
Schweiz (mit Enklave Büsingen, ohne Obersee des Bodensees)	316
Österreich (ohne Bodensee)	815
Tschechische Republik	811
Polen	442

a) Verfolge die Grenzen auf der Landkarte.
b) Berechne die Gesamtlänge der Grenze mit den Anliegerstaaten.

34 a) Versuche herauszufinden, von wo nach wo die Kanäle jeweils verlaufen. Welche führen durch NRW? Welcher führt durch die meisten Bundesländer?
b) Ordne die Kanäle nach dem Eröffnungsjahr. Welche beiden Verbindungen wurden zuerst fertiggestellt?
c) Um wie viel unterscheidet sich die Kanallänge jeweils von 80 km (110 km)?
d) Berechne die Gesamtlänge der Kanäle.
e) Zeichne ein passendes Diagramm.

Kanäle mit einer Länge über 80 km		
Kanal	Eröffnungsjahr	Länge in km
Mittellandkanal	1938	321
Dortmund-Ems-Kanal	1899	269
Main-Donau-Kanal	1992	171
Elbeseitenkanal	1976	115
Nord-Ostsee-Kanal	1895	99
Oder-Spree-Kanal	1935	84
Oder-Havel-Kanal	1914	83

Ausstiege

A1 Beim schriftlichen **Addieren** zweier Zahlen **im Dualsystem** sind in den einzelnen Stellen nur folgende Ergebnisse möglich:
0 + 0 = 0; 0 + 1 = 1 + 0 = 1 und 1 + 1 = 10.
Bei der Addition mehrerer Zahlen treten auch mehrstellige Überträge auf.

Das schriftliche **Subtrahieren** verläuft ganz entsprechend.

```
  11101
+  1001
  1  1
-------
 100110
```

```
   1101
+ 10001
+  1011
+   101
 1 1 110
-------
 101110
```

```
 100110
-  1001
  1  1
-------
  11101
```

Berechne im Dualsystem. Im Kasten findest du die Ergebnisse im Dezimalsystem.

a) 11 001 + 1110 b) 1011 + 1 111 101 c) 1101 + 10 011 + 110 111
d) 1101 − 1011 e) 111 001 − 110 101 f) 1 000 000 − 1111 − 1111

2; 4; 34; 39; 87; 136

A2 Streichquadrate

195	322	187
498	625	490
188	315	180

Wähle eine Zahl, kreise sie ein, streiche die Zahlen in derselben Zeile und Spalte.

→

195	322	187
498	625	490
188	315	180

Wähle eine Zahl, die noch nicht eingekreist oder gestrichen ist, kreise sie ein, streiche die Zahlen in derselben Zeile und Spalte.

→

195	322	187
498	625	490
188	315	180

Kreise die letzte „freie" Zahl ein. Addiere die eingekreisten Zahlen:
498 + 187 + 315 = 1000

a) Wähle im abgebildeten 3×3-Quadrat andere Anfangszahlen und verfahre nach der Streichregel. Wie viele verschiedene Anfangszahlen hast du zur Auswahl und wie viele verschiedene Endzustände kannst du herstellen?

b) Vergleicht eure Ergebnisse aus a). Worin besteht die besondere Eigenschaft von Streichquadraten? Habt ihr die „Kennzahl" dieses Streichquadrats entdeckt?
Überprüft, ob die folgenden Quadrate auch Streichquadrate sind.

(I)

164	383	356
167	386	359
161	380	353

(II)

283	144	284
286	147	355
295	158	360

(III)

336	372	393
363	399	420
414	450	471

c) Versucht, aus den euch bekannten Streichquadraten mit möglichst geringem Aufwand Streichquadrate mit anderen Kennzahlen zu basteln.

150	195	252
		279
	371	

96		176
	163	197
166		

d) Übertragt die Streichquadrate mit Lücken ins Heft und füllt sie aus.
Konstruiert selbst Streichquadrate mit Lücken (worauf muss man dabei achten?) und gebt sie euren Mitschülern.

e) Claudia behauptet: „Die Additionstabellen aus Übung **4** sind 5×5-Streichquadrate."
Was haltet ihr davon?

f) Untersucht das 2×2-Streichquadrat.
Vervollständigt es, so wie angefangen, zu einem 3×3-Streichquadrat.
Findet ihr in anderen 3×3-Streichquadraten auch 2×2-Streichquadrate?
Was für Streichquadrate entdeckt ihr noch in den 5×5-Streichquadraten von e)?

50	95
55	100

50	95	152
55	100	
88		

g) Habt ihr noch andere interessante Eigenschaften von Streichquadraten entdeckt? Schreibt alles auf, was euch bei ihrer Untersuchung aufgefallen ist, und macht eine Ausstellung.

3.2 So kannst du punkten – Multiplizieren und Dividieren

Einstiege

E1 Der Rechenkünstler Magnus Rechenfix hat einen tollen Zaubertrick auf Lager:

Zu 123 ist 123123 die Zwillingszahl, zu 842 ist es 842842.

a) Probiere, ob der Zaubertrick auch mit anderen dreistelligen Zahlen klappt.
b) Welches mathematische Geheimnis steckt hinter dem Zaubertrick von Magnus Rechenfix? Versuche den Zaubertrick zu erklären.
c) Wie muss Magnus Rechenfix seinen Zaubertrick verändern, damit er mit zweistelligen (vierstelligen) Zahlen klappt? Denk dir selbst einen entsprechenden Zaubertrick aus und übe ihn ein.
d) Lisa will den Rechentrick von Magnus Rechenfix rückwärts anwenden:
„Denk dir eine sechsstellige Zwillingszahl. Dividiere sie durch 7. Das Ergebnis dividierst du durch 11 und das Ergebnis dieser Rechnung dann durch 13. Das Ergebnis deiner Rechnungen ist der hintere Teil deiner Zwillingszahl.“ Funktioniert dieser Trick?
e) Erfinde weitere Zaubertricks. Gibt es vielleicht auch einen Trick für „Drillingszahlen“?

E2 „Der arme Esel läuft bestimmt 1000 km am Tag!“ Mithilfe seiner Uhr hat Axel festgestellt, dass der Esel in 5 min 14-mal um die alte Mühle gelaufen ist. Wenn der Esel eine Runde gelaufen ist, hat er 28 m zurückgelegt.

a) Welche Strecke legt der Esel in einer Stunde zurück?
b) Von dem Müller erfährt Axel, dass der Esel etwa 9 Stunden am Tag arbeitet.
Natürlich gibt es auch Pausen, sodass der Esel nur 8 Stunden am Tag um die Mühle wandern muss. Welche Strecke hat er dann zurückgelegt?
c) Wie lange muss der Esel arbeiten, bis er 1000 km zurückgelegt hat?

E3 Welche Zahl muss eingesetzt werden?

▢ : 11 = 33	20 · ▢ · 20 = 8000	12345 : ▢ = 823
11 · ▢ = 363	▢ : 400 = 20	12345 : ▢ = 15

Grundwissen

1 Eine Summe aus mehreren gleichen Summanden kann man durch **Multiplizieren** berechnen.

$\underbrace{43 + 43 + 43 + 43 + 43}_{5 \text{ gleiche Summanden}} = 5 \cdot 43$

Die Frage, wie oft man eine Zahl von einer anderen subtrahieren kann, lässt sich durch **Dividieren** beantworten.

$215 \underbrace{- 43 - 43 - \dots - 43}_{\text{wie oft?}} = 0$

$215 : 43 = 5$, also $215 - 5 \cdot 43 = 0$

Multiplikation Division

Dividend (lat.): der zu Teilende.
Divisor (lat.): der, der teilt

2

Multiplikation					**Division**				
5	·	13	=	65	65	:	13	=	5
↑ 1. Faktor		↑ 2. Faktor		↑ Produkt	↑ Dividend		↑ Divisor		↑ Quotient

Die Division ist die Umkehrung der Multiplikation.

Kommutativgesetz der Multiplikation

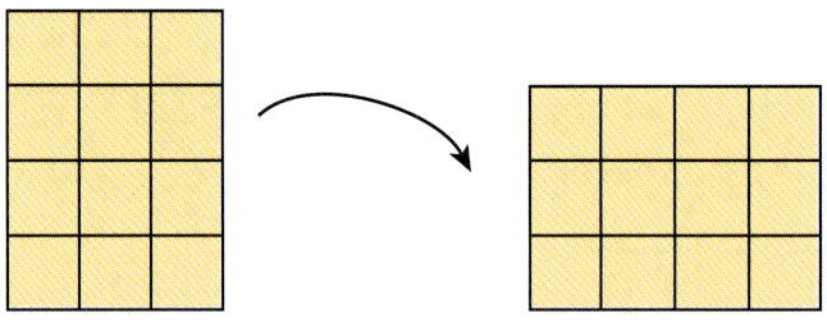

$4 + 4 + 4 = 3 \cdot 4 = 4 \cdot 3 = 3 + 3 + 3 + 3$

Es gilt das
Kommutativgesetz der Multiplikation:
In einem Produkt können die Faktoren vertauscht werden, ohne dass sich das Ergebnis ändert.

Für die Division gilt kein Kommutativgesetz. Deshalb werden die Zahl, *die* dividiert wird, und die Zahl, *durch die* dividiert wird, unterschiedlich bezeichnet.
Bei der Multiplikation heißen dagegen beide Zahlen Faktoren.

3 Wenn mehr als zwei Zahlen multipliziert werden sollen, kann man die Faktoren unterschiedlich zusammenfassen.

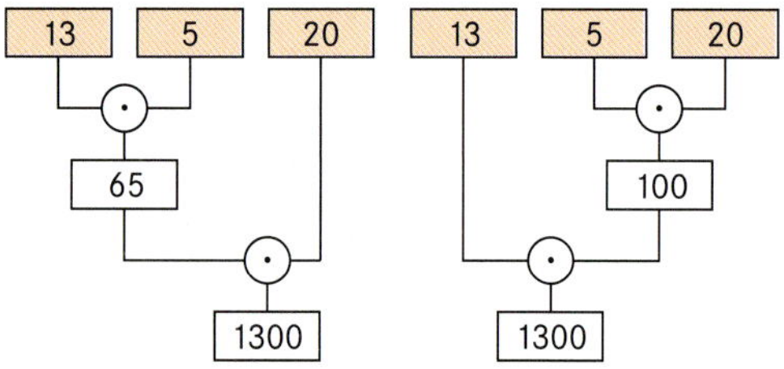

Bei der Multiplikation ist das Ergebnis unabhängig davon, wie man die Faktoren zusammenfasst.

Assoziativgesetz der Multiplikation

Deshalb gilt das
Assoziativgesetz der Multiplikation:
In einem Produkt können Klammern verschoben oder weggelassen werden, ohne dass sich das Ergebnis ändert.

$(13 \cdot 5) \cdot 20 = 13 \cdot (5 \cdot 20)$

$65 \cdot 20 = 13 \cdot 100$

$1300 = 1300$

Zerlegung mit Rest

4 Additionsaufgaben und Multiplikationsaufgaben mit natürlichen Zahlen haben immer eine natürliche Zahl als Lösung.
Bei Subtraktionsaufgaben und Divisionsaufgaben kann es aber Probleme geben.
Divisionsaufgaben, die „nicht aufgehen", kann man **mit Rest** schreiben:

$11 : 4 = 2 + 3 : 4$. 3 ist der Rest bei Division von 11 durch 4, der noch verteilt werden muss.

Die Division durch null ist nicht erlaubt.

Wenn $32 : 0$ z. B. das Ergebnis x hätte, dann müsste $x \cdot 0 = 32$ sein. Das kann aber nicht stimmen, weil bei der Multiplikation mit null immer null herauskommt und nicht 32.

schriftliches Multiplizieren

5 Zwei mehrstellige Zahlen kann man **schriftlich multiplizieren:**

schriftliches Dividieren

6 Bei Divisionsaufgaben mit großen Dividenden ist oft **schriftliches Dividieren** nützlich.

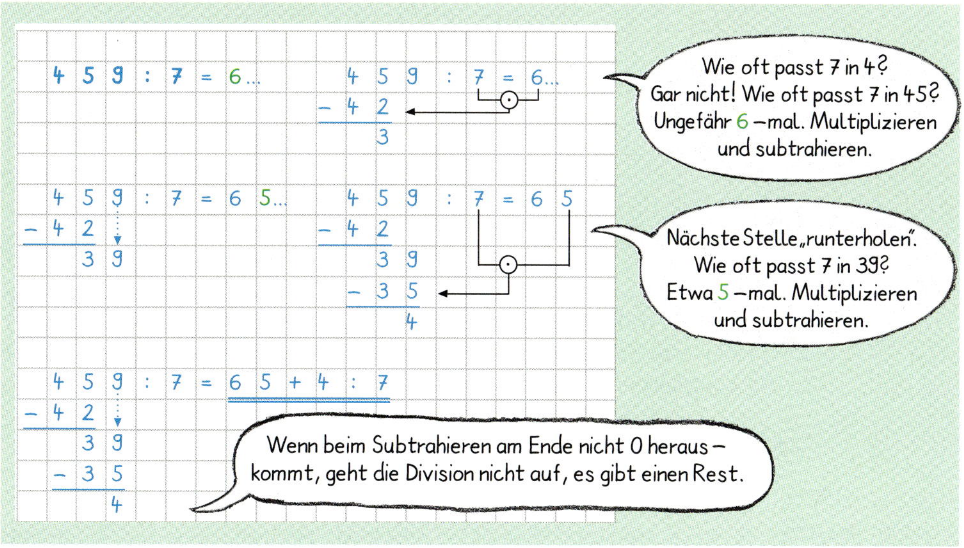

7 Bei mehrstelligen Divisoren läuft das Verfahren ganz entsprechend.

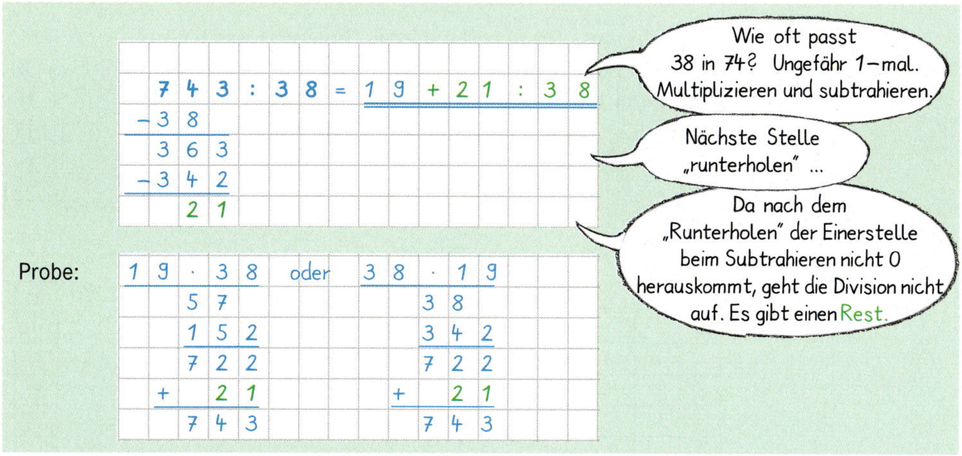

Bei der rechten Form der Probe treten dieselben Zwischenergebnisse auf wie bei der Division. Also kann man auch dieselben Fehler machen. Deshalb ist es günstiger, die Probe mit vertauschten Faktoren zu machen.

Übungen

1 Berechne im Kopf.

a)	b)	c)	d)
7 · 13	8 · 14	25 : 5	55 : 11
5 · 19	5 · 17	56 : 8	78 : 13
4 · 22	3 · 25	36 : 12	108 : 12
12 · 12	13 · 13	84 : 7	136 : 17
13 · 12	14 · 13	91 : 7	153 : 17

2 Berechne.
a) das Siebenfache von 19 (22; 104)
b) das Dreifache von 120 (360; 1080)
c) den vierten Teil von 36 (72; 188)
d) den neunten Teil von 81 (171; 225)

3

(I)

•	3	4	5	6	10
12	□				
15	□				
20	□				
30	□				
60	□				

(II)

•	1	13	17	19	23
1	□				
13	□				
17	□				
19	□				
23	□				

(III)

•	6	9	12	16	18
12	□				
16	□				
36	□				
72	□				
144	□				

(IV)

•	3	4	5	6	7
39	□	□	□	□	□
56	□	□	□	□	□
75	□	□	□	□	□
96	□	□	□	□	□
119	□	□	□	□	□

a) Schreibe die Tabellen ab und fülle sie aus.
b) Ersetze „Mal" durch „Durch" und fülle die Tabellen erneut aus. Welche Felder bleiben leer? Vergleiche mit Übung **4** b) von **3.1**.

25 · 17 · 4 = 100 · 17

4 Berechne geschickt.
a) 20 · 17 · 5
b) 25 · 9 · 4
c) 4 · 19 · 25
d) 6 · 7 · 15 · 200
e) 75 · 8 · 10 · 25
f) 4 · 125 · 75 · 8
g) 25 · 5 · 200 · 12
h) 8 · 6 · 25 · 125
i) 250 · 7 · 6 · 4
j) 16 · 25
k) 16 · 125
l) 16 · 625
m) 125 · 8
n) 125 · 32
o) 125 · 128

5 Welche Zahl muss für den Platzhalter eingesetzt werden?
a) □ : 13 = 13
b) 1 · □ = 27
c) 30 : □ = 30
d) 16 · □ = 64
e) 7 · □ = 133
f) 189 : 9 = □
g) 13 · x = 52
h) y · 20 = 120
i) 17 · 20 = a
j) 45 : z = 9
k) 121 : 11 = v
l) x : 14 = 5
m) z · 17 = 68
n) 132 : x = 33
o) 231 : 7 = y

6 Schreibe die Tabelle ab und fülle sie aus.

a)

•	2		4		8
3	□	□	□	51	□
	□	□	80	□	□
5	□	95	□	□	□
	18	□	□	□	□
7	□	□	□	□	□

b)

•	11		13		17
	55	□	□	□	□
4	□	60	□	□	□
	□	□	78	□	□
12	□	□	□	144	□
	□	□	□	□	153

c)

•	4			11	
	12	□	30	□	□
5	□	□	□	□	100
9	□	□	□	□	□
	□	105	□	□	300
	□	□	□	363	□

7 Untersuche, ob man aus Multiplikationstabellen wie in Übung **6** „Streichquadrate" machen kann (vgl. **A2** von **3.1**).

27; 38; 55; 81; 145; 951; 7258; 11477; 11523; 12408; 22200; 22533; 24430; 27000; 32702; 34000; 36924; 37485; 42570; 72927

8 Berechne möglichst geschickt.

a) 430 · 99	b) 19 · 382	c) 517 · 24	d) 1836 : 68	e) 5 · 27 · 200
f) 501 · 23	g) 25 · 888	h) 394 · 83	i) 78933 : 83	j) 20 · 29 : 4
k) 499 · 23	l) 349 · 70	m) 87 · 259	n) 60183 : 743	o) 17 · 40 · 50
p) 51 · 724	q) 765 · 49	r) 999 · 73	s) 5445 : 99	t) 36 · 19 : 18

9 a) Addiere das Fünffache und das Siebenfache von 432.
b) Multipliziere den Quotienten von 81 und 9 mit dem Quotienten von 108 und 12.
c) Dividiere das Produkt von 36 und 4 durch das Produkt von 24 und 6.
d) Subtrahiere den Quotienten von 144 und 12 von dem Produkt von 144 und 12.

10 Welche Rechnungen sind bei den folgenden Angaben sinnvoll?
a) Eikes Mutter verdient monatlich 3102 Euro, der Vater 2708 Euro.
b) Eike ist dreizehn Jahre alt und 145 cm groß.
c) Es gibt etwa 1 200 000 bekannte Tierarten, darunter 1 000 000 Insektenarten.
d) Ein Tausendfüßler hat maximal 340 linke und 340 rechte Beine.
e) Im Jahre 1999 erreichte die Anzahl der Menschen auf der Erde sechs Milliarden.

11 Multipliziere schriftlich.

a) 7193 · 8	b) 3972 · 80	c) 345 · 47	d) 2753 · 234	e) 10016 · 385
f) 87 · 700	g) 396 · 259	h) 6921 · 53	i) 9182 · 202	j) 25005 · 501
k) 94 · 904	l) 77 · 3456	m) 582 · 618	n) 7707 · 639	o) 81020 · 593
p) 573 · 63	q) 803 · 666	r) 333 · 386	s) 1003 · 728	t) 59308 · 296
u) 637 · 36	v) 94 · 2003	w) 59 · 7654	x) 9090 · 286	y) 63707 · 962

365; 555; 111123; 56; 4759; 75234 14895; 999; 478; 156; 41 8595; 231; 489; 4368

12 Dividiere schriftlich.

a) 1092 : 7	b) 1848 : 8	c) 4995 : 9	d) 3423 : 7	e) 8991 : 9
f) 224 : 4	g) 1434 : 3	h) 2920 : 8	i) 369 : 9	j) 89370 : 6
k) 38072 : 8	l) 30576 : 7	m) 34380 : 4	n) 451404 : 6	o) 333369 : 3

13 Dividiere schriftlich.

a) 8778 : 38	b) 6069 : 21	c) 35154 : 42	d) 9984 : 32	e) 3638 : 17
f) 35154 : 16	g) 26166 : 42	h) 9720 : 24	i) 2376 : 18	j) 1488 : 31
k) 2272 : 71	l) 5396 : 76	m) 7387 : 83	n) 11748 : 89	o) 18249 : 77
p) 2303 : 47	q) 4680 : 78	r) 6545 : 85	s) 47120 : 62	t) 3680 : 230
u) 9720 : 21	v) 35154 : 62	w) 47120 : 31	x) 4899 : 69	y) 894855 : 507

14 Führe die Division durch und mache die Probe.

a) 4567 : 25	b) 6789 : 14	c) 3564 : 132	d) 97452 : 317	e) 78963 : 412
f) 11563 : 28	g) 8065 : 41	h) 25991 : 3	i) 18795 : 35	j) 89524 : 123

15 Überprüfe die Rechnungen und verbessere sie falls nötig im Heft.

a) 45 : 45 = 0	b) 69 · 1 = 69	c) 24 : 24 = 1	d) 0 : 52 = 1
0 : 45 = 0	69 : 1 = 0	0 : 24 = 24	52 : 0 = 0
45 : 1 = 45	69 : 69 = 69	24 · 0 = 24	0 · 52 = 52

16 Entscheide mit möglichst wenig Rechnen, ob die Gleichungen stimmen.

a) 12 · 5 · 17 = 17 · 12 · 5
b) 24 · 3 · 85 = 6 · 12 · 85
c) 35 · 7 · 5 = 5 · 49 · 7
d) 60 · 3 · 4 = 90 · 8

17 Die schriftliche Division kann man auch wie im nebenstehenden Beispiel schreiben.

a) Beschreibe den Unterschied zu dem Verfahren im Grundwissen.

b) Rechne auf beide Arten und entscheide, welche Schreibweise für dich günstiger ist:

(I) 3465 : 45 (II) 4214 : 14

```
 81452 : 28 = 2909
-56000
 25452
-25200
   252
  -252
     0
```

18

```
81452 : 28 = ~~3~~2 ~~8~~9 0 9
~~84~~ größer als 81
-56
254
~~-224~~
~~ 30~~ Rest größer als Divisor
-252
 (25
  -0)
 252
-252     also 81452 : 28 = 2909
   0
```

Beim Abschätzen der Teilergebnisse kann man leicht einmal eine zu kleine oder zu große Zahl erhalten.

Wenn ein Teilergebnis 0 ist, darf man nicht vergessen, die 0 im Ergebnis hinzuschreiben.

Führe die Division selbst durch.
Erläutere die genannten Fehlerquellen.
Wie kann man sich dagegen schützen?

19 Was sagt ihr zu folgenden Behauptungen? Begründet eure Meinung.

a) Eine Summe ist stets größer als jeder ihrer Summanden.

b) Wenn man in einer Differenz Subtrahend und Minuend vertauscht, kommt immer etwas anderes heraus.

c) Eine Differenz ist stets kleiner als der Minuend.

d) Eine Differenz ist stets kleiner als der Subtrahend.

e) Ein Produkt ist nie kleiner als jeder seiner Faktoren.

f) In einem Quotienten darf man Divisor und Dividend nie vertauschen.

20 Die Känguru-Uroma hat elf Kinder. Jedes der Kinder der Känguru-Uroma hat selbst wieder elf Kinder, und auch diese haben wiederum jedes elf Kinder.
Wie viele Urenkelkängurus hat die Känguru-Uroma?
(aus dem Känguru-Wettbewerb)

A	B	C	D	E
12 121	121	11 211	12 321	1331

21

Am letzten Sonntag im April findet der Hermannslauf statt, bei dem man wandern oder auch joggen kann.

a) Wie lange braucht ein Wanderer, wenn er in einer Stunde 4560 m schafft?

b) Kann ein Läufer die Strecke in weniger als zwei Stunden schaffen, wenn er 12 720 m pro Stunde zurücklegt?

---

a) Übertrage ins Dualsystem: 31; 63; 127; 1023; 2049; 56; 96; 120; 152; 58; 98; 122; 154.

b) Übertrage ins Dezimalsystem: 1000_2; 1100_2; 1110_2; 1111_2; 1010101_2; 1010110_2; 1010111_2.

c) Berechne: $111010_2 + 11101_2$; $101011_2 - 10100_2$; $111_2 \cdot 1010_2$; $11100_2 : 111_2$.

22

```
7405 · 3056        oder     7405 · 3056
 22215              kürzer    22215
      0                        37025
   37025                        44430
    44430                     22629680
 22629680
```

Eine Null im zweiten Faktor erleichtert die Arbeit, aber man muss mit den Stellen aufpassen!

Multipliziere schriftlich.

a) 754 · 405 b) 677 · 330 c) 1278 · 502 d) 3706 · 870 e) 765 · 9067
f) 3490 · 2022 g) 5603 · 102 h) 8701 · 7054 i) 5050 · 4067 j) 7031 · 6003

23 a) Vervollständige die Einmaleinstabellen in deinem Heft.
b) In welche Einmaleinsreihen passen die folgenden Zahlen?
25; 65; 56; 60; 24; 71; 96; 32; 45; 17; 23; 27; 84; 91; 108; 63; 54; 67.
(Es kann mehrere Lösungen, eventuell aber auch gar keine Lösung geben!)
c) Stelle dir vor, du solltest eine Tabelle anlegen, in der man alle Produkte von 1 mal 1 bis 20 mal 20 ablesen kann. Wie könntest du vorgehen? Wie viele Produkte müsstest du zusätzlich berechnen?
d) Wo stehen gerade Zahlen, wo ungerade? Erkennst du Muster?

•	1	2	3	...	10
1	□	□	□	□	□
2					
3					
.					
.					
.					
10					

•	11	12	13	...	20
1	□	□	□	□	□
2	□	□	□	□	□
3	□	□	□	□	□
.	□	□	□	□	□
.	□	□	□	□	□
.	□	□	□	□	□
10	□	□	□	□	□

24 Welche Zahl muss für den Platzhalter eingesetzt werden?

a) 9 · 13 : □ = 39 b) 152 : 4 · x = 0 c) □ : 6 · 15 = 45 d) 456 : □ : 2 = 38 e) 8 · □ · 3 = 336
f) 156 : □ · 13 = 169 g) x · 15 : 66 = 10 d) 25 · □ : 625 = 1 f) □ · 11 : 5 = 242 g) 784 : 56 · x = 168

25 Denkt euch selbst Aufgaben wie in **24** für die Mathe-Box aus.

26 Suche dir aus dem Rechenlabyrinth irgendeine Aufgabe aus und löse sie. Das Ergebnis der Rechnung findest du in einem der gelben Kästen. Rechne nun die dazugehörige Aufgabe und so weiter. Bei deiner Anfangsaufgabe kannst du das Labyrinth wieder verlassen.
Wie viele verschiedene Wege gibt es durch das Labyrinth?

43 765 + 687	450 314 + 592	8113 836 – 654	269 568 998 – 184 – 316	173 688 – 213 – 134
31 496 036 7118 + 995	906 6538 – 999	1452 1005 – 634	721 709 – 314 – 222	82 923 + 356 + 144
2 536 352 312 · 30	1423 3456 · 78	859 6489 : 9	371 5678 – 543 – 1457	2 992 428 7789 – 1356 – 3781
22 412 462 94 · 47	3678 333 · 74	39 185 668 6013 : 7	182 303 · 9876	9360 7200 : 16
234 4732 · 536	23 5002 · 7834	4418 6642 : 81	611 5372 · 5863	24 642 18081 : 41
341 2231 : 97	441 2967 : 69	2652 45 214 : 74	498 7853 · 2854	5539 54 756 : 234

27

Welche Denkfehler machen die beiden Zweifler? Schreibt jedem einen Brief.

28 Katharina und Uwe haben für die nächste Klassenarbeit geübt. Kontrolliere, ob sie richtig gerechnet haben, verbessere die gemachten Fehler im Heft und versuche sie zu erklären.

a) 785 · 360 = 257300
2145
4280
257300

b) 7426 : 47 = 158 + 2 : 8
47
272
235
376
374
2

c) 25 · 25 · 3 : 15 =
75 : 15 =
25 · 5 = 125

d) 74 · ☐ : 178 = 148

148 · 178
148
10360
1184
26344

26344 : 74 = 356
222
414
370
444
444
0

29 Übertrage die Bilder ins Heft und ergänze fehlende Zahlen.

a)
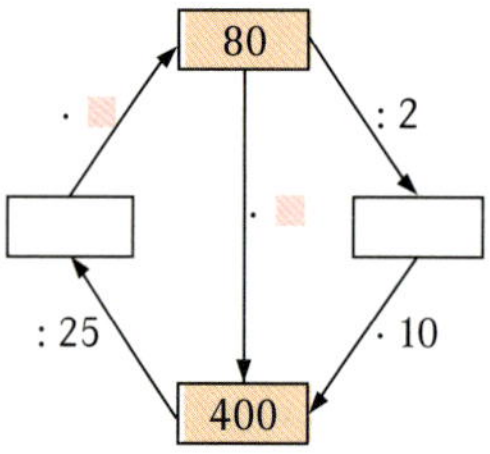

b)
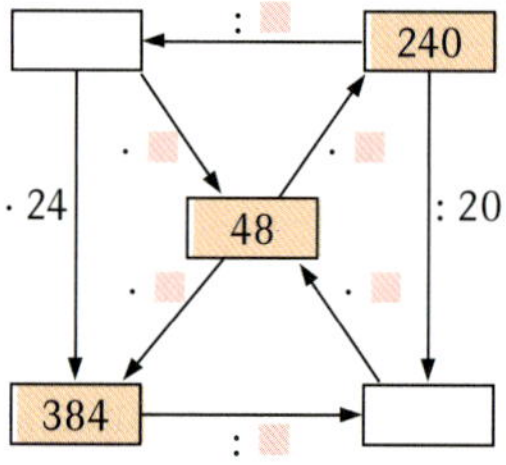

c)
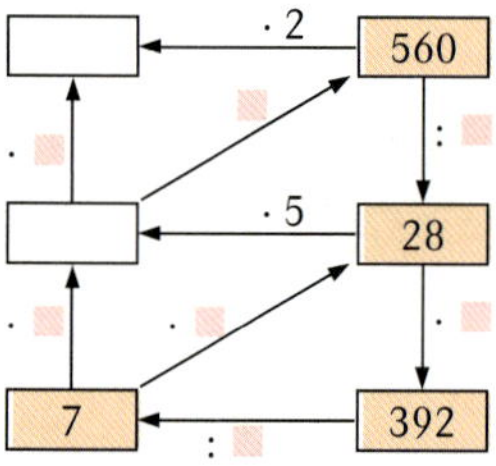

30 Denkt euch selbst Zahlenfiguren wie in Übung **29** aus.

Notiere jeweils das Ergebnis nach dem Fressen einer Maus.
Ersetze möglichst viele Pluszeichen durch Minuszeichen und berichte über deine Beobachtungen.

Ausstiege

A1 Die dargestellte Art Multiplikationsaufgaben zu lösen findet man in einem Buch von Ghiyath al-Kashi (1390–1450).
Der Titel heißt übersetzt etwa „Rechnerschlüssel“; erschienen ist es 1427.

a) Versuche das Schema zu verstehen.

b) Berechne auf diese Weise die Produkte einiger dreistelliger Zahlen. Kannst du das Verfahren auf vierstellige Zahlen übertragen?

c) Beschreibe in einem kleinen Text, worin du Vorteile bzw. Nachteile dieses Verfahrens gegenüber dem bei uns üblichen siehst.

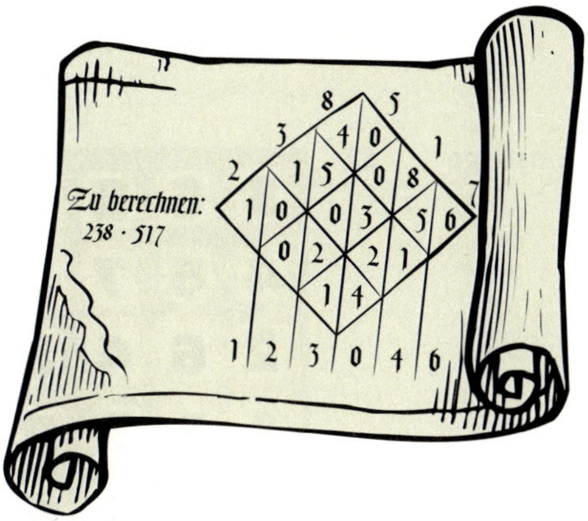

d) Das Bild zeigt eine Schreibweise, die im englischsprachigen Raum verwendet wird. Finde heraus, was gerechnet wird, und erkläre.

A2

a) Erkläre, was hier „gerecht“ und „ungerecht“ ist und wodurch es zustande kommt.

b) Woran sieht man in den Einspluseins- und Einmaleins-Tafeln für „ungerade“ und „gerade“ ein „Übergewicht“?
Vergleiche diese Tafeln mit den dir bekannten Einspluseins- und Einmaleins-Tafeln.
Schreibe möglichst viele Ähnlichkeiten und Unterschiede auf.

+	u	g
u	g	u
g	u	g

·	u	g
u	u	g
g	g	g

c)

Wieso sagt Gerrit „auch“? Und was ist daran komisch?
Schreibe die Additionstafel, die Gerrit sich vorstellt, auf und vergleiche sie mit der „normalen“.
Versuche auch eine Multiplikation für die Uhrenzahlen zu erfinden und schreibe die Multiplikationstafel auf.
Welche Zahlen kommen besonders häufig, welche überhaupt nicht vor?
Versuche weitere Besonderheiten zu entdecken.

3.3 Immer hübsch der Reihe nach? – Rechenvorteile und Rechengesetze

Einstiege

E1

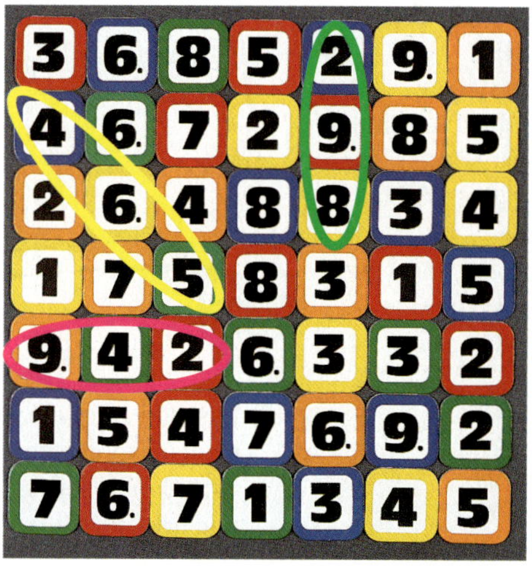

Zielzahl 34
2 · (9 + 8) = 2 · 17 = 34 (grün).
4 + (6 · 5) = 4 + 30 = 34 (gelb).
9 · 4 – 2 = 36 – 2 = 34 (rosa).

Drei benachbarte Zahlen sollen jeweils so durch +, –, × oder ÷ verbunden werden, dass eine vorgegebene Zielzahl entsteht.
„Benachbart“ heißt hier: nebeneinander, übereinander oder schräg (diagonal), aber ohne „Knick“.
Die Zahlen müssen in der gegebenen Reihenfolge verwendet werden, aber man kann vorschreiben, was zuerst gerechnet werden soll.

a) Finde weitere Zahlenkombinationen zur Zielzahl 34.
b) Suche möglichst viele Zahlenkombinationen zur Zielzahl 52.
c) Versuche es mit der Zielzahl 0.
d) Welches ist die größte Zielzahl, die man in diesem Quadrat erreichen kann?
e) Vielleicht kennt ihr das Spiel TRIO. Es funktioniert ganz ähnlich.
Denkt euch gemeinsam Zahlenquadrate und Spielregeln aus und erprobt sie im Spiel.

E2

a) Bei einem Rechenwettbewerb kommt es nur darauf an, in einer Minute möglichst viele richtige Lösungsbuchstaben zu notieren. Macht in der Gruppe den Versuch. Rechnet anschließend die Aufgaben und entscheidet, wer Sieger ist.
Wie ist sie oder er vorgegangen?
Entwerft selbst einen Rechenwettbewerb für die anderen Gruppen.

51 · 37	46 582 – 3958	2457 : 27
A 1908	A 17 704	A 91
B 217	B ... 42 624	B 101
C 1887	C 43 638	C 97
4325 + 6418	304 · 772	9871 – 7817
A 12 007	A ... 240 606	A 2054
B 10 743	B ... 24 188	B 2504
C 1743	C ... 234 688	C 2045

b) Yasemin hat gehört, dass Schnellrechner das Trickibustergesetz benutzen. Das möchte sie auch gern kennen.
Aber ihr älterer Bruder Turgay meint: „Das heißt Distributivgesetz und das benutzt du schon dauernd.“

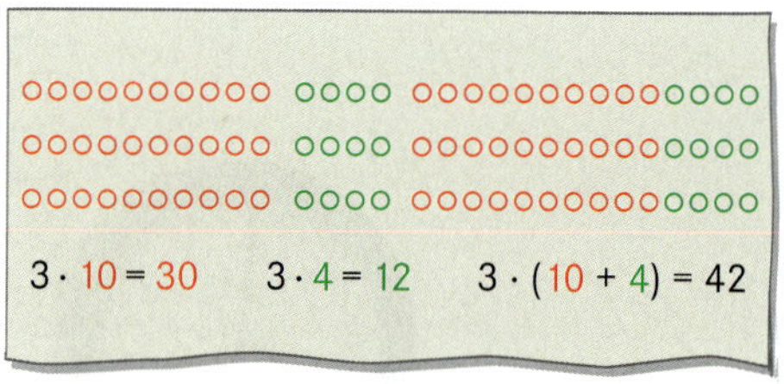

Überlegt euch möglichst viele andere Wege, wie man 3 mal 14 ausrechnen kann.
Wird dabei dasselbe Rechengesetz benutzt?

E3

Aus den Würfelergebnissen soll mithilfe der Rechenzeichen eine möglichst große Zahl errechnet werden.

Alle *fünf* Zahlen und alle *vier* Rechenarten müssen je einmal verwendet werden.

Die Reihenfolge wählt jeder Spieler selbst.

Max rechnet:

	5	
[×]	5	25
[+]	4	29
[÷]	1	29
[−]	3	<u>26</u>

Lisa rechnet:

	5	
[+]	5	10
[÷]	1	10
[×]	4	40
[−]	3	<u>37</u>

Spiel	Max	Lisa	Tom	Cem
1	26	37	42	
2				
3				
4				
...				
Summe				

a) Tom hat noch geschickter gerechnet und 42 erhalten. Wie hat er das geschafft?

b) Spielt einige Runden und findet heraus, welche Vorgehensweisen günstig sind. Vergleicht eure Verfahrenstipps mit denen anderer Gruppen.

c) Man kann eine der Würfelflächen, z. B. die mit der Augenzahl 6, zum Joker erklären. Wer dann einen Joker würfelt, darf sich dafür eine beliebige Zahl von 1 bis 6 oder auch eine 0 wünschen. Wie ändern sich dadurch eure Verfahrenstipps?

E4 „Es geht zur Piratenfahrt an den Möhnesee!" Die zweitägige Campingfahrt der 5. Klassen des Freiherr-vom-Stein Gymnasiums muss gut vorbereitet werden.

Klasse	Anzahl der Mädchen	Anzahl der Jungen
5a	15	14
5b	14	16
5c	18	12
5d	13	18

a) Auf dem Campingplatz stehen Vierpersonenzelte zur Verfügung. Wie viele Zelte müssen reserviert werden, wenn es reine Mädchen- und Jungenzelte und zwei Lehrerzelte geben soll?

b) Für die „Piratenfahrt" sollen die Kinder selbst ein Floß bauen und anschließend damit um die Wette fahren. Wie viele Flöße müssen mindestens gebaut werden, wenn in jeder Piratenmannschaft höchstens neun Kinder sind?

c) Für den Piratenschmaus am Abend müssen Grillwürstchen und Brötchen vorbestellt werden. Frau Müller, die Klassenlehrerin der 5a, will 250 Würstchen und Brötchen vorbestellen. Herr Bergstedt, der Klassenlehrer der 5c, meint, dass 300 Würstchen und 200 Brötchen besser wären. Was meinst du? Wie würde deine Bestellung lauten?

d) Vergleicht eure Rechenwege.

Die Summe von fünf aufeinanderfolgenden Zahlen ist 2005.
Welches ist die mittlere der fünf Zahlen?

Grundwissen

Überschlagsrechnung

1 Für praktische Zwecke benötigt man oft nur das ungefähre Ergebnis einer Rechnung. Dann kann man das Ergebnis **schätzen**, z. B. durch eine **Überschlagsrechnung**. Dabei rechnet man mit „bequemen" Zahlen, z. B. mit 10 statt 12 und mit 500 statt 499.

Bei Produkten und Summen erhält man meistens bessere (d. h. „weniger falsche") Ergebnisse, wenn man eine Zahl durch eine größere und die andere durch eine kleinere ersetzt.

Bei Differenzen und Quotienten verändert man dagegen in der Regel besser beide Zahlen in die gleiche Richtung.

12 · 499 ist ungefähr 5000, nämlich ungefähr 10 · 500.

Man schreibt: $12 \cdot 499 \approx \underline{\underline{5000}}$

$13\,743 + 16\,259 \approx 13\,700 + 16\,300 = \underline{\underline{30\,000}}$

oder

$13\,743 + 16\,259 \approx 14\,000 + 16\,000 = \underline{\underline{30\,000}}$

$3529 - 356 \approx 3500 - 300 = \underline{\underline{3200}}$

$9840 : 45 \approx 10\,000 : 50 = \underline{\underline{200}}$

Vorrangregeln

2 Wenn in einem Term mehr als ein Rechenzeichen vorkommt, so können die Ergebnisse ganz verschieden sein, je nachdem, in welcher Reihenfolge man die Rechnungen durchführt. Die **Vorrangregeln** legen fest, in welcher Reihenfolge gerechnet werden soll:

Klammern zuerst

Regel I: Was in einer **Klammer** steht, wird **zuerst** berechnet.

Punktrechnung vor Strichrechnung

Regel II: Multiplikation und Division werden *vor* Addition und Subtraktion ausgeführt. Kurz: **Punktrechnung** (· und :) geht **vor Strichrechnung** (+ und –).

Regel III: Wenn nichts anderes festgelegt ist, rechnet man **von links nach rechts.**

Der letzte Rechenschritt legt den **Termtyp** fest.

$4 \cdot (47 - 8 \cdot 3) + (54 : 3 + 9) : 3$

$= 4 \cdot (47 - 24) + (18 + 9) : 3$

$= 4 \cdot 23 + 27 : 3$

$= 92 + 9$

$= \underline{\underline{101}}$

Termtyp: SUMME

3 Oft muss eine Summe mit einer Zahl multipliziert werden. Das Bild veranschaulicht, dass man die Summanden auch einzeln multiplizieren kann.

$$(2 + 3) \cdot 6 = 2 \cdot 6 + 3 \cdot 6$$

$(2+3) \cdot 6 \quad = \quad 2 \cdot 6 \quad + \quad 3 \cdot 6$

Distributivgesetz

Es gilt das **Verteilungsgesetz** oder **Distributivgesetz**:
Man multipliziert eine Summe mit einer Zahl, indem man jeden Summanden einzeln multipliziert und dann die Produkte addiert.

Ausmultiplizieren

Werden Summanden gemäß dem Distributivgesetz einzeln mit einem gemeinsamen Faktor multipliziert, so spricht man auch von **Ausmultiplizieren.**

Ausklammern

Wendet man das Distributivgesetz in umgekehrter Richtung an, so spricht man vom **Ausklammern** eines gemeinsamen Faktors.

Das Distributivgesetz gilt auch für mehr als zwei Summanden.

Produkt —Ausmultiplizieren→ Summe
Produkt ←Ausklammern— Summe

$2 \cdot 38 + 19 \cdot 38 + 38 + 78 \cdot 38$

Achtung!

$= (2 + 19 + 1 + 78) \cdot 38 = 100 \cdot 38 = \underline{\underline{3800}}$

Platzhalter

4 In der **Gleichung** □ + ○ = ○ + □ bedeuten □ und ○ **Leerstellen,** in die Zahlen eingesetzt werden können. In der Mathematik verwendet man meistens Buchstaben als **Platzhalter,** zum Beispiel a, b, x oder y.
In der Gleichung a + b = b + a kann man für a und b beliebige Zahlen einsetzen, weil das Kommutativgesetz gilt. In Gleichungen wie 34 + a = 51 oder 8 · y = 56 kann man für die Platzhalter nur jeweils eine ganz bestimmte Zahl einsetzen, wenn die Gleichung stimmen soll.

Rechengesetze

5 Mit Platzhaltern kann man die **Rechengesetze für natürliche Zahlen** sehr kurz aufschreiben.

Für alle natürlichen Zahlen a, b und c gilt:

für die Addition	für die Multiplikation	
$a + b = b + a$	$a \cdot b = b \cdot a$	Kommutativgesetze
$(a + b) + c = a + (b + c)$	$(a \cdot b) \cdot c = a \cdot (b \cdot c)$	Assoziativgesetze
$a \cdot (b + c) = a \cdot b + a \cdot c$		Distributivgesetz

Für die Subtraktion und die Division gelten zwar keine Kommutativ- und Assoziativgesetze, aber etwas Ähnliches wie das Distributivgesetz:

Für alle natürlichen Zahlen a, b und c, für welche die einzelnen Rechnungen durchgeführt werden können, gilt:
$a \cdot (b - c) = a \cdot b - a \cdot c$ und $(a + b) : c = a : c + b : c$

Rechenvorteil

6 Oft können die Rechengesetze für **Rechenvorteile** genutzt werden.

Viele Preise enden auf 99 oder 90 Cent. Wenn man mehr als 1 Stück kauft, ist das Distributivgesetz nützlich.

$12 \cdot 499$	$8 \cdot 690$
$= 12 \cdot (500 - 1)$	$= 8 \cdot (700 - 10)$
$= 12 \cdot 500 - 12 \cdot 1$	$= 8 \cdot 700 - 8 \cdot 10$
$= 6000 - 12$	$= 5600 - 80$
$= \underline{\underline{5988}}$	$= \underline{\underline{5520}}$

Übungen

1 Berechne.
$186 - 6 \cdot 3 + 27$ $\quad (186 - 6) \cdot 3 + 27$ $\quad 186 - 6 \cdot (3 + 27)$ $\quad 186 - (6 \cdot 3 + 27)$

2 Berechne und vergleiche. Beschreibe deine Beobachtungen.
a) $(36 + 17) - (20 + 11)$
$(36 + 18) - (20 + 12)$
$(36 + 19) - (20 + 13)$
b) $(7 \cdot 18) : (120 : 40)$
$(7 \cdot 20) : (120 : 24)$
$(7 \cdot 24) : (120 : 20)$
c) $24 \cdot 9 - 8 \cdot 12$
$24 \cdot (9 - 8) \cdot 12$
$(24 \cdot 9 - 8) \cdot 12$

3 a) Übersetze den Rechenbaum in einen Term mit Klammern und berechne. Beachte dabei die Vorrangregeln.
b) Wie müsste man den Term schreiben, wenn es Vorrangregel II nicht gäbe?
c) Übersetze die Terme in Rechenbäume und berechne.
(I) $(43 + 12) : (48 - 37)$
(II) $80 : (10 - 12 : 2)$
(III) $80 : 10 - 12 : 2$
d) Von welchem Typ sind die Terme in c)?
e) Schreibe je einen Term mit mindestens drei Rechenzeichen vom Typ Summe und vom Typ Produkt.

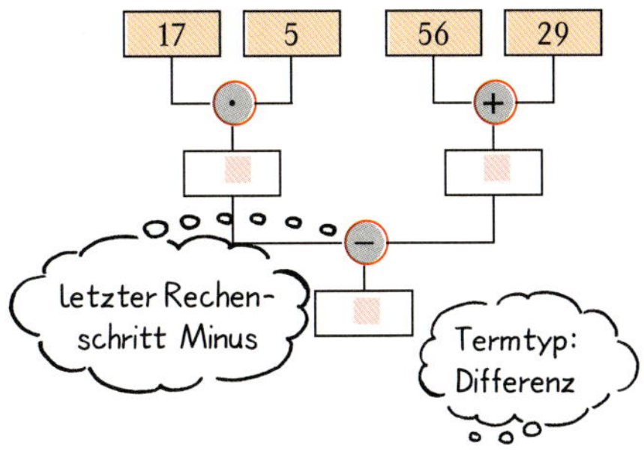

4 a) Ergänze die fehlenden Zahlen.

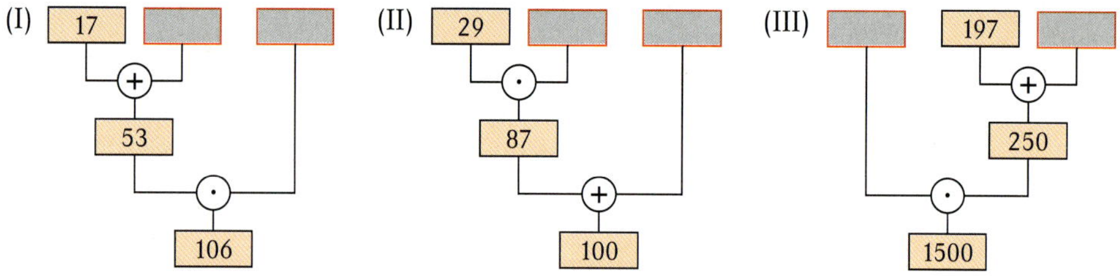

b) Schreibe zu jedem Rechenbaum die passende Rechenaufgabe. Beachte die Klammersetzung.

5 Übersetze die Aufgabe aus der Textform in einen Term, veranschauliche sie durch einen Rechenbaum und berechne das Ergebnis. Gib den Termtyp an.

a) Multipliziere das Produkt von 19 und 21 mit 45.
b) Dividiere 720 durch das Produkt von 12 und 6.
c) Multipliziere das Produkt von 144 und 16 mit dem Quotienten der beiden Zahlen.
d) Multipliziere die Summe von 345 und 921 mit ihrer Differenz.
e) Addiere das Produkt von 19 und 15 und das Produkt von 16 und 17.
f) Subtrahiere von dem Produkt von 345 und 987 die Summe der beiden Zahlen.

6 Übersetze die Rechenbäume in Texte wie in Übung **5** und berechne.

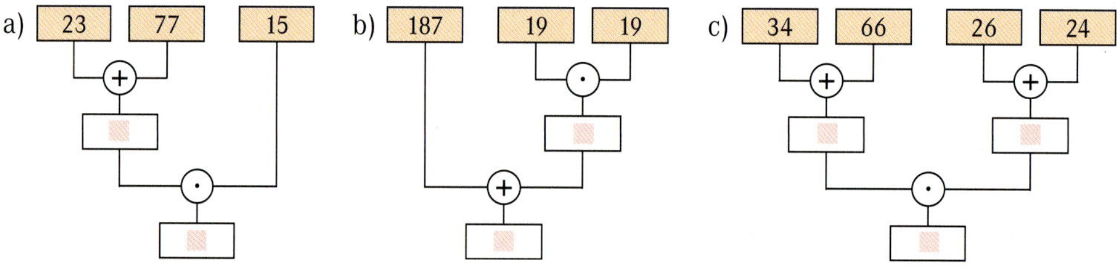

7 Mache eine Überschlagsrechnung.

a) 47 003 + 2156	b) 854 + 2937	c) 4712 + 2981 + 9376	d) 652 914 + 12 + 456 + 44 813
e) 23 456 − 13 341	f) 2937 − 854	g) 9541 − 8315 − 70	h) 98 765 − 83 + 183 − 17 325
i) 439 · 24	j) 23 196 · 9	k) 19 · 1731 · 5	l) 8 · 9 · 10 · 11 · 12
m) 245 : 25	n) 9781 : 452	o) 2367 : 11	p) 59 342 : 93

8 Es ist immer genau eine der Lösungen richtig. Wer findet sie am schnellsten? Wieso waren die anderen langsamer? Vergleicht eure Lösungswege.

a) 9999 − 999 + 99 − 9 =
A 9000 B 9009 C 9090 D 8892 E 9900

b) 37 891 + 8975 − 919 =
A 45 107 B 53 087 C 48 455 D 45 947 E 46 007

c) 5682 · 9619 =
A 59 871 898 B 54 655 158 C 51 078 268 D 5 482 298 E 6 197 818

d) 67 303 646 : 7318 =
A 9907 B 91 937 C 997 D 9747 E 9197

Zeichne oder lege möglichst viele verschiedene Figuren aus vier aneinanderhängenden regelmäßigen Dreiecken. Welche davon sind Netze von Körpern?

9 Berechne durch Ausmultiplizieren.
a) $7 \cdot (5 + 3)$ b) $12 \cdot (100 + 8)$ c) $(8 + 14) \cdot 15$ d) $12 \cdot (12 + 1)$ e) $(34 + 56) \cdot 0$
f) $(100 - 13) \cdot 11$ g) $12 \cdot (12 - 3)$ h) $7 \cdot (40 - 15)$ i) $(13 - 7) \cdot 9$ j) $(1000 - 25) \cdot 4$

10 Klammere aus und berechne.
a) $9 \cdot 4 + 9 \cdot 6$ b) $37 \cdot 37 + 37 \cdot 63$ c) $13 \cdot 16 + 87 \cdot 16$ d) $8 \cdot 70 + 130 \cdot 8$
e) $39 \cdot 15 + 15 \cdot 1$ f) $3 \cdot 70 + 3 \cdot 11 + 3 \cdot 19$ g) $25 + 5 \cdot 11 + 17 \cdot 5$ h) $7 \cdot 11 + 7 \cdot 18 + 7$
i) $3 \cdot 12 - 3 \cdot 11$ j) $11 \cdot 25 - 25 \cdot 9$ k) $4 \cdot 36 - 16$ l) $12 \cdot 41 - 12$
m) $34 \cdot 16 - 34 \cdot 12 + 34$ n) $17 \cdot 15 + 30 + 15$ o) $7 \cdot 104 - 28$ p) $27 \cdot 13 + 4 \cdot 13 - 13$

11 Berechne mithilfe des Distributivgesetzes.
a) $20 \cdot 53$ b) $5 \cdot 17 + 5 \cdot 13$ c) $20 \cdot 9 + 20$ d) $41 \cdot 41$ e) $8 \cdot 7 \cdot 15 + 4 \cdot 14 \cdot 5$

12 Berechne geschickt.
a) $5 \cdot 99$ b) $43 \cdot 90$ c) $7 \cdot 499$ d) $101 \cdot 99$ e) $1001 \cdot 999$ f) $14 \cdot 19$ g) $398 \cdot 12$

13 Setze die fehlenden Klammern so ein, dass die Rechnung stimmt.
a) $175 - 75 : 5 = 20$ b) $175 - 75 : 5 = 160$ c) $16 + 8 \cdot 4 = 48$ d) $16 + 8 \cdot 4 = 96$

14

36 · 15 = 51	45 678 : 9 = 411 102
5 327 + 2668 = 8 995	2 784 – 16 = 174
9 762 – 174 = 9 936	38 · 491 = 15 238
342 : 18 = 18	19 · 21 + 13 = 386

Diese Aufgaben wurden mit dem Taschenrechner gelöst. Das Gerät hat perfekt gearbeitet, aber der Mensch hat sich jeweils an einer einzigen Stelle vertippt, entweder beim Rechenzeichen oder bei einer Ziffer.

Findet heraus, welcher Fehler jeweils gemacht wurde, und gebt an, um wie viel das Ergebnis vom richtigen Ergebnis abweicht.

289
884
972
2500
2808
5200

15

a	b	a + b	a – b	a · b	a : b	52 · a	b + 36	3 · a + 2 · b	a · b – a – b
15	3	15 + 3 = 18	15 – 3 = 12	15 · 3 = 45	15 : 3 = 5	52 · 15 = 780	3 + 36 = 39	3 · 15 + 2 · 3 = 51	15 · 3 – 15 – 3 = 27
17	17								
54	18								
100	25								

Setze in den Termen für die Platzhalter a und b die angegebenen Zahlen ein und berechne die Terme. Schreibe im Heft wie im Beispiel. (Für die Produktterme sind die Lösungen angegeben.)

16 Bestimme den Typ des Terms.
a) $x \cdot y + x : y$ b) $13 \cdot (v + b)$ c) $a \cdot b - (a + b)$
d) $a \cdot (b + c + d + e + f)$ e) $(u \cdot v + 37 - u - v) : 2$

Letzten Rechenschritt beachten!

17 Setze eins der Zeichen ≤ oder ≥ passend ein.
a) $3 \cdot 14$ ▒ 50 b) $4 \cdot 13$ ▒ 50 c) $7 \cdot 15$ ▒ 100 d) $5 \cdot 17$ ▒ 100 e) $9 \cdot 16$ ▒ 150

18 Welche Zahlen kann man für den Platzhalter einsetzen?
a) $x + 3 \le 9$ b) $3 \cdot a \le 30$ c) $17 \le 35 - z$ d) $37 \ge 2 \cdot v$ e) $100 \ge 26 + b$ f) $5 \cdot y \ge 25$

19 Finde möglichst viele Paare von 1. und 2. Summanden, bei denen die Summe 10 000 ist.
1. Summand: 3156; 2861; 479; 921; 6988; 5086; 9904; 13; 508; 246; 7263; 77; 8753;
2. Summand: 9923; 1247; 33; 9987; 596; 2737; 6844; 732; 9079; 7139; 4915; 9492.

20 Die Eltern geben ihrer Ältesten jeden Monat 25 Euro Taschengeld, die Zwillinge erhalten monatlich je 18 Euro und die Jüngste 15 Euro. Berechne auf verschiedenen Wegen, wie viel die Eltern im Jahr an Taschengeld ausgeben. Deute auch die Zwischenergebnisse.

21

O9 =SUMME(B9:M9)

	A	B	C	D	E	F	G	H	I	J	K	L	M	N	O
1	**2004**	*Jan*	*Feb*	*Mär*	*Apr*	*Mai*	*Jun*	*Jul*	*Aug*	*Sep*	*Okt*	*Nov*	*Dez*	**Summe**	
2	Miete	770,00	770,00	770,00	770,00	770,00	770,00	770,00	770,00	770,00	770,00	770,00	770,00	**9.240,00**	
3	Strom	33,00	33,00	33,00	33,00	33,00	33,00	33,00	33,00	33,00	33,00	33,00	33,00	**396,00**	
4	Krankenkasse	256,89	256,89	256,89	256,89	256,89	256,89	256,89	256,89	256,89	256,89	256,89	256,89	**3.082,68**	
5	GEZ	48,45			48,45			48,45			48,45			**193,80**	
6	Zeitung	54,35			54,36			54,35			54,35			**217,41**	
7	Kfz Vers	584,29												**584,29**	
8	Kfz Steuer				97,00									**97,00**	
9	**Summe**	**1.746,98**	**1.059,89**	**1.059,89**	**1.259,70**	**1.059,89**	**1.059,89**	**1.162,69**	**1.059,89**	**1.059,89**	**1.162,69**	**1.059,89**	**1.059,89**		**13.811,18**
10														**13.811,18**	
11															
12															
13															

a) Frau Uhl hat in ihrem Computer eine Tabelle für ihre festen Ausgaben erstellt. Die Zeile 9 und die Spalte N tragen die Bezeichnung „Summe“. Was wird da jeweils berechnet?

b) Schreibe einen Term für die jährlichen festen Ausgaben. Vergleiche mit deinem Partner. Findet verschiedene Lösungen.

c) Was wird in den Zellen O 9 und N 10 berechnet? Nach welchen Rechengesetzen müssen da stets dieselben Zahlen stehen?

22

Hannes hat ein wunderschönes Aquarium. Er gibt monatlich etwa 20 Euro für Lebend-futter aus. Außerdem kauft er noch Futter für seine Meerschweinchen für rund 6 Euro im Monat.

a) Wie viel gibt er im Jahr für Futter aus?

b) Es gibt verschiedene Wege diese Aufgabe zu lösen. Dabei enthalten die Zwischenergebnisse jeweils unterschiedliche Informationen. Gib an, was Hannes bei den verschiedenen Rechenwegen zusätzlich über seine Futterkosten feststellen kann.

c) Erfinde selbst ähnliche Aufgaben. Schreibe sie für die Mathe-Box auf.

23

Erkennst du den Trick? Woran merkt man sofort, dass 32 nicht stimmen kann?
Denke dir eigene Rechentricks aus.
Kannst du einen Trick erfinden, bei dem jeder am Ende seine gedachte Zahl herausbekommt? Erprobe deine Tricks mit deinem Partner.

24

Sybille bekommt monatlich 25 Euro Taschengeld, ihr kleiner Bruder Paul wöchentlich 3 Euro. Wie viel Taschengeld zahlen die Eltern im Jahr? Term: $12 \cdot 25 + 52 \cdot 3$

Denke dir Rechengeschichten aus, gib deinem Partner die Terme und lass ihn dazu wieder Rechengeschichten erfinden. Tauscht die Rollen. Schreibt die Geschichten und Terme für die Mathe-Box auf.

25 Wenn in einem Term mehrere ineinandergeschachtelte Klammern vorkommen, so wird immer die weiter innen stehende Klammer zuerst ausgerechnet. Manchmal verwendet man dann neben den üblichen runden Klammern auch eckige oder geschweifte Klammern.

14 – {9 · [66 – (7 + 8) · 4] – 50}
= 14 – {9 · [66 – 15 · 4] – 50}
= 14 – {9 · 6 – 50}
= 14 – 4
= 10

Berechne wie im Beispiel.

a) [360 – (21 + 47) · 3] : 3 b) (9 · (5 + 13) + 38) : 8 c) {(34 – 23) · 11 + (34 – 23) : 11} · 5

26 a) ((▒ · 2 + 4) · 5 – 20) : 10 =

In der Kettenaufgabe sollen für den Platzhalter verschiedene Startzahlen eingesetzt werden. Erkläre, was passiert und warum das so ist.

b) Erfinde selbst Kettenaufgaben mit dieser Eigenschaft. Notiere sie für die Mathe-Box.

27 Stopp, das Kopfrechentrainingsspiel

(1) Die Spielleitung schreibt die Rechenanweisungen untereinander an die Tafel. Dann gibt sie eine Startzahl an und startet die Stoppuhr.
(2) Jeder rechnet im Kopf die angegebenen Schritte. Mit dem letzten Ergebnis geht es immer wieder von vorne los, bis die Spielleitung nach drei Minuten „Stopp" sagt.
(3) Anhand ihrer Tabelle vergibt die Spielleitung die Punkte für die verschiedenen Ergebnisse bei „Stopp".
Sieger ist, wer am Ende der Woche die höchste Punktsumme hat.

13	14	15	16	17	18	Pkte
5		7		9		20
7		9		11		15
9		11		13		10
11		13		15		5
15		21		27		19
21		27		33		14
23		29		35		18
27		33		39		9
29		35		41		13
33		39		45		4
35		41		47		8
41		47		53		3
42		54		66		16
46		58		70		17
54		66		78		11
58		70		82		12
66		78		90		6
70		82		94		7
78		90		102		1
82		94		106		2

a) Probiert die Rechenanweisung mit den Startzahlen 13; 15 und 17 aus.
Versucht herauszufinden, wie die Punktetabelle angelegt ist, und ergänzt sie im Heft für 14; 16 und 18.

b) Denkt euch andere Rechenanweisungen aus und probiert sie aus. Worauf muss man achten?

28 a) Wie verändert sich eine Summe, wenn man beide Summanden verdoppelt?

b) Wie verändert sich ein Produkt, wenn man beide Faktoren verdoppelt?

c) Wie verändert sich ein Quotient, wenn man den Dividenden verdoppelt?

d) Was geschieht, wenn man in einem Quotienten Dividend und Divisor verdoppelt?

e) Wie verändert sich ein Produkt, wenn man einen Faktor verdoppelt und den anderen halbiert?

29 a) Die Subtraktion kann als verkürztes Rückwärtszählen gedeutet werden. Die Division durch eine Zahl kann als ein verkürztes Verfahren für die mehrfache Subtraktion dieser Zahl aufgefasst werden.
Erkläre damit, wieso manche Subtraktions- und Divisionsaufgaben „nicht gehen“.
Warum treten solche Probleme bei Addition und Multiplikation nicht auf?

b) Schreibt eure Erklärungen zu a) so auf, dass sie von einem Kind im 4. Schuljahr verstanden werden können. Lest euch eure Texte gegenseitig vor und entscheidet, welcher Text wohl am klarsten ist. Präsentiert diesen Text der ganzen Klasse.

c) Erläutere den Zusammenhang zwischen Addieren und Multiplizieren einerseits und den Zusammenhang zwischen Multiplizieren und Potenzieren andererseits.
Kannst du der nebenstehenden Behauptung zustimmen?

Ausstiege

A1

a) Welche Überlegungen hat Karlchen angestellt und wie lautet sein Ergebnis?

b) Berechne nach dieser Methode die Summe der natürlichen Zahlen von 1 bis 10 (von 1 bis 20; von 1 bis 100).

c) Was passiert, wenn die Anzahl der Summanden ungerade ist?

d) Berechne die Summe aller zweistelligen Zahlen im Dezimalsystem.

e) Berechne die Summe aller geraden Zahlen von 2 bis 100.

f) Bei d) und e) gibt es verschiedene Lösungswege. Vergleicht.

g) Denkt euch weitere Summen aus, die man mit dieser Methode berechnen kann.

h) Die Geschichte im Bild soll wirklich passiert sein. Der flinke Rechner hieß CARL FRIEDRICH GAUSS (1777–1855) und wurde später ein berühmter Mathematiker. Findet mehr über ihn heraus und berichtet darüber.

A2

a) Erläutere das Gespräch.

b) Welche Eigenschaften hat die Null bei den vier Grundrechenarten? Welche davon könnte man als „merkwürdig“ bezeichnen und warum?

c) Auch die Eins hat bei manchen Grundrechenarten „merkwürdige“ Eigenschaften. Beschreibe und vergleiche.

Vermischte Übungen

L1 a) Ein Produkt aus drei Zahlen ist 27 (6; 13; 24; 49). Wie groß kann ihre Summe sein?
b) Ein Produkt aus fünf Zahlen ist 1. Wie groß kann ihre Summe sein?
c) Ein Produkt aus vier Zahlen ist ungerade (gerade). Ist ihre Summe gerade oder ungerade?
d) Ein Produkt aus fünf Zahlen ist null. Wie groß kann ihre Summe sein?

L2 Eine Aufgabe aus der Mathematik-Olympiade wurde in einer großen Tageszeitung veröffentlicht, die auch einen Preis aussetzte. Hättest du den Preis gewinnen können?

> Die Aufgabe: Wie kann man 15 Minuten messen, wenn nur die Sanduhr A mit einer Durchlaufzeit von 11 Minuten und die Sanduhr B mit einer Durchlaufzeit von 7 Minuten zur Verfügung stehen?

L3 Die Tabelle zum kleinen Einmaleins hat bei genauer Betrachtung viele interessante Eigenschaften. Vielleicht hast du sie noch von Übung **23** aus Unterkapitel **3.2** in deinem Heft. Sonst schreibe sie dir schnell neu auf.
a) Stelle fest, wie oft die einzelnen Ergebnisse in der Tabelle vorkommen.
b) Welche natürlichen Zahlen unter 100 fehlen in der Tabelle? Warum?
c) Welche Zahlen kommen am häufigsten vor? Woran liegt das? Wie oft kommen sie vor? Gibt es Zahlen, die genau einmal (dreimal) vorkommen?
d) Welche Zahlen liegen auf der Linie von der 1 links oben zu der 100 rechts unten (Hauptdiagonale)?
e) Welche Eigenschaft der Tabelle beruht auf dem Kommutativgesetz der Multiplikation?
f) Die Zahl 45 in der 5er-Zeile hat als rechten und linken Nachbarn 40 und 50. Das ergibt zusammen gerade 90. Wie steht es mit den oberen und unteren Nachbarn 36 und 54? Betrachte auch für andere Zahlen in der Tabelle die Nachbarsummen.
Versuche deine Beobachtungen zu begründen.

L4 Berechne 1111 mal 1111 und untersuche das Ergebnis. Bilde weitere ähnliche Produkte und formuliere eine Vermutung. Versuche deine Vermutung zu begründen.

L5 a) Welches Ergebnis trägt der Spitzenstein der Additionsmauer, wenn die Zahlen in der angegebenen Reihenfolge eingesetzt werden?
b) Welches ist das höchste, welches das niedrigste Ergebnis im Spitzenstein, das man bei den vorgegebenen Zahlen in beliebiger Reihenfolge erzielen kann?

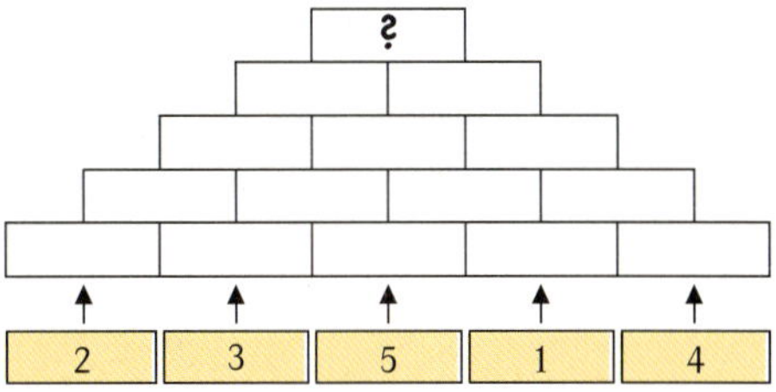

c) Sind alle Zahlen zwischen der höchsten und der niedrigsten erreichbar?
d) Verändere die Ausgangszahlen und beantworte wieder die Fragen b) und c).
e) Mache aus der Additionsmauer eine Multiplikationsmauer.

L6 Versuche Zahlen anzugeben, für die die Gleichung stimmt.
a) ☺ - ☺ = ☺ - ☺
b) ☺ : ☺ = ☺ : ☺
c) (☺ - ☺) - ☹ = ☺ - (☺ - ☹)
d) (☺ : ☺) : ☹ = ☺ : (☺ : ☹)

---

a) Jede Fünfeck-Fläche eines Dodekaeders soll den „Wert" 5 haben. Wie groß ist dann der „Gesamtwert" des Dodekaeders?
b) Untersuche ebenso die anderen platonischen Körper. Gibt es „gleichwertige"?

L7 Welche Ziffern sind für die Kästen einzusetzen?

a)
```
  8□4
- □31
-----
  66□
```
b)
```
  □13
- 4□8
-----
  21□
```
c)
```
  3□38
- □87□
------
  13□3
```
d)
```
  2□4□6
-  2□47
-------
  □046□
```
e)
```
1□5 · 7
-------
  □□2□
```
f)
```
□34 · □8
--------
□□□
  18□□
--------
  □□□3
```
g)
```
□□4 · 5□7
---------
□□□□
  □□□4
   366□
---------
□□□□□□
```
h)
```
□□□□□ : 426 = 5□
□□□□
----
 □□□□
 1278
 ----
    0
```
i)
```
□□□□□ : 712 = 6□
□□□□
----
 □□□□
 □□3□
 ----
    0
```

L8 Niko, Fred und Alex sind zusammen doppelt so alt wie Hannah. Alex ist vier Jahre jünger als Niko; Fred ist zwei Jahre älter als Alex. Niko ist 18 Jahre alt. Wie alt ist Hannah?

9

Waagerecht:		Senkrecht:	
1	7 · 8	1	3 · 18
3	5 · 5	2	9 · 7
6	18 · 24	4	1849 + 3568
8	12 · 40	5	5 · 41
9	1111 + 1010	7	15 · 15
11	5749 − 4499	10	21 · 5
13	8 · 9	11	4 · 4
15	8 · 8	12	5733 − 3333
16	9 · 6	14	17 · 17
18	9 · 9	17	8 · 59
20	3691 + 4199	19	32 · 32
21	4 · 52	21	9 · 3
23	11 · 5	22	5 · 17
24	12 · 37		

Kreuzzahlrätsel

1 □	2 □	■	■	3 □	4 □	■	5 □
6 □	□	7 □	■	■	8 □	□	□
■	■	9 □	10 □	□	□	■	□
11 □	12 □	□	□	■	13 □	14 □	■
15 □	□	■	16 □	17 □	■	18 □	19 □
■	□	■	■	20 □	□	□	□
21 □	□	22 □	■	□	■	■	□
□	■	23 □	□	■	24 □	□	□

10 a) Berechne. Wenn du die Lösungen in die richtige Reihenfolge bringst, ergibt sich als Lösungswort ein Beruf.

(I) 4356 − 726 (II) 8238 − 1811 (III) 6452 − 4069

(IV) 4807 − 1365 (V) 1892 − 795 (VI) 8678 − 983

(VII) 5002 − 1999 (VIII) 9378 − 4339 (IX) 2742 − 1836

906	R
7695	I
6427	N
3003	E
2383	G
5039	U
1097	N
3630	I
3442	E

b) Das Lösungswort kannst du eventuell ohne jede Rechnung raten. Wenn du auch die Lösungen der einzelnen Aufgaben wissen willst, musst du etwas genauer hinschauen.
Wie kommst du mit möglichst wenig Rechenaufwand ans Ziel?

11 Berechne möglichst geschickt.

a) 257 + 629 b) 367 − 123 c) 95 + 37 + 15 d) 64 + 812 + 147
e) 719 + 371 f) 1333 − 155 g) 249 + 73 − 49 h) 531 − 210 − 111
i) 2871 + 539 j) 2451 − 2389 k) 3752 − 500 + 248 l) 8199 − 277 − 123
m) 1449 + 329 n) 3722 − 1401 o) 4219 + 366 − 119 p) 5678 − 912 + 924

12 Berechne die Additionsmauer.

a)
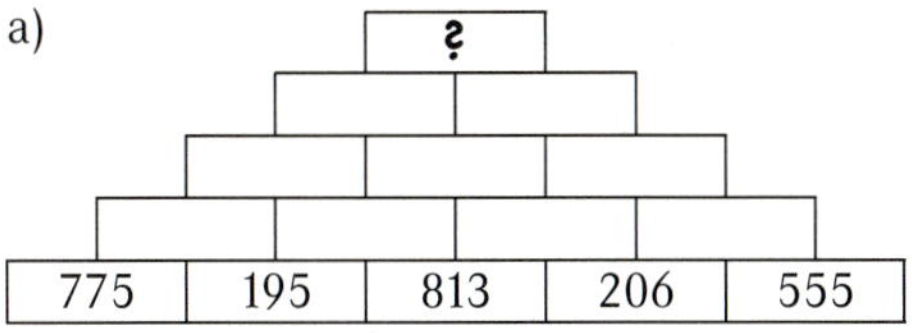

b)
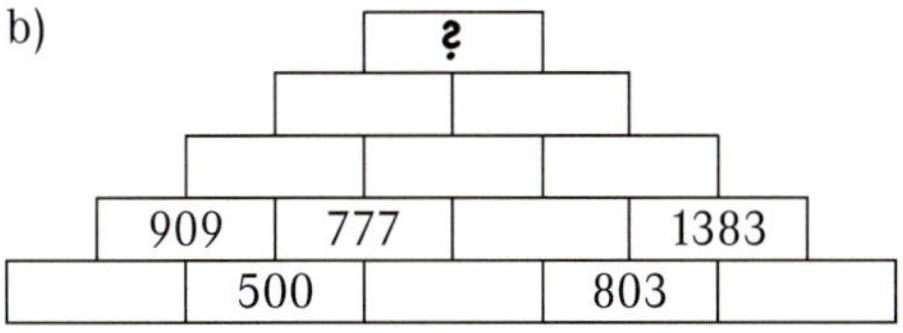

c)
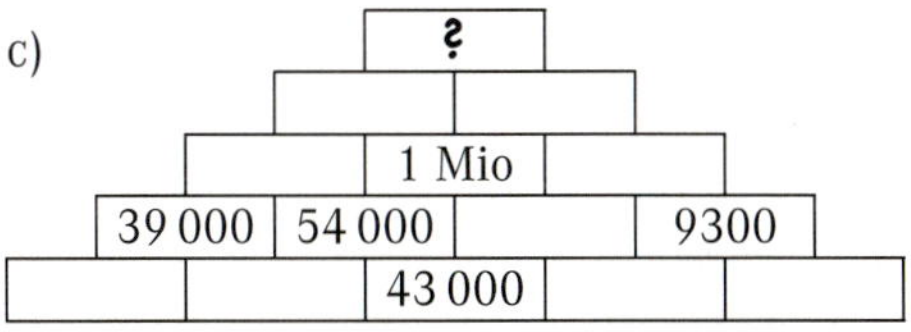

d)
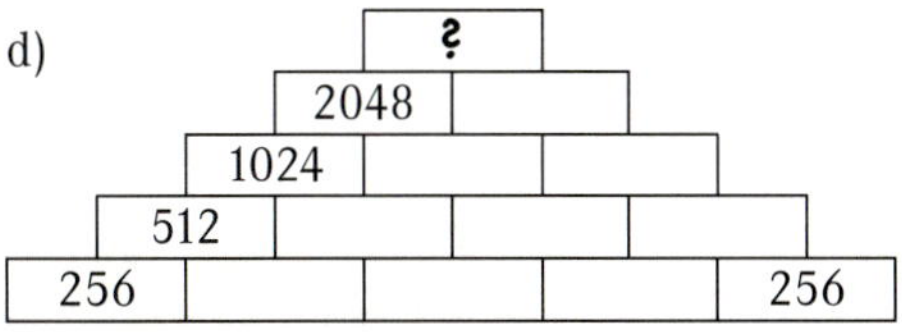

13 Setze verschiedene Rechenzeichen so ein, dass du ein möglichst großes (ein möglichst kleines) Ergebnis erhältst.

a)
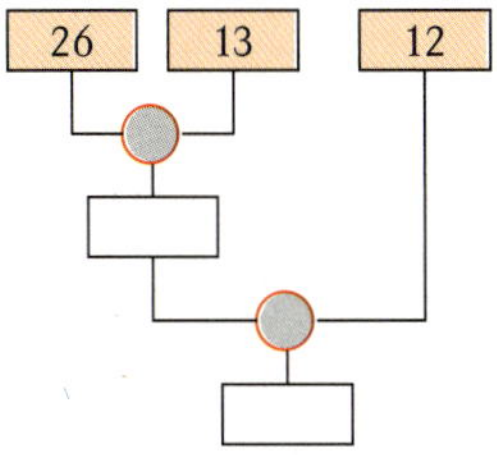

b)
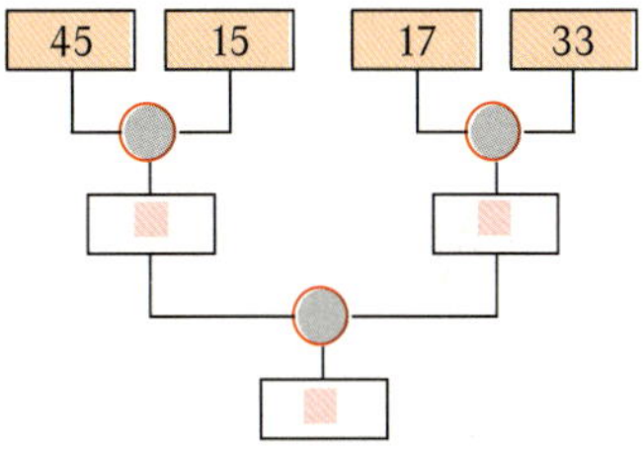

14 a) Ein Bauer erntet 69 433 Maiskörner. Auf dem Transport gehen 7004 Körner verloren. Stelle eine passende Frage und beantworte sie.

b) Der Bauer denkt ernsthaft über die Transportverluste nach. Wie könnten seine Überlegungen aussehen? Beschreibt mehrere sinnvolle Möglichkeiten.

15 Pia berechnet 143 · 14; 143 · 28; 143 · 42; 143 · 56. Sie macht einige interessante Beobachtungen und kommt ins Grübeln. Welche Vermutungen könnte sie haben?
Sie probiert es mit anderen Zahlen. Suche welche, die auch interessante Ergebnisse liefern.

16 Aus 162 Schülerinnen und Schülern werden 18 Mannschaften gebildet.
In jeder Mannschaft sind fünf Mädchen. Wie viele Jungen sind in jeder Mannschaft?
Um wie viel übertrifft die Anzahl der Mädchen die der Jungen?

17 Setze Klammern, falls erforderlich.

a) 115 + 248 - 252 = 111
b) 76 - 34 - 25 = 67
c) 123 - 12 - 15 = 96
d) 152 - 19 + 31 = 102
e) 89 + 67 - 57 + 20 = 79
f) 528 - 356 + 129 = 43

18 Denke dir einige Terme aus und übersetze sie in Texte. Lasse diese Texte von deinem Partner wieder in Terme übersetzen. Vergleicht.

Welche Zusammenhänge bestehen zwischen regelmäßigen Sechsecken und Dreiecken?

19 Setze die fehlenden Klammern so ein, dass die Rechnung stimmt.
a) $175 - 75 : 5 = 20$ b) $175 - 75 : 5 = 160$ c) $16 + 8 \cdot 4 = 48$ d) $16 + 8 \cdot 4 = 96$

20 Welche Zahlen kann man für den Platzhalter einsetzen, sodass die Aussage stimmt?
a) $5 \cdot x + 33 = 58$ b) $3 \cdot (y + 34) = 180$ c) $17 - a < 15$ d) $c + 25 < 50$ e) $2 \cdot x + 25 < 50$
f) $87 > 100 - y$ g) $z - 17 = z - 18$ h) $a = 2 \cdot a$ i) $2 \cdot x < 3 \cdot x$ j) $(a - 17) : 2 = 1$

21 a) Stelle den Term $(v + w) \cdot u$ als Text und durch einen Rechenbaum dar.
Bestimme den Typ des Terms. Setze für v 13, für w 17 und für u 20 ein und berechne.
b) Verfahre entsprechend für den Term $u \cdot v + u \cdot w$. Vergleiche.

22

a) Berechne für jedes der 16 Bundesländer der Bundesrepublik Deutschland die Anzahl der männlichen Einwohner.
b) Berechne die Anzahl der männlichen und der weiblichen Einwohner Deutschlands sowie die Gesamtbevölkerungszahl.
c) Berechne die Gesamtfläche Deutschlands.
d) Ordne die Bundesländer nach der Fläche. Um wie viel unterscheiden sich die Flächen des größten und kleinsten?
e) Ordne die Bundesländer nach der Bevölkerungszahl. Um wie viel unterscheiden sich die Bevölkerungszahlen des größten und kleinsten?
f) Stimmen die Reihenfolgen aus d) und e) überein?

Bundesland	Fläche (km^2)	Bevölkerung (in 1000)	
		insgesamt	weiblich
Baden-Württemberg	35752	10661	5431
Bayern	70549	12387	6327
Berlin	892	3392	1741
Brandenburg	29477	2582	1306
Bremen	404	662	342
Hamburg	755	1729	890
Hessen	21115	6092	3107
Mecklenburg-Vorpom.	23173	1745	881
Niedersachsen	47618	7980	4074
Nordrhein-Westfalen	34083	18076	9278
Rheinland-Pfalz	19847	4058	2066
Saarland	2569	1065	548
Sachsen	18413	4349	2237
Sachsen-Anhalt	20445	2549	1307
Schleswig-Holstein	15763	2817	1440
Thüringen	16172	2392	1218

23

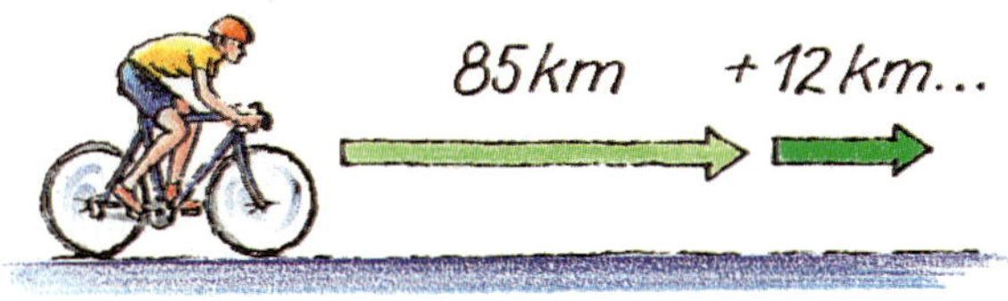

Bei einer Rallye werden zehn Etappen gefahren. Die erste ist 85 km lang, jede folgende zwölf Kilometer länger als die vorherige. Wie viele Kilometer werden zurückgelegt?

24 Die Länge der Innenbahn eines Stadions beträgt 400 m. Für das goldene Sportabzeichen müssen Frauen 2000 m laufen. Wie viele Runden sind das?
Wie viele Runden werden bei einem 10 000 m-Lauf zurückgelegt?

25 Zahlen wie 747 oder 484 sind vorwärts und rückwärts gelesen gleich, ähnlich wie die Wörter OTTO oder REGALLAGER. Solche Gebilde nennt man *Palindrome*. 747 kann man als Summe von 423 und der umgekehrten Ziffernfolge 324 schreiben.

a) Kannst du 747 noch auf andere Weise als Summe einer Zahl und der Umkehrzahl schreiben? Gelingt es auch bei 484?
b) Untersuche für verschiedene (dreistellige) Zahlen die Summe der Zahl und der Umkehrzahl. Ergeben sich immer Palindrome?
Wiederhole eventuell den Prozess!

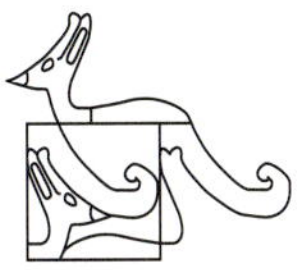

28 Der Känguru-Wettbewerb wird weltweit am gleichen Tag (meist im März) ausgetragen. Für jede Klassenstufe gibt es 30 Aufgaben, von denen in 75 Minuten möglichst viele gelöst werden müssen. Dabei sind jeweils fünf Lösungen vorgegeben, von denen immer genau eine richtig ist. Anmelden kann man sich nur über seine Schule. Genaueres erfährst du auch im Internet.

a) Wie viel Zeit benötigst du für die sechs Aufgaben aus dem Känguru-Wettbewerb?

(I) 1999 − 999 + 99 − 9

A	B	C	D	E
1900	1090	1000	1990	1009

(II) Bei den Hausaufgaben sollte die Zahl 27 addiert werden, aber Michaela hat sie stattdessen subtrahiert. Wie groß ist die Differenz zwischen ihrem Ergebnis und dem richtigen?

A	B	C	D	E
27	0	54	100	81

(III) Wie groß ist die Summe der fehlenden Ziffern in der Multiplikationsaufgabe?
6 ▢ 3 · 5 = 346 ▢

A	B	C	D	E
6	8	10	12	14

(IV) Auf Christianes Geburtstagsfeier soll bei einem Spiel jeder seinen Geburtstag nennen. Dabei zeigt sich, dass keine zwei ihrer Gäste im selben Monat Geburtstag haben. Wie viele Gäste hat sie höchstens?

A	B	C	D	E
11	12	13	24	344

(V) Wie groß ist die Differenz zwischen der Anzahl der schwarzen und der weißen Quadrate in der Abbildung?

A	B	C	D	E
0	1	5	9	10

(VI) Nikolas schlägt ein Buch auf und stellt fest, dass die Summe der Seitenzahlen links und rechts 21 ist. Wie groß ist das Produkt der beiden Seitenzahlen?

A	B	C	D	E
121	100	420	110	462

b) Vergleicht, wie lange ihr gebraucht habt und wie ihr vorgegangen seid.
Wenn ihr besonders geschickte Wege entdeckt, besprecht sie in der Klasse.

29 Jeder Partner wählt aus den Blöcken (I) und (II) je eine Aufgabe.
Die Partner müssen verschiedene Aufgaben wählen.

Block (I)

a) 546 + 297
b) 183 − 71
c) 296 + 453
d) 706 − 323
e) 392 + 4838
f) 9706 − 499

Block (II)

g) 66 · 789
h) 1422 : 6
i) 4123 · 400
j) 4356 : 66
k) 95 · 726
l) 544 401 : 99

Jeder schreibt seine Lösungen auf ein Blatt Papier, das er mit seinem Namen versieht. Dann tauschen die Partner die Blätter und jeder rechnet die Aufgaben des anderen nach.
Wenn die Lösung des ersten Rechners richtig ist, schreibt der Partner „richtig“ daneben, sonst „die richtige Lösung ist ...“, und unterschreibt mit seinem Namen.
Die Partner erhalten für eine Aufgabe gemeinsam einen Punkt, wenn das Ergebnis nach der Kontrolle durch den zweiten Partner stimmt.

30 a)

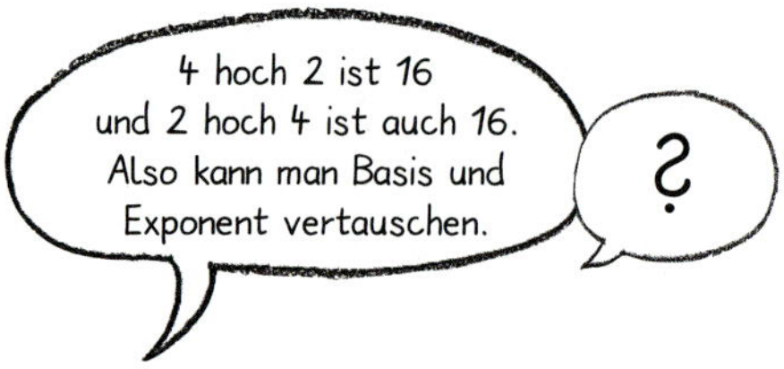

Was meinst du dazu?

b) Vergleiche und setze eins der Zeichen =, < oder > ein.
2^5 ▪ 5^2; 2^{10} ▪ 10^2; 2^{20} ▪ 20^2; 5^3 ▪ 3^5

31

Das Schachspiel wurde angeblich von dem Brahmanen Sissa ibn Dahir erfunden.
Als er das Spiel dem König Shirham vorstellte, war dieser von der Idee so begeistert, dass er den Erfinder aufforderte, sich etwas zu wünschen. Der kluge Brahmane wünschte sich 1 Reiskorn auf dem ersten Feld des Schachbretts; 2 auf dem zweiten Feld; 4 auf dem dritten Feld und so weiter auf jedem Feld immer das Doppelte des vorherigen.
Dem König erschien der Wunsch bescheiden und er war einverstanden.

a) Wie viele Reiskörner liegen auf dem vierten Feld; wie viele auf dem achten? Schätze: Auf welchem liegen 4096 Körner?

b) Man kann die Anzahl der Reiskörner auf dem 64. Feld ziemlich leicht angeben, aber die Ziffern dieser großen Zahl auszurechnen ist etwas mühsam. Die Anzahl aller Körner auf dem ganzen Brett ist natürlich noch größer. Sie beträgt
18 446 744 073 709 551 615.
Lies die Zahl. Gib sie mithilfe von Zweierpotenzen an.

c) Ein Gramm Reis besteht aus ungefähr 50 Reiskörnern. Die Weltjahresernte an Reis beträgt gegenwärtig knapp 600 Millionen Tonnen. Wie viele Körner sind das ungefähr?
Wievielmal könnte der König damit sein Versprechen gegenüber dem Brahmanen erfüllen?

32

Kommentiere das Gespräch.

33

Materialliste!!!
50 rote und 50 grüne Karten

3 · a ≤ 21

0	**1**	**2**	**3**
4	**5**	**6**	**7**

Schreibt jeweils auf eine rote Karte eine Aufgabe und auf eine grüne Karte die Lösung bzw. die Lösungen.
- Karten mischen und je nach Anzahl der Mitspieler jedem 3 bis 8 Karten austeilen, Reststapel in die Mitte
- Karte ziehen (vom Stapel oder vom rechten Nachbarn), passende Paare ablegen
- Sieger ist, wer zuerst alle Karten abgelegt hat.

a) Spielt das Spiel.

b) Man kann mit den Karten auch „Memory“ spielen. Dazu werden alle Karten verdeckt auf dem Tisch ausgelegt.

c) Legt das Spiel in die Mathe-Box.

Zusammenfassung

1

Die vier **Grundrechenarten**	
Addition Summand plus Summand = Summe	**Subtraktion** Minuend minus Subtrahend = Differenz
Multiplikation Faktor mal Faktor = Produkt	**Division** Dividend durch Divisor = Quotient

Die Division durch null ist nicht erlaubt.

2 **Schriftliches Addieren** | **Schriftliches Subtrahieren** | **Schriftliches Multiplizieren**

Schriftliches Addieren	Schriftliches Subtrahieren	Schriftliches Multiplizieren
9123	189456	7405 · 3056
+ 68325	− 93476	22215
+ 798	− 6897	37025
+ 2651	− 4378	44430
2111 (Übertrag)	11222 (Übertrag)	22629680
80897	84705	

3 Bei Divisionsaufgaben mit großen Dividenden ist oft **schriftliches Dividieren** nützlich.

455 : 7

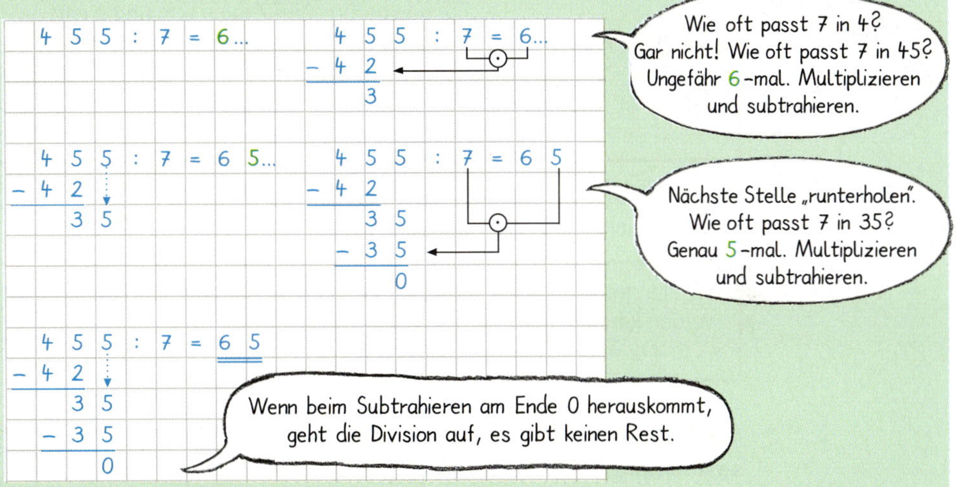

Schriftliches Dividieren mit Rest:

743 : 38 = 19 + 21 : 38
− 38
363
− 342
21

Rest, der noch verteilt werden muss.

Probe machen!

Rest nicht vergessen!

Probe: 19 · 38
57
152
722
+ 21
743

Divisionsaufgaben, die „nicht aufgehen", kann man als **Zerlegung mit Rest** schreiben:
743 = 38 · 19 + 21
Man nennt 21 den **Rest** bei der Division von 743 durch 38.

4 **Vorrangregeln** legen fest, in welcher Reihenfolge gerechnet werden soll:

I: Was in einer **Klammer** steht, wird **zuerst** berechnet.
II: Multiplikation und Division werden *vor* Addition und Subtraktion ausgeführt. Kurz: **Punktrechnung** geht **vor Strichrechnung.**
III: Wenn nichts anderes festgelegt ist, rechnet man **von links nach rechts.**

Der letzte Rechenschritt legt den **Termtyp** fest.

$4 \cdot (47 - 8 \cdot 5) + (54 : 3 + 9) : 3$
$= 4 \cdot (47 - 40) + (18 + 9) : 3$
$= 4 \cdot 7 + 27 : 3$
$= 28 + 9$
$= \underline{\underline{37}}$

Termtyp: Summe

5 In der **Gleichung** □ + ○ = ○ + □ bedeuten □ und ○ **Leerstellen,** in die Zahlen eingesetzt werden können. In der Mathematik verwendet man meistens Buchstaben als **Platzhalter,** zum Beispiel a, b, x, y.
In der Gleichung a + b = b + a kann man für a und b beliebige Zahlen einsetzen, weil das Kommutativgesetz gilt. In Gleichungen wie 34 + a = 51 oder 8 · y = 56 kann man für die Platzhalter nur jeweils eine ganz bestimmte Zahl einsetzen, wenn die Gleichung stimmen soll.

6 Mit Platzhaltern kann man die **Rechengesetze** für natürliche Zahlen sehr kurz formulieren:

Für alle natürlichen Zahlen a, b und c gilt:

für die Addition	*für die Multiplikation*	
a + b = b + a	a · b = b · a	**Kommutativgesetze**
a + (b + c) = (a + b) + c	a · (b · c) = (a · b) · c	**Assoziativgesetze**
a · (b + c) = a · b + a · c		**Distributivgesetz**

Für die Subtraktion und die Division gelten zwar keine Kommutativ- und Assoziativgesetze, aber etwas Ähnliches wie das Distributivgesetz:

Für alle natürlichen Zahlen a, b und c, für welche die einzelnen Rechnungen durchgeführt werden können, gilt:
a · (b − c) = a · b − a · c   (a + b) : c = a : c + b : c

7 Mithilfe des Distributivgesetzes kann man **ausmultiplizieren** und **ausklammern.**

Produkt → Ausmultiplizieren → Summe
Summe → Ausklammern → Produkt

$15 \cdot (8000 + 19) = 15 \cdot 8000 + 15 \cdot 19$
$= 120\,000 + 285$
$15 \cdot 8019 = \underline{\underline{120\,285}}$

$7 \cdot 17 + 7 \cdot 13 = 7 \cdot (17 + 13)$
$= 7 \cdot 30 = \underline{\underline{210}}$

8 Bei einer **Überschlagsrechnung** rechnet man mit „bequemen" Zahlen.
Bei Produkten und Summen erhält man meistens bessere Ergebnisse, wenn man eine Zahl durch eine größere und die andere durch eine kleinere ersetzt.
Bei Differenzen und Quotienten verändert man dagegen in der Regel besser beide Zahlen in die gleiche Richtung.

12 · 499 ist ungefähr 5000, nämlich ungefähr 10 · 500.
Man schreibt: $12 \cdot 499 \approx \underline{\underline{5000}}$

$3529 - 356 \approx 3500 - 300 = \underline{\underline{3200}}$

$9840 : 45 \approx 10\,000 : 50 = \underline{\underline{200}}$

3.6 Rechnen mit Maschinen

1

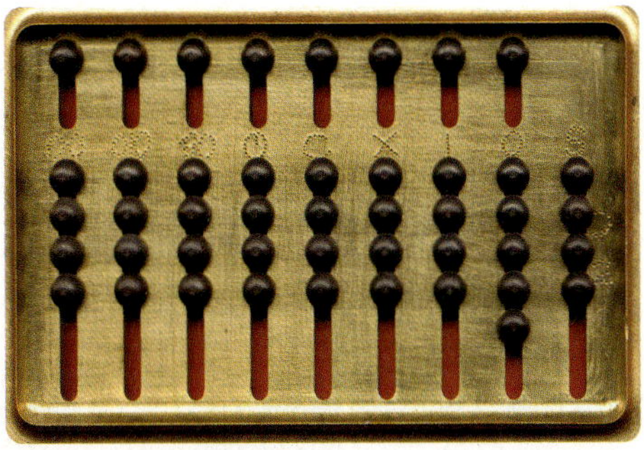

Schon in der Antike erleichterten sich die Griechen und Römer das Rechnen durch ein Rechenbrett *(Abakus)*.

Geräte, die ähnlich funktionieren, sind noch heute in Russland *(Stschoty)*, China *(Suanpan)* und Japan *(Soroban)* im Gebrauch.

2 Schon früh hat man versucht den Rechenprozess zu mechanisieren. Im 17. Jahrhundert wurden Rechenmaschinen mit Walzen und Zahnrädern entworfen.

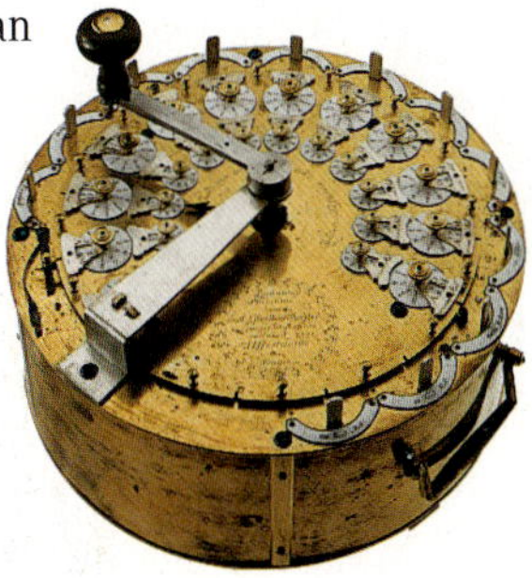

Lochstreifen, Stiftwalzen o. ä. steuerten z.B. Webmaschinen und Musikautomaten. Das Hollerith-Lochkartensystem erleichterte den Umgang mit Karteien.

3 Diese Geräte gehören zu den *mechanischen* Ahnen heutiger Computer. Wenn ihr „Ahnenforschung" betreiben und etwas über die Geschichte des Computers erfahren wollt, könnt ihr Interessengruppen bilden, die sich z.B. mit folgenden Themen beschäftigen:

Rechnen mit Steinen und Kugeln
Wie rechnet man mit dem Abakus? Was passiert mit Überträgen?
Wie sehen die russischen, chinesischen und japanischen Rechengeräte aus und wie rechnet man mit ihnen? Wie schnell kann ein geübter Benutzer damit rechnen? Bastelt euch selbst ein solches Gerät, übt damit zu rechnen und veranstaltet ein Wettrechnen gegen einen Taschenrechner.

Rechnen mit Walzen und Zahnrädern
Wie sahen die Rechenmaschinen von SCHICKARD, PASCAL und LEIBNIZ aus? Wie wurden Zahlen eingegeben? Mit wievielstelligen Zahlen konnte man rechnen? Welche Rechenarten konnten ausgeführt werden? Was geschieht mit Überträgen? Wo gibt es noch Zeichnungen, Modelle oder Nachbauten dieser Geräte?
Warum funktionieren diese Maschinen im Allgemeinen nicht?

Mechanisch gesteuerte Automaten
Wie funktionierten sie?
Wozu wurden sie benutzt? Wo kann man sie heute noch besichtigen?

Programmgesteuerte Rechner
Von wem stammte der erste funktionierende Rechner auf Relaisbasis? Welche Rechenarten konnten ausgeführt werden und wozu wurde er gebraucht? Welche Zahldarstellung wurde benutzt und wie wurden Zahlen eingegeben? Wie groß war der Rechner und wie schnell?

4.1 Rundum viel Eckiges – Körper

Einstiege

E1

a) Betrachte mit deinem Nachbarn die Bilder. Fallen euch einige Gebäude besonders auf? Wenn ja, überlegt woran das liegen kann. Welche Formen haben die anderen Gebäude? Versucht oft vorkommende Standardformen zu entdecken.

b) Sucht in eurer Umgebung ähnlich geformte Gebäude. Welche Formen kommen besonders häufig vor?

c) Gibt es noch andere Gegenstände, die auch diese Formen haben?
Findet Beispiele (I) beim Einkauf; (II) bei euch zu Hause.

d) Für den Bau eines Modells vom Turm aus Bild 9 und von der Pyramide aus Bild 1 sollen Bastelbögen aus Papier hergestellt werden. Versucht es so, dass das gesamte Gebäude (einschließlich Boden) aus einem zusammenhängenden Stück geknickt werden kann.
Gibt es verschiedene Lösungen?

e) Gelingt euch das auch für das Hochhaus (Bild 2) und das Kuppelzelt (Bild 8)?

E2 a) Untersucht in einem Supermarkt die Formen der Verpackungen. Notiert in einer Liste, welche verschiedenen Formen es gibt.
Berichtet in der Klasse über eure Ergebnisse und nennt Beispiele.
Zeichnet die Formen an die Tafel und beschreibt sie.

b) Besorgt euch leere Kartons (z. B. Cornflakes-Schachteln).
Schneidet die Kartons so ein, dass ihr sie vollständig auseinander falten und in einem Stück flach auf den Tisch legen könnt.
Versucht möglichst viele verschiedene Möglichkeiten zu finden. Könnt ihr auch so aufschneiden, dass keine Fläche beschädigt wird? Vergleicht dann mit den anderen Gruppen. Gibt es etwas, das allen Lösungen gemeinsam ist?

c) Zeichnet ein Netz für eine Schachtel (Länge 8 cm, Breite 6 cm, Höhe 4 cm). Versucht dasselbe anschließend mit einer Toblerone®-Schachtel und einer Kartoffelchips-Dose.

d) Habt ihr auch Verpackungen gefunden, die kugelförmig sind? Aus welchem Material sind sie? Warum könnte diese Frage interessant sein?

E3

a) Warum spielen Kinder so gern mit Baukästen wie den abgebildeten?
b) Welche Formen haben die Steine dieser Baukästen? Beschreibe die Formen mit Worten.
c) Versuche aus Pappe den gelben und den roten „Bauklotz“ zu basteln.
Gelingt dir das so, dass die „Bauklötze“ jeweils aus einem einzigen, geknickten Stück Pappe bestehen?
d) Baue den grünen Bauklotz aus Pappe. Versuche es aus einem Stück.
e) Kann dir das Basteln einer Kugel aus einem Stück gelingen? Begründe.

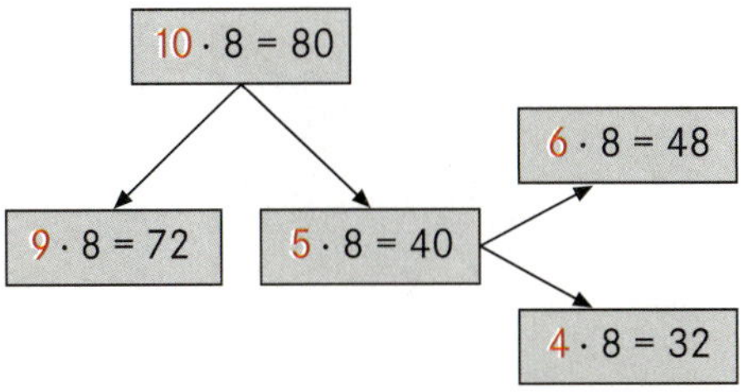

a) Nach dem nebenstehenden Schema kann man bestimmte Produkte im Einmalacht schnell ermitteln. Erkläre.
Welche Produkte erhält man auf diese Weise nicht? Lerne sie auswendig!
b) Verfahre entsprechend für das Einmalsieben (Einmalsechs; Einmalneun).

Grundwissen

1 Geometrische Grundkörper

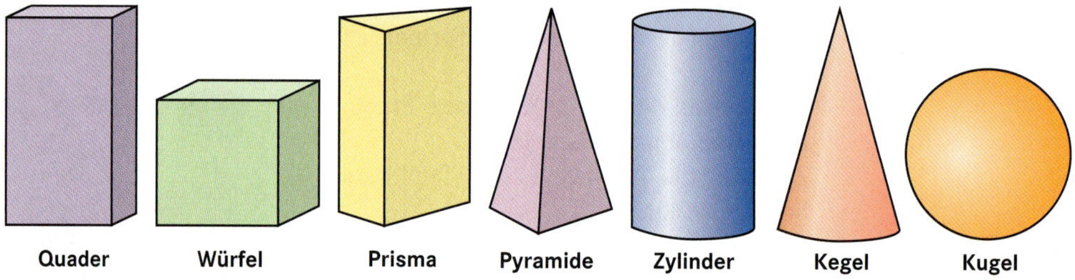

Nicht alle Körper haben Kanten: Eine Kugel hat keine, sie hat nur eine einzige, **gekrümmte** Fläche.
Nicht alle Körper haben Ecken: Ein Zylinder hat keine.
Nicht alle Kanten sind gerade: Beim Kegel gibt es eine gekrümmte Kante.
Nicht alle Flächen sind eben: Ein Zylinder besitzt eine gekrümmte Fläche.

Netz eines Quaders

2 Schneidet man eine quaderförmige Pappschachtel an den Kanten so auf, dass man sie auseinander klappen und flach hinlegen kann, erhält man ein **Netz des Quaders.**
Oft gibt es für das Netz eines Körpers verschiedene Möglichkeiten.

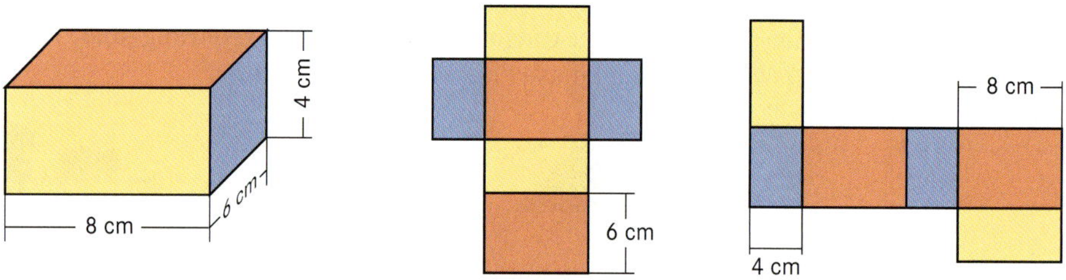

Übungen

1 Finde Beispiele für die geometrischen Körper aus **1**. Untersuche
a) Gebäude; b) Lebensmittelverpackungen; c) Spielzeug; d) Haushaltsgeräte.

2 Untersuche die in **1** abgebildeten Körper.
(I) Bestimme die Anzahl der Flächen, Kanten und Ecken.
(II) Sind die Kanten gerade, sind die Flächen eben?
(III) Gibt es Kanten, die gleich lang sind? Gibt es Flächen, die genau gleich sind?

3 Was ist auf dem Foto zu sehen? Vergleiche mit den geometrischen Grundkörpern.

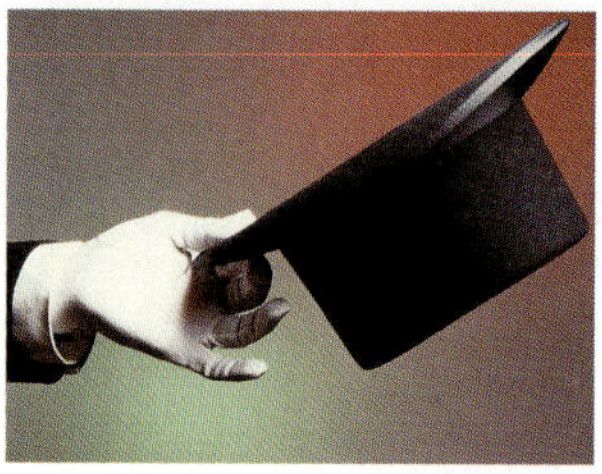

4 Welche der folgenden Figuren sind Netze von Quadern? Begründe deine Antwort.

a)
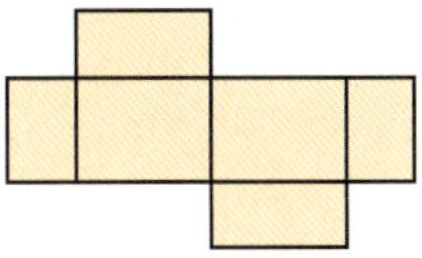

b)

c)
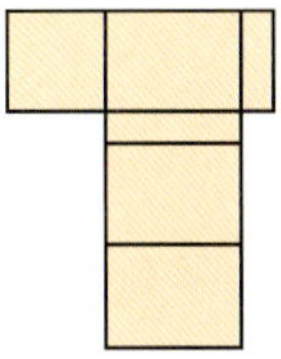

d)

e)
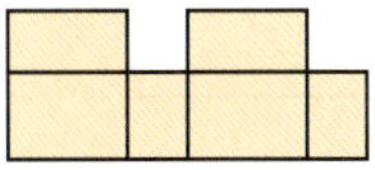

f)
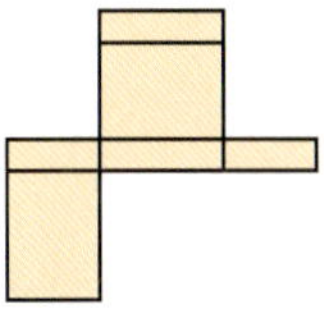

5 Welches Netz passt zu welchem Gebäude?
Kennst du ein Gebäude, das zum sechsten Netz passt?

(1)
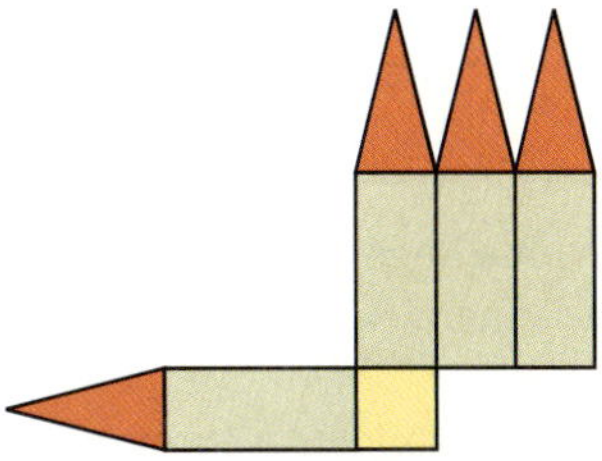

(2)
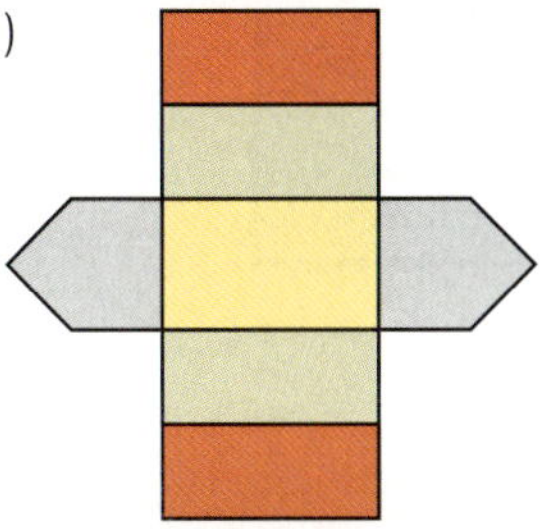

(3)

(4)
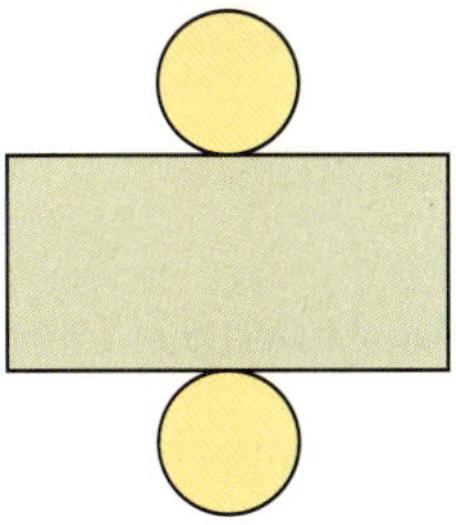

(5)
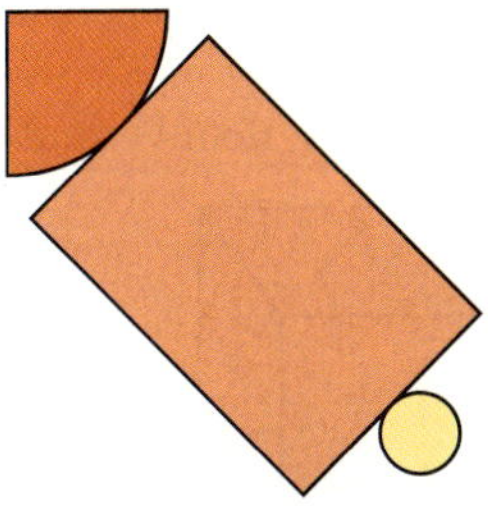

(6)
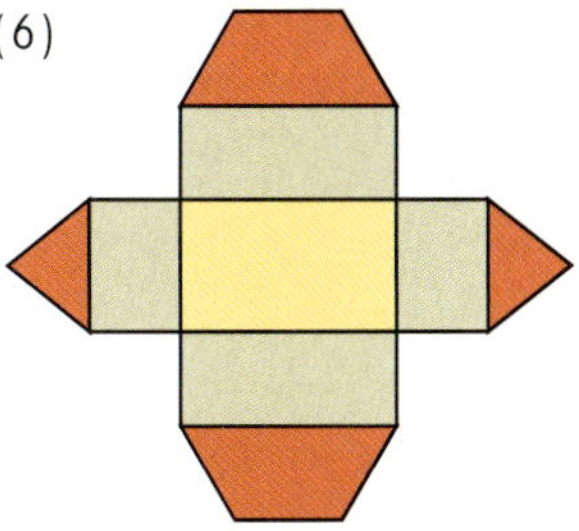

6 a) Beim abgebildeten Quader sind nur die Kanten gezeichnet, damit du auch die Kanten der Rück- und Unterseite sehen kannst.
Der Quader soll jeweils an den rot markierten Linien aufgeschnitten werden.
In welchen Fällen entsteht dann ein Quadernetz? Begründe.
Zeichne erst dann das Netz, falls möglich.

(I)
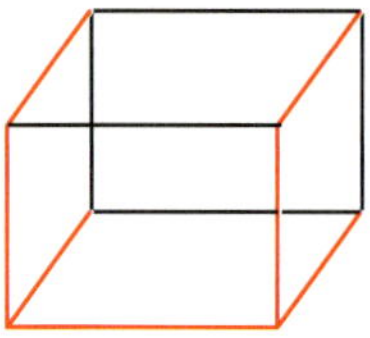
(II)
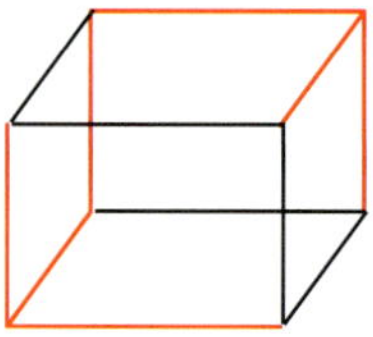
(III)
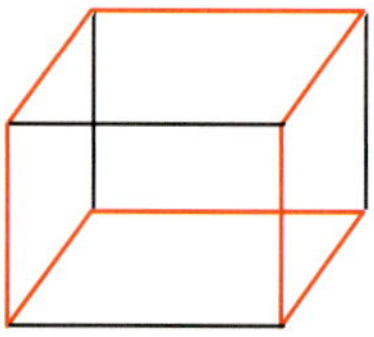
(IV)
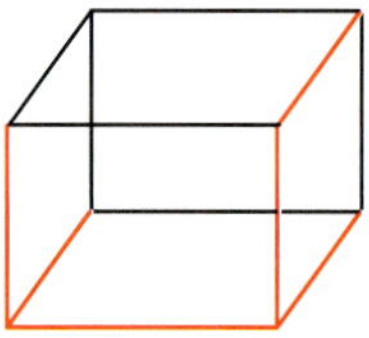
(V)
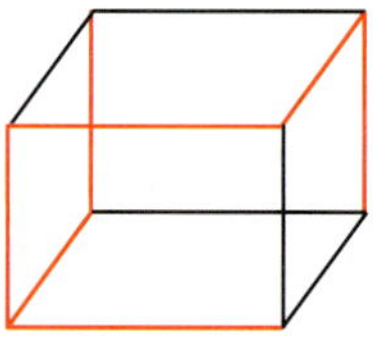
(VI)
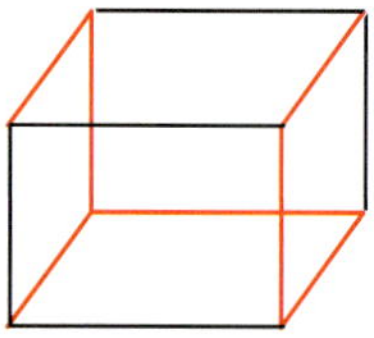

b) Versuche eine Regel zu finden, wie viele Kanten man aufschneiden muss, damit man einen Quader zu einem Netz auseinander falten kann.

Pyramiden benennt man nach der Form ihrer Grundfläche.

7 Übertrage das abgebildete Netz einer quadratischen (dreieckigen) Pyramide auf Pappe. Beachte: Seiten, die zu derselben Körperkante gehören, müssen gleich lang sein. Gleiche Längen kann man gut mit Bindfaden übertragen. Schneide das Netz aus und bastle daraus eine Pyramide.

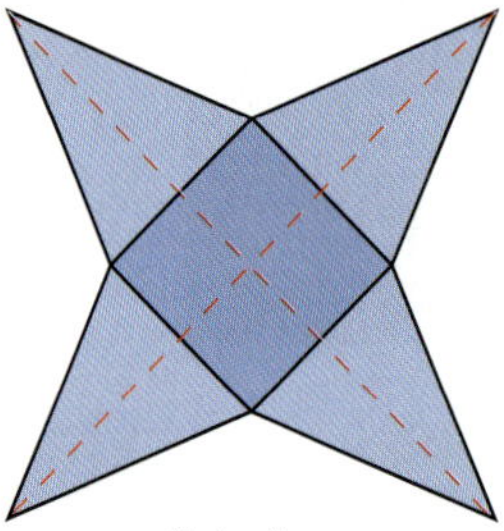
Netz einer quadratischen Pyramide

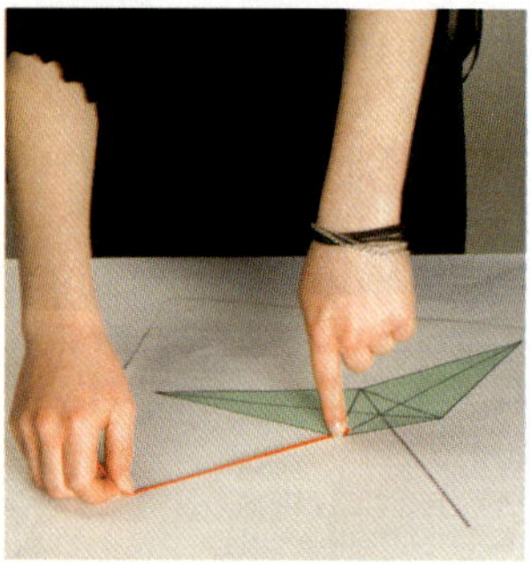

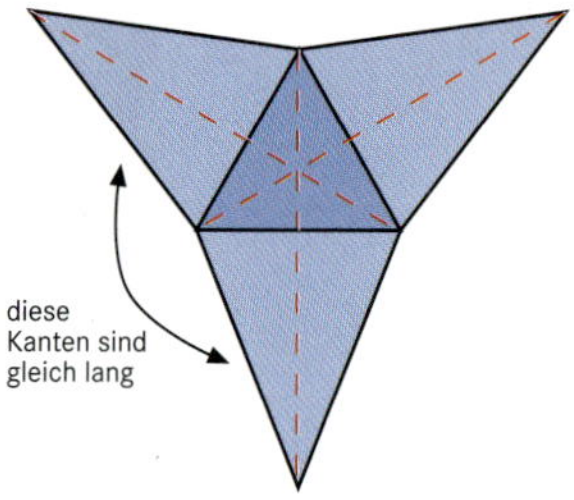

Netz einer dreieckigen Pyramide

8 Du bekommst als Designer einer Firma den Auftrag eine Verpackung für eine neue Produktserie zu entwerfen.
Wähle dir ein Produkt (Modellauto, Haargel, Müsliriegel, ...). Zeichne einen Entwurf der Verpackung auf Papier.
Entwickle ein passendes Netz und stelle die Verpackung aus Pappe her. Gestalte die Oberfläche (mit Farbe, Bildern, Fotos, ...) passend zum Netz und zum Gegenstand.

9 Zeichne für das abgebildete Paket ein Quadernetz mit dem Verlauf der Paketschnüre.

a)
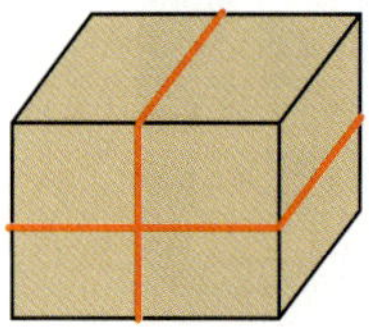
b)
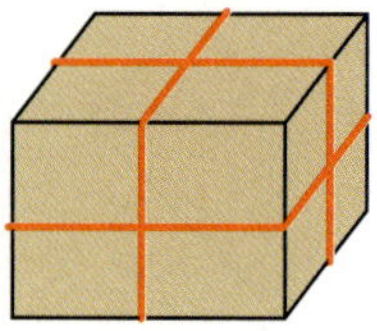
c)
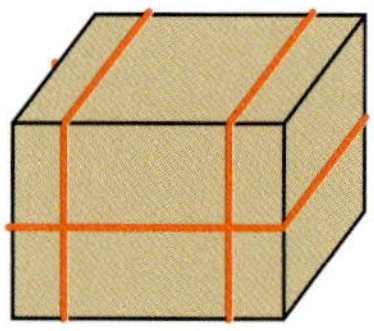

10 a) Zeichne vier verschiedene Netze eines Quaders (Länge 5 cm; Breite 7 cm; Höhe 3 cm).
b) Zeichne ein Netz einer quadratischen Pyramide, deren Bodenkanten 4 cm lang und deren zur Spitze verlaufende Kanten 5 cm lang sind.

11 Schau dir einen echten Spielwürfel genau an.
a) Nach welcher Regel sind die Würfelaugen angeordnet?
Wie müssen die fehlenden Würfelaugen im Netz des Würfels ergänzt werden?
b) Verändere das Netz desselben Würfels, indem du nur die Fläche mit der 3 an eine andere mögliche Stelle zeichnest.
Finde alle Möglichkeiten.
c) Welche Würfelflächen haben mit der 5 eine gemeinsame Ecke, welche haben mit der 4 eine Kante gemeinsam?
d) Welche der Würfel (I)- (IV) sind fehlerhaft? Begründe deine Antwort.

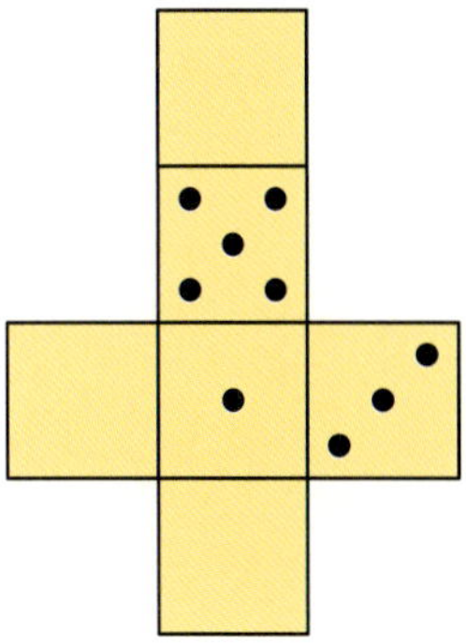

(I)

(II)

(III)

(IV)

12 a) Wie groß ist die Summe der Augenzahlen auf den unsichtbaren Würfelreihen?

(I)

(II)

b) Denk dir weitere Aufgabenstellungen aus.

13 Zeichne ein Netz des Körpers und bastle ihn. Zeichne auf seine Außenfläche gerade Linien oder einfache Verzierungen. Zeichne dann ins Heft ein weiteres Netz des Körpers und übertrage die Linien oder Verzierungen korrekt in dieses Netz.
a) Quader b) Tetraeder c) quadratische Pyramide

14 Auf dem Körpernetz findest du Linien in drei Farben. Nur bei einer Farbe wird daraus beim Zusammenfalten eine Linie, die ohne Unterbrechung rund um den Körper führt.

a)

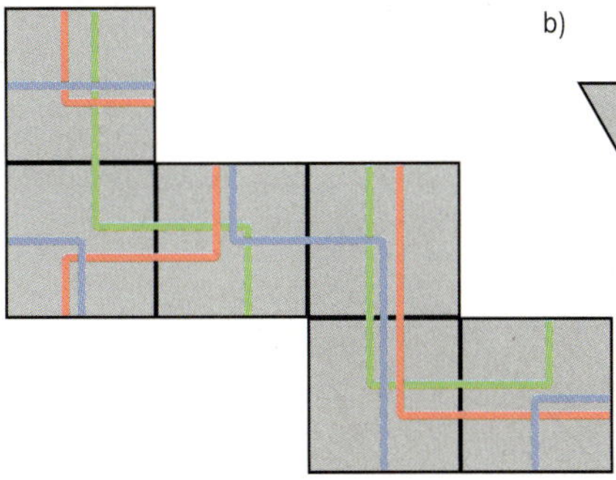

b)

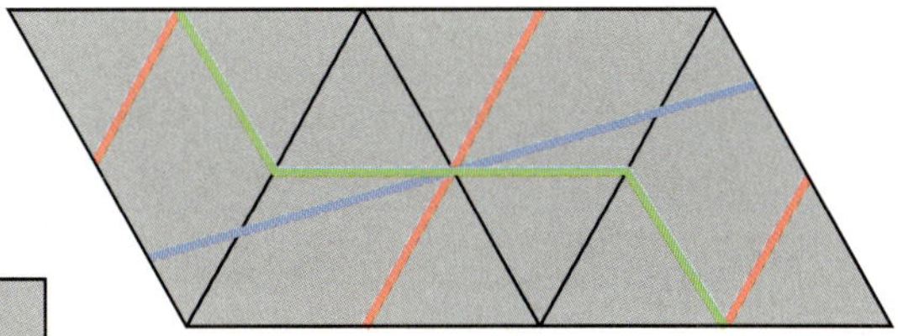

15 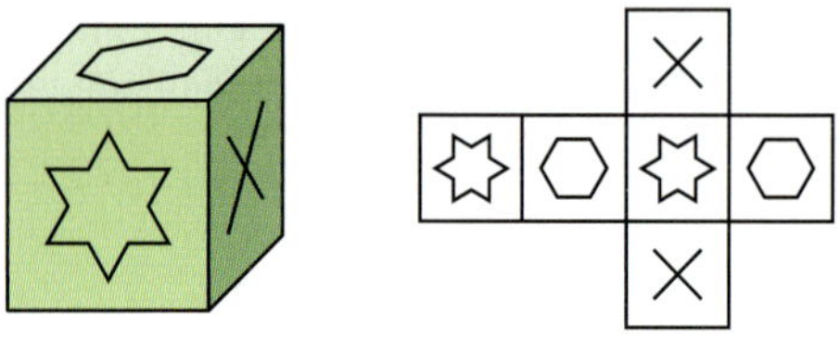

Die Abbildung links zeigt einen Würfel mit Verzierungen und ein Netz.

(I)

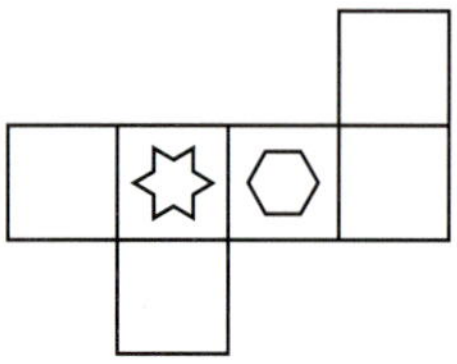

(II)

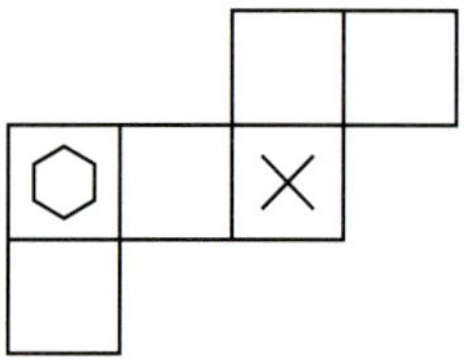

(III)

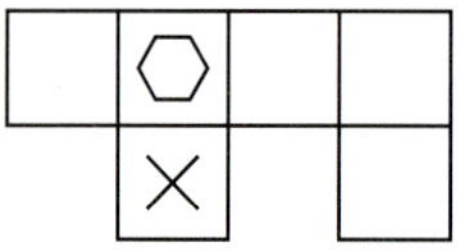

(IV)

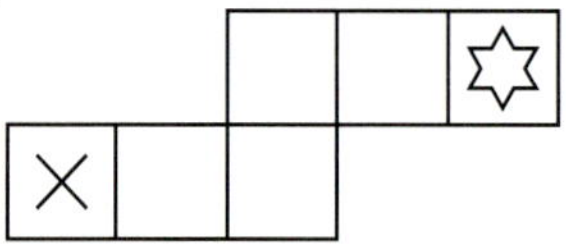

(V)

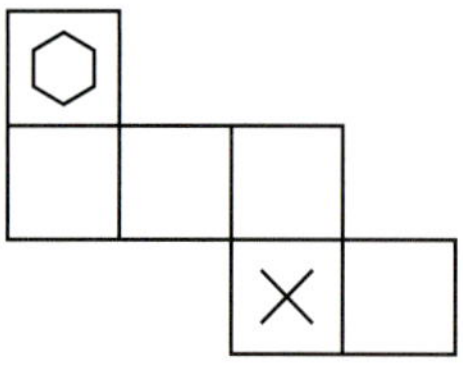

(VI)

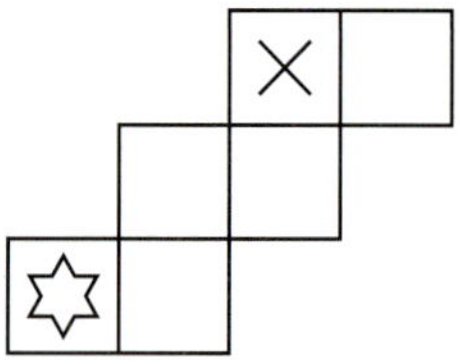

a) Gibt es unter den sechs Figuren welche, aus denen sich keine Würfel herstellen lassen?
b) Aus welchen der restlichen Netze lässt sich der abgebildete Würfel herstellen? Übertrage diese Netze in dein Heft und zeichne die fehlenden Verzierungen ein. Begründe, warum die anderen Netze nicht passen.

16 Welche Netze passen zum Körper?

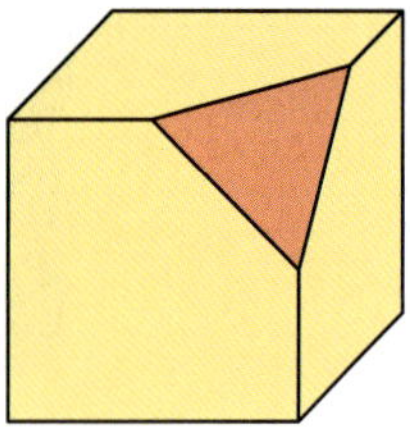

(I)

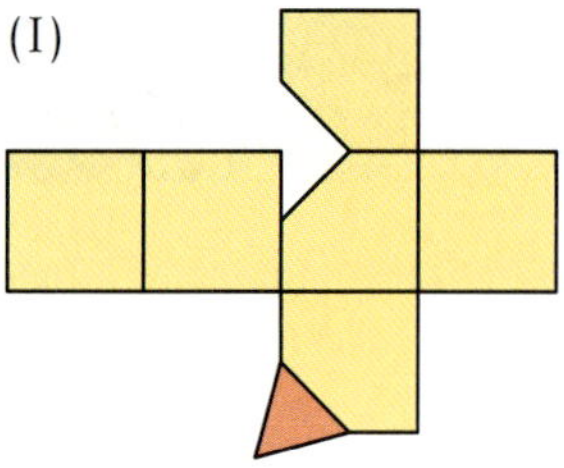

(II)

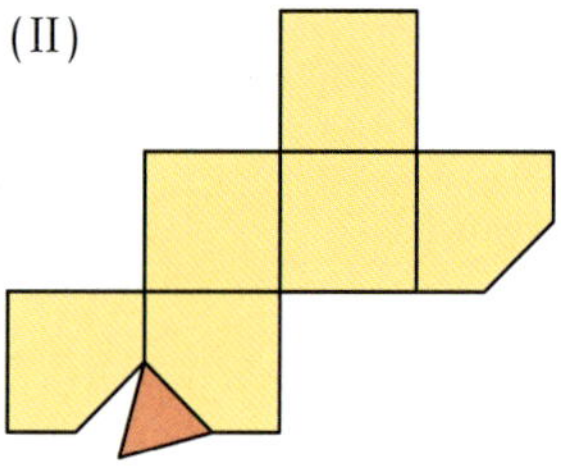

(III)

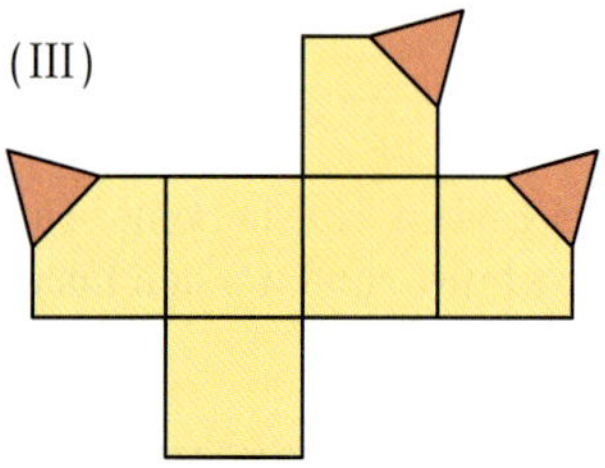

(IV)

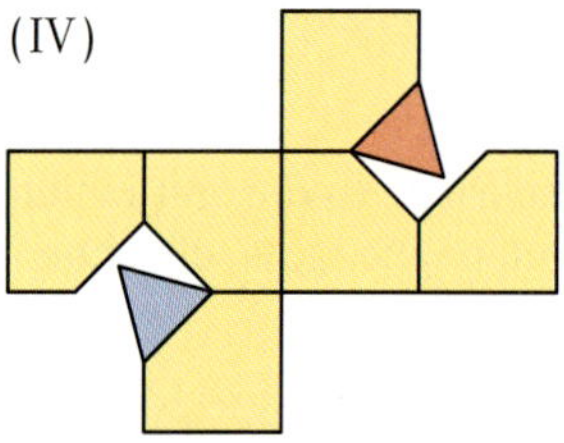

(V)

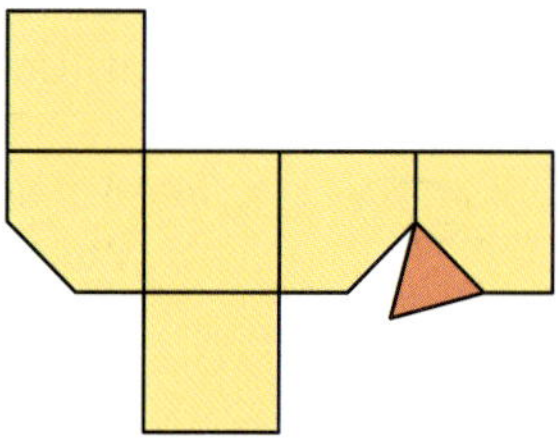

17 Skizziere die Figur ins Heft und ergänze sie zu einem Netz eines geometrischen Grundkörpers. Um was für einen Körper handelt es sich?

a)

b)

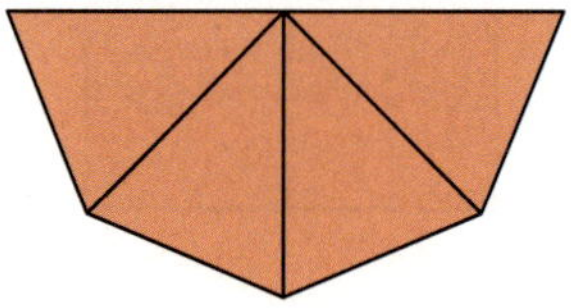

c)

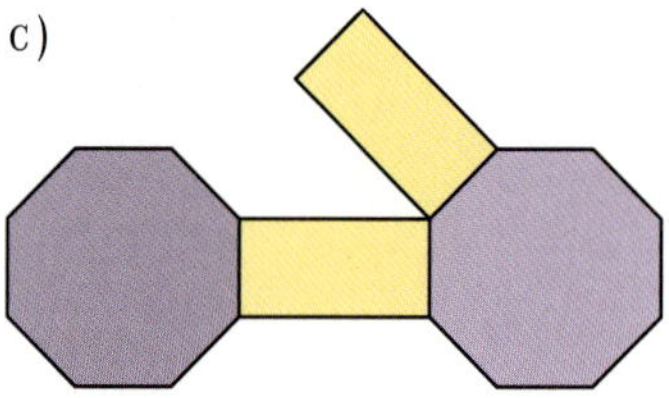

18 Zeichne Netze unterschiedlich hoher Pyramiden mit immer derselben quadratischen Bodenfläche.
Falte die Pyramiden und miss ihre Höhe.
Miss auch jeweils die Höhe der Dreiecke.
Sammle die Daten in einer Tabelle.
Formuliere Zusammenhänge.

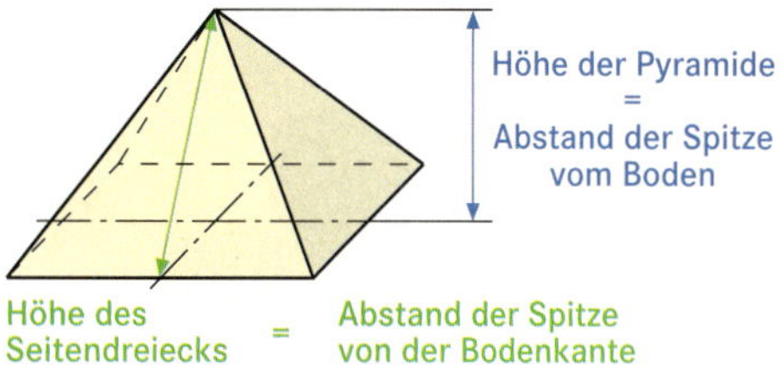

19 Handelt es sich um ein Körpernetz? Begründe deine Antwort.

a)

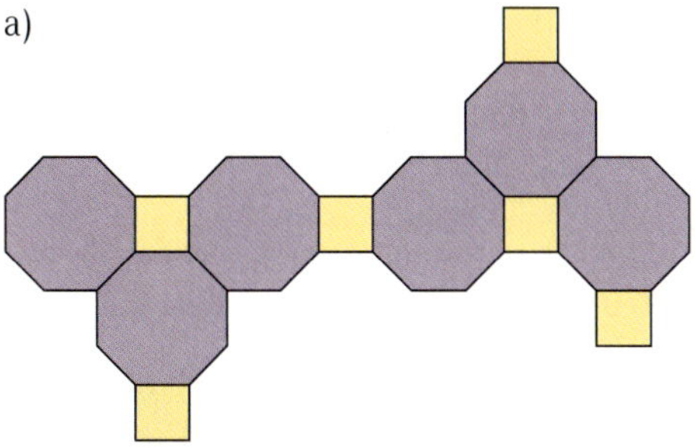

b)

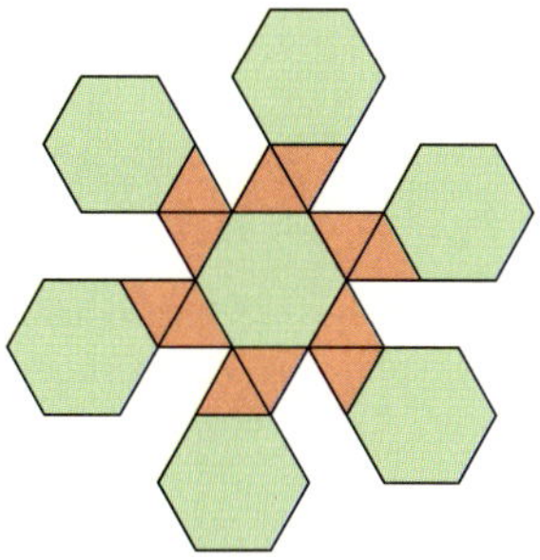

20 Handelt es sich um ein Netz eines platonischen oder archimedischen Körpers? Begründe deine Antwort. (Vergleiche mit Kapitel **1**.)

a)

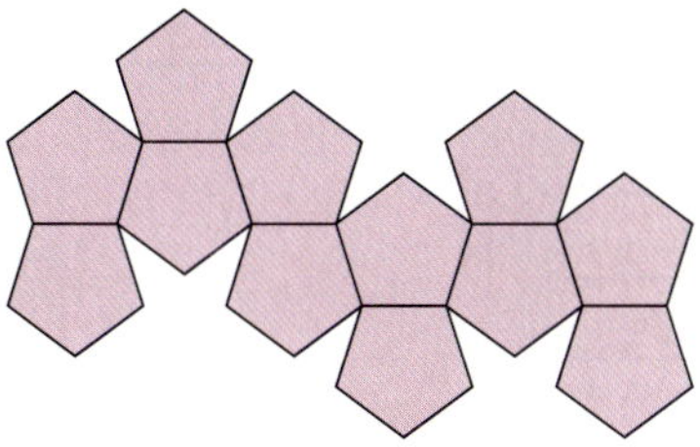

b)

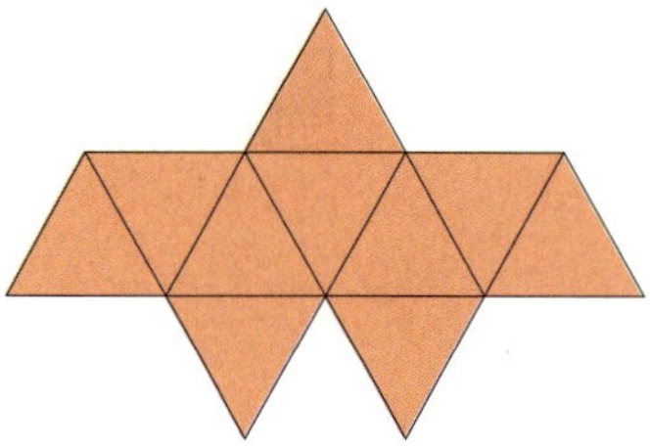

c)

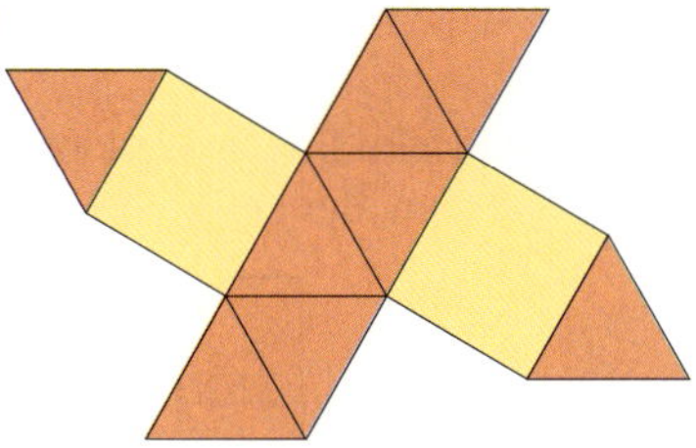

d)

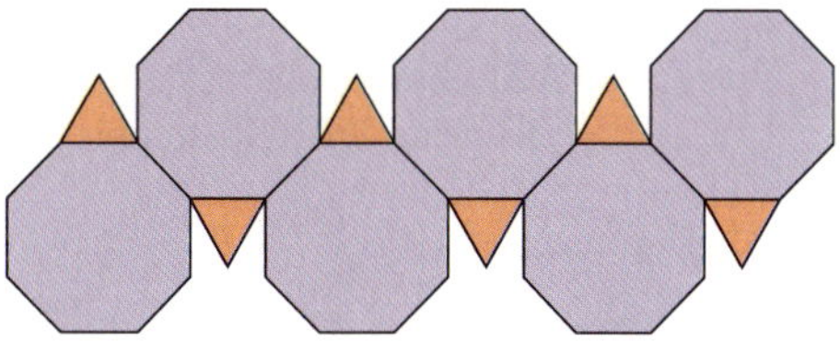

21 Wie viele Würfel benötigst du

a) für eine Treppe mit 5; 6; ...; 10; ...; 20 Stufen?

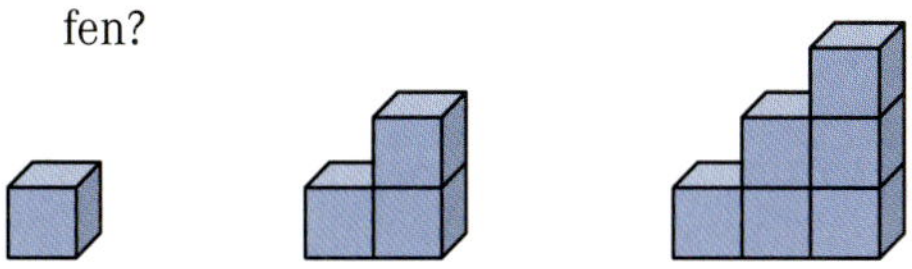

b) für eine Doppeltreppe mit 4; 5; 6; ...; 10; ... Stufen auf jeder Seite?

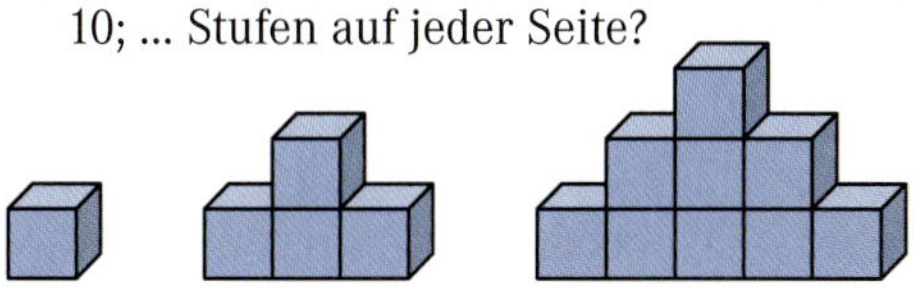

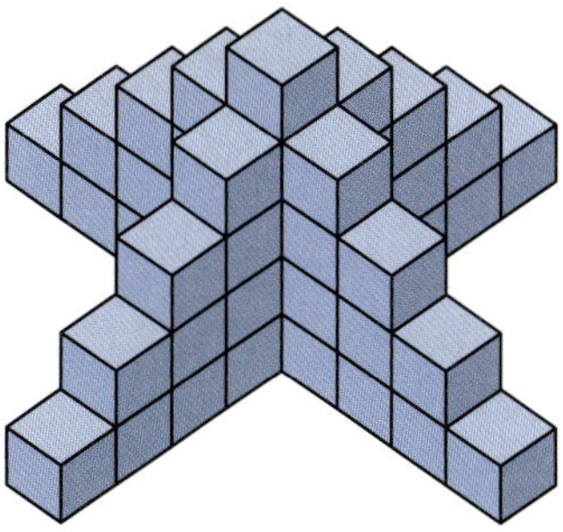

c) für einen solchen Turm mit 5; 6; 7; ...; 10 Stockwerken?

Ausstiege

A1

Basteltipp!!!

Bausteine aus Würfeln und doppelseitigem Klebeband herstellen.

a) Setze aus den Bausteinen 1 bis 7 einen Würfel (den so genannten *Soma-Würfel*) zusammen.
Findest du verschiedene Lösungen?

b) Aus den gleichen Bauteilen lassen sich auch die folgenden schwierigeren Figuren zusammensetzen. Finde Lösungen.

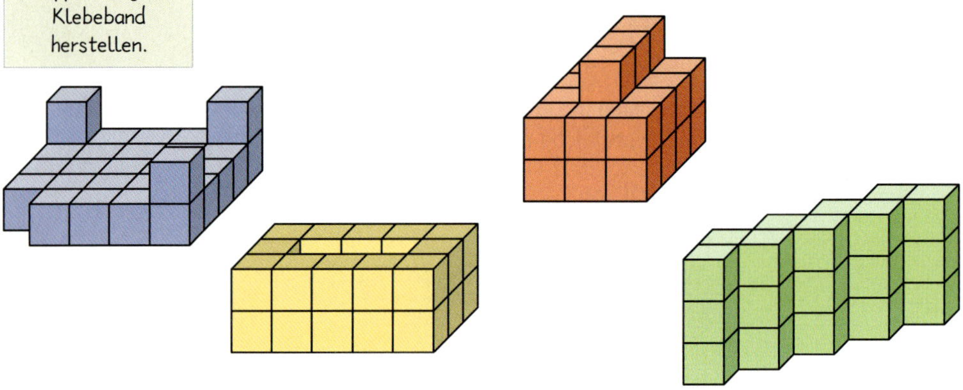

c) Erfindet eigene Puzzle-Aufgaben für *Soma*-Würfel und lasst sie von eurem Partner lösen.

A2 Ein Puzzle besteht aus vier besonderen Farbwürfeln. Ihre Netze kannst du unten sehen. Aus den Würfeln soll ein Viererturm hergestellt werden, der an jeder Seite alle vier Farben zeigt.

Sieben Menschen besitzen je sieben Katzen.
Jede Katze frisst sieben Mäuse. Jede Maus frisst sieben Ähren Gerste.
Aus jeder Gerstenähre können sieben Maß Getreidekörner entstehen.
Wie viele Maß Getreide sind der Nützlichkeit der Katzen zu verdanken?

4.2 Mit Tiefgang – Bilder von Körpern

Einstiege

E1

R. J. Kratz: Liebende am Strand (1999)

G. Braque: Häuser in l'Estaque (1908)

a) Was fällt dir bei den Bildern auf? Kommt dir etwas merkwürdig vor?
Wie ist den Künstlern der räumliche Eindruck gelungen?

b) Macht es den Künstlern nach. Stellt einen Quader vor euch auf den Tisch.
Zeichnet ihn, wie ihr ihn von eurem Platz aus seht.
Verändert die Lage des Quaders, dreht ihn etwas, legt etwas unter eine Ecke oder Kante.
Zeichnet ihn jedesmal neu. Vergleicht eure Zeichnungen.
Erklärt, wieso die Bilder unterschiedlich aussehen.

Materialliste!!!
Papier (unliniert)
Knetgummi
Zahnstocher
Messer

c) Vergleicht eure Zeichnungen mit dem wirklichen Quader:
Welche Flächen sehen gleich aus? Welche Kanten haben dieselbe Richtung? Wie stoßen die Kanten an den Ecken aufeinander?

d) Mit Knetmassekügelchen könnt ihr Zahnstocher verbinden.
Bastelt eine (quadratische) Pyramide. Versucht sie ebenfalls zu zeichnen. Wieso fällt das schwerer?

E2

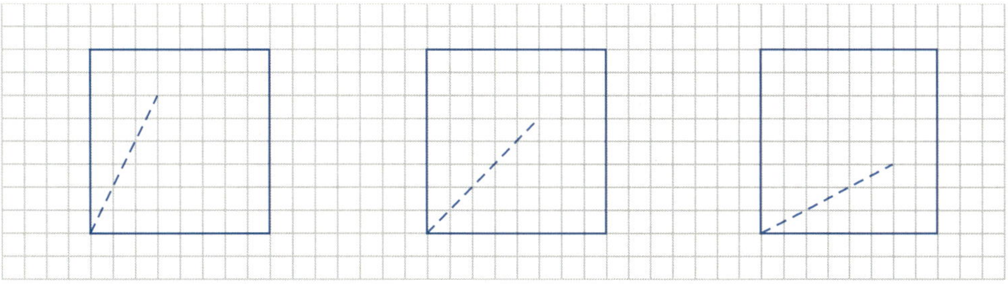

a) Übertrage die Abbildungen ins Heft und ergänze sie zu Quadern, indem du die Tiefe der Quader jeweils in Richtung der gestrichelten Linie zeichnest.
Probiere unterschiedliche Längen für die Tiefe (1 cm; 2 cm; 3 cm; 4 cm).

b) Welche deiner Zeichnungen in a) sieht für dich am ehesten nach einem Würfel aus?
Überrascht dich dein Ergebnis? Formuliere eine Vorschrift zum Zeichnen von Würfeln.

c) Vergleiche deine Zeichnungen mit einem wirklichen Quader:
Welche Flächen sehen gleich aus? Welche Kanten haben dieselbe Richtung, wie stoßen die Kanten an den Ecken aufeinander?

d) Überlege: Wie würdest du einen Quader zeichnen, dessen Breite und Höhe gleich sind, der aber doppelt so tief wie breit ist? Zeichne den Quader.

Grundwissen

1 Eine Zeichnung gibt einen Körper immer nur aus einem Blickwinkel – einer **Perspektive** – wieder. Der Körper, also ein räumlicher Gegenstand, wird als flächige Figur auf dem Zeichenpapier dargestellt. Die Tiefe des Körpers kann man nur perspektivisch darstellen, aber nicht wirklich zeichnen. In der perspektivischen Darstellung bekommen einzelne Flächen und Kanten des Körpers andere Formen beziehungsweise Längen.

Schrägbild

2 Bei perspektivischen Zeichnungen von Körpern verwendet man oft ein **Schrägbild.**

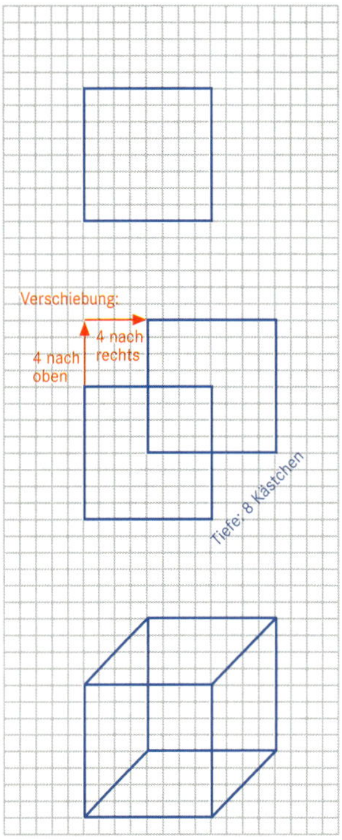

Schrägbilder eines Würfels oder eines Quaders zeichnet man häufig in drei Schritten:

(I) Als erstes zeichnet man die vordere Fläche.

(II) Dann zeichnet man die gleiche Figur noch einmal der Tiefe des Körpers entsprechend schräg verschoben. Einer Körpertiefe von 8 Kästchen entspricht dabei eine Verschiebung um insgesamt 8 Kästchen, zum Beispiel 4 nach oben und 4 nach rechts.

(III) Als letztes verbindet man die entsprechenden Eckpunkte der vorderen und der hinteren Figur. Diese Verbindungen sind die nach hinten verlaufenden Kanten des Körpers.

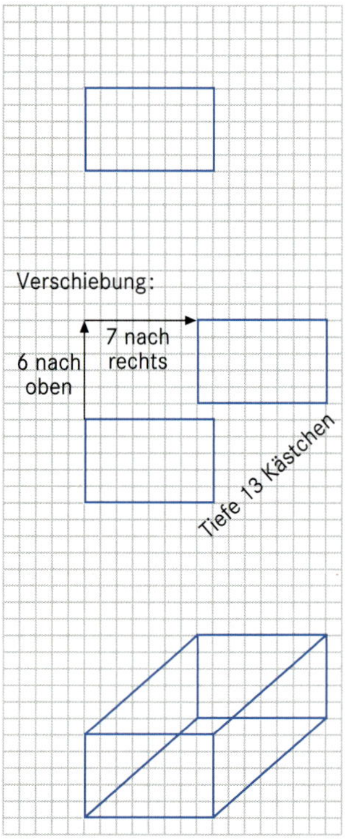

3 Gleichgerichtete Kanten des echten Körpers sind auch im Schrägbild gleichgerichtet. Seitenflächen sind im Schrägbild teilweise anders geformt als im echten Körper. Nach hinten verlaufende Kanten eines Körpers werden kürzer gezeichnet als sie in Wirklichkeit sind.

4 Beim Zeichnen eines Schrägbildes hat man drei Möglichkeiten:

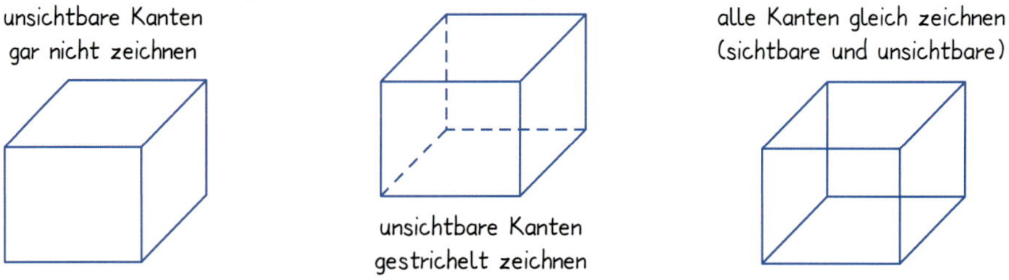

Kantenmodell

Im rechten Bild sieht der Körper in der Zeichnung durchsichtig aus oder als ob er nur aus den Kanten besteht. So etwas nennt man ein **Kantenmodell** eines Körpers. (Vergleiche Übung **8**.)

Übungen

1 Zeichne Schrägbilder eines Würfels mit der Kantenlänge 3 cm (6 Kästchen). Probiere dabei verschiedene Verschiebungen der vorderen Fläche aus (siehe **2**).
Welche Bilder sehen nach deiner Meinung realistisch aus?

2 Beschreibe, aus welcher Richtung du die Körper siehst.

a) 

b) 

c) 

d) 

e) 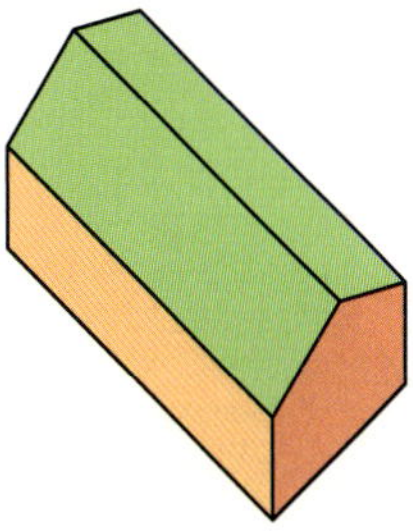

f) 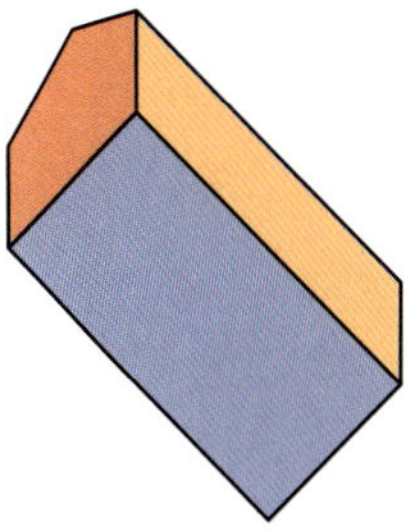

3 Zeichne Netz und Schrägbild des Quaders mit den angegebenen Maßen. Probiere beim Schrägbild verschiedene Verschiebungen der vorderen Fläche aus (siehe **2**).

	Breite	Höhe	Tiefe
a)	5 cm	5 cm	1 cm
b)	4 cm	1 cm	3 cm
c)	3 cm	4 cm	2 cm
d)	4 cm	4 cm	4 cm

4 Wie viele Flächen, Kanten und Ecken hat der Körper?

a) 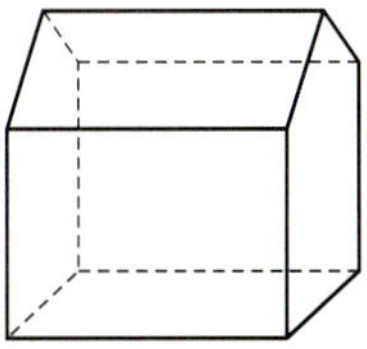

b) 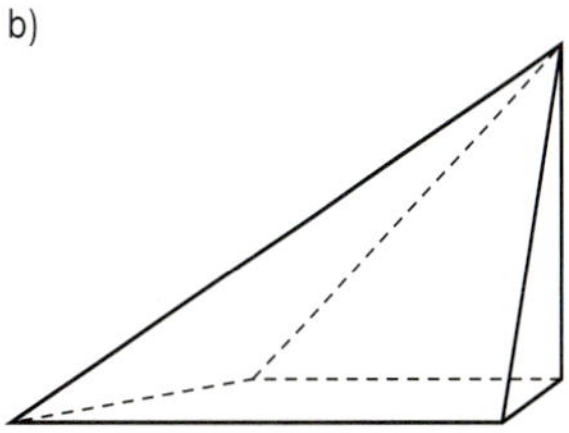

c) 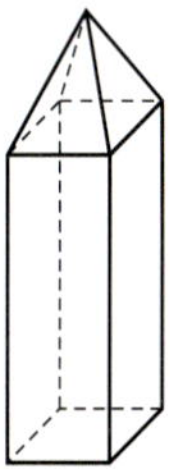

5 a) Warum sind diese Figuren keine Schrägbilder von Quadern?

(I) 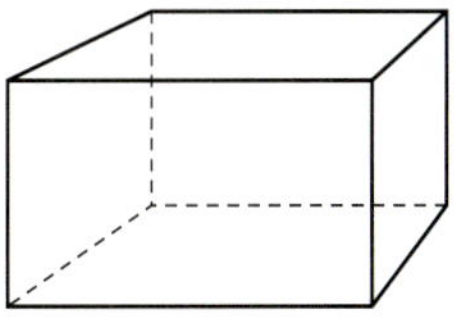

(II) 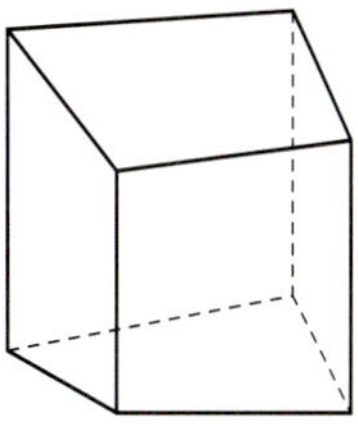

(III) 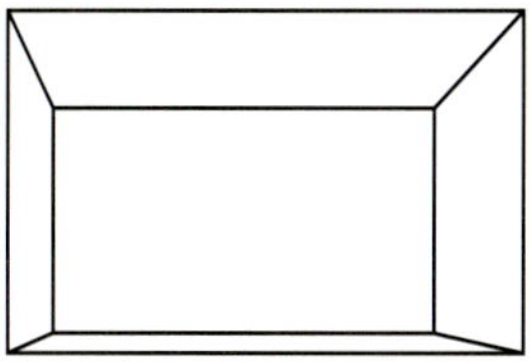

b) Was für Gegenstände könnten dargestellt sein? Beschreibe.

6 Übertrage die Figur ins Heft und vervollständige sie zum Schrägbild eines Quaders.

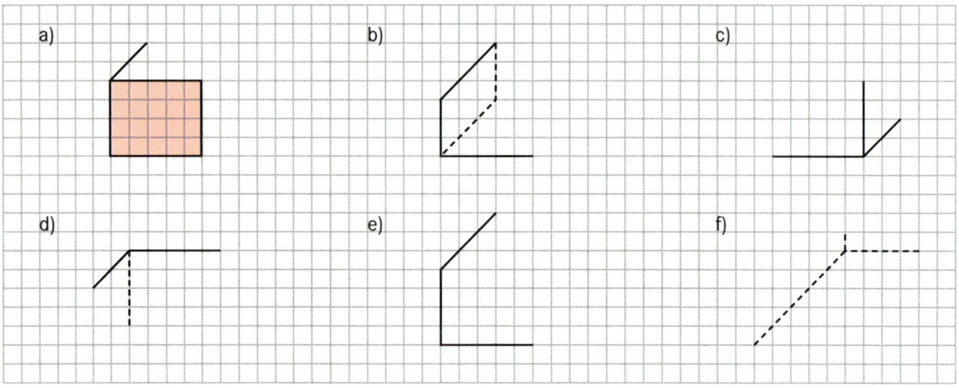

7

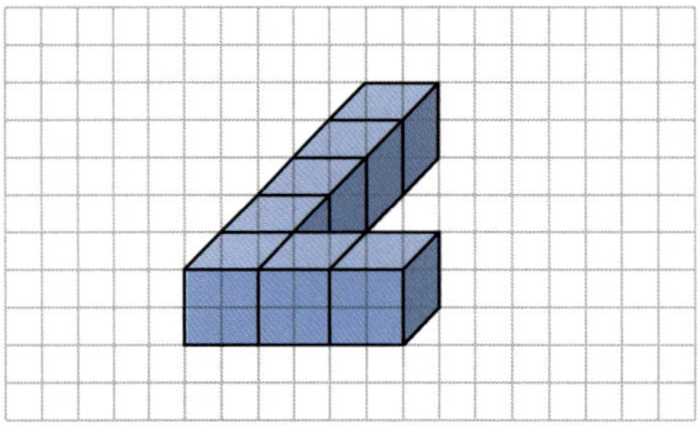

Das Alphabet soll aus Würfeln (Kantenlänge 1 cm) gelegt werden.
Die Buchstaben sollen drei Würfel breit und fünf Würfel hoch sein.
Zeichne entsprechende Schrägbilder der liegenden Buchstaben.

a) E, F, H, T b) V, X, Y
c) K, N, Z d) M, W (Breite 5 Würfel)

8

Basteltipp!!!
Modelle aus Strohhalmen und Knetgummi herstellen!

Besorgt euch ein Kantenmodell eines Standardkörpers.
Beleuchtet ein Blatt Papier mit
(I) Diaprojektor;
(II) Glühlampe;
(III) Sonne.
Haltet das Kantenmodell ins Licht und zeichnet Schattenbilder nach.
Vergleicht die Schattenbilder mit Schrägbildern des Körpers.
Wie verändern sich die Längen und Ecken? Sammelt eure Beobachtungen.

9 a)

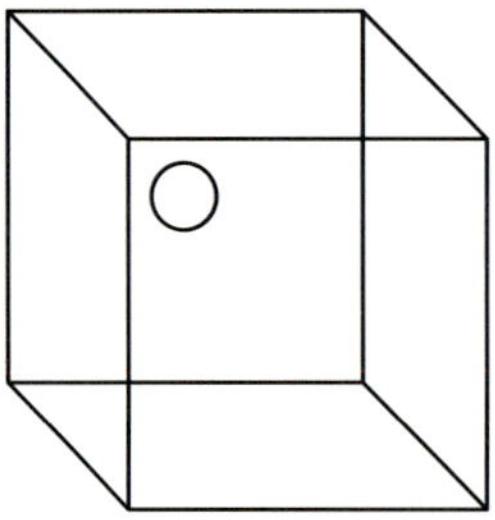

In welcher Wand befindet sich das kreisförmige Loch?

b) Zählt die Würfel. Dreht das Buch um und zählt erneut.

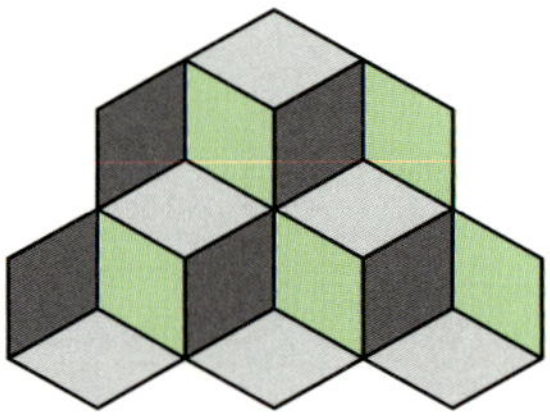

c)

Schaut auf die gelbe Ecke und beschreibt die Treppe.
Schaut nun auf die rote Ecke und beschreibt noch einmal.

10 Zeichne den Körper, zu dem das Netz gehört, so im Schrägbild, dass die rote Fläche unten und die gelbe Fläche vorne ist.

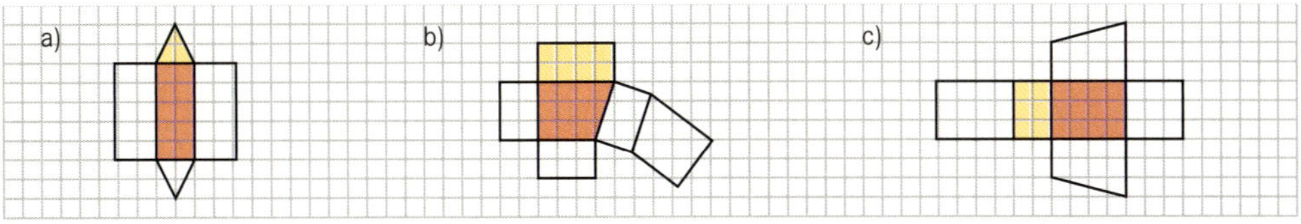

11 Auch kompliziertere Körper kannst du im Schrägbild zeichnen. Dazu musst du dir Hilfslinien und Hilfspunkte zeichnen.

a) Die Spitze einer quadratischen Pyramide findet man z. B., indem man die Pyramide mit einem Quader umzeichnet und die Mitte der oberen Seitenfläche konstruiert.
Übertrage die Konstruktion in dein Heft.

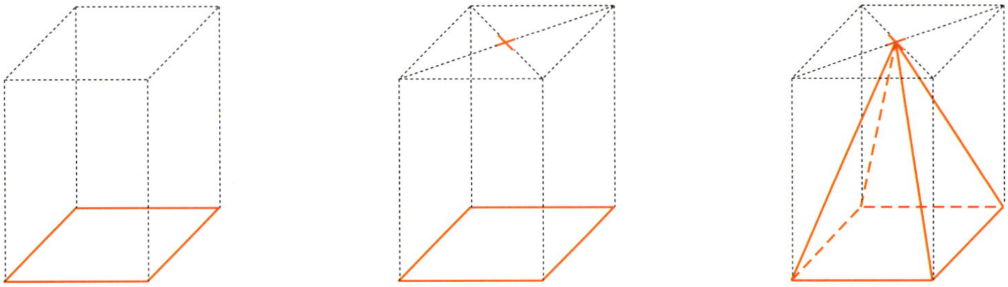

b) Zeichne nun das Schrägbild eines Pyramidenstumpfes, also einer Pyramide, bei der die Spitze z. B. bis zur halben Höhe abgeschnitten wurde. Beschreibe, wie du die Lösung erhältst.

12

In einem Baukasten haben die verschiedenen Bausteine alle passende Größen.
Übertragt die Schrägbilder mehrmals auf Karopapier. Zeichnet von allen Klötzen Schrägbilder für verschiedene Lagen.
Schneidet alles aus.
Jetzt könnt ihr mit diesen Schrägbildern Häuser, Burgen und Brücken „bauen“ wie mit echten Klötzen.

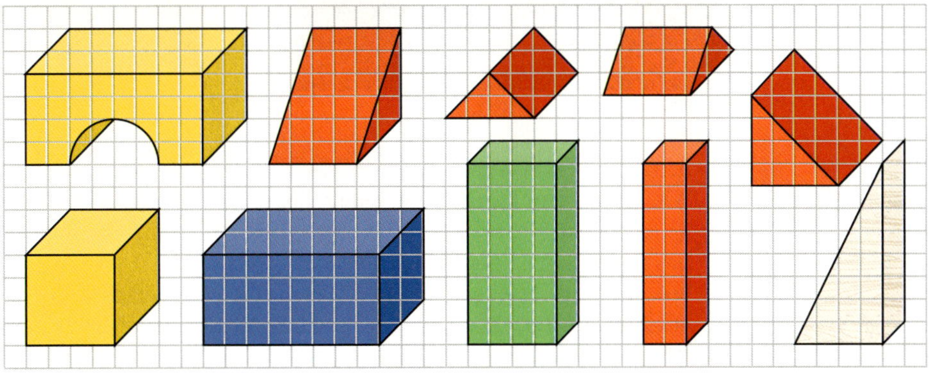

13 Zeichne ein Netz des abgebildeten Körpers. Beachte die Maße.

14 Wenn in einer Metall verarbeitenden Firma ein Bauteil hergestellt werden soll, wird zuerst von dem Werkstück eine Zeichnung angefertigt. Das ist die Aufgabe eines technischen Zeichners.
Oft wird keine perspektivische Zeichnung hergestellt, sondern der Körper von drei Seiten (von oben, von vorne, von rechts) gezeichnet.

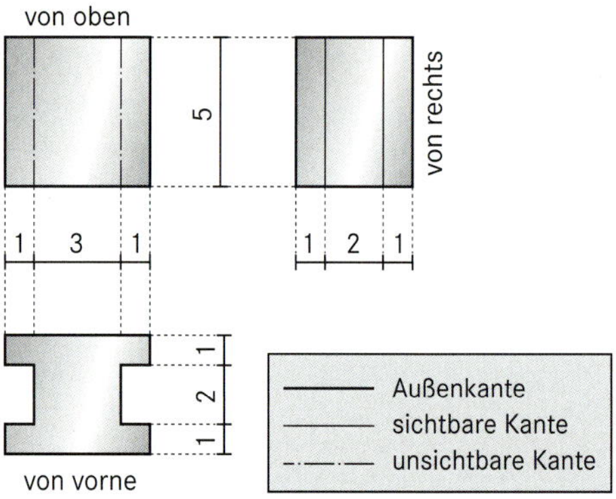

a) Zeichne das dargestellte Werkstück im Schrägbild.
b) Suche dir irgendeinen Körper mit nur geraden Kanten. Zeichne von ihm wie im Beispiel die drei Ansichten (von oben, von vorne, von rechts).
Lasse dann deinen Partner versuchen den Körper zu beschreiben oder im Schrägbild darzustellen.

Ausstiege

A1

Victor de Vasarély: Vega 200

a) Betrachte das linke Bild. Welchen Eindruck erzeugt es?
Wie gelingt dem Künstler VASARÉLY dieser Eindruck?
b) Betrachte das rechte Bild. Was könnte abgebildet sein?
c) Das rechte Bild ist ein Mosaikfußboden.
Beschreibe die Methode, wie hier Räumlichkeit vorgetäuscht wird.
d) Beschaffe dir Informationen über weitere Möglichkeiten der Kunst räumliche Tiefe darzustellen.

A2 a) In einer Grundriss-Zeichnung trägt man die nicht sichtbare Höhe des Körpers auf der Bodenfläche als Zahl ein (vgl. Bild). Zeichne nach dieser Methode einen mit Höhen versehenen Grundriss der abgebildeten Gebäudegruppe. Findest du verschiedene Lösungen?

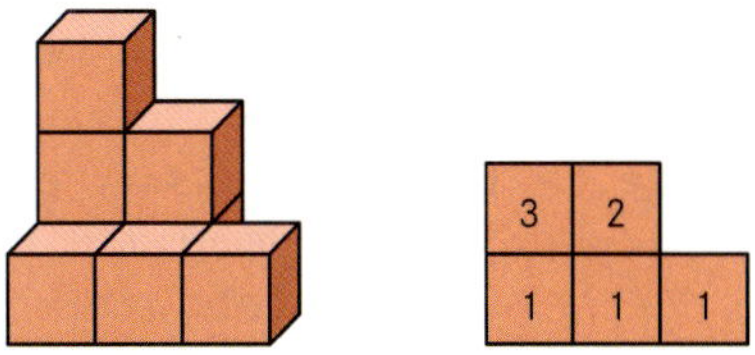

b) Entwirf selbst einen Gebäude-Grundriss. Lass deinen Partner dann das Gebäude aus Würfeln bauen oder ein Schrägbild zeichnen. Wechselt euch ab.

c) Unten seht ihr einen Ausschnitt aus einer Wanderkarte für den Harz. Wie sind die Höhen von Bergspitzen angegeben? Wie kann man auf der Wanderkarte erkennen, ob ein Wanderweg ziemlich steil oder eher flach ist?

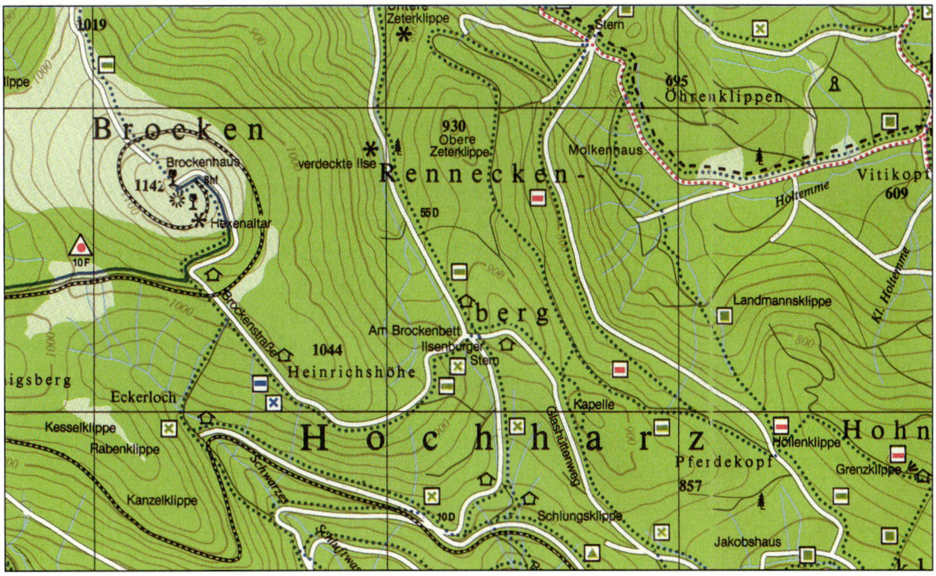

4.3 Da bist du platt – Figuren in der Ebene

Einstiege

E1 *Dionys Burger erzählt in seinem mathematischen Roman „Silvestergespräche eines Sechsecks“ vom Leben der Bewohner des Flächenlandes und deren Begegnungen mit Lebewesen aus dem Raumland.*

„Woher kommt Ihr?“, wollte das Quadrat wissen.
„Aus dem Raum“, war die Antwort.
„Aber ich sah Euch gerade in den Raum hereinkommen“, erwiderte das Quadrat.
„Nun ja, was Ihr den Raum nennt. Aber was wisst Ihr Flächenländer eigentlich vom Raum?
Ihr kennt nur zwei Abmessungen oder Ausdehnungen, Länge und Breite, aber der Raum, in dem ich wohne, hat drei: Länge, Breite und Höhe.“
„Ach“, sagte das Quadrat, „wir sprechen auch von Länge und Höhe, aber wir bezeichnen dasselbe auch mit Länge und Breite.
Es gibt nur zwei Abmessungen, Ausdehnungen oder Dimensionen.“
„Bei uns nicht“, fuhr der Fremdling fort. „Ich bin aus einer dritten Richtung gekommen, die Ihr nicht sehen könnt, eine Richtung senkrecht zu Euren zwei Richtungen. Ich bin das wohlgeformteste Wesen, das sich denken lässt. [...]
In Raumland nennen wir dies eine Kugel.“ [...]

Um dies deutlich zu machen verschwand die Kugel aus der Ebene Flächenlands und gab etwas später den Eingeweiden des Quadrates einen gelinden Stoß.

Das Quadrat begegnet im Text gerade zum ersten Mal in seinem Leben einer Kugel. Kannst du dir vorstellen, was es gesehen hat, als die Kugel in seine Wohnung kam?

Tipp: Schneide mit einem Messer eine Kugel (Raumwelt) durch, z.B. eine Marzipankartoffel. Schau dir die Schnittfläche (Flächenland) an.

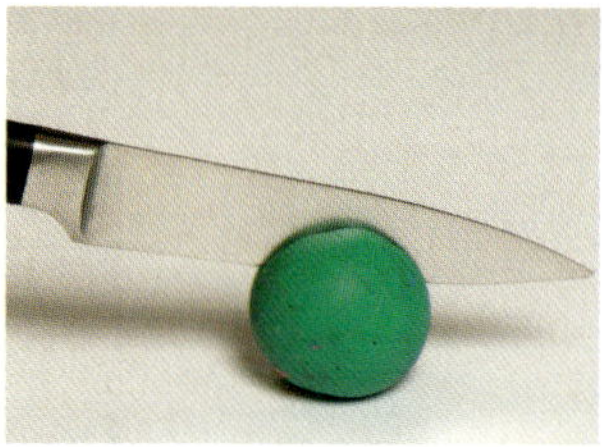

Materialliste!!!
Knetmasse
unliniertes Papier
kariertes Papier
Messer
Unterlage

a) Wählt euch einen geometrischen Grundkörper aus und formt ihn aus der Knetmasse. Schneidet den Körper mit dem Messer geradlinig durch und betrachtet die Schnittfläche. Findet möglichst viele verschieden geformte Schnittflächen von eurem Körper. Stellt eure Ergebnisse in der Klasse vor und ordnet sie gemeinsam in einer Tabelle an.

b) Übertragt die Schnittflächen auf unliniertes Papier, schneidet sie aus und legt sie wie in der Abbildung auf kariertes Papier. Vergleicht die Ecken der Figuren mit den Kästchenecken.
Wählt jetzt verdeckt eine Figur aus und beschreibt sie eurem Nachbarn; dieser versucht das Beschriebene zu zeichnen. Vergleicht danach Original und Zeichnung.
Falls es nicht gut geklappt hat, überlegt, woran es gelegen hat.

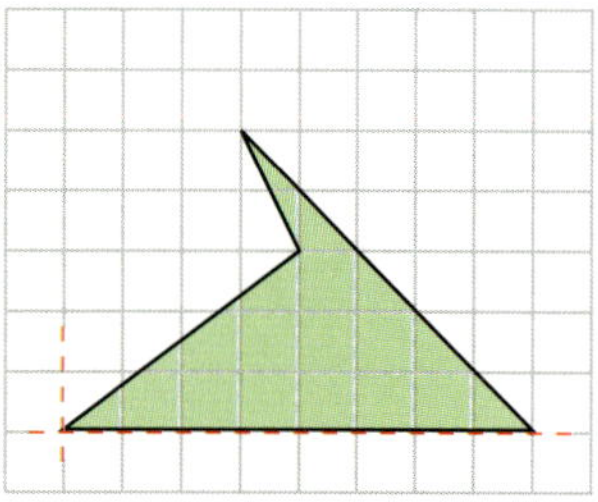

Materialliste!!!
Pappe
Schere
Klebeband
Taschenspiegel
(evtl. aus der Physiksammlung)

E2 Verseht einen Taschenspiegel wie in der Abbildung mit einem Ständer.

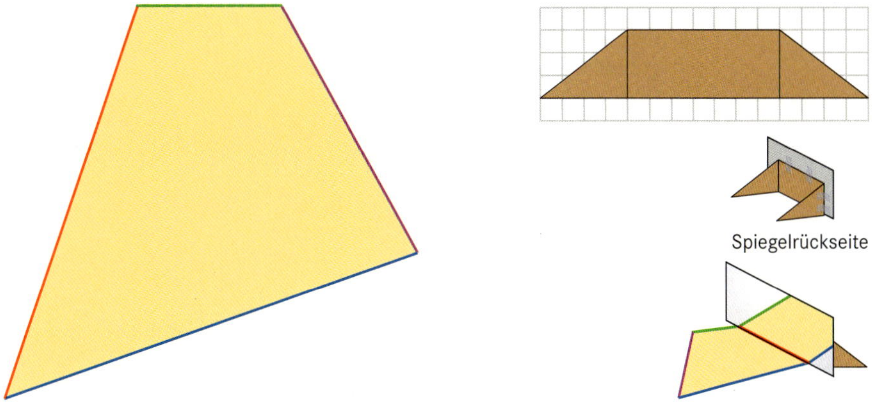

a) Stellt den Spiegel so auf diese Buchseite, dass er genau längs der roten Seite des Vierecks steht. Beschreibt das Spiegelbild.
Wie läuft die grüne Seite im Spiegelbild weiter? Beschreibt. Untersucht alle Seiten.
b) Zeichnet verschiedene Vierecke. Untersucht die Ecken wie in a) mit dem Spiegel.
Versucht Ecken zu finden, bei denen die zum Spiegel hin laufende Seite des Vierecks knickfrei in ihr Spiegelbild übergeht. Solche Ecken heißen rechtwinklig.
Wo habt ihr solche Ecken schon gesehen?
Schaut euch auch die Körper aus Unterkapitel **4.1** noch einmal an.
c) Mithilfe des Spiegels könnt ihr solche rechtwinkligen Ecken auch zeichnen.
Probiert und beschreibt eine Methode.
d) Berichtet in der Klasse über eure Ergebnisse und vergleicht eure Methoden.
e) Zeichnet ein Dreieck mit einer rechtwinkligen Ecke, danach ein Viereck mit genau zwei rechtwinkligen Ecken und ein Viereck mit vier rechtwinkligen Ecken.
Es gibt auch spitzere und stumpfere Ecken. Zeichnet Dreiecke mit spitzen und stumpfen Ecken. Welche Möglichkeiten findet ihr?

E3

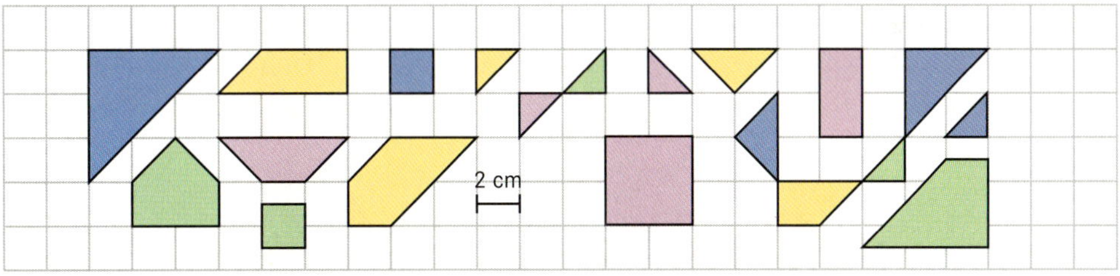

a) Stellt euch die abgebildeten Puzzleteile her. Aus den Teilen lassen sich vier einfarbige, gleich große Quadrate legen. Aus allen Teilen lässt sich ein großes Quadrat legen.
Zeichnet die Lösungen ins Heft.
b) Schaut euch jetzt die einzelnen Puzzleteile genauer an. Wählt ein Teil aus. Beschreibt es eurem Nachbarn ohne es ihm zu zeigen so, dass er es zeichnen kann.
Bei welchen Teilen fällt das schwer?
c) Legt nacheinander alle Teile so auf Kästchenpapier, dass möglichst viele Seiten der Puzzleteile gleichzeitig in Richtung der Kästchenlinien liegen. Notiert, wie viele Seiten ihr schafft.
Betrachtet auch die Ecken der Teile: Sind sie spitzer, stumpfer oder genauso geformt wie die Ecken eines Quadrates? Bearbeitet jetzt Teilaufgabe b) noch einmal.
Versteht ihr euch jetzt besser?
d) Zeichnet ein Viereck. Zwei der Ecken sollen wie Quadratecken geformt sein, eine soll stumpfer sein. Was für eine Ecke ist die vierte?

Grundwissen

1 Die abgebildeten ebenen Figuren haben eine geschlossene Außenlinie.
Bei Vielecken besteht diese Außenlinie aus geradlinigen Seiten.

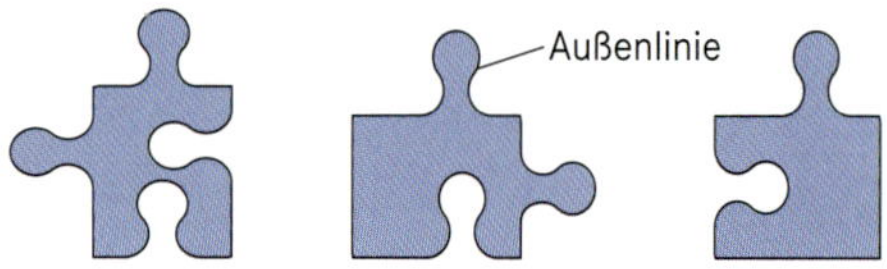

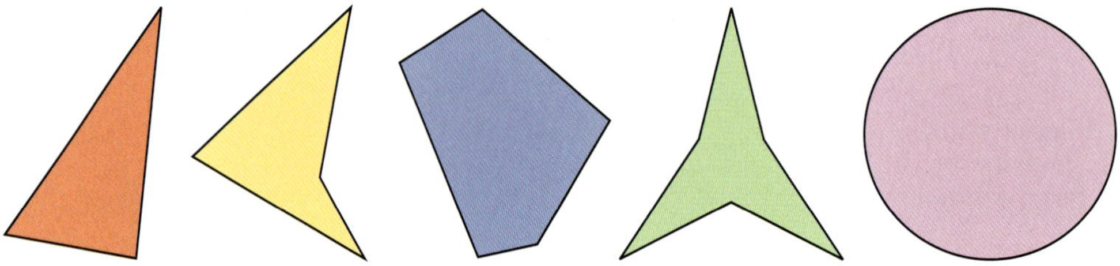

Dreieck Viereck Fünfeck Sechseck Kreis

Auch regelmäßige Vielecke (vgl. Kapitel **1**) sind ebene Figuren.

2 Ein Unterscheidungsmerkmal bei Vielecken ist, wie die Seiten an den Ecken aufeinander treffen. Treffen sie so aufeinander wie die Kästchenlinien von kariertem Papier, sagt man, die Ecke ist **rechtwinklig.** In Zeichnungen markiert man eine solche Ecke oft mit einem kleinen Bogen mit einem Punkt.

rechtwinklig

Andere Ecken kann man mit rechtwinkligen Ecken vergleichen:
Ist die Ecke spitzer als eine rechtwinklige, heißt sie **spitzwinklig,**
ist sie stumpfer, heißt sie **stumpfwinklig.**

spitzwinklig
stumpfwinklig

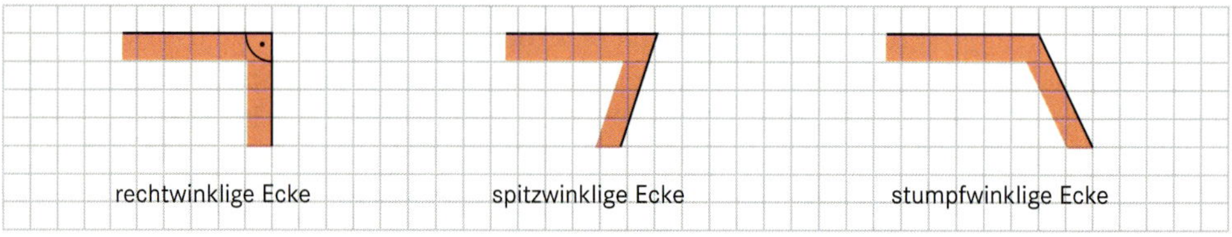

Dreiecke haben immer mindestens zwei spitzwinklige Ecken. Man unterscheidet sie nach der dritten Ecke.

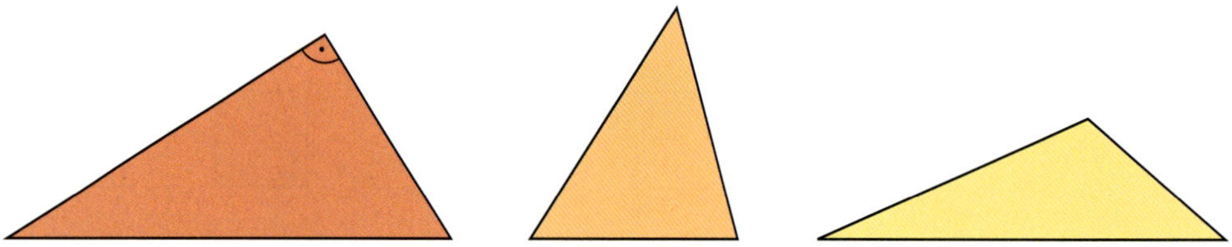

rechtwinkliges Dreieck spitzwinkliges Dreieck stumpfwinkliges Dreieck

3 **Besondere Vierecke** werden mit bestimmten Namen bezeichnet.

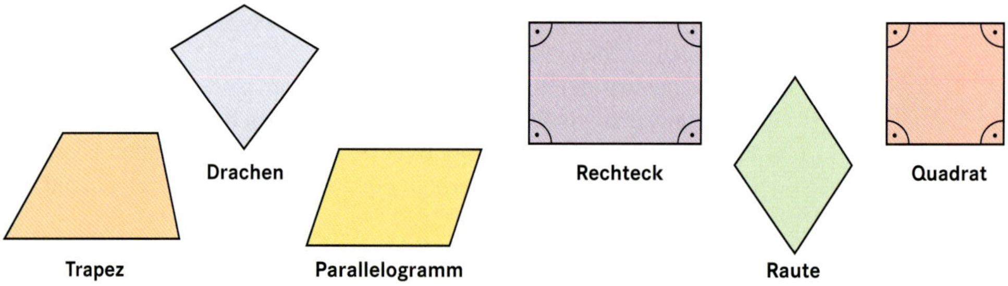

Übungen

1 a) Zeichne ein Viereck mit zwei stumpfwinkligen Ecken. Was kannst du über die beiden anderen Ecke sagen? Probiere verschiedene Lösungen.
b) Zeichne ein rechtwinkliges Dreieck mit den Seitenlängen 4 cm und 6 cm.
c) Zeichne ein Fünfeck mit zwei rechtwinkligen Ecken.

2 Um was für Figuren handelt es sich? Finde möglichst viele Gemeinsamkeiten. Sortiere nach verschiedenen Gesichtspunkten.

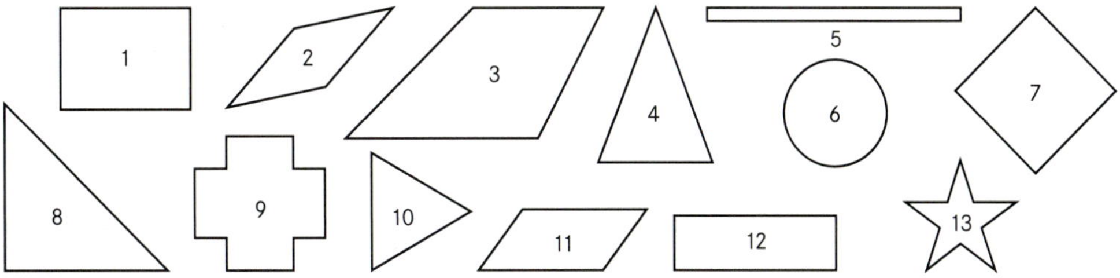

3 Das chinesische Legespiel *Tangram* enthält sieben Teile, mit denen Figuren gelegt werden können.
a) Stelle aus einem DIN-A4-Bogen nach der Abbildung ein Tangram-Spiel her.
Du kannst dir die Linien durch Knicken erzeugen.
Die Teile kannst du in einem Briefumschlag aufbewahren.
Aus welchen geometrischen Figuren besteht das Tangram-Spiel?
b) Lege die Beispielfiguren nach.

c) Lege Vielecke ohne einspringende Ecken aus den Tangram-Teilen. Beachte, dass keine Lücken bleiben. Was für Eckenformen sind bei solchen Vielecken möglich?
Übertrage die Figuren in dein Heft. Beschreibe die Figuren auch mit Worten.
d) Zeichne die Umrisse deiner Figuren auf ein Blatt. Tausche dein Blatt mit deinem Nachbarn. Versuche seine Figuren nachzulegen.

4 a) Was für Seitenflächen haben die geometrischen Körper aus Grundwissen **1** im Unterkapitel **4.1**? Fertige eine Tabelle an und gib für jede Figurenart die Anzahl der Flächen an.
b) Beschreibe mithilfe deiner Ergebnisse in Teilaufgabe a) die Körper ausführlich:
(I) Quader; (II) Prisma; (III) Pyramide; (IV) Zylinder.

5 Wie muss ein Körper aussehen, der durch alle drei Öffnungen der abgebildeten Schablone passt und sie jeweils vollständig ausfüllt?

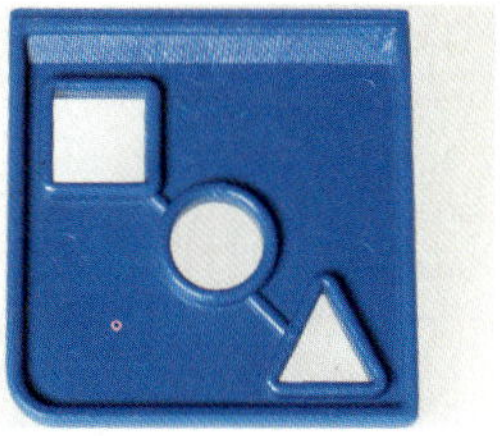

6 Welche Eckensorten lassen sich in einem Viereck kombinieren? Untersuche, vergleiche **2**.

7 a) Welche Figuren kommen im Wandmuster des Fachwerkhauses vor? Beschreibt die Figuren, verwendet die neuen Begriffe.
b) Macht selbst Fotos von Fachwerkhäusern in eurer Gegend oder sucht Bilder. Stellt vergrößerte Fotokopien der Fotos her. Markiert darin die Vielecke und beschreibt sie. Fertigt eine Wandzeitung an.

8 Beschreibe die Form der Bienenwaben. Welche ebenen Figuren bilden die Außenfläche einer Bienenwabe?

9 Fertige eine Dreieckschablone an und stelle damit Muster her. Mit welchen Dreiecken gelingen lückenlose Muster? Gelingen dir mit einer beliebigen Viereckschablone lückenlose Muster?

10 Stelle durch Falten gleich breite Papierstreifen her.
a) Lege zwei Streifen irgendwie übereinander und untersuche, welche Form das „Überlappungsgebiet“ beider Streifen haben kann.

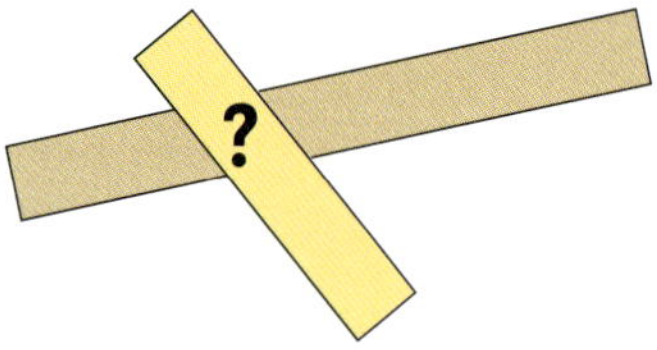

b) Was geschieht, wenn die beiden Streifen verschiedene Breite haben?
c) Wie kannst du ein Trapez erzeugen? Wie müssen die Streifen aussehen, wenn du für das Trapez nur zwei verwenden darfst?
d) Wie kannst du ein Fünfeck herstellen? Wie ergeben sich regelmäßige Vielecke?

11 Die abgebildeten sechseckigen Figuren bestehen aus kleinen gleichseitigen Dreiecken. Die Anzahl der an einer Sechseckseite nebeneinander liegenden Dreiecke wird hier die Seitenlänge des Sechsecks genannt.
a) In Figur B kommen außer dem großen Sechseck noch sieben kleinere Sechsecke vor. Übertrage Figur B in dein Heft und markiere die verschiedenen Sechsecke. Wie viele dieser Sechsecke kommen in Figur C vor?
b) Wie viele Sechsecke mit kleinerer Seitenlänge als 3 sind in Figur C enthalten?
c) Wie viele Sechsecke welcher Größe gibt es in einem Sechseck mit der Seitenlänge 5? Begründe deine Antwort. Vielleicht hilft dir eine Tabelle.
d) Setze das Muster fort. Wie viele Sechsecke welcher Größe gibt es in den Sechsecken mit Seitenlänge 6 (7, 8)?

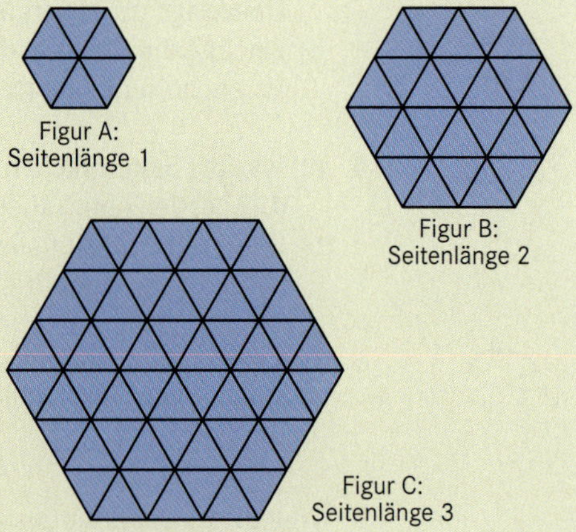

Mathematik-Olympiade (MO): Wettbewerb für Schüler aller Klassenstufen

Diese Aufgabe stammt aus der Mathematik-Olympiade. Informationen findest du im Internet.

Ausstiege

A1 In Einstieg **E1** hast du einen Ausschnitt aus dem Buch *„Silvestergespräche eines Sechsecks“* kennen gelernt. In diesem Buch träumt das Quadrat von einem Linienland. Teile des Traumes kannst du hier lesen.

a) Denk dir Linienland als eine gerade Linie. Zeichne den beschriebenen Teil von Linienland mit seinen Bewohnern.

b) Überlege, warum die Bewohner von Linienland nicht aneinander vorbei können.

c) Was können die Linienlandbewohner sehen?
Das Quadrat besucht im Traum Linienland und geht quer durch.
Was sehen die Bewohner von Linienland von diesem Besuch? Was würden sie sehen, wenn ein Kreis durch das Linienland marschierte?
Tipp: Erinnere dich, wie das Quadrat die Kugel im Flächenland gesehen hat.

Die Bewohner dieser unendlichen Linie waren natürlich Linienstücke oder Strecken.
Sie bewegten sich längs der Linie hin und her und konnten nicht aneinander vorbeikommen.

Eine Strecke war dabei, die war länger als die anderen Strecken. Das Quadrat sprach sie an. Der Angesprochene antwortete:
„Ich bin der Herrscher der Welt, der König von Linienland!“

Links und rechts des Königs sah das Quadrat vier Männer stehen, darauf folgten eine kürzere Strecke, ein Junge, und darauf vier Frauen.
Alle diese Wesen konnten sich nur ein kleines Stück hin und her bewegen.
Ihre Augen befanden sich mit ihren beiden Mündern kombiniert an den beiden Enden.

A2 Bei vielen Gegenständen (Matten, Möbel, ...) gibt es Flechtwerke.
Beim Flechten entstehen immer wiederkehrende Muster. Man vermutet, dass hierin einer der Ursprünge der Geometrie liegt.

a) Nehmt Papierstreifen gleicher Breite und Länge und stellt die Muster her.

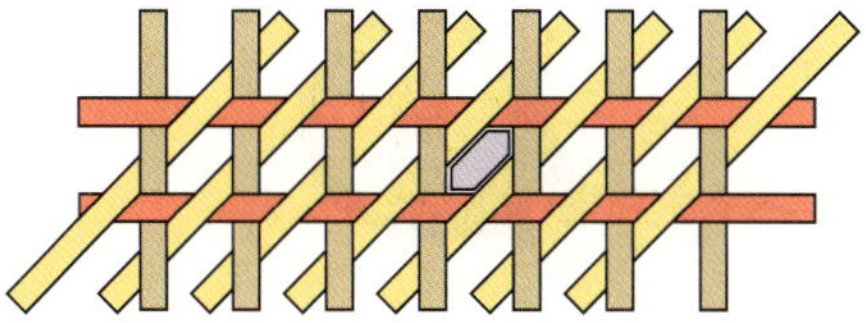
Sechseck

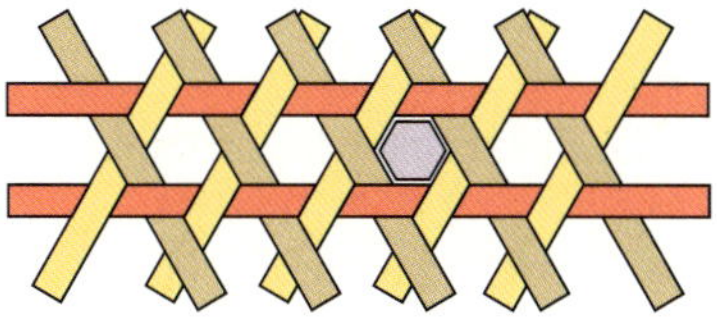
regelmäßiges Sechseck

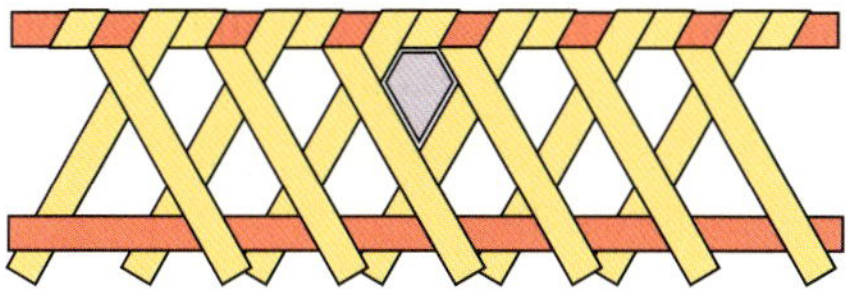
Fünfeck

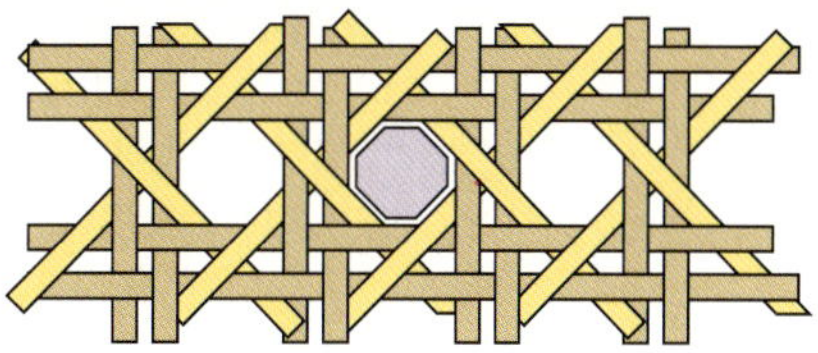
Achteck

b) Informiert euch über Flechttechniken. Wo werden diese heute noch verwendet? Welche Muster kommen vor? Was wird in Flechttechnik hergestellt?
Stellt eure Ergebnisse in einer Wandzeitung dar.

4.4 Nun mach mal 'nen Punkt! – Von Linien und Punkten

Einstiege

E1

(I)

Falte alle vier Ecken eines Papierquadrates zum Mittelpunkt.

(II)

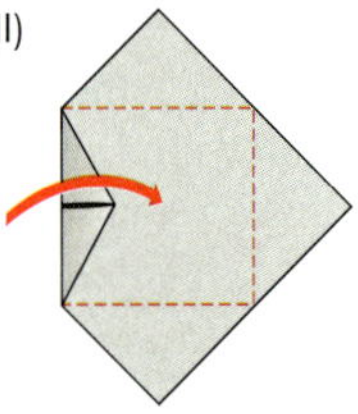

Drehe das Blatt um und falte die Ecken noch einmal zur Mitte.

(III)

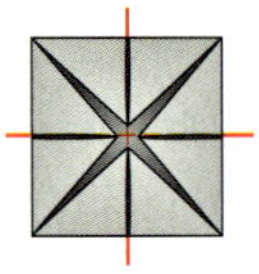

Drücke die Form längs der beiden roten Linien nach oben.

(IV)

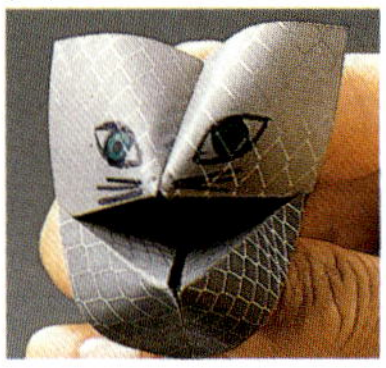

Auf der Unterseite sind jetzt vier Taschen für die Finger.

a) Faltet eine Fingerpuppe und entfaltet sie wieder.
Betrachtet die entstandenen Linien und Figuren. Was könnt ihr entdecken?

b) Beschreibt den Verlauf der Linien. Untersucht die Kreuzungen.
Gibt es Linien, die sich mehrmals kreuzen? Was für Ecken entstehen an den Kreuzungen? Gibt es gerade Linien, die sich nicht kreuzen? Hätten diese eine Kreuzung außerhalb des Papiers?

c) Ähnliche gerade Linien findet ihr auf dem Geodreieck.
Vergleicht mit euren Beobachtungen aus b).

d) Vergleicht die Linien mit den Seiten der besonderen Vierecke. Verbindet auch gegenüberliegende Ecken und untersucht die Kreuzungen dieser Verbindungen.

E2

a) Was haben die Vergrößerungen von Bleistiftstrichen gemeinsam und worin unterscheiden sie sich?
Wie würde eine Kreuzung von zwei Strichen unter der Lupe aussehen?
Wie sollte eurer Meinung nach eine Linienkreuzung eigentlich aussehen?
Diskutiert miteinander und tragt eure Antworten in der Klasse vor.

b) Auch auf euren Geodreiecken findet ihr Linien. Beschreibt den Verlauf der geraden Linien.
Zeichnet eine gerade Linie und legt die Mittellinie des Geodreiecks auf diese Linie.
Zeichnet entlang der langen Seite des Geodreiecks eine weitere Linie.
Untersucht die entstandene Linienkreuzung.

c) Legt die Mittellinie des Geodreiecks auf die zweite in b) gezeichnete Linie und zeichnet längs der langen Seite des Geodreiecks eine dritte Linie. Vergleicht die erste mit der dritten Linie.
Wo würden sie sich kreuzen? Vergleicht die beiden Linien mit Linien auf dem Geodreieck.

d) Vergleicht die Linienkreuzungen aus b) mit den Ecken der besonderen Vierecke.

E3 In seinem dreizehnbändigen Werk *„Elemente“* hat EUKLID nahezu das gesamte mathematische Wissen seiner Zeit geordnet und zusammengefasst.
Unten seht ihr Auszüge aus dem ersten Buch der *Elemente*.

EUKLID
(ca. 300 v. Chr.)
griechischer Mathematiker

„Elemente“
Nach der Bibel das meistgedruckte Werk der Welt, das bis vor 100 Jahren noch als Schulbuch verwendet wurde!

Die Elemente. I. Buch.

Definitionen

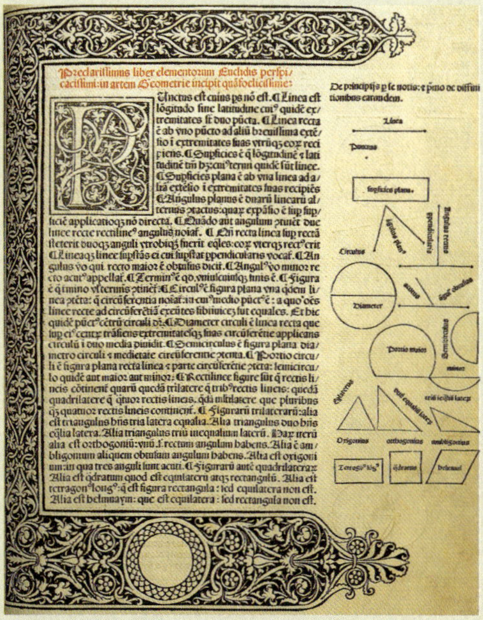
Preclarissimus liber elementorum Euclidis perspicacissimi: in artem Geometrie incipit quafoelicissime:

1. Ein Punkt ist, was keine Teile hat.
2. Eine Linie ist eine breitenlose Länge.
3. Die Enden einer Linie sind Punkte. [...]
5. Eine Fläche ist, was nur Länge und Breite hat.
6. Die Enden einer Fläche sind Linien. [...]
8. Ein ebener Winkel ist die Neigung zweier Linien in einer Ebene gegeneinander, die einander treffen, ohne einander gerade fortzusetzen. [...]
10. Wenn eine gerade Linie, auf eine gerade Linie gestellt, einander gleiche Winkel bildet, dann ist jeder der beiden gleichen Winkel ein Rechter; und die stehende gerade Linie heißt senkrecht zu (Lot auf) der, auf der sie steht.
11. Stumpf ist ein Winkel, wenn er größer als ein Rechter ist.
12. Spitz, wenn er kleiner als ein Rechter. [...]
14. Eine Figur ist, was von einer oder mehreren Grenzen umfasst wird. [...]
23. Parallel sind gerade Linien, die in derselben Ebene liegen und dabei, wenn man sie nach beiden Seiten ins Unendliche verlängert, auf keiner einander treffen.

a) Erklärt, was EUKLID unter einem Punkt, einer Linie, einer geraden Linie versteht. Formuliert mit eigenen Worten neu.
b) Was ist in den Definitionen 10 und 23 beschrieben? Findet Beispiele für solche Linien. Untersucht euer Geodreieck auf solche Linien.
c) Zeichnet mit dem Geodreieck Beispiele zu den Definitionen. Wie lassen sich mit dem Geodreieck parallele und zueinander senkrechte gerade Linien zeichnen? Probiert, sucht nach unterschiedlichen Lösungen.
d) Vergleicht EUKLIDS Text mit dem Grundwissen.

a) Wo musst du zwischen den Zahlenkugeln die Pluszeichen setzen, damit sich die Summe 19 ergibt? Die Reihenfolge der Zahlenkugeln darf dabei nicht verändert werden. Durch Zusammenrücken von Kugeln erhält man größere Zahlen.
b) Es schließen sich jetzt rechts die Zahlenkugeln 5, 6 und 7 an. Verteile mehrere Pluszeichen so, dass sich die Summe 100 ergibt. Versuche mehrere Lösungen zu finden.

Grundwissen

Linie

1 **Linien** haben keine Breite. Sie können Anfang und Ende haben, unbegrenzt oder geschlossen sein. Als Bezeichnung für Linien verwendet man kleine Buchstaben wie a, b, c.

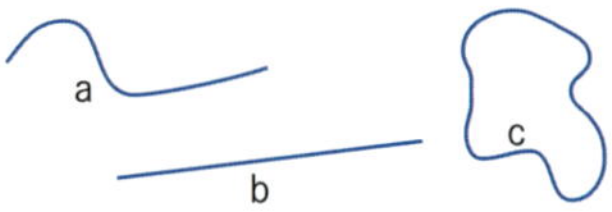

Punkt

2 Stellen, an denen Linien zusammentreffen, zum Beispiel die Ecken von Körpern oder Vielecken, nennt man **Punkte.** Ein Punkt hat keine Ausdehnung. Als Bezeichnung von Punkten verwendet man Großbuchstaben wie A, B, P, Q.

Strecke
Gerade
Strahl

3

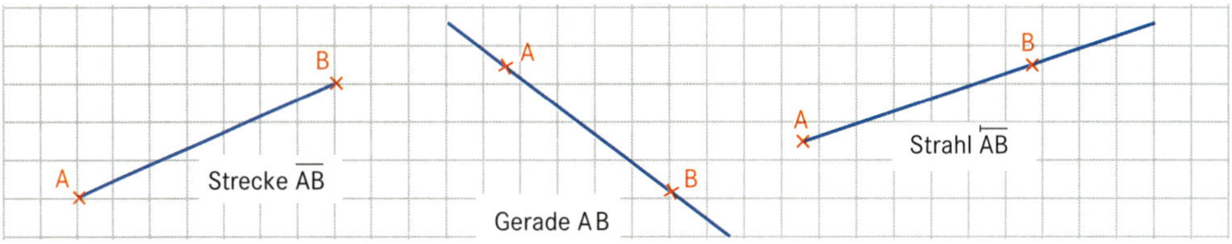

$\overline{AB}$	AB	$\overrightarrow{AB}$
Strecke mit den Endpunkten A und B	Gerade durch die Punkte A und B	Strahl mit Anfangspunkt A durch B

Streckenzug

4 Werden mehrere Punkte nacheinander durch Strecken miteinander verbunden, so spricht man von einem **Streckenzug**.

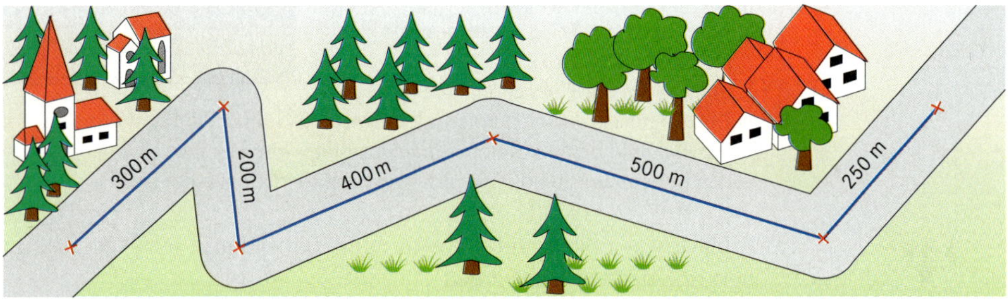

5 Für zwei verschiedene Geraden gibt es zwei Möglichkeiten: Entweder sie schneiden sich nicht oder sie schneiden sich (eventuell außerhalb des Zeichenpapiers).
In der Ebene unterscheidet man folgende Fälle (beachte auch Übung **15**):

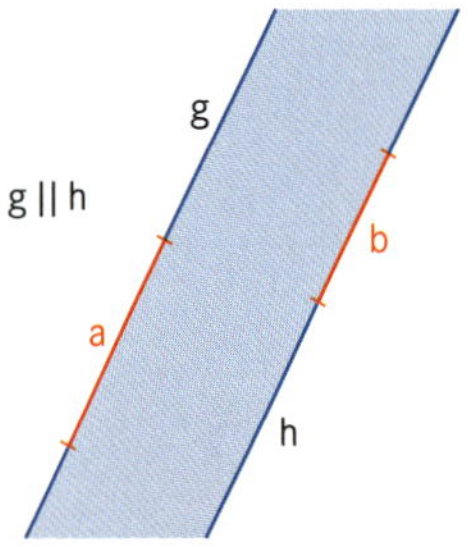

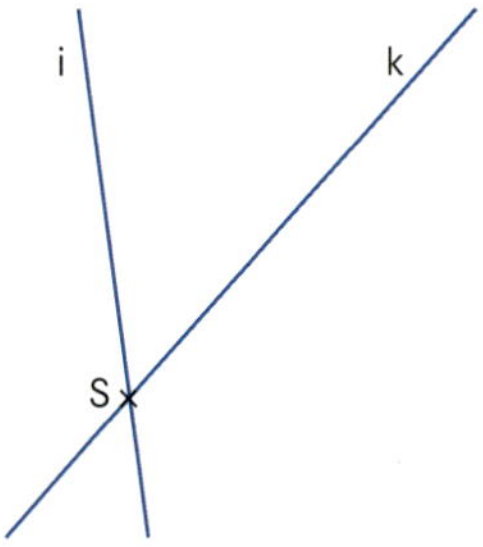

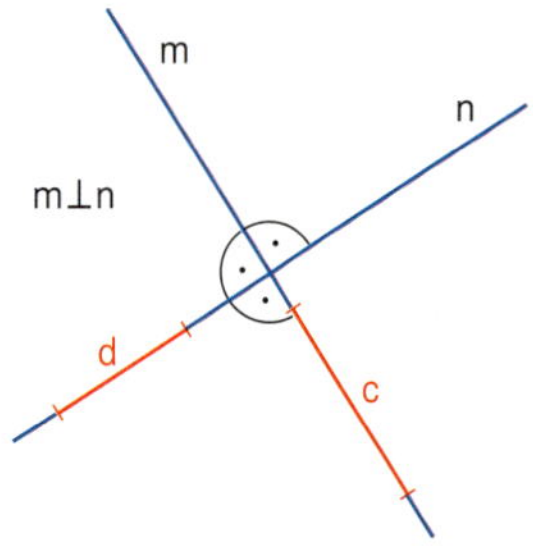

parallel zueinander

Die Geraden g und h schneiden sich nicht.
Zwischen ihnen liegt ein Streifen mit konstanter Breite. Solche Geraden heißen **parallel zueinander**, kurz: **g || h**.

Schnittpunkt

Die Geraden i und k sind nicht parallel. Sie schneiden sich deshalb in genau einem Punkt, dem **Schnittpunkt** S.

senkrecht zueinander

Am Schnittpunkt von Geraden können rechtwinklige Ecken entstehen. Geraden wie m und n heißen **senkrecht zueinander** oder **orthogonal**, kurz: **m ⊥ n**.

Alle Teilstrecken paralleler Geraden sind ebenfalls parallel zueinander. Alle Teilstrecken zueinander senkrechter Geraden sind ebenfalls senkrecht zueinander, z. B. a || b und c ⊥ d.

6 Wenn man die Grundlinie des Geodreiecks an die Gerade h so anlegen kann, dass:
die Mittellinie auf g liegt, so sind g und h senkrecht zueinander, g ⊥ h.

eine der Parallelen zur Grundlinie auf g liegt, so sind g und h parallel zueinander, g ∥ h.

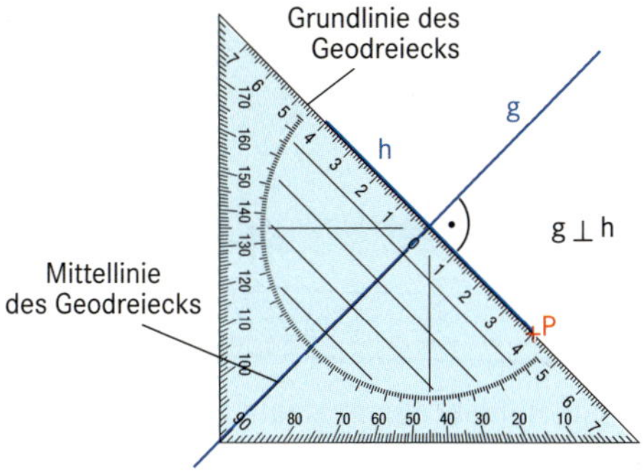

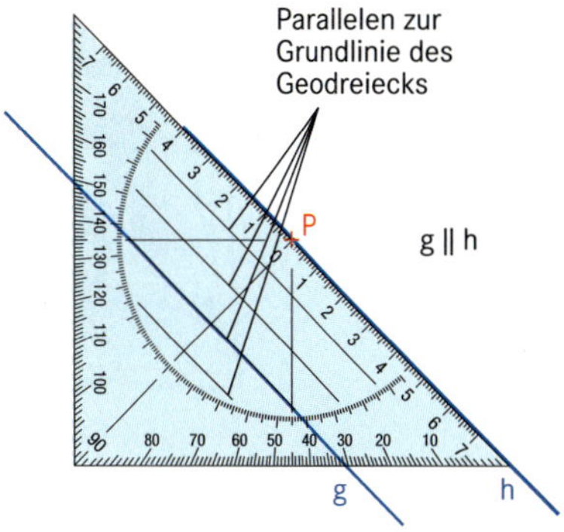

7 Sind zwei Geraden g und h zu derselben Geraden k senkrecht, dann sind sie parallel zueinander.
Parallele Geraden haben dieselbe Richtung und überall denselben Abstand voneinander.
Jede Gerade ist zu sich selbst parallel, g ∥ g.

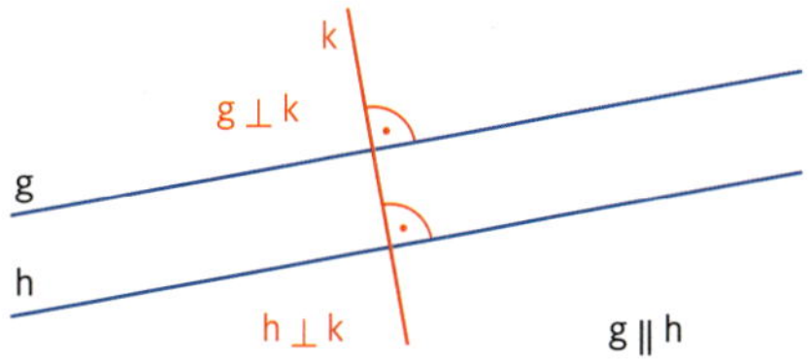

8 Konstruieren zueinander senkrechter und paralleler gerader Linien:
Problem:
Gesucht ist die Gerade h durch den Punkt P parallel zur Geraden g.

Lösung:
Zeichne mit dem Geodreieck die Hilfsgerade k senkrecht zur Geraden g. Konstruiere nun die Gerade h durch den Punkt P senkrecht zur Hilfsgeraden.
Sie verläuft durch P und ist parallel zu g.

Klappt auch, wenn P weit entfernt ist!

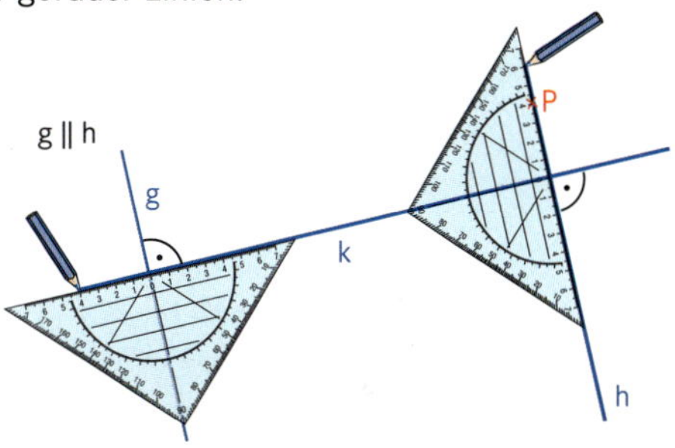

9 Mithilfe der Begriffe senkrecht und parallel lassen sich Figuren besser beschreiben:

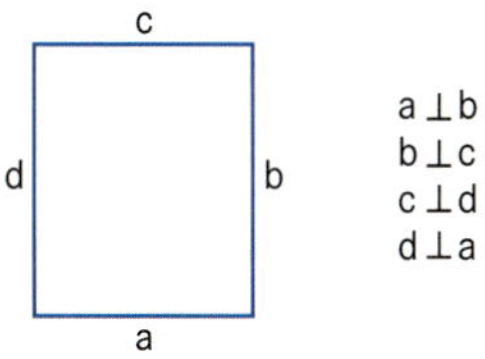

Ein Rechteck ist ein Viereck, bei dem nebeneinanderliegende Seiten senkrecht zueinander sind.

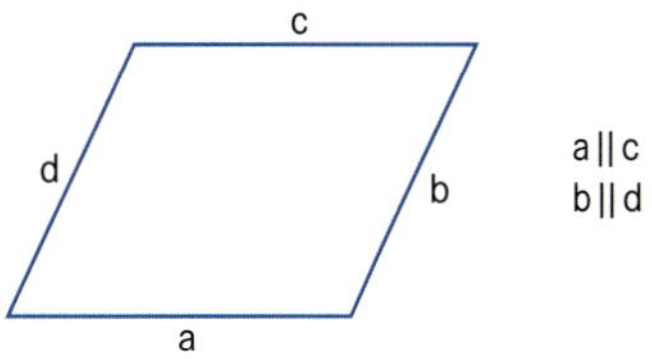

Bei Parallelogrammen ist ein Viereck, bei dem gegenüberliegende Seiten parallel zueinander sind.

Häufig werden auch die **Diagonalen** eines Vielecks betrachtet. Das sind geradlinige Verbindungen nicht nebeneinander liegender Eckpunkte.
In einem Quadrat sind die Diagonalen gleich lang und senkrecht zueinander.

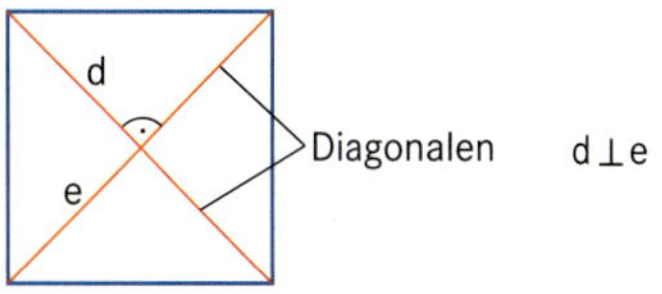

Übungen

1

Kapitän Knork hat auf einer einsamen Insel einen Schatz vergraben. Um ihn später wieder finden zu können hat er sich die auffälligen Stellen wie Felsen, Hochsitz, Palme und Hütte gemerkt. In Gedanken hat er jeweils zwei der auffälligen Punkte miteinander verbunden. Der Schatz liegt an einem Schnittpunkt der Verbindungsgeraden. Pause die Zeichnung ab (Transparentpapier). An wie vielen Stellen könnte der Schatz vergraben sein?

2 a) Wie viele Schnittpunkte haben die abgebildeten Geraden?

b) Zeichne drei verschiedene Geraden so, dass sie sich in einem Punkt schneiden. Versuche es auch mit zwei und drei Schnittpunkten.

c) Zeichne vier verschiedene Geraden so, dass sie sich in möglichst vielen Punkten schneiden. Wie groß ist die maximale Anzahl von Schnittpunkten?

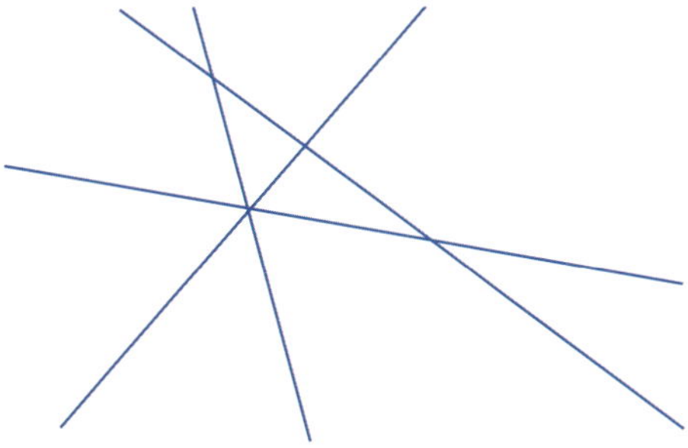

d) Zeichne fünf Geraden so, dass sie sich in zehn Punkten schneiden.

e) Wie viele Schnittpunkte kann es bei zehn verschiedenen Geraden geben? Zeichne jeweils ein Beispiel.

3 a) Markiere vier Punkte A, B, C und D in deinem Heft.
Zeichne alle Geraden, die durch mindestens zwei der Punkte verlaufen.
Wie viele Geraden sind es? Kannst du die Punkte so anordnen, dass eine andere Anzahl Geraden herauskommt? Falls ja, gibt es eine kleinste und eine größte Anzahl Geraden?

b) Markiere zehn Punkte und verfahre wie in a).

4 Welche Linien sind parallel, welche sind senkrecht zueinander?

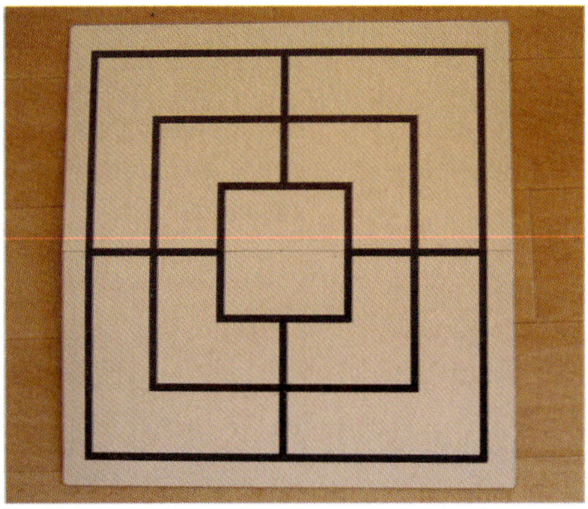

5

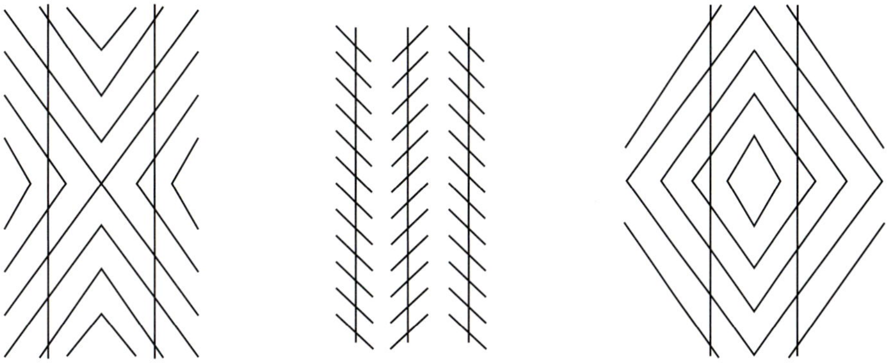

a) Beschreibe deinen ersten Eindruck davon, wie die Linien in den Bildern verlaufen.
b) Stelle mithilfe des Geodreiecks fest, welche der Linien gerade sind und welche von den Geraden parallel zueinander verlaufen.
c) Untersuche, wodurch die optische Täuschung erzeugt wird.

6 Welche der folgenden Geraden sind orthogonal, welche sind parallel zueinander? Erstelle in deinem Heft eine Tabelle und notiere mithilfe der Zeichen ⊥ und ||.

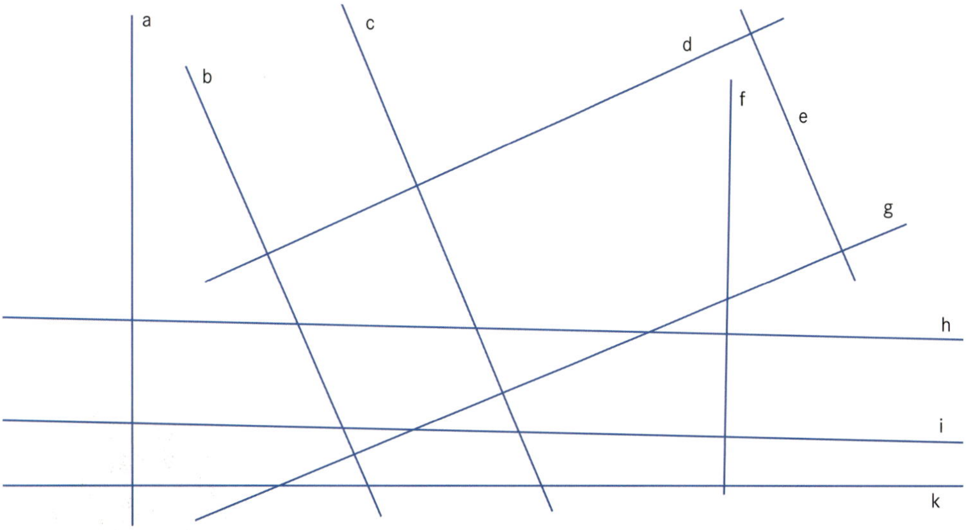

	a	b	c	d	e	f	g	h	i	k
a										
b		||								
c										
⋮										

7 Zeichne vier Punkte P, Q, R und S in dein Heft und eine Gerade g durch R.
a) Zeichne in einer Farbe durch die Punkte P, Q, R und S Parallelen zu g.
b) Zeichne in einer anderen Farbe durch die Punkte P, Q, R und S Senkrechten zu g.

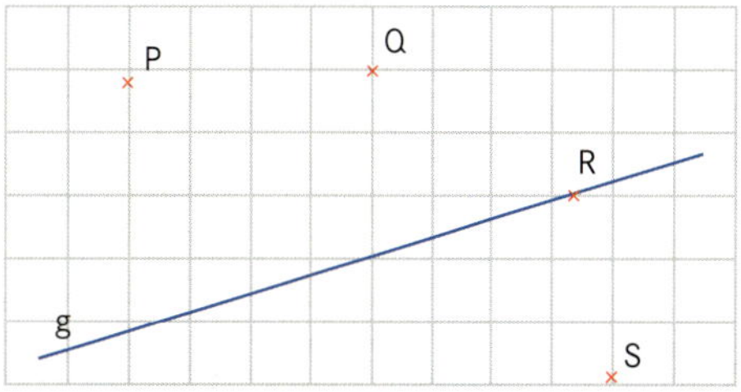

8 Zeichne in dein Heft. Verbinde die Punkte in ihrer alphabetischen Reihenfolge zu einem Streckenzug. Wie lang ist er? Welche Strecken sind parallel, welche senkrecht zueinander?

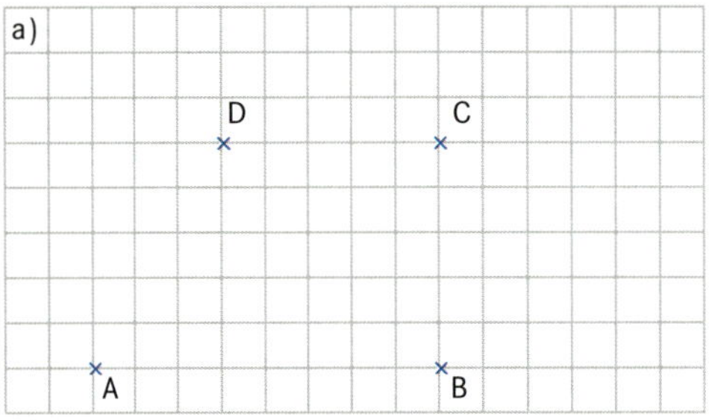

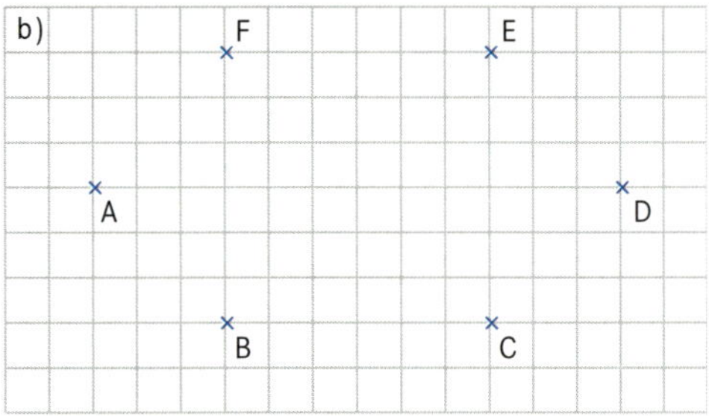

9 a) Wie kann man feststellen, ob eine Mauerkante vertikal ist?
Wie kann man feststellen, ob ein Fußboden horizontal ist?
b) Was hat „horizontal" mit dem Horizont zu tun, was „waagerecht" mit einer Waage?
Was ist ein Lot? Klärt in einer Diskussion, was die Begriffe „horizontal", „vertikal", „waagerecht", „lotrecht" bedeuten.
Was ist anders als bei „parallel" und „senkrecht zueinander"?

10 a) Zeichne in einem regelmäßigen Sechseck alle Diagonalen. Wie viele sind es?
Wie viele Schnittpunkte haben die Diagonalen (die Eckpunkte des Sechsecks zählen nicht mit)?
b) Verfahre wie in a) beim regelmäßigen Fünfeck, Siebeneck und Achteck.
Was für eine Zahlenfolge entsteht? Suche nach Regeln.

11 Untersuche Vierecke: Trapez, Drachen, Parallelogramm, Rechteck, Raute, Quadrat.
a) In welchen sind Seiten zueinander parallel, in welchen sind Seiten zueinander senkrecht?
In welchen Vierecken sind die Diagonalen orthogonal?
b) Zeichne drei verschiedene Vierecke, in denen die Diagonalen orthogonal sind.
c) Gibt es Parallelogramme, in denen die Diagonalen zueinander senkrecht sind?

12 a) Wie oft zwischen 0 Uhr und 12 Uhr sind Stunden- und Minutenzeiger einer Uhr senkrecht zueinander?
b) Wie oft innerhalb von zwölf Stunden sind die Zeiger einer Uhr parallel zueinander?

13 Suche Buchstaben der Blockschrift, in denen Linien zueinander parallel oder senkrecht sind.
Zeichne sie auf.

Ordne die Ergebnisse der Größe nach. Du erhältst zwei Vornamen.

6345 – 1530	A	2032 – 847	D	751 – 239	A	4022 – 1870	E
5207 – 1814	R	1571 – 1238	N	1382 – 193	I	603 – 246	D
402 – 288	A	6517 – 6432	S	762 – 175	N	5107 – 1639	L

14 Welche der Sätze über Geraden sind richtig, welche falsch?
Wenn g parallel zu h ist und k senkrecht zu g, dann ist k auch senkrecht zu h.
Wenn g senkrecht zu h ist und k parallel zu g, dann ist auch k senkrecht zu h.
Wenn g senkrecht zu h ist und h senkrecht zu k, dann ist auch k senkrecht zu g.
Wenn g senkrecht zu h ist und h senkrecht zu k, dann ist k parallel zu g.
Wenn g parallel zu h ist und h parallel zu k, dann ist k senkrecht zu g.
Wenn g parallel zu h ist und h parallel zu k, dann ist auch k parallel zu g.

15 In der Ebene schneiden sich alle nicht parallelen Geraden. Welche Beziehungen gibt es für zwei Geraden im Raum? Überlegt. Probiert mit im Klassenraum gespannten Leinen.

16 a) Zeichne auf ein Blatt Papier eine Gerade g. Falte das Papier so, dass die beiden Teile von g aufeinander fallen. Entfalte das Blatt. Zeichne entlang der Faltgeraden die Gerade h. Wie liegen die Geraden g und h zueinander?
b) Wiederhole den Schritt aus a) mit der Geraden h.
Wie liegen die zuletzt entstandene Faltgerade und die Gerade g zueinander?

17 Zeichne einen rechteckigen Streifen. Schneide ihn aus. Falte ihn so, dass eine von den kurzen Seiten auf der anderen zu liegen kommt, und entfalte ihn wieder.
Falte ihn jetzt so, dass eine kurze Seite auf der ersten Faltlinie zu liegen kommt. Falte danach so, dass dieselbe kurze Seite auf der zweiten Faltlinie zu liegen kommt. Könntest du theoretisch so lange falten, bis der verbleibende Bereich zwischen zwei Faltlinien so schmal ist wie die Kante eines Quaders?

Ausstiege

A1

Die Parallelen
Christian Morgenstern

Es gingen zwei Parallelen
Ins Endlose hinaus
Zwei kerzengerade Seelen
Und aus solidem Haus.

Sie wollten sich nicht schneiden
Bis an ihr seliges Grab:
Das war nun einmal der beiden
Geheimer Stolz und Stab.

Doch als sie zehn Lichtjahre
Gewandert neben sich hin,
Da ward's dem einsamen Paare
Nicht irdisch mehr zu Sinn.

War'n sie noch Parallelen?
Sie wußten's selber nicht, –
Sie flossen nur wie zwei Seelen
Zusammen durch ewiges Licht.

Das ewige Licht durchdrang sie,
Da wurden sie eins mit ihm;
Die Ewigkeit verschlang sie
Als wie zwei Seraphim.

a) Das Gedicht enthält einiges an Mathematik. Schreib die Aussagen zu Parallelen heraus.
b) Kennst du weitere Gedichte, die etwas mit Linien zu tun haben?
c) Dichte selbst. Versuche die Worte *Punkt, Strecke, Gerade, Strahl, Besuch* und *mitnehmen* unterzubringen.

A2 a) Zeichnet das Haus vom Nikolaus in einem Zug ins Heft ohne abzusetzen und ohne etwas doppelt zu zeichnen. Wann geht es, wann nicht?
Notiert euch die Reihenfolge, in der ihr an den Ecken vorbeigekommen seid. Kann jeder Punkt Anfangspunkt sein? Kennt ihr auch die Erweiterung rechts daneben: „Das ist das Haus vom Nikolaus mit Stall und Fähnchen oben drauf."?

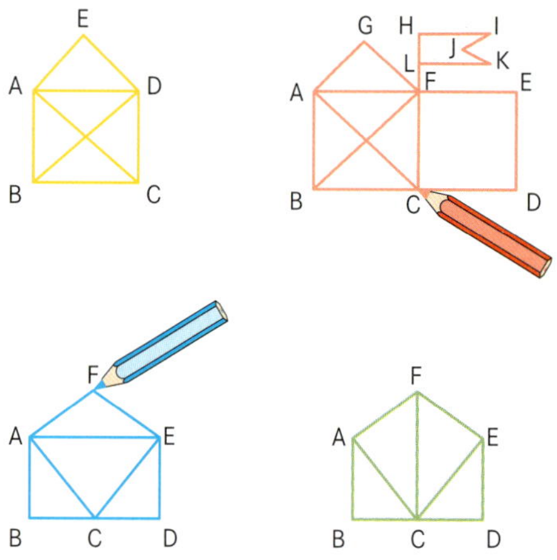

b) Zeichnet weitere Beispiele und findet Regeln: Wann kann man eine Figur in einem Zug zeichnen?
Wann sind Anfang und Ende gleich? Überprüft eure Regeln an folgenden Beispielen:

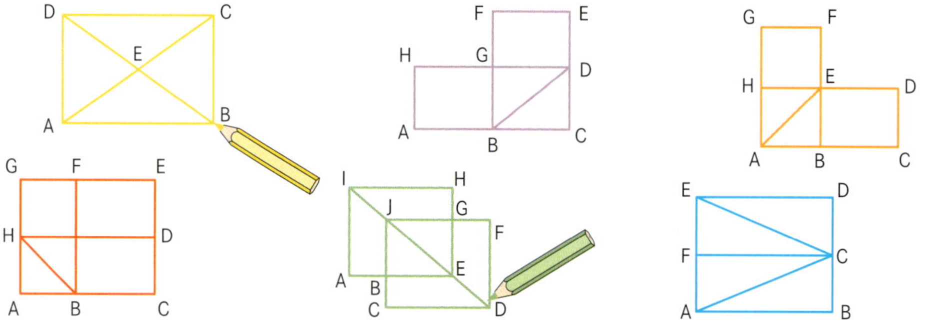

c) Sucht einen Spaziergang durch Königsberg (heute: Kaliningrad), bei dem jede Brücke einmal und nicht öfter überquert wird. Begründet eure Antwort.
Die Lösung dieses Königsberger Brückenproblems geht auf den berühmten Mathematiker LEONHARD EULER (1707–1783) zurück.

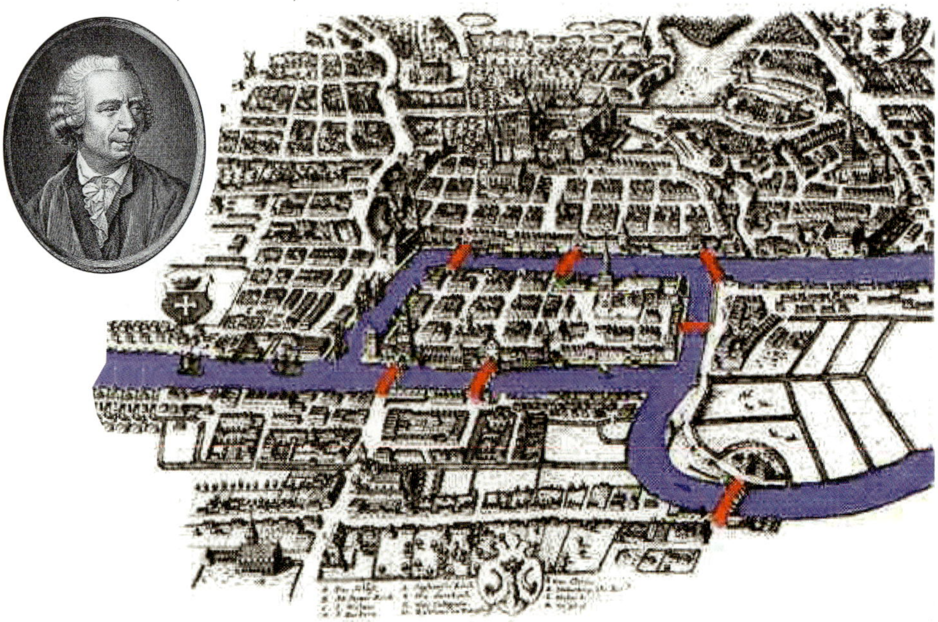

d) Wie sieht eure Lösung aus, wenn ihr zusätzliche Brücken baut?

4.5 Punkteverzeichnis – Zeichnen im Koordinatensystem

Einstiege

E1

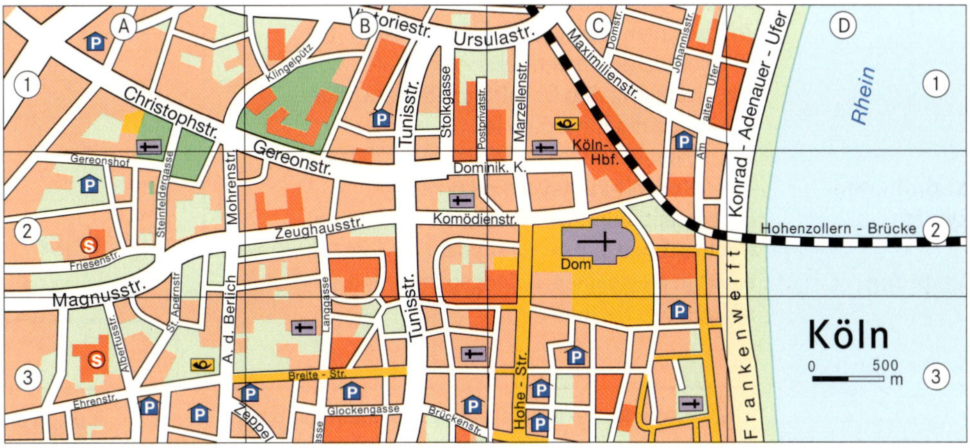

a) Köln hat etwa 4600 Straßen. Wie schaffen es die Hersteller eines Stadtplanes, dass man eine gesuchte Straße dennoch schnell finden kann?

b) Überlegt euch ein ähnliches Verfahren um Geometriezeichnungen zu beschreiben. Zeichne dazu ein beliebiges Fünfeck. Dein Nachbar soll genau dasselbe Fünfeck nachzeichnen ohne deine Zeichnung zu sehen. Wie kannst du die Eckpunkte deines Fünfecks angeben?

E2

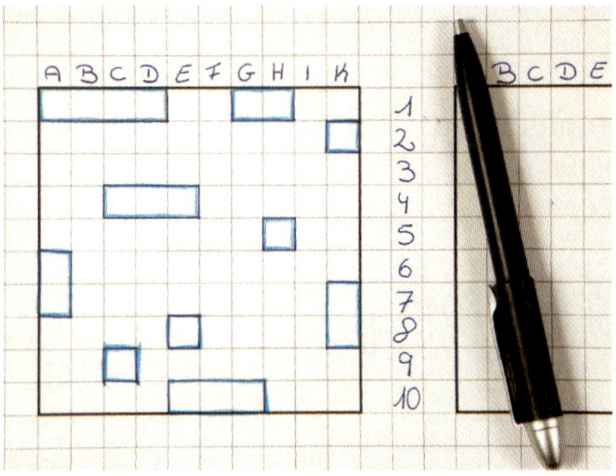

a) Beschreibe, wie beim Spiel „Schiffe versenken" dem Gegner die Position der „Schüsse" mitgeteilt wird.

b) Was könnte man an dem Raster verändern, damit es für die Beschreibung von Geometriezeichnungen noch besser geeignet ist?

c) Erläutere, wie das Schachspiel verlaufen ist.

Weiß	Schwarz
e2–e4	e7–e5
f2–f4	e5:f4
Sg1–f3	d7–d5
Sb1–c3	d5:e4
Sc3:e4	Lc8–g4
Dd1–e2	Lg4:f3
Se4–f6	

Grundwissen

Koordinatensystem

Ursprung

1 Für Lagebeschreibungen wie beim „Schiffe versenken“, beim Stadtplan oder beim Schachspiel benutzt man Planquadrate.
Zur genauen Festlegung von Punkten bei geometrischen Zeichnungen verwendet man ein **Gitternetz**. Die Schnittpunkte der Gitterlinien sind die Gitterpunkte.
Ein solches Gitternetz lässt sich mithilfe eines **Koordinatensystems** erzeugen.
Es besteht aus zwei **Koordinatenachsen, Rechtsachse** und **Hochachse.** Diese haben einen gemeinsamen Anfangspunkt, den **Ursprung** des Systems.

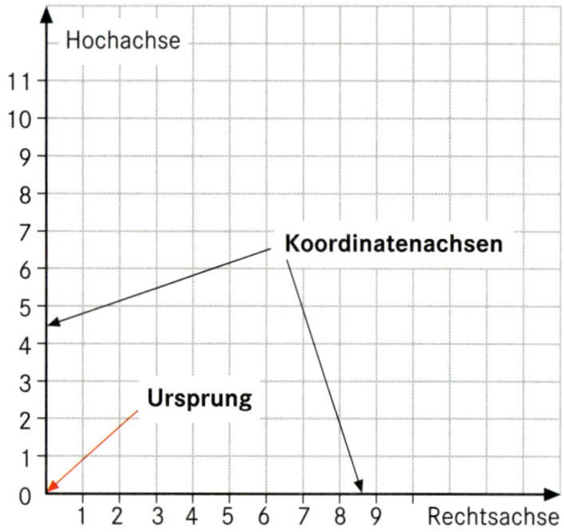

Zu einem korrekten Koordinatensystem gehören:

(I) die beiden zueinander senkrechten Koordinatenachsen;
(II) die Pfeilspitzen an den Achsen;
(III) die Achsenbezeichnungen an den Pfeilspitzen;
(IV) die 0 am Ursprung;
(V) an jeder Achse mindestens eine weitere Zahl.

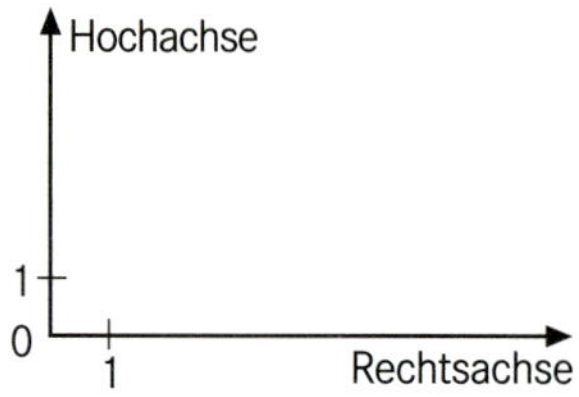

Koordinaten eines Punktes

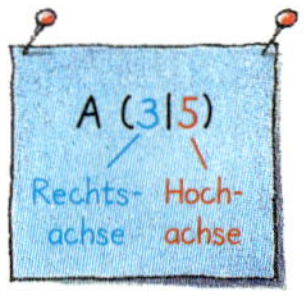

2 *Koordinaten ablesen*

Von A aus geht man senkrecht zur Rechtsachse nach unten und liest die 1. Koordinate ab.
Dann geht man von A aus senkrecht zur Hochachse nach links und liest die 2. Koordinate ab.
Der Punkt A hat die Koordinaten 3 und 5.
Man schreibt **A (3 | 5)**.
Da bei der Angabe die Reihenfolge der Koordinaten wichtig ist, nennt man (3 | 5) auch ein **geordnetes Zahlenpaar.**

Koordinaten ablesen

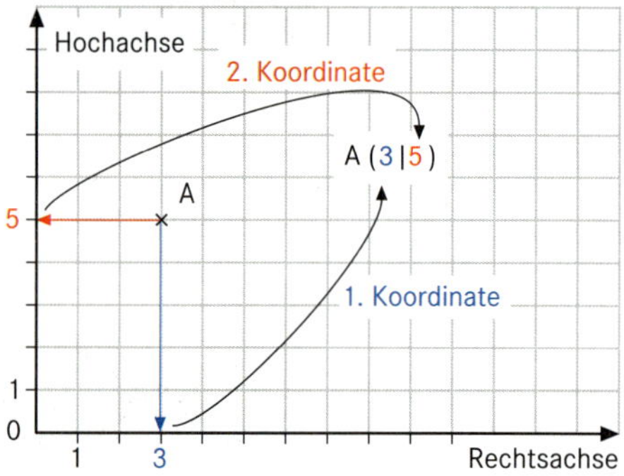

3 *Punkt eintragen*

Der Punkt B (6 | 7) soll in ein Koordinatensystem eingetragen werden.
Dazu geht man vom Koordinatenursprung 6 nach rechts und dann 7 nach oben.
Den Punkt B markiert man durch ein kleines Kreuzchen.

Punkt eintragen

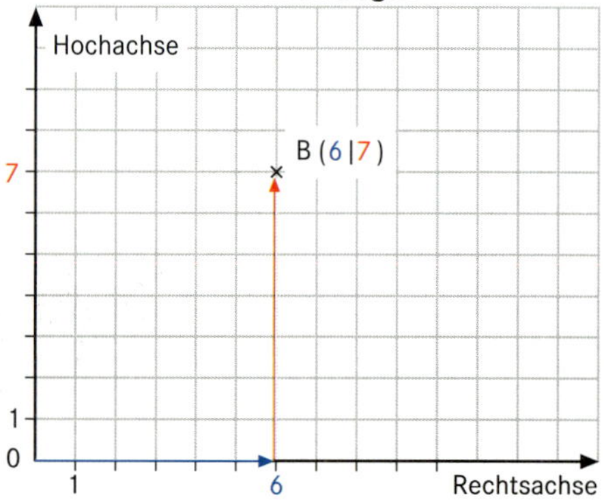

Übungen

1

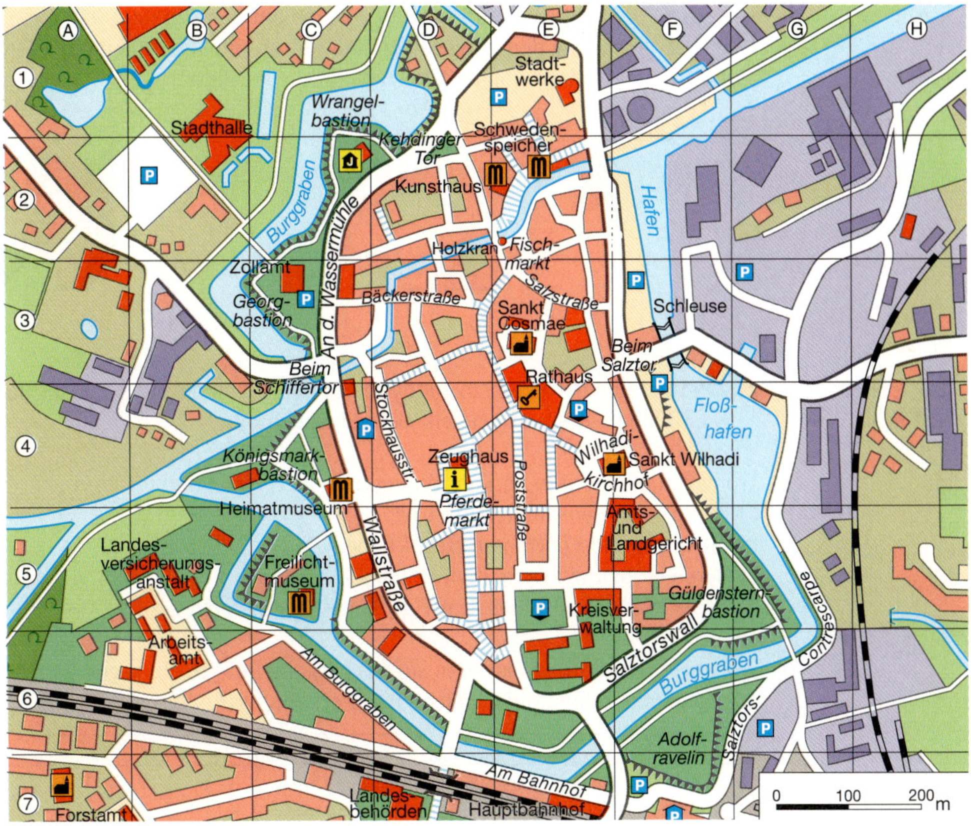

a) Julia wohnt in der Bäckerstraße an der Ecke zur Straße „An der Wassermühle".
In welchem Gitterquadrat liegt Julias Wohnung?

b) In welchen Gitterquadraten liegen der Hauptbahnhof, das Freilichtmuseum, die Königsmarkbastion, das Zollamt und der Floßhafen?

c) Wie weit ist es von Julias Wohnung bis zum Hauptbahnhof? Wie lange benötigt sie schätzungsweise, wenn sie zu Fuß geht?

2 a) In welche Himmelsrichtung musst du gehen um von deiner Wohnung zur Schule zu gelangen?

b) Besorgt euch einen Stadtplan von eurer Heimatstadt. Sucht dort eure Schule, das Rathaus, die Post, eine Kirche, Bushaltestellen oder einen Bahnhof.
Wie weit ist es von eurer Schule zur nächsten Bushaltestelle?

c) Suche dir ein Gebäude aus und beschreibe deinem Nachbarn, wo es liegt.

3 Übertrage die Abbildung in dein Heft.

a) Lies dabei die Koordinaten der Punkte ab und notiere die Punkte.
Beispiel: A (3 | 4)

b) Zeichne ein Quadrat mit den roten Punkten als Ecken. Wie lauten die Koordinaten des vierten Punktes?

c) Die drei grünen Punkte sollen Eckpunkte eines Parallelogramms sein. Gib die Koordinaten eines vierten Punktes an. Suche nach mehreren Möglichkeiten.

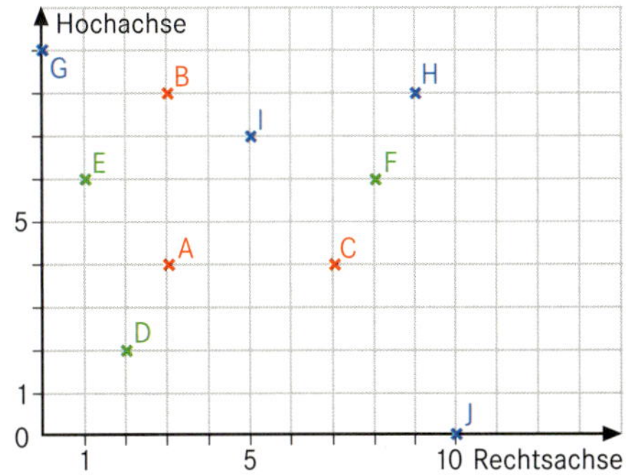

4 Übertrage die Figur in dein Heft und zeichne ein Koordinatensystem ein.
Wähle als Ursprung den eingezeichneten Punkt und als Einheit ein Kästchen.
a) Bestimme die Koordinaten aller Eckpunkte der Figur.

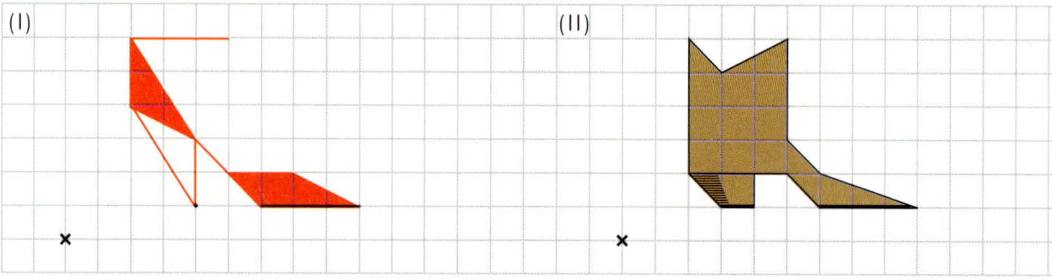

b) Zeichnet Bilder von einem Teddy in ein Koordinatensystem und diktiert eurem Partner die Koordinaten. Kann er denselben Teddy zeichnen?

5 Wo liegen alle Punkte im Koordinatensystem,
a) deren erste Koordinate eine 1 ist;
b) die als zweite Koordinate eine 4 haben;
c) deren erste und zweite Koordinate gleich sind;
d) deren zweite Koordinate um 1 größer ist als die erste?

6 Zeichne ein Koordinatensystem so, dass du alle Punkte eintragen kannst. Verbinde sie in der angegebenen Reihenfolge. Welche Figur erhältst du?

	Punkte	Reihenfolge
a)	A (1 | 1), B (5 | 3), C (5 | 1), D (7 | 1), E (7 | 3), F (11 | 1), G (7 | 5), H (10 | 3), I (7 | 7), J (9 | 6), K (6 | 10), L (3 | 6), M (5 | 7), N (2 | 3), O (5 | 5)	A, B, C, D, E, F, G, H, I, J, K, L, M, N, O, A
b)	A (2 | 5), B (5 | 4), C (7 | 2), D (18 | 2), E (18 | 4), F (9 | 4), G (7 | 5), H (9 | 6), I (21 | 6), J (9 | 17), K (9 | 13)	K, A, H, I, J, K, H, F, E, D, C, B, A, G, F

7 Zeichne in ein Koordinatensystem einen Stern, dessen Ecken alle auf Gitterpunkten liegen.
Gib die Koordinaten der Eckpunkte an.

8 Übertrage die Punkte in ein Koordinatensystem. Zeichne die Geraden AB, CD, EF und GH.
Überprüfe, welche der vier Geraden jeweils parallel oder senkrecht zueinander sind.
a) A (9 | 1), B (1 | 9), C (3 | 6), D (1 | 4), E (7 | 2), F (5 | 4), G (5 | 1), H (10 | 6)
b) A (3 | 4), B (8 | 0), C (2 | 1), D (6 | 8), E (3 | 4), F (7 | 9), G (1 | 5), H (6 | 1)
c) A (5 | 2), B (5 | 7), C (1 | 3), D (9 | 3), E (5 | 3), F (8 | 6), G (2 | 6), H (7 | 1)

9 Im Koordinatensystem sind einige Punkte gezeichnet.
a) Schreibe die Koordinaten der blauen Punkte auf. Was fällt dir auf?
b) Welcher Zusammenhang besteht bei den roten Punkten zwischen der ersten und der zweiten Koordinate?
c) Welche Eigenschaft haben die Koordinaten der grünen Punkte?

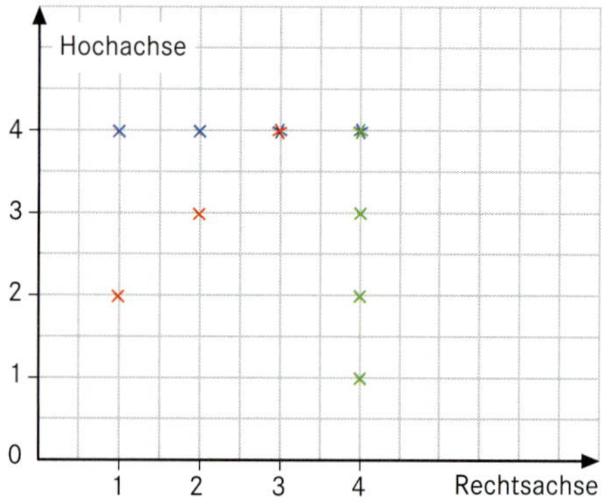

10 Erkenne die Figur. Antworte zuerst ohne zu zeichnen. Zeichne dann zur Kontrolle.

a) A(2|3); B(6|3); C(6|5); D(2|5)
b) A(2|2); B(6|2); C(2|5)
c) A(0|1); B(6|3); C(7|6); D(1|4)
d) A(0|3); B(6|1); C(5|5); D(2|6)
e) A(1|1); B(5|1); C(3|4)
f) A(1|2); B(3|0); C(6|1); D(7|4)

11 Übertrage die Punkte in ein Koordinatensystem. Gib jeweils die fehlenden Punkte an. Suche nach mehreren Möglichkeiten die Aufgabe zu lösen.

a) Vervollständige zu einem Parallelogramm: A(1|4); B(2|0); C(6|3).
b) Vervollständige zu einem Quadrat: A(3|3); B(5|5).
c) Vervollständige zu einer Raute: A(4|4); B(5|7); C(7|8).
d) Finde Gitterpunkte P und Q so, dass $AB \parallel CP$ und $AB \perp CQ$: A(0|3); B(10|5); C(6|7).

12 Zeichne die Geraden durch die jeweils angegebenen Punkte. Überprüfe mit dem Geodreieck, welche der Geraden senkrecht bzw. parallel zueinander sind.
Schreibe deine Ergebnisse so auf: $g \perp h$, $g \parallel h$.

Gerade g	Gerade h	Gerade e	Gerade f	Gerade k	Gerade m
A(2|2)	C(1|14)	E(3|10)	G(7|8)	I(11|1)	M(13|7)
B(3|7)	D(6|3)	F(13|6)	H(8|13)	K(17|3)	N(15|1)

13 Trage die Punkte in ein Koordinatensystem ein. Setze die Punktfolge fort.

a) A(1|1); B(2|3); C(3|5)
b) A(1|2); B(2|4); C(3|6)
c) A(1|3); B(2|6); C(3|9)
d) A(1|1); B(2|2); C(3|3)
e) A(1|1); B(2|3); C(3|6); D(4|10)
f) A(1|1); B(2|4); C(3|9); D(4|16)

14 a) Schreibe einige Punkte auf, bei denen die beiden Koordinaten gleich sind. Zeichne die Punkte in grüner Farbe in ein Koordinatensystem. Beschreibe die Lage der Punkte.
b) Zeichne Punkte in blauer Farbe in das Koordinatensystem, bei denen die zweite Koordinate doppelt so groß ist wie die erste Koordinate. Vergleiche mit dem Ergebnis aus a).

15 Beim *Ein-Stein-Spiel* wird ein Spielstein abwechselnd von zwei Spielern um ein Feld in eine der erlaubten Richtungen verschoben. Gewonnen hat, wer den letzten Zug macht.

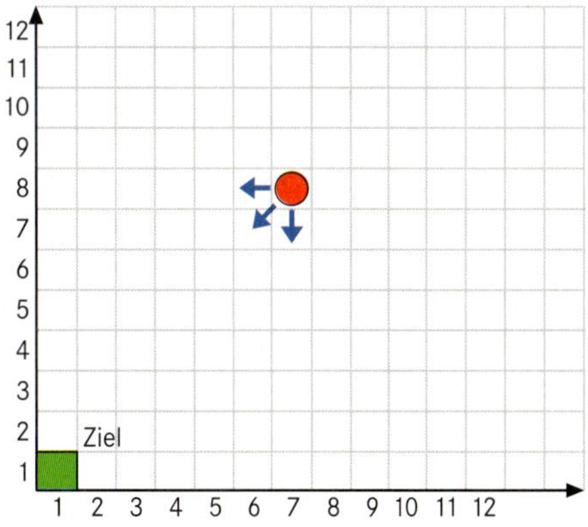

a) Spielt das Spiel. Findet Strategien.
b) Sucht alle Startfelder, von denen aus Spieler A auf jeden Fall gewinnen kann, wenn er beginnt.
c) Von welchen Startfeldern aus gewinnt A, wenn ein Zug ein oder zwei Felder lang sein darf? Wie sieht eine Gewinnstrategie aus?
d) Denkt euch andere Zugmöglichkeiten aus und probiert.

Wobei bekommst du am meisten? (I) Eine Pizza wird auf zwei Kinder verteilt; (II) zwei Pizzen werden auf drei Kinder verteilt; (III) drei Pizzen werden auf vier Kinder verteilt.

Ausstiege

A1 Auch für die kugelförmige Erdoberfläche gibt es ein Koordinatensystem, das Gitternetz besteht aus den Längen- und Breitenkreisen.
Für jeden Punkt auf der Erdoberfläche kann man den Breitengrad und den Längengrad angeben. Auf einem Globus kannst du dieses Gradnetz der Erde gut sehen.

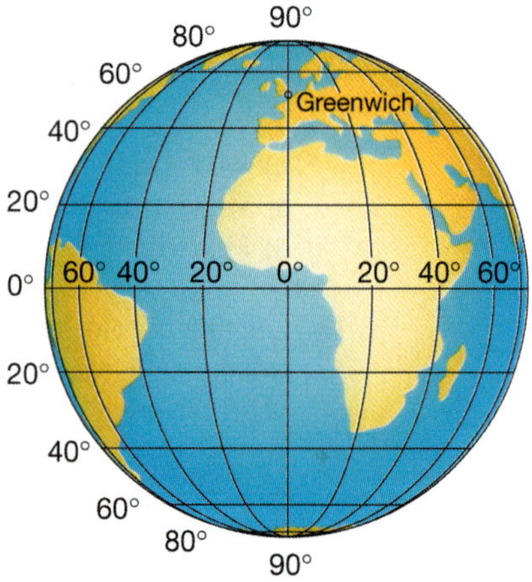

a) Informiere dich, wie das Gradnetz der Erde aufgebaut ist. Was ist ein Längen-, was ein Breitenkreis? Welche Zahlenwerte kommen bei Längen- und Breitenangaben vor?
b) Bestimme mithilfe einer Deutschlandkarte in deinem Atlas die Lage (geografische Länge und Breite) deines Wohnortes.
c) Bestimme mit Atlas oder Globus die Lage großer deutscher und internationaler Städte.

A2 *„Niki, der Roboter"* ist ein Computerspiel, mit dem man Programmieren lernen kann. Roboter Niki versteht nur einige wenige Befehle:

`vor 5`	bedeutet:	gehe fünf Schritte vorwärts
`links`	bedeutet:	drehe dich eine Vierteldrehung linksherum
`rechts`	bedeutet:	drehe dich eine Vierteldrehung rechtsherum
`auf`	bedeutet:	nimm da, wo du bist, ein Teil auf
`ab`	bedeutet:	lege da, wo du bist, ein Teil am Platz ab

Niki kann beliebig viele Teile tragen, aber immer nur eines aufnehmen oder ablegen. Eine Zahl auf einem Landschaftsfeld bedeutet, dass auf diesem Feld so viele Gegenstände liegen. Niki ist durch einen Pfeil dargestellt, der seine Blickrichtung angibt.

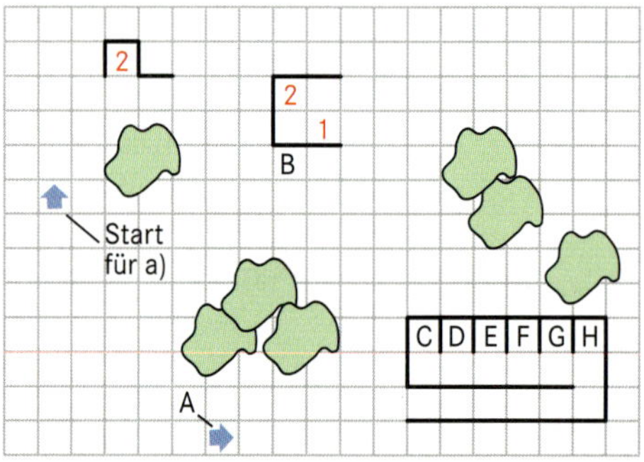

a) Übertragt die Landschaft auf Karopapier. Was bewirkt die folgende Anweisung?
`vor 3; rechts; vor 2; links; vor 1; auf; auf; links; links; vor 1; rechts; vor 2; links; vor 3; ab; ab`
b) Niki erhält einen Auftrag: Er steht bei A, soll die Teile im Gebäude B aufnehmen und in die Regalfächer C, D und E verteilen.
Schreibt eine Anweisung (das ist schon ein kleines Computerprogramm) für Niki.
c) Denkt euch selbst Landschaften und Aufträge für Niki aus. Einer kann die Anweisung formulieren und der andere muss sie testen (ausführen).
d) Was könnten die folgenden Anweisungen bedeuten und wofür könnte man sie verwenden?
„`wiederhole solange Vorrat`"; „`wiederhole bis Feld leer`"; „`falls Feld leer`"

4.6 Wie nah, wie weit – Abstandsprobleme

Einstiege

E1 a) Auf dem Schulhof oder auf einer Wiese soll ein Volleyballfeld markiert werden. Dazu habt ihr mehrere lange Seile, ein Bandmaß, Kreide und einige Holzpflöcke zur Verfügung. Findet eine Methode, mit der ihr sichern könnt, dass das Feld wirklich rechteckig ist und alle Abstände stimmen.

b) Für einen Fahrradparcours benötigt ihr auf dem Schulhof eine Klötzchenacht, bestehend aus zwei Kreisbahnen mit 5 m und 8 m Radius. Alle Hilfsmittel aus a) stehen euch auch hier zur Verfügung.

E2 a) Ein Bauer hat die Eckpfosten zur Umzäunung seiner Weide bereits eingeschlagen.
Da die Entfernungen aber zu groß sind, muss er zwischendurch etliche Stützpfosten für die Umzäunung setzen.
Wie geht er am besten vor, damit er möglichst wenig Draht verbraucht?
Fertige eine Skizze an. Begründe deine Antwort.

b) Der elektrische Weidezaun muss an die Solarstromversorgung angeschlossen werden. Die Kabel sind relativ kurz, deshalb muss der Bauer den Punkt des Zaunes finden, der die kürzeste Entfernung zur Solaranlage hat.
Wie kann er ihn finden?

c) Eine sehr große Weide in Form eines Parallelogramms soll halbiert werden.
Wie kann man die kleinste Zaunlänge bestimmen? Fertige eine Skizze an und beschreibe dein Verfahren.

d) Der Wachhund des Bauernhofes soll sich möglichst weiträumig bewegen können.
Zeichne die Stange (1 cm ≙ 2 m) in dein Heft.
Schraffiere den Bereich, den der Hund erreichen kann.
Wie verläuft die Begrenzungslinie?
Wo könnte man hier Abstände messen?

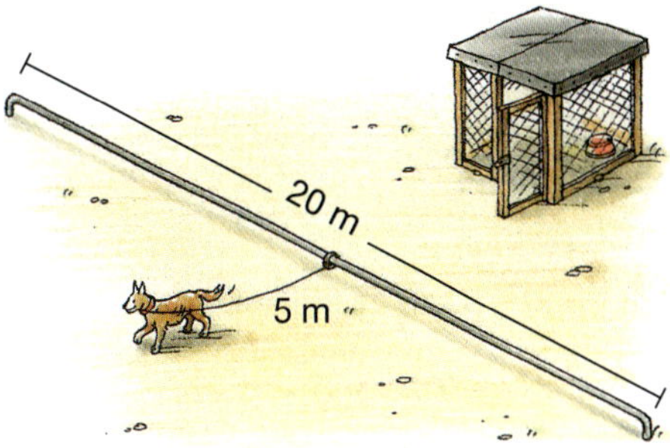

e) Ein anderer Bauer verzichtet bei seiner Weide auf einen Zaun.
Die weidenden Ziegen werden statt dessen an Pfählen mit langen Leinen angepflockt.
Beschreibe die Fläche, die eine Ziege abgrasen kann.

E3 a) Markiere auf deiner Heftseite zwei Punkte A und B. Zeichne verschiedene Wege von A nach B. Welches ist der kürzeste Weg?

b) Zeichne eine Gerade g und einen Punkt P, der nicht auf der Geraden liegt. Markiere nun verschiedene Punkte auf der Geraden und bestimme jeweils die Entfernung zu P. Versuche den Punkt auf der Geraden g zu finden, der P am nächsten liegt. Kannst du genau erklären, wo er liegt?

c) Zeichne zwei parallele Geraden g und h. Markiere auf der Geraden g fünf Punkte. Bezeichne sie mit A, B, C, D und E. Markiere dann auf der Geraden h ebenfalls fünf beliebige Punkte F, G, H, I und J. Miss die Entfernungen zwischen den Punkten auf g und denen auf h. Lege eine Entfernungstabelle an. Welches Paar hat den kürzesten Abstand? Wie kannst du zwei Punkte auf g und auf h finden, die so nah wie möglich beieinander liegen?

d) Markiere einen Punkt M. Bestimme Punkte, die von M genau 3 cm entfernt sind. Wie findest du alle solchen Punkte? Versuche eine Regel zu formulieren.

Grundwissen

Abstand zweier Punkte

1 Die Strecke $\overline{AB}$ ist die kürzeste Verbindung zweier Punkte A und B. Ihre Länge ist der **Abstand der Punkte.** Statt „die Länge der Strecke $\overline{AB}$ ist 3 cm“ schreibt man auch kurz $\overline{AB}$ = 3 cm.

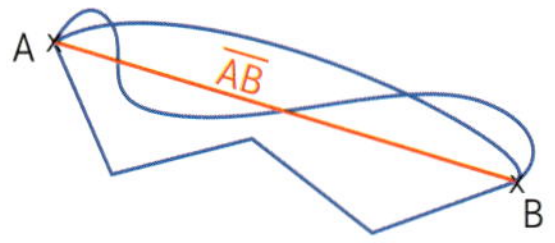

Abstand eines Punktes von einer Geraden

2 Liegt der Punkt P nicht auf der Geraden g, dann ist von allen Verbindungen von P mit einem Punkt auf g diejenige die kürzeste, die senkrecht zu g verläuft.
Ihre Länge ist der **Abstand d des Punktes P von der Geraden g.**

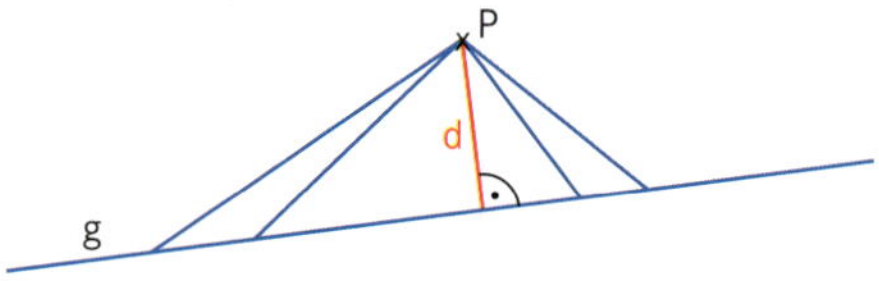

Abstand zweier paralleler Geraden

3 Eine kürzeste Verbindung zwischen zwei parallelen Geraden ist senkrecht zu beiden Geraden.
Ihre Länge ist der **Abstand d der parallelen Geraden g und h.**

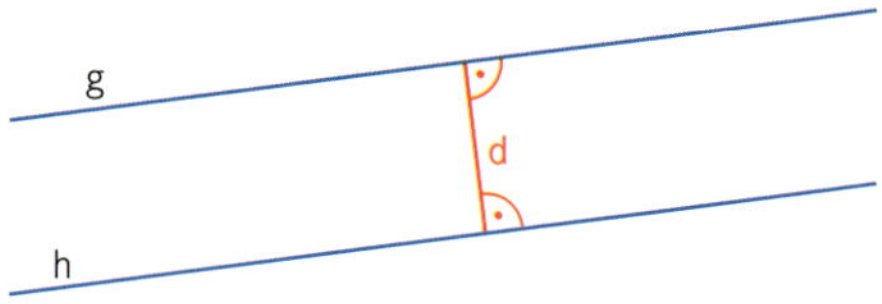

4 Die Punkte einer Ebene, die von der Geraden g denselben Abstand d haben, bilden zwei Parallelen zu g im Abstand d.

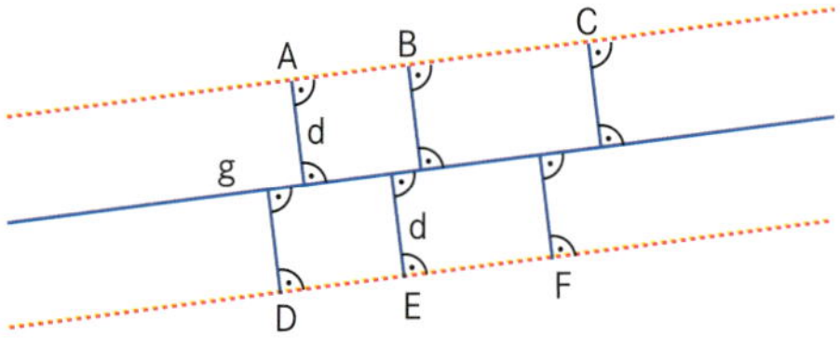

Radius eines Kreises

5 Die Punkte einer Ebene, die vom Punkt M denselben Abstand r haben, bilden einen **Kreis**. Die Entfernung r vom **Mittelpunkt** M zur Kreislinie heißt der **Radius des Kreises.** Jeder Punkt R innerhalb des Kreises liegt näher am Mittelpunkt als P; jeder Punkt Q außerhalb des Kreises liegt weiter von M entfernt als P. Deshalb gilt in der Abbildung:

$a > r$ und $b < r$.

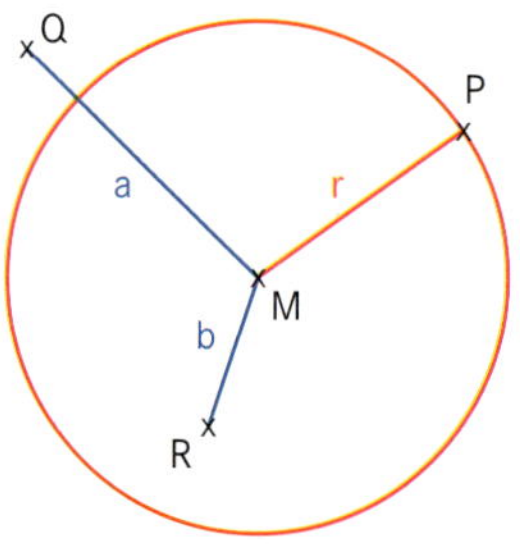

Übungen

1

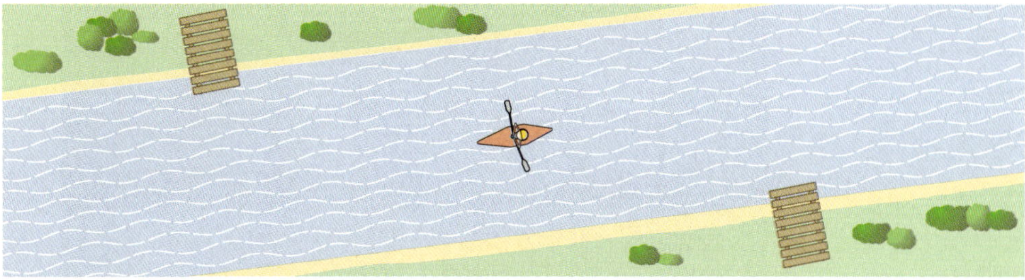

Welcher Anleger liegt näher zum Boot? Wie weit sind die Anleger entfernt, wenn 1 cm in der Zeichnung 4 m in der Realität entsprechen?

2 Warum werden Kinder immer ermahnt *gerade* über die Straße zu gehen, und was ist damit gemeint?

3 Miss im Parallelogramm ABCD den Abstand
a) der Punkte A und B;
b) der Punkte A und C;
c) der Parallelen AB und CD;
d) der Parallelen AD und BC;
e) des Punktes B von der Geraden AC;
f) des Punktes A von der Geraden BC.

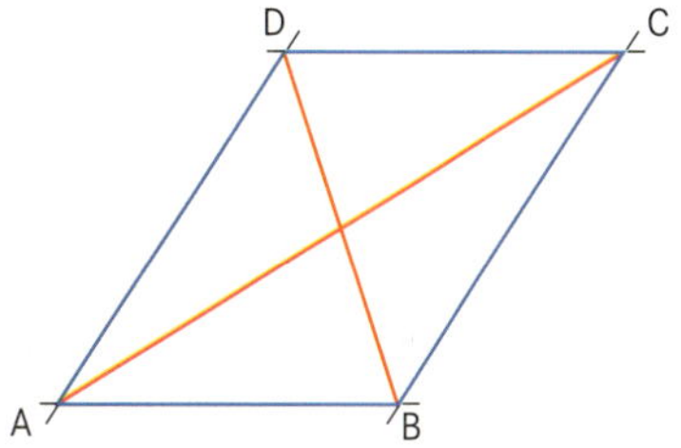

4 a) Könntest du aus dem Modell ohne Umbau ein Parallelogramm herstellen? Wie ändern sich dabei die Abstände gegenüberliegender Seiten? Ändern sich auch die Abstände gegenüberliegender Eckpunkte?
b) Was ändert sich gegenüber a), wenn man in das Modell eine der beiden Diagonalen einbaut?
c) Kennst du Anwendungsbeispiele (Gegenstände; Geräte; Bauwerke; ...) für die Diagonalverspannung aus b)?

5 Markiere einen Punkt A und einen weiteren Punkt B, der 9 cm von A entfernt ist. Zeichne die Gerade g durch A und B und eine Orthogonale h zu g durch B. Markiere auf h einen Punkt C, der 4 cm von g entfernt ist. Zeichne durch C die Parallele m zu g. Zeichne die Gerade k durch A und C und möglichst weit von B entfernt eine Parallele l zu k im Abstand 2 cm.
Der Schnittpunkt der Geraden m und l heißt S. Wie weit ist S von A entfernt?

6 a) Zeichne drei Punkte A, B und C, die nicht auf einer Geraden liegen. Verbinde A und C. Zeichne durch B die Senkrechte zu AC und finde auf ihr den Punkt D, der gleich weit von AC entfernt ist wie B. Zeichne den Streckenzug ABCDA.
Was für eine Figur entsteht?
b) Zeichne drei Punkte A, B und C, die nicht auf einer Geraden liegen. Verbinde A und C. Bestimme den Mittelpunkt M von $\overline{AC}$. Zeichne die Gerade BM und finde auf ihr den Punkt D, der von M genauso weit entfernt ist wie B. Zeichne den Streckenzug ABCDA.
Was für eine Figur entsteht?

7

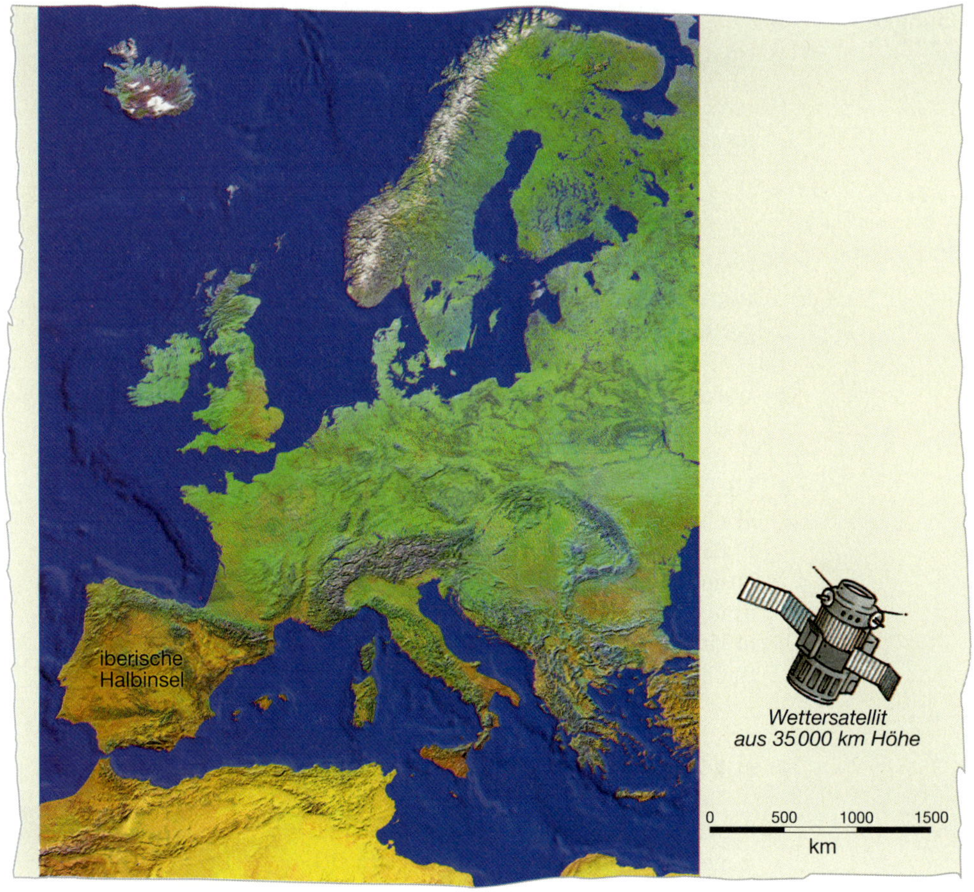

a) Wie lang sind Deutschland und Großbritannien in der Nord-Südrichtung?
b) Wie lang und wie breit sind Kreta und die iberische Halbinsel?
c) Bestimme die breiteste Stelle des Mittelmeeres.
d) Wie weit ist es von Berlin bis nach Paris?
e) Bestimme die Ausdehnung der Alpen.
f) Stellt euch gegenseitig weitere Aufgaben.

8 a) Markiere zwei Punkte A und B im Abstand 4 cm. Zeichne die Gerade AB. Zeichne senkrecht zur Geraden AB durch A und durch B zwei Geraden. Markiere auf allen drei Geraden
(I) die Punkte mit rot, die 2 cm Abstand von A haben,
(II) die Punkte mit blau, die 2 cm Abstand von B haben,
(III) die Punkte mit grün, die von A und B den gleichen Abstand haben.

b) Zeichne zwei parallele Geraden g und h im Abstand 3 cm. Markiere auf g einen Punkt A. Zeichne durch A eine Gerade k senkrecht zu g. Markiere den Schnittpunkt von k und h und benenne ihn mit B. Wo liegen alle Punkte,
(I) die 2 cm von A entfernt sind;
(II) die 2 cm von B entfernt sind;
(III) die 3 cm von A und 3 cm von B entfernt sind;
(IV) die von A und von B gleich weit entfernt sind?

c) Erfinde weitere Aufgaben für die Mathe-Box.

9 Zeichne ein Koordinatensystem (Einheit 1 cm) und trage den Punkt P (6 | 6) ein. Markiere alle Gitterpunkte, die 5 cm von P entfernt sind, und bestimme ihre Koordinaten.
Auf welcher Figur liegen alle diese Punkte?

10 Es brennt, die Feuerwehr rückt heran und sucht schnell einen Wasseranschluss.

a) Das Schild gibt die Position des nächsten Hydranten an. Wo befindet er sich? Wie weit ist er in Luftlinie vom Hinweisschild entfernt? Zeichne.

b) Sucht nach ähnlichen Hinweisschildern. Was bedeuten die Angaben? Überprüft die Entfernungsangaben.

11 a) Zeichne einen Punkt A und drei Geraden, die 3 cm von A entfernt sind.

b) Zeichne einen Punkt B und eine Gerade g, die 2 cm von B entfernt ist. Zeichne eine Gerade h, die 3 cm von B entfernt ist und parallel zu g verläuft. Suche verschiedene Lösungen.

c) Zeichne einen Punkt C und eine Gerade k, die 3 cm von C entfernt ist. Zeichne eine Gerade l, die 3 cm von C entfernt ist und senkrecht zu k verläuft. Suche verschiedene Lösungen.

12 Zeichne eine Gerade g und im Abstand 3 cm eine dazu parallele Gerade h.

a) Markiere drei Punkte, die von g und h gleich weit entfernt sind.

b) Auf welcher Figur liegen alle Punkte, die von g und h gleich weit entfernt sind?

13 Markiere einen Punkt Z. Zeichne von ihm aus zwei zueinander senkrechte Strahle g und h. Markiere einen Punkt, der von g und h gleich weit entfernt ist. Suche nach weiteren solchen Punkten. Wo liegen alle Punkte, die von g und h gleich weit entfernt sind? Beschreibe.

14 Finde den Schatz. Alle eingezeichneten Punkte stellen Bäume dar.

a)

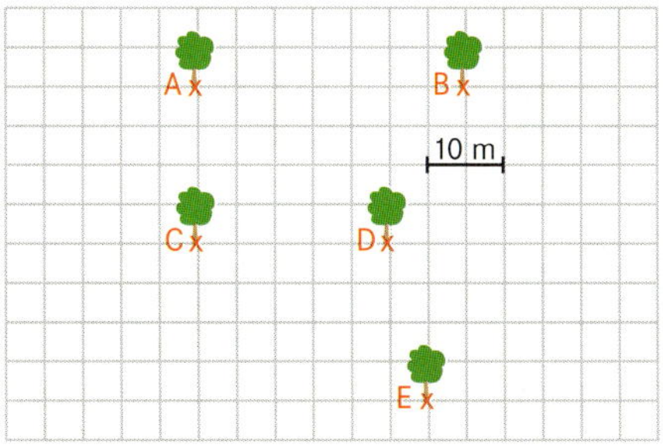

Der Schatz liegt entweder am Schnittpunkt von AE mit CD oder am Schnittpunkt von AB mit DE. Auf jeden Fall ist er 10 m von einem Baum entfernt.
Wie weit ist der Schatz von A entfernt?

b)

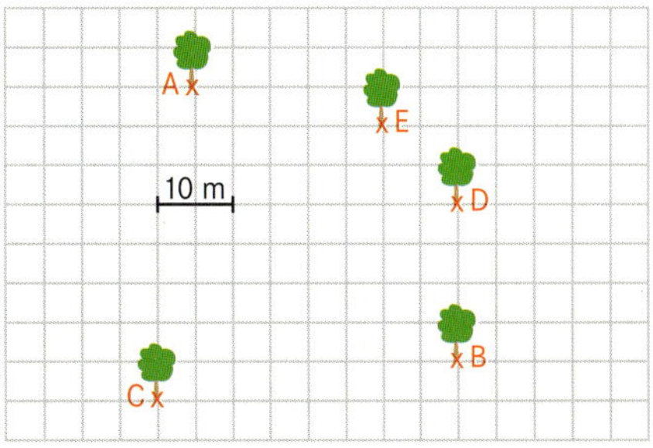

Gehe zum Schnittpunkt S von AB und CD.
Der Schatz liegt auf halber Strecke zwischen S und E.
Wie weit ist der Schatz von A entfernt?

c) Erfinde weitere Aufgaben für die Mathe-Box.

15 a) Zeichne ein Quadrat. Bestimme die Mittelpunkte aller vier Seiten und verbinde sie der Reihe nach. Was für eine Figur entsteht?

b) Untersuche verschiedene Viereckarten (Rauten; Rechtecke; Parallelogramme) auf die gleiche Art. Beschreibe die entstehende Figur.

c) Wiederhole jeweils die Konstruktion mit der neu entstandenen Figur. Was passiert „auf lange Sicht“? Führe die Untersuchungen auch mit beliebigen Vierecken durch.

a) In welchen Vierecken halbieren sich die Diagonalen?
b) In welchen Vierecken haben gegenüberliegende Eckpunkte gleichen Abstand?
c) In welchen Vierecken haben nebeneinander liegende Eckpunkte immer denselben Abstand?
d) Suche Parallelogramme, bei denen die Diagonalen gleich lang sind. Beschreibe sie.

17 Betrachte die Abbildung und beschreibe, was du siehst. Kontrolliere, indem du nachmisst. Wie kommt der optische Eindruck zustande?

Ausstiege

A1

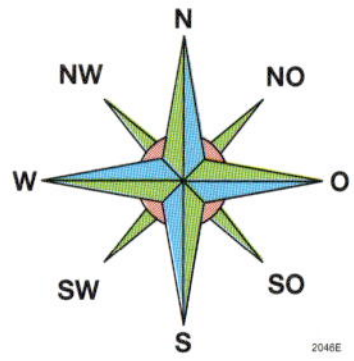

a) Eine Bärenfamilie geht 10 km in Richtung Süden; von dort 10 km nach Westen; von dort 10 km nach Norden – und ist wieder am Startpunkt. Welche Farbe haben die Bären?
b) Bestimme auf einem Globus die genaue Lage des Wanderweges. Wo gibt es eine solche Situation auf der Erdkugel noch einmal?
c) Untersuche den Wanderweg der Bären. Was für eine Figur bildet der Weg, was für Ecken hat er? Wie ist das Ergebnis möglich?
d) In dem Buch *„Das Geometrikon"* von JEAN PIERRE PETIT werden die verblüffenden Erkenntnisse des Anselm Wüßtegern bei seinen Wanderungen auf der Erdoberfläche beschrieben. Besorgt euch eine große Styropor-Kugel. Ihr könnt dann mit Stecknadeln, Bindfäden und Gummifäden eure eigenen Untersuchungen machen.
Was ist zum Beispiel auf einer Kugel die kürzeste Verbindung zweier Punkte? Was für Wege legt man zurück, wenn man auf einer Kugel immer geradeaus geht? Wie sieht auf einer Kugel die Linie aller Punkte aus, die von einem Pol alle denselben Abstand d haben? Wie verändert sich diese Linie, wenn man den Abstand d vergrößert?
Auf einer Kugel gibt es auch Dreiecke und Vierecke. Was unterscheidet diese von solchen in der Ebene? Auf einer Kugel gibt es sogar Zweiecke, was könnte das sein?
e) Vergleicht eure Ergebnisse mit dem Grundwissen dieses Unterkapitels oder mit **E 3** in Unterkapitel **4.4**. Was ist hier anders?

4.7 Auffällig schön – Symmetrie

Einstiege

E1

a) Betrachte die Bilder. Überlege dir, was in diesem Zusammenhang der Begriff *Achsensymmetrie* bedeuten könnte. Vergleiche auch die beiden Verstärker.

b) Besprecht in der Gruppe eure Überlegungen zur Achsensymmetrie. Welche der Abbildungen sind achsensymmetrisch? Formuliert eine schriftliche Erklärung des Begriffes.

c) Ein ähnlicher Begriff ist *Drehsymmetrie*. Zu welchen Bildern könnte dieser Begriff passen? Was bedeutet dieser Begriff? Formuliert auch hier eine Erklärung.

E2

Materialliste!!!
Papier
Schere
Bleistift
Zirkel

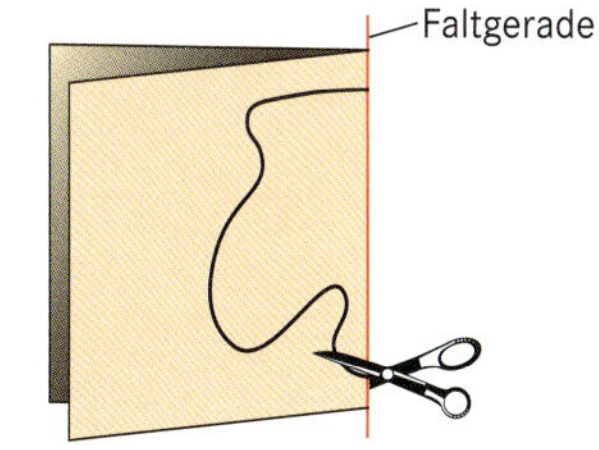

a) Zeichnet auf ein gefaltetes Blatt Papier eine Linie wie im Bild. Schneidet längs der Linie durch beide Papierlagen. Faltet das Papier wieder auf und zeichnet die Faltgerade nach. Beschreibt die Figuren.

b) Vergleicht eure Figuren. Sucht nach Gemeinsamkeiten und formuliert eure Beobachtungen.
Sucht in eurer Umgebung Gegenstände, Abbildungen, Schilder, ... mit denselben Eigenschaften.

c) Faltet eure Figuren wieder zusammen und stecht an einigen Stellen am Rand und im Inneren der Figur mit der Zirkelspitze durch beide Blätter. Entfaltet die Figur.
Fällt euch etwas auf? Verbindet Punkte, die zum gleichen Stich gehören.
Überprüft Vermutungen an weiteren Figuren.

d)

Probiert selbst! Untersucht eure Bilder. Messt auch Abstände vom Schnittpunkt der Faltgeraden zu gleichartigen Punkten eurer Figur. Beschreibt eure Beobachtungen.

Grundwissen

achsensymmetrisch
Symmetrieachse

1 Eine ebene Figur, deren Teile man durch einmaliges Falten entlang einer Geraden zur Deckung bringen kann, heißt **achsensymmetrisch.** Die Faltgerade heißt **Symmetrieachse** der Figur.
Zwei Punkte P und Q, die beim Falten genau aufeinander fallen, sind gleich weit von der Symmetrieachse entfernt.
Ihre Verbindungslinie ist senkrecht zur Symmetrieachse.

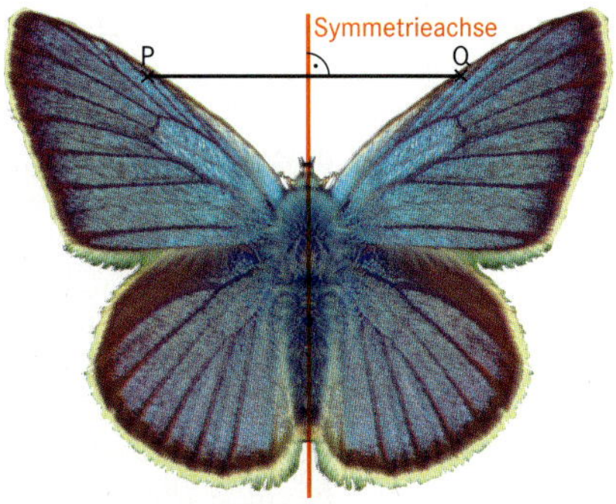

2

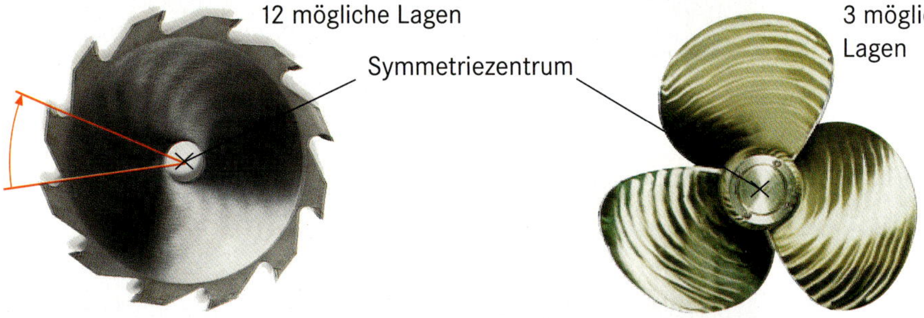

drehsymmetrisch
Symmetriezentrum

Dreht man das Sägeblatt einen Zahn weiter, sieht das Foto wieder genauso aus wie oben.
Eine Figur, von der man zwei Exemplare verdreht so aufeinander legen kann, dass von keinem Exemplar etwas übersteht, heißt **drehsymmetrisch.**
Der Punkt, um den die Figur gedreht werden kann ohne ihr Aussehen zu verändern, heißt **Symmetriezentrum** der Figur.

Übungen

1 Übertrage die Figuren ins Heft. Finde Symmetrien, zeichne gegebenenfalls Symmetrieachsen und Symmetriezentren ein.

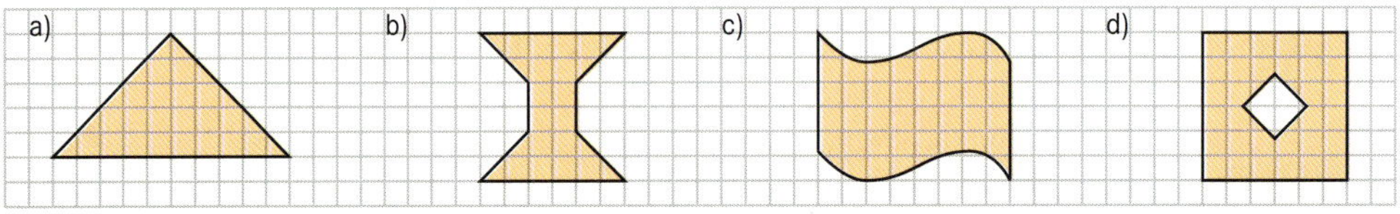

2 Übertrage die Teilfigur ins Heft und vervollständige sie danach zu einer achsensymmetrischen Gesamtfigur.

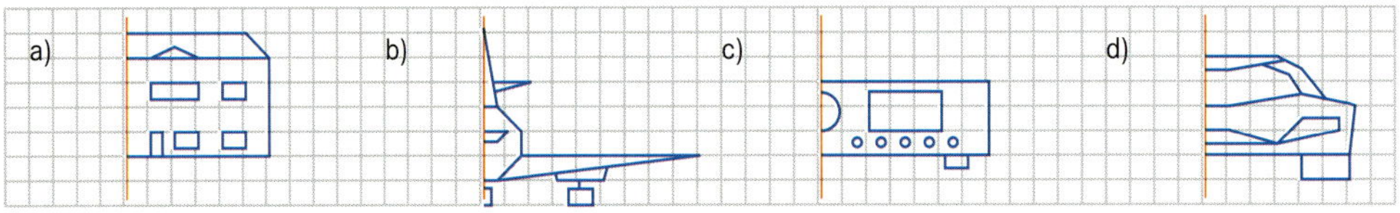

3 Welche Symmetrien haben die abgebildeten Figuren
a) ohne Berücksichtigung der Färbung, b) mit Berücksichtigung der Färbung?

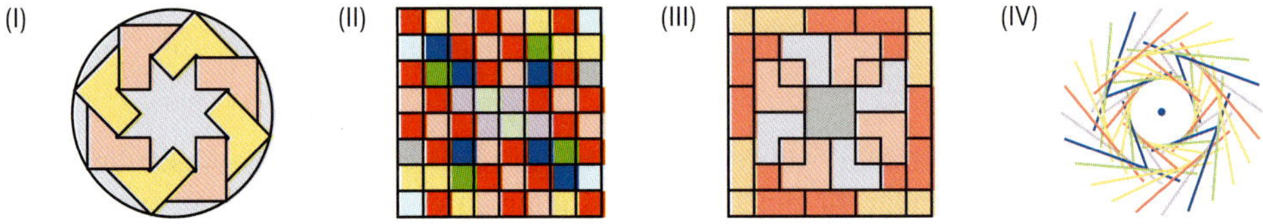

4 Welche Symmetrien kannst du in den Bildern erkennen? Nenne bei Achsensymmetrie die Anzahl der Symmetrieachsen und bei Punktsymmetrie die Anzahl der möglichen Lagen.

Haltestelle

Gegenverkehr

5 Zeichne und untersuche auf Symmetrie.

a) gleichseitiges Dreieck b) regelmäßiges Achteck c) alle besonderen Vierecke

6

a) Welche Symmetrien könnt ihr an den Autofelgen entdecken?

b) Besorgt euch Werbematerial von Autofirmen und Felgenherstellern. Welche Symmetrien kommen besonders häufig vor? Gibt es Hersteller, die immer mit den gleichen Symmetrien arbeiten?

7 a) Halbiere ein Blatt Papier durch Falten. Schneide mit einer Schere ein Muster in das doppellagige Papier. Entfalte dann wieder. Was für eine Eigenschaft hat die Figur?

b) Falte ein Blatt Papier zweimal und schneide wieder eine Figur in das (vierlagige) Papier. Falte auseinander und finde alle Symmetrien der Gesamtfigur. Hängt das Ergebnis von der Lage der Faltlinien zueinander ab? Versuche eine möglichst symmetrische Figur herzustellen. Vergleiche mit deinem Nachbarn.

c) Setze das Verfahren fort. Was passiert beim dreimaligen Falten?

8 Viele Dinge in der Natur sehen symmetrisch aus. Suche solche Dinge, betrachte sie genauer und beschreibe sie. Beachte insbeondere kleine Abweichungen von der Symmetrie.

9

Welches ist das echte Gesicht? Wie sind die anderen beiden Bilder entstanden? Mithilfe eines Scanners und entsprechender Software oder auch mit einem Kopierer und Folien könnt ihr euch selbst solche Bilder herstellen. Wie wäre es mit einem Juxfoto von jedem in der Klasse?

10 Beantworte die Frage und zeichne jeweils zwei Beispiele.

a) Hat jede drehsymmetrische Figur auch eine Symmetrieachse?
b) Ist eine Figur drehsymmetrisch, die zwei zueinander senkrechte Symmetrieachsen besitzt?
c) Kann eine Figur mit genau einer Symmetrieachse drehsymmetrisch sein?
d) Wenn von einer Figur mit zwei Symmetrieachsen eine bekannt ist, wie muss dann die zweite verlaufen?

Ausstiege

A1 a) Auch Körper können symmetrisch sein. Finde in den abgebildeten Körpern diese Eigenschaft.

b) Suche in deiner Umgebung möglichst viele symmetrische Körper. Sortiere sie nach der Art der Symmetrie.
c) Bei welchen der Körper kann man sich eine Stricknadel als Symmetrieachse denken? Bei welchen kann man sich eine Glasplatte oder einen Spiegel als „Symmetrieebene“ vorstellen?
d) Suche auch Körper mit einem Symmetriezentrum und beschreibe sie.

Vermischte Übungen

1 Zeichne Netz und Schrägbild eines Quaders mit:

	a)	b)	c)	d)	e)
Breite	4 cm	5 cm	3 cm	8 cm	6 cm
Höhe	4 cm	3 cm	2 cm	1 cm	3 cm
Tiefe	4 cm	6 cm	4 cm	8 cm	2 cm

L2 Zeichne das Schrägbild eines dreieckigen Prismas, dessen parallele Seitenflächen rechtwinklige Dreiecke sind, so,
a) dass die Vorderseite dreieckig und die rechtwinklige Ecke unten links ist;
b) dass der Boden dreieckig und die rechtwinklige Ecke vorne links ist.

3 a)

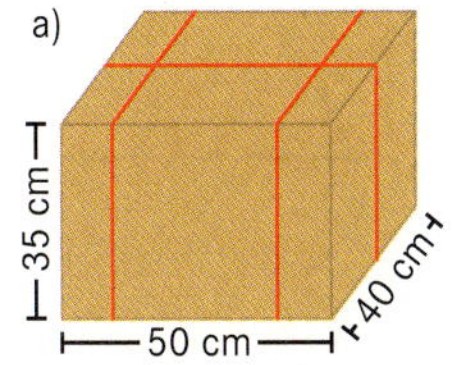

Zeichne ein Netz des Paketes und trage die Verschnürung in das Netz ein. Bestimme die Länge der Schnur.

b)

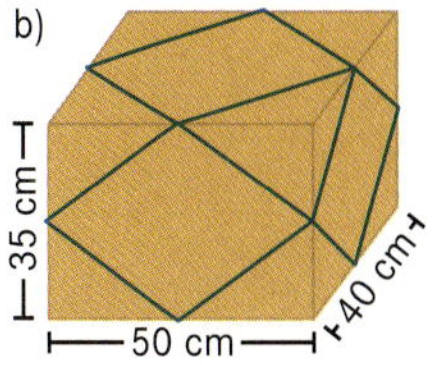

4 Ein Triomino besteht nur aus gleichseitigen Dreiecken. Welche der folgenden Triominos stellen Körpernetze dar? Begründe deine Antwort und beschreibe gegebenenfalls den Körper.

a)

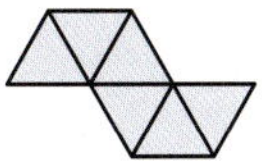

b)

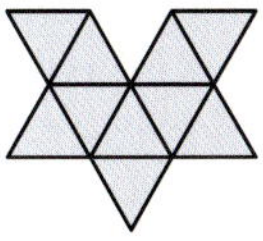

c)

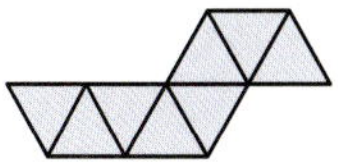

d)

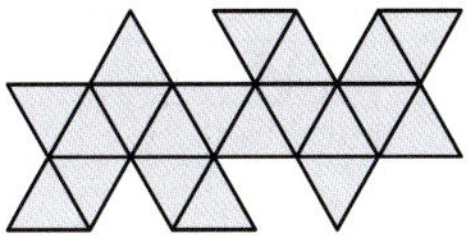

e)

f)

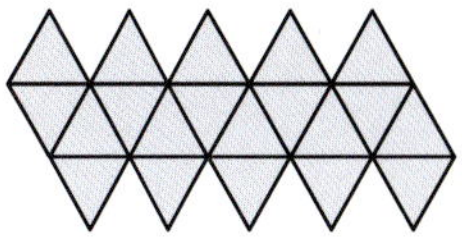

L5 Lege die Tangram-Figuren nach. Zeichne die Lösungen in dein Heft (vergleiche Übung **3** in Unterkapitel **4.3**).

L6 a) Zeichne eine Strecke $\overline{AC}$ der Länge 9 cm. Zeichne in A die Senkrechte g zur Strecke $\overline{AC}$. Zeichne in C die Senkrechte h zur Strecke $\overline{AC}$. Markiere auf g einen Punkt B, der von A den Abstand 4 cm hat. Markiere auf h einen Punkt D, der von C den Abstand 5 cm hat und auf der anderen Seite von $\overline{AC}$ liegt wie B. Zeichne die Verbindungsstrecke $\overline{BD}$, ihren Schnittpunkt mit $\overline{AC}$ nenne E. Miss den Abstand von A und E.

b) Zeichne eine Gerade g und markiere auf g einen Punkt A. Zeichne die Senkrechte h zu g durch A. Zeichne eine Parallele k zu g im Abstand 3,7 cm, ihren Schnittpunkt mit h nenne C. Markiere auf g einen Punkt B, der 4,9 cm von A entfernt ist. Zeichne die Gerade BC. Miss den Abstand von B und C.

Berechne geschickt.

a) $2 \cdot 95 \cdot 500$ b) $5 \cdot 74 \cdot 5 \cdot 4$ c) $5 \cdot (73 + 7)$ d) $(12 + 6) \cdot 4$ e) $8 \cdot (36 - 6)$
f) $48 : 4$ g) $535 : 5$ h) $12 + 14 + 16 + 18 - 16 - 30$ i) $24 \cdot (16 \cdot 5 - 60)$

7 Zeichne die Figur auf unliniertes Papier. Markiere und nummeriere wie in der Abbildung auf jeder Seite Punkte im Zentimeterabstand.
Verbinde dann der Reihe nach alle Punkte mit der Nummer 1. Was für eine Figur entsteht? Verbinde dann mit dem Geodreieck alle Punkte mit der Nummer 2 usw.

a)
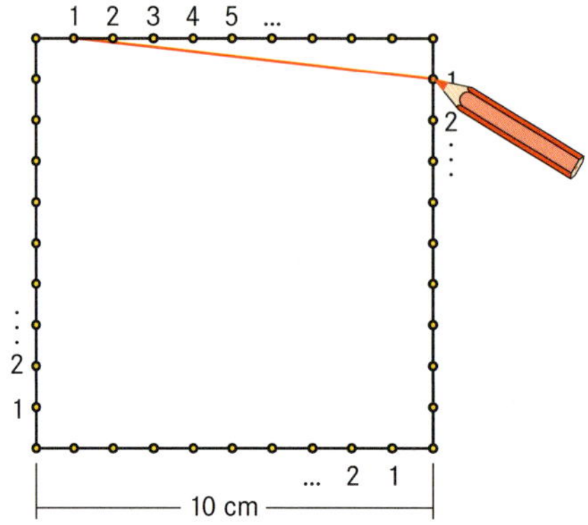

b)
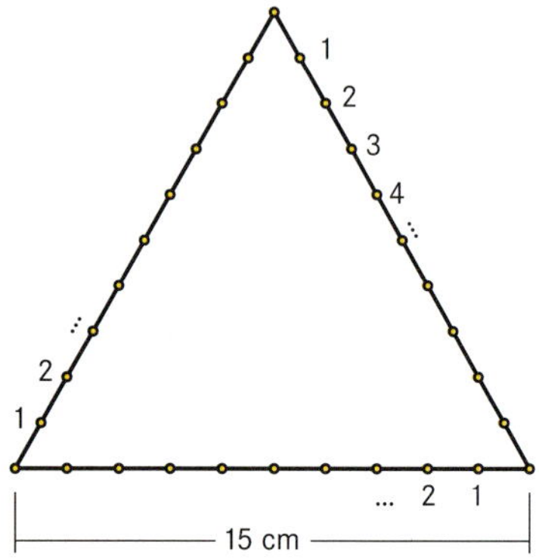

c) Denke dir selbst ähnliche Bilder aus. Du kannst dir auch ein entsprechendes Nagelbrett herstellen und die Bilder mit Fäden oder Gummibändern spannen.

L8 Übertrage die Ankreuztabelle ins Heft und vervollständige sie. Erstelle mit ihrer Hilfe Steckbriefe für die besonderen Vierecke (Trapez, Drachen, Parallelogramm, Rechteck, Raute, Quadrat). Bedenke, dass ein Kreuz in der Tabelle bedeutet, dass die Eigenschaft bei *jedem* Viereck dieser Sorte vorhanden sein muss.
Hinweis: Bei (XXII) und (XXIII) muss statt eines Kreuzes eine Zahl eingetragen werden.

		Parallelogramm	Trapez
(I)	ein Paar nebeneinander liegender gleich langer Seiten		
(II)	zwei Paare nebeneinander liegender gleich langer Seiten		
(III)	ein Paar gegenüberliegender gleich langer Seiten		
(IV)	zwei Paare gegenüberliegender gleich langer Seiten		
(V)	nur gleich lange Seiten		
(VI)	gleich lange Diagonalen		
(VII)	die Diagonalen halbieren sich		
(VIII)	ein Paar zueinander paralleler Seiten		
(IX)	zwei Paare zueinander paralleler Seiten		
(X)	ein Paar zueinander senkrechter Seiten		
(XI)	zwei Paare zueinander senkrechter Seiten		
(XII)	zueinander senkrechte Diagonalen		
(XIII)	ein Paar nebeneinander liegender gleich geformter Ecken		
(XIV)	zwei Paare nebeneinander liegender gleich geformter Ecken		
(XV)	ein Paar gegenüberliegender gleich geformter Ecken		
(XVI)	zwei Paare gegenüberliegender gleich geformter Ecken		
(XVII)	nur gleich geformte Ecken		
(XVIII)	nur rechtwinklige Ecken		
(XIX)	gegenüberliegende Eckpunkte haben gleichen Abstand		
(XX)	gleicher Abstand des Diagonalenschnittpunkts von gegenüberliegenden Eckpunkten		
(XXI)	gleicher Abstand des Diagonalenschnittpunkts von allen Eckpunkten		
(XXII)	Anzahl der Symmetrieachsen (Achsensymmetrie)		
(XXIII)	Anzahl der möglichen Lagen (Drehsymmetrie)		

Die Übungen auf dieser Seite stammen aus den Känguru-Wettbewerben 1999 und 2000.

L9 Susan und ihre Schwester Maggie gehen zur Schule, aber sie gehen auf unterschiedlichen Wegen. Ihr Känguru springt, um sie abzuholen, auf direktem Weg über Bach und Gartenzäune hinweg. Was trifft zu?

(A)	Susans Weg ist länger als Maggies.
(B)	Maggies Weg ist länger als Susans.
(C)	Ihr Känguru hat den längsten Weg.
(D)	Die Schwestern haben gleich lange Wege.
(E)	Die drei Wege sind verschieden, aber man kann den längsten nicht bestimmen.

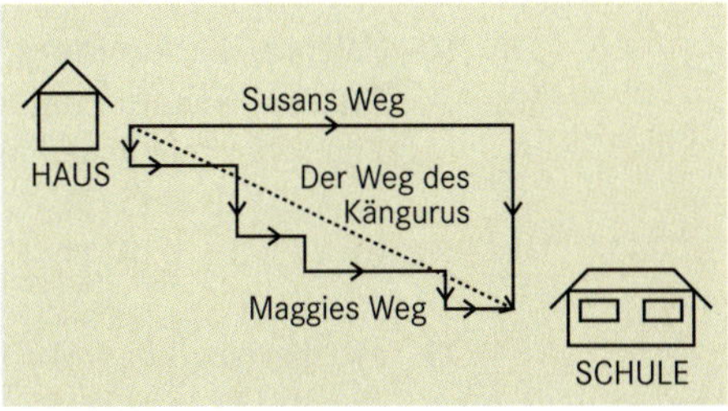

L10 Wie viele Quadrate sind in der Zeichnung?

A	B	C	D	E
19	47	31	33	37

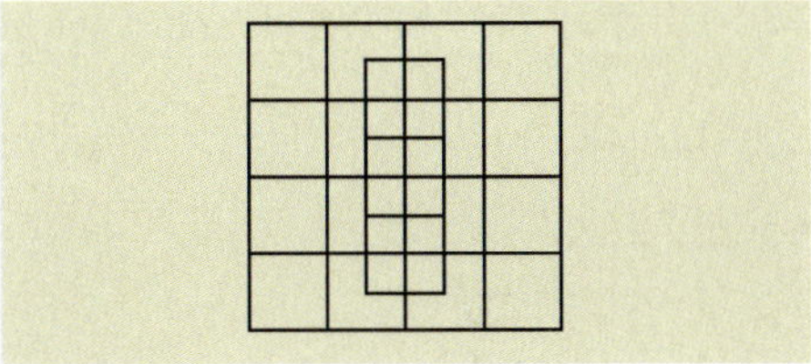

L11 Welches der Puzzleteile bildet zusammen mit dem rechts abgebildeten ein Rechteck?

A	B	C	D	E

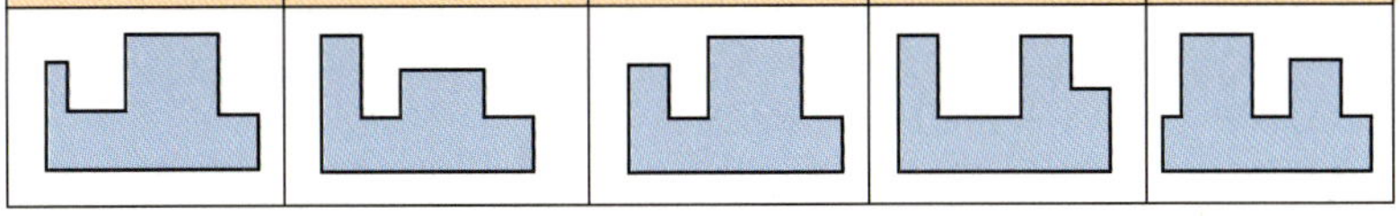

L12 Ein Papierstreifen ist (wie in der Zeichnung) längs der gestrichelten Linien in 2000 gleichseitige Dreiecke unterteilt. Der Streifen wird, links beginnend, entlang der gestrichelten Linien Dreieck für Dreieck nach rechts gefaltet. Welche Lage hat das Dreieck ABC nach den 1999 Faltungen?

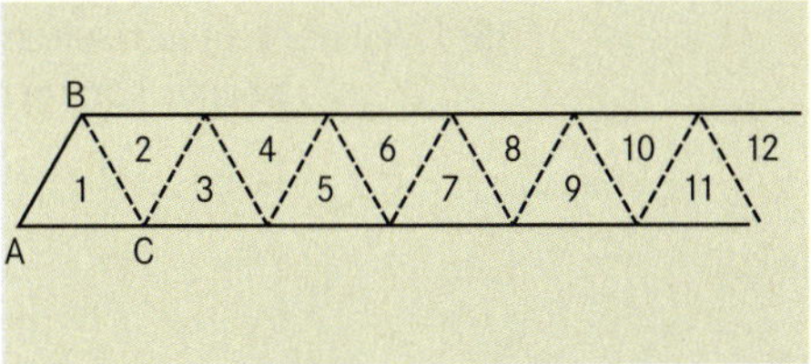

A	B	C	D	E

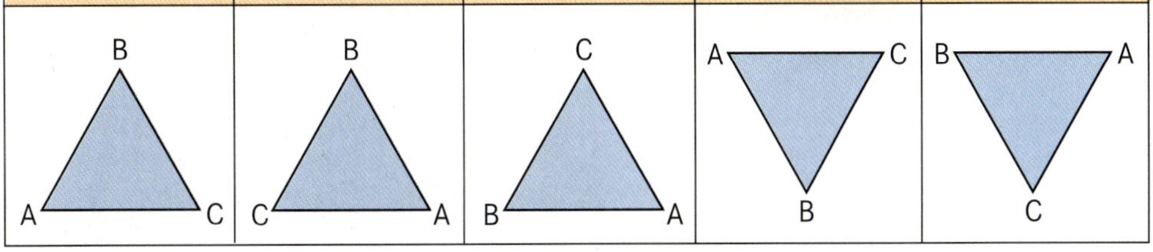

Wahr oder falsch?
a) Eine Summe ist immer größer als jeder (einer) der beiden Summanden.
b) Ein Produkt ist immer größer als jeder (einer) der beiden Faktoren.

13 Zeichne in ein Koordinatensystem das Viereck ABCD. Ergänze die Figur durch weitere Punkte so, dass die Gerade AC Symmetrieachse der Gesamtfigur ist. Bestimme die Koordinaten der ergänzten Punkte.

a) A (1 | 5); B (3 | 4); C (8 | 5); D (2 | 6)
b) A (2 | 2); B (1 | 3); C (3 | 3); D (3 | 6)
c) A (3 | 6); B (0 | 6); C (3 | 2); D (4 | 2)
d) A (4 | 1); B (8 | 3); C (4 | 5); D (5 | 3)

14 Zeichne die Punkte und verbinde sie in alphabetischer Reihenfolge zu einem Streckenzug. Ergänze weitere Punkte so, dass der Punkt Z Symmetriezentrum der Gesamtfigur ist und die Figur vier mögliche Lagen besitzt. Bestimme die Koordinaten der ergänzten Punkte.

a) A (5 | 3); B (5 | 5); C (3 | 5); D (2 | 4); E (4 | 4); F (4 | 6); G (6 | 6); H (5 | 5); Z (4 | 5)
b) A (3 | 3); B (4 | 1); C (4 | 0); D (5 | 0); E (1 | 6); F (2 | 6); G (2 | 5); Z (3 | 3)

15 a) Übertrage das Muster in dein Heft und setze es fort. Versuche es nur mit einem Lineal (also ohne Geodreieck).
b) Erfinde selbst solche Muster.

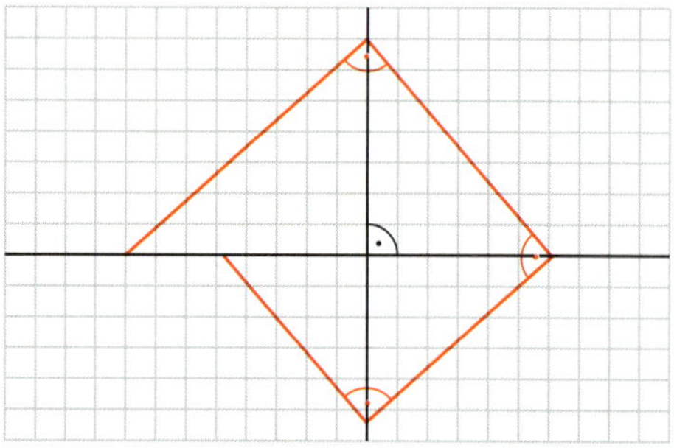

16 Zeichne verschiedene Netze desselben Quaders und untersuche sie auf Symmetrie.

17 a) Untersuche die Blockschrift (große Druckbuchstaben) auf Symmetrie.
b) Welche Ziffern sind achsensymmetrisch, welche drehsymmetrisch?
c) Welche besonderen Eigenschaften haben die Buchstabenkombinationen ONO und ATA? Finde weitere solche Beispiele.
d) Welche Symmetrien haben die Zahlen 96 und 808? Suche nach weiteren symmetrischen Zahlen.

18 Welche geometrischen Grundkörper kannst du im Limburger Dom entdecken? Welche Körper kommen speziell als Dachform vor?

Zusammenfassung

1 Stellen in der Ebene oder im Raum, z. B. die Ecken von Körpern oder Vielecken, nennt man **Punkte,** sie werden mit Großbuchstaben wie A, B, P, Q bezeichnet.
Linien verbinden Punkte oder umranden ebene Figuren. Man bezeichnet Linien mit kleinen Buchstaben wie a, b, s oder mit Punkten, die auf ihnen liegen.

2 $\overline{AB}$ bezeichnet die **Strecke** von A nach B,
CD bezeichnet den **Strahl** von C durch D.
EF bezeichnet die **Gerade** durch E und F.

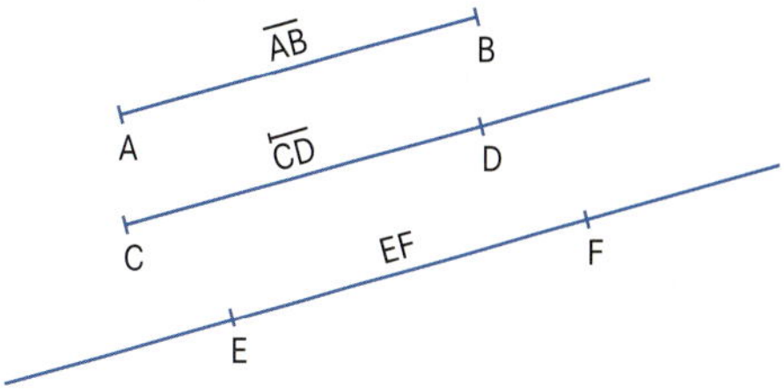

Eine Strecke ist die kürzeste Verbindung zweier Punkte, der **Abstand zweier Punkte** ist die Länge ihrer Verbindungsstrecke.

3 Eine wichtige ebene Figur ist der **Kreis.** Alle Punkte auf der Kreislinie haben denselben Abstand vom **Mittelpunkt** M.
Dieser Abstand heißt der **Radius** r des Kreises.

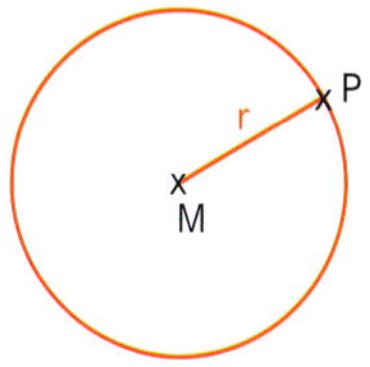

4 Zwei verschiedene Geraden schneiden sich in der Ebene gar nicht oder genau einmal.

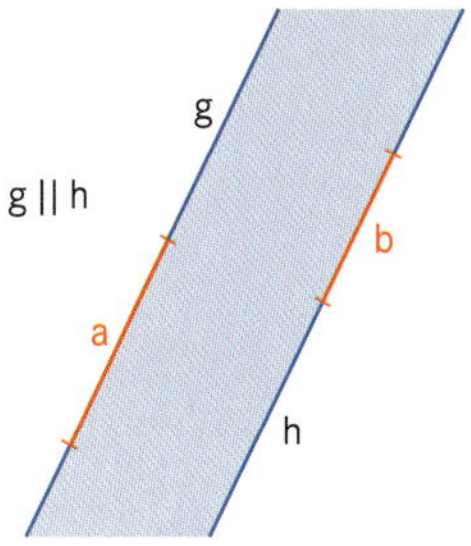

Zwischen den Geraden g und h liegt ein Streifen mit konstanter Breite. Sie sind **parallel** zueinander, kurz **g || h**.
(Es gilt auch a || b.)

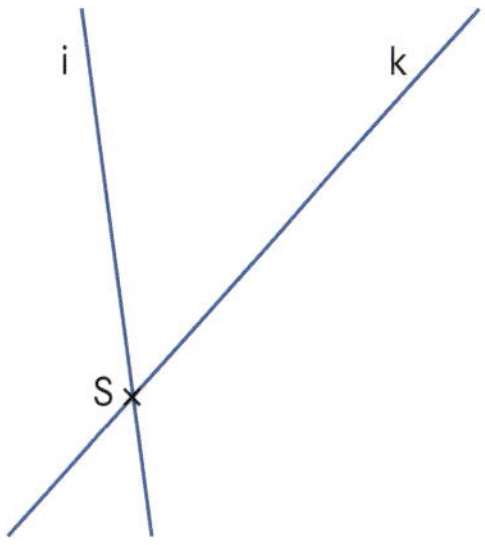

Die Geraden i und k sind nicht parallel zueinander.
Sie schneiden sich deshalb in genau einem Punkt, dem **Schnittpunkt** S.

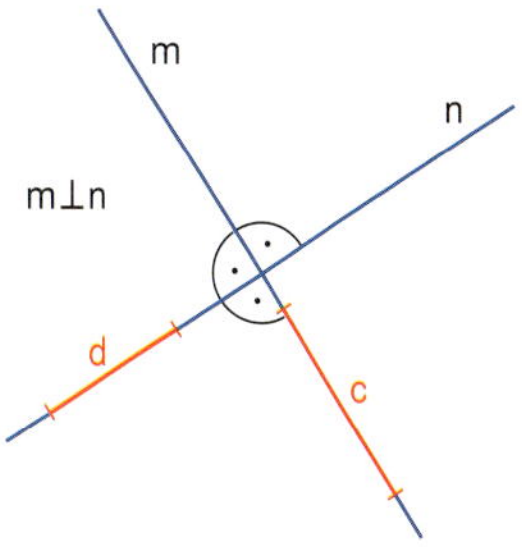

Entstehen am Schnittpunkt rechte Winkel, heißen die Geraden **senkrecht zueinander**, kurz **m ⊥ n**.
(Es gilt auch c ⊥ d.)

5 Ein **Koordinatensystem** erzeugt ein Gitternetz, mit dem man die Lage von Punkten angeben kann.
Für ein Koordinatensystem benötigt man zwei zueinander senkrechte **Koordinatenachsen** mit gemeinsamem Anfangspunkt, dem **Ursprung** des Systems.

Zeichnet man die Parallelen zu den Koordinatenachsen durch einen Punkt, kann man seine Koordinaten ablesen.
Im Beispiel ist 3 die **erste Koordinate** und 5 die **zweite Koordinate** des Punktes A.
Man schreibt **A (3 | 5).**

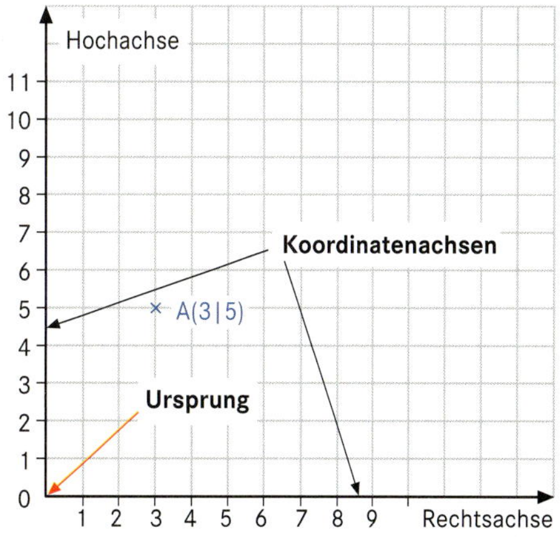

6

Achsensymmetrie

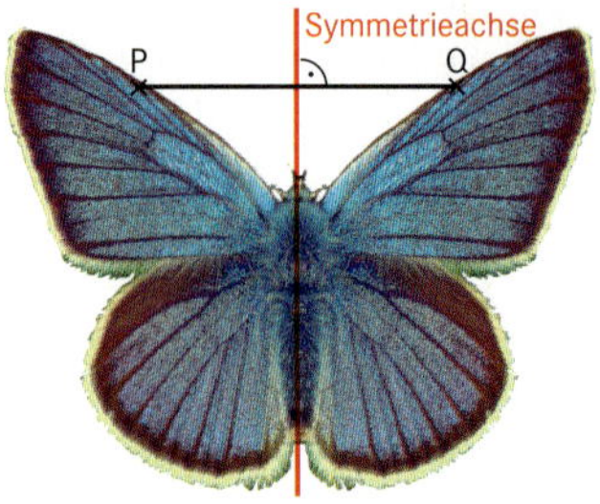

Drehsymmetrie

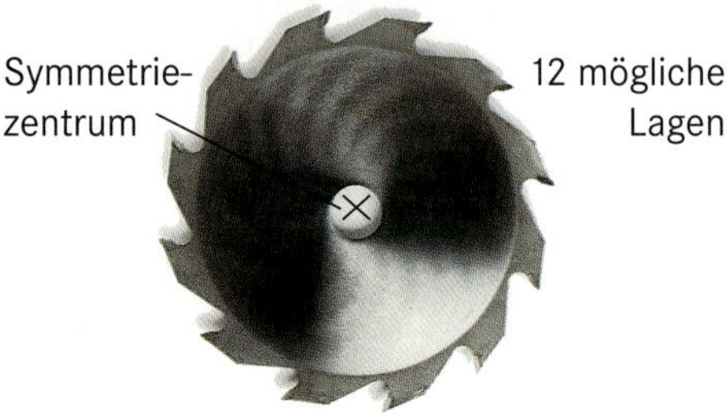

7 Vielecke mit besonderen Eigenschaften tragen besondere Namen.

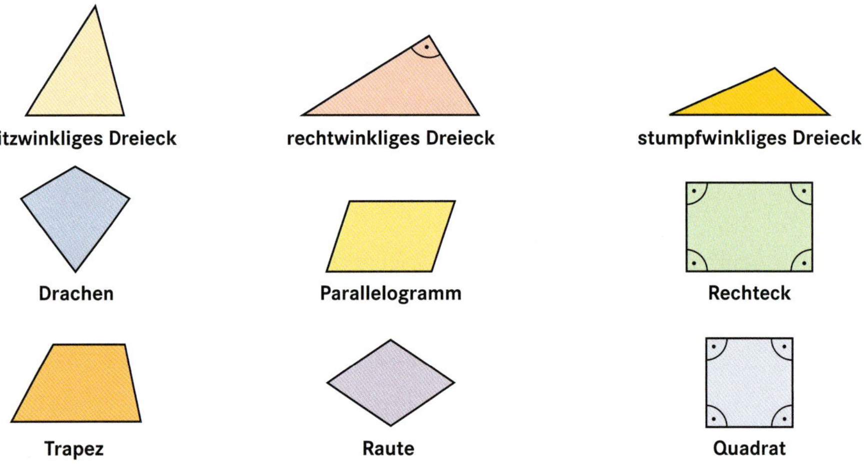

8 Körper mit besonderen Eigenschaften tragen besondere Namen.

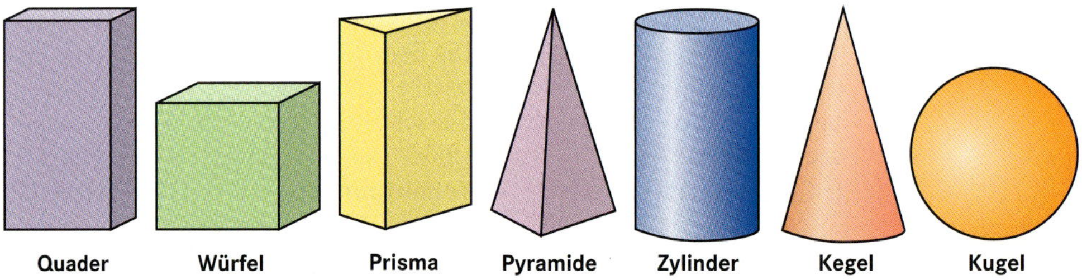

9 Die zeichnerische Darstellung eines Körpers ist nicht eindeutig. Sie hängt von der **Perspektive** ab. Eine Möglichkeit der perspektivischen Darstellung eines Körpers ist das **Schrägbild.**

Beim Schrägbild eines Körpers kann man nicht sichtbare Körperkanten weglassen (undurchsichtiger Körper), gestrichelt (transparenter Körper) oder normal zeichnen (Kantenmodell).

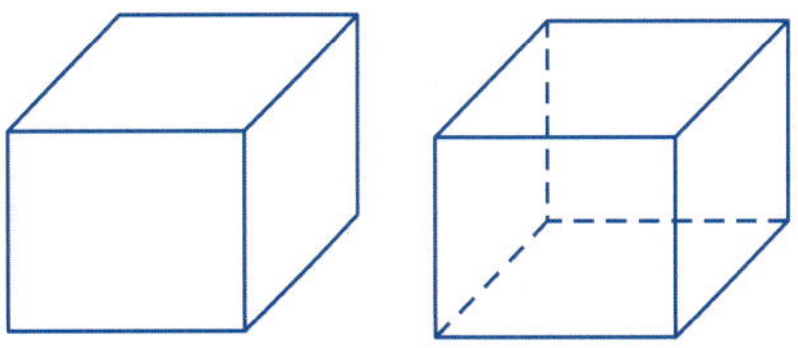

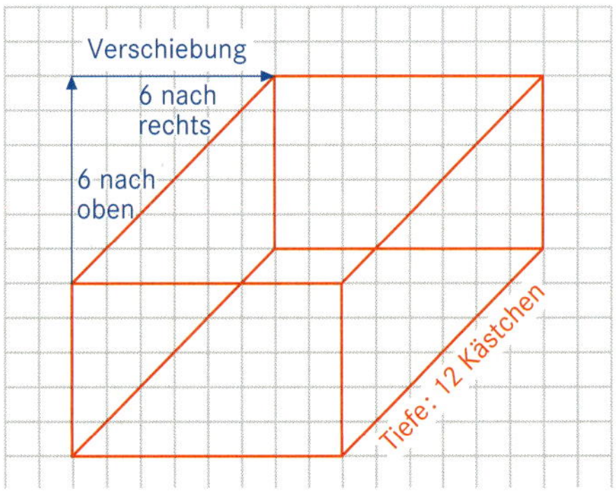

4.10 Dachformen

Hochhäuser und öffentliche Gebäude haben oft Flachdächer. Kleinere Häuser haben dagegen häufig geneigte Dächer, weil das Wasser dann besser abfließen kann. Für Dächer gibt es einige Grundformen, andere Dächer sind aus diesen Grundformen zusammengesetzt.

1 Beschreibt die Dachformen geometrisch.

2 Es gibt regionale und geschichtliche Unterschiede. Untersucht eure Umgebung. Welche Dachformen gibt es bei euch besonders häufig? Welche tritt besonders bei älteren Häusern auf? Gibt es zusammengesetzte Formen?

3 Oft sind Gebäudeteile über Eck gebaut, sodass zwei Dächer rechtwinklig aneinander stoßen. Bastelt je ein Modell eines L-Hauses und eines T-Hauses (zwei Quader). Untersucht, wie die Dächer aneinander stoßen. Bestimmt auch jeweils die Schnittfläche.
Vielleicht könnt ihr den Dachboden eines solchen Hauses besichtigen. Dort könnt ihr dann auch untersuchen, wie die Zimmerleute es schaffen, dass so eine Verbindung nicht zusammenbricht.

4 Ein ähnliches Problem ist der Einbau von Dachgauben in ein Satteldach. Untersucht anhand selbst gebastelter Modelle.

5 Macht eine Ausstellung (Texte, Zeichnungen, Modelle) eurer Ergebnisse oder fertigt eine Wandzeitung an.

5.1 Gebrochen und doch heil! – Brüche

Einstiege

E1

a) Worum geht es in den Bildern?
b) Kannst du die Mengen und Zeitabschnitte mit „gebrochenen“ Maßzahlen schreiben?
c) Sind dir solche Zahlenangaben auch schon anderswo begegnet? Überlege genau! Notiere dir in Stichworten und Bildern diese Situationen.
d) Wähle deine besten drei Beispiele aus c) aus. Schreibe oder zeichne sie auf je einen Zettel oder eine Karteikarte.
Tauscht nun untereinander eure Beispiele aus und versucht sie zu verstehen. Klärt Fragen mit dem jeweiligen Autor. Verbessert anschließend gemeinsam die Darstellung.
e) Prämiert in der Klasse die besten Beispiele und macht daraus eine Ausstellung.

E2 Marina will ihren Geburtstag feiern und lädt dazu elf Gäste ein. Zusammen mit ihrer Mutter schreibt sie Einkaufslisten:

<u>Kaffeetrinken</u>
1 Käsesahnetorte
1 Schokoladenkuchen
(Kastenform, 30 cm lang)
1 Herz-Marzipankuchen
3 l Orangensaft

<u>Abendbrot</u>
4 l Mineralwasser
1,8 kg Kartoffelsalat
12 Würstchen
6 Äpfel
3 Honigmelonen
1 Ananas

<u>Präsente</u>
20 Luftballons
100 Buntstifte
3 Tafeln Schokolade (je 20 Stücke)
60 Tieraufkleber
4 Briefblöcke mit je 100 Blatt
6 Radiergummis

a) Schau dir die Mengenangaben genau an. Kann beim Kaffeetrinken und Abendessen alles gleichmäßig verteilt werden? Wie viel von jedem bekommt eine Person?
b) Lassen sich die Preise alle gerecht verteilen? Gib an, wie.
c) Hältst du die Einkaufsliste für gut durchdacht? Was würdest du anders machen?
d) Schreibe deinen eigenen Einkaufszettel für deinen nächsten Geburtstag. Berücksichtige dabei die Anzahl der Personen und das Gerechtigkeitsprinzip.

„Jeder Gast sollte zu gleichen Teilen alles probieren können und auch die gleichen Präsente erhalten.“

E3 Jan möchte einen Zitronen-Mandelkuchen backen.
Er hat folgende Zutaten zu Hause:
500 g Weizenvollkornmehl;
ein Päckchen Backpulver;
200 g Mandeln; ein Glas mit 500 g Honig;
250 g Puderzucker;
eine Packung mit sechs Eiern; 50 g Salz;
ein Netz mit vier unbehandelten Zitronen;
ein 250 g-Paket Butter.

a) Eine Waage hat Jan nicht – ihm stehen nur ein Messbecher, Tee- und Esslöffel zur Verfügung.
Beschreibe, wie Jan die Zutaten abmessen bzw. abschätzen sollte.

b) *„Jan benötigt von den 500 g Weizenvollkornmehl 250 g, also die Hälfte."*
Formuliere ähnliche Sätze über alle Zutaten.

c) Welcher Anteil bleibt von den Zutaten jeweils übrig?
Kann er damit noch einmal einen ganzen oder vielleicht einen halben Zitronen-Mandelkuchen backen?

Zitronen-Mandelkuchen

Zutaten:

250 g Weizenvollkornmehl
150 g ungeschälte Mandeln
$1\frac{1}{2}$ TL Backpulver
250 g Honig
4 Freiland-Eier
abgeriebene Schale von einer unbehandelten Zitrone
$2\frac{1}{2}$ EL Zitronensaft
1 Prise Salz
200 g Butter

Mandeln zerkleinern und alle Zutaten zu einem Teig verkneten.

für den Guss:

$\frac{1}{8}$ Liter Zitronensaft
250 g Puderzucker

60 Minuten im vorgeheizten Backofen bei 175 °C backen.

E4

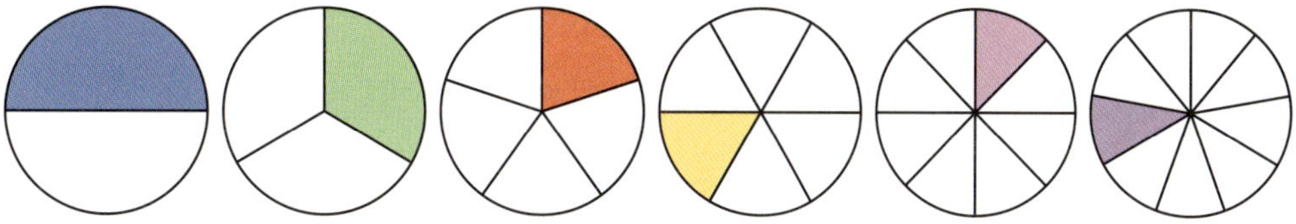

a) Die bunten Flächen stellen Anteile der ganzen Fläche dar.
Bezeichne die Anteile jeweils mit einem Wort und einer Zahl.

b) Annika hat die Ergebnisse der Klassensprecherwahl in einem Diagramm dargestellt. Die Klasse hat 24 Schülerinnen und Schüler.
Wer ist Klassensprecherin oder Klassensprecher geworden?
Wie viele Stimmen haben die einzelnen Kandidaten bekommen?
Welchen Stimmenanteil haben sie erreicht?

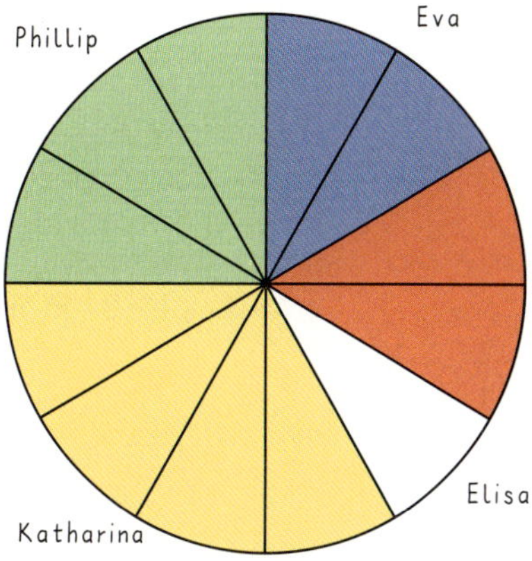

c) Angenommen die Klasse hat 36 Schülerinnen und Schüler und das Diagramm rechts stellt das Wahlergebnis dar.
Wie wäre die Wahl dann ausgegangen?
Was ändert sich, was bleibt gleich?

d) Wie hätte das Diagramm ausgesehen, wenn Eva 2 Stimmen, Phillip 4, Elisa 8, Katharina 12 und Sergej 10 Stimmen erhalten hätte?
Denke dir noch weitere mögliche Wahlergebnisse aus und zeichne dazu passende Diagramme.

Grundwissen

1 Die Angabe von *ganzen* Litern, Stunden oder anderen Maßen ist oft nicht genau genug. Feinere Angaben müssen her!

Für einen Vanillepudding benötigt man mehr als keinen Liter, aber weniger als einen Liter Milch, nämlich *die Hälfte* eines Liters (oder *einen halben* Liter) Milch.
So viel Milch erhält man, indem man einen Liter Milch gleichmäßig auf zwei Gefäße verteilt und dann den Inhalt *eines* der Gefäße nimmt.
Man kann auch einen Messbecher benutzen.

2 Zerlegt man ein Ganzes in 2; 3; 4; 5 oder 6 gleich große Teile, dann macht jeder dieser Teile

ein Halbes, **ein Drittel,** **ein Viertel,** **ein Fünftel** oder **ein Sechstel**

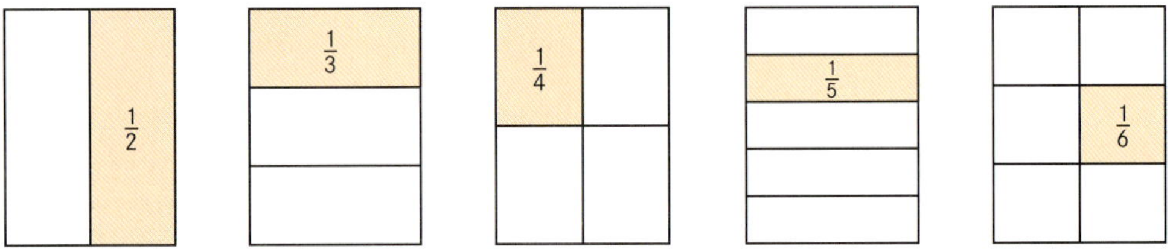

des Ganzen aus. In der Silbe „-tel" ist das Wort „Teil" versteckt:
Ein Zehn-„tel" entspricht so einem von zehn gleich großen Teilen eines Ganzen, ein Zwölf-„tel" einem von zwölf usw.
Man schreibt für diese Bruchteile eines Ganzen $\frac{1}{2}$; $\frac{1}{3}$; $\frac{1}{4}$; $\frac{1}{5}$; $\frac{1}{6}$; $\frac{1}{10}$; $\frac{1}{12}$; ...

3

(I)

Eine Unterrichtsstunde ist eine dreiviertel Stunde lang.

Eine Viertelstunde ist der vierte Teil einer Stunde, also $\frac{1}{4}$-Stunde = 15 Minuten.
Mit einer dreiviertel Stunde sind drei Viertelstunden gemeint.
$\frac{3}{4}$ h = 3 · $\frac{1}{4}$ h = 3 · 15 min = 45 min

(II)

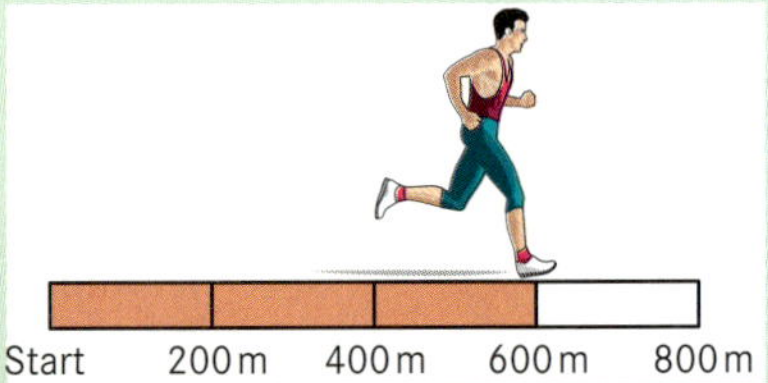

Drei Viertel der Strecke sind geschafft!
$\frac{3}{4}$ von 800 m:
Man teilt die 800 m in vier gleich lange Abschnitte und nimmt davon drei:

800 m $\xrightarrow{:4}$ 200 m $\xrightarrow{\cdot 3}$ 600 m

(III)

Man viertelt alle drei Äpfel, jeder bekommt drei Viertel.

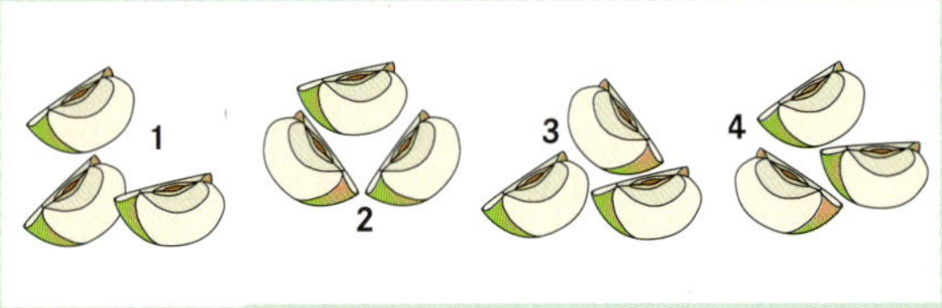

Bruch

4 Bruchteile eines Ganzen werden mit **Brüchen** wie $\frac{1}{2}$; $\frac{2}{3}$; $\frac{3}{4}$; $\frac{2}{5}$; $\frac{5}{6}$ beschrieben:

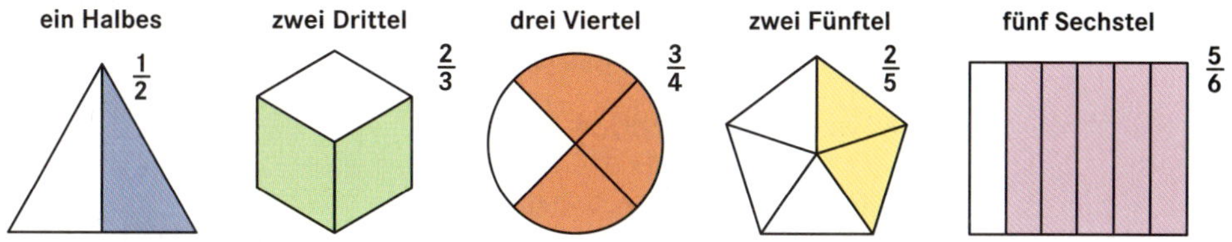

Nenner

Der **Nenner** eines Bruches steht *unter* dem *Bruchstrich;* er gibt an, in wie viele gleich große Teile das Ganze zerlegt wird.

Brüche mit dem Nenner 0 gibt es nicht!

Zähler

Über dem Bruchstrich steht der **Zähler;** dieser legt fest, wie viele der Teile zu nehmen sind.

Stammbruch

Brüche mit dem Zähler „1“ wie $\frac{1}{2}$; $\frac{1}{7}$; $\frac{1}{20}$; … nennt man **Stammbrüche.**

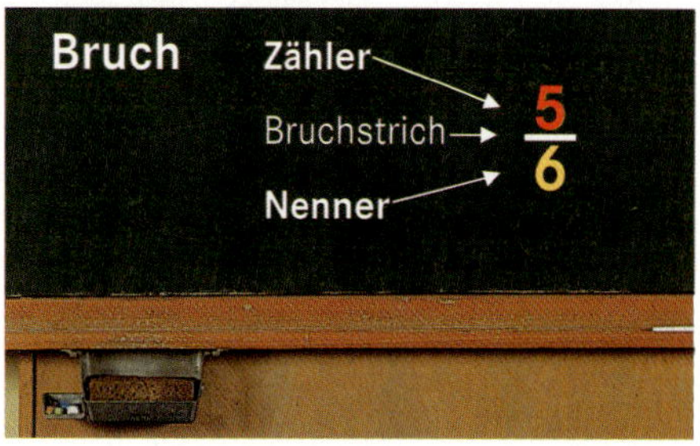

5 Brüche kann man auf verschiedene Arten deuten.
Je nach Anwendungssituation wählt man eine geeignete Deutung und eine passende Schreibweise aus.

Bild	Beschreibung	Bezeichnung
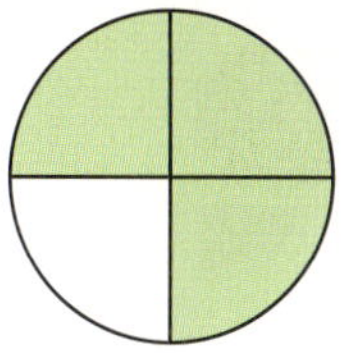	Ein Ganzes wird in **4** gleich große Teile geteilt, von denen **3** ausgewählt werden. Die **4** steht unten im *Nenner*. Sie *nennt* die Gesamtanzahl der gleich großen Teile. Die **3** steht oben im *Zähler*. Sie *zählt* die Anzahl der ausgewählten Teile.	**drei Viertel** $\frac{3}{4}$
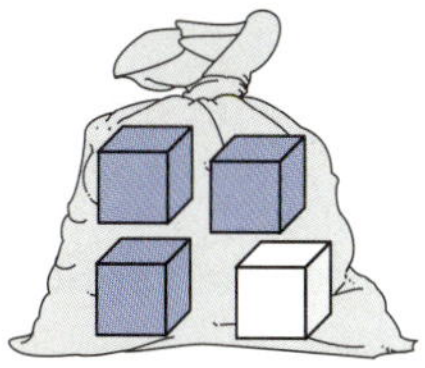	Von **4** Würfeln nimmt man **3** heraus. So hat man $\frac{3}{4}$ der Würfel ausgewählt. Die **4** steht unten im Nenner. Sie gibt die Gesamtanzahl der Würfel an. Die **3** steht oben im Zähler. Sie zählt die Anzahl der ausgewählten Teile.	**3 von 4** $\frac{3}{4}$
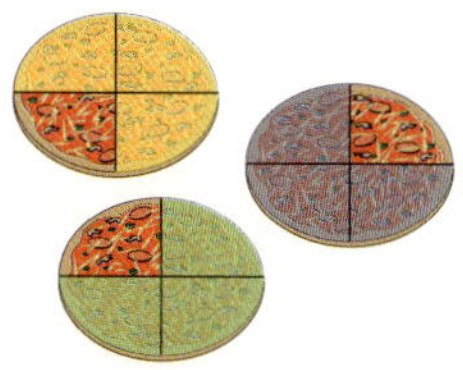 	**3** Pizzen werden gerecht an **4** Personen verteilt, dann bekommt jeder eine $\frac{3}{4}$-Pizza: Man teilt jede Pizza in **4** gleich große Teile und gibt jeder Person von jeder der **3** Pizzen jeweils einen dieser Teile. So erhält jeder dreimal $\frac{1}{4}$ Pizza, also eine $\frac{3}{4}$-Pizza. Man kann aber auch die drei Pizzen aufeinander legen und jeder Person ein Viertel des Stapels geben. Dann erhält jeder ein Viertel von 3 Pizzen, auch dies ist eine $\frac{3}{4}$-Pizza. Man sieht: 3 Viertel von 1 Pizza ist gleich 1 Viertel von 3 Pizzen!	**3 : 4** $\frac{3}{4}$

6 Ein Bruch kann ein Ganzes beschreiben.

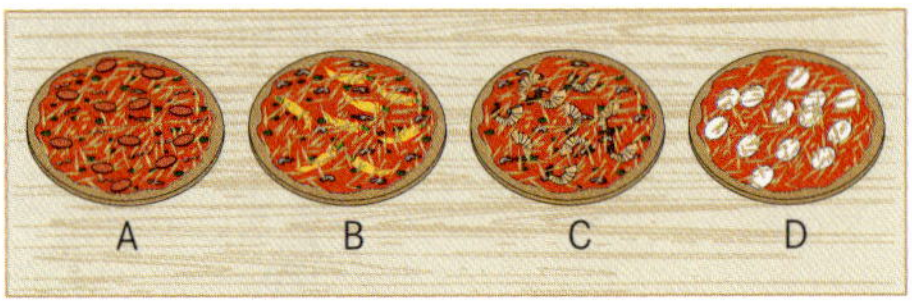

Verteilt man **4** Pizzen gerecht an **4** Personen, so bekommt jeder **1** Pizza - das ist klar!

Also: **4** Pizzen : **4** = **1** Pizza, **4 : 4 = 1.**

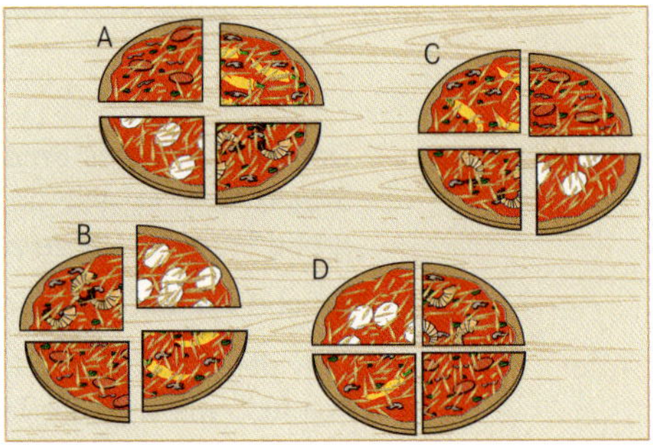

Man kann aber auch anders verteilen: Zuerst zerlegt man jede Pizza in **4** gleich große Teile,

und dann gibt man jedem von jeder einzelnen der **4** Pizzen jeweils einen Teil.
Jeder Teil entspricht $\frac{1}{4}$ Pizza, also erhält jede Person **4** Viertel Pizza bzw. $\frac{4}{4}$ Pizza.

Auch diese Art der Verteilung ist gerecht, sodass am Ende jeder eine ganze Pizza bekommen hat: **vier Viertel = ein Ganzes** bzw. $\frac{4}{4}$ = **1**.

7 Ein Bruch kann auch mehr als ein Ganzes beschreiben.

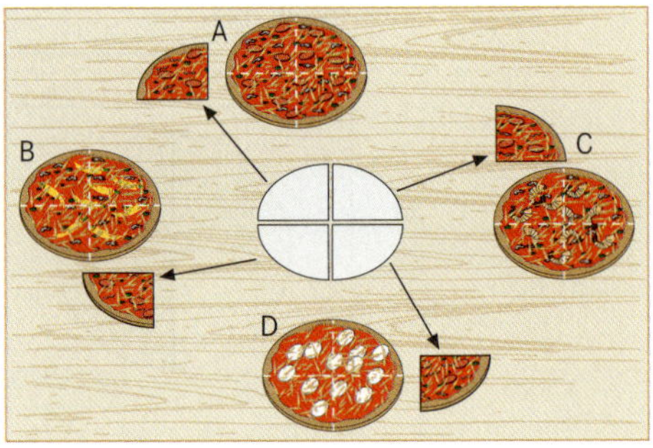

Wenn man **5** Pizzen gerecht an **4** Personen verteilt, dann bekommt natürlich jede Person *mehr* als **1** Pizza.
Jeder erhält eine ganze Pizza und zusätzlich noch ein Viertel der fünften Pizza; dazu sagt man auch *„ein-einviertel“* Pizza und schreibt es in der Form $1\frac{1}{4}$ Pizza.

Da jede ganze Pizza $\frac{4}{4}$ Pizza entspricht, erhält jede Person insgesamt **5** Viertel Pizza bzw. $\frac{5}{4}$ Pizza.

Also: **fünf Viertel = ein Ganzes und ein Viertel** bzw. $\frac{5}{4} = 1\frac{1}{4}$ = **5 : 4.**

gemischte Schreibweise

Mehr als ein Ganzes wird durch Brüche „über 1“ beschrieben, also mit Brüchen, deren Zähler größer ist als ihr Nenner. Solche Brüche gibt man oft in **gemischter Schreibweise** an:

$\frac{5}{4}$ Stunden = $1\frac{1}{4}$ Stunden; $\frac{11}{8}$ Liter Sahne = $1\frac{3}{8}$ Liter Sahne; $\frac{5}{2}$ kg Tomaten = $2\frac{1}{2}$ kg Tomaten.

8 Man kann sich einen Bruch auch wie eine Maschine vorstellen.

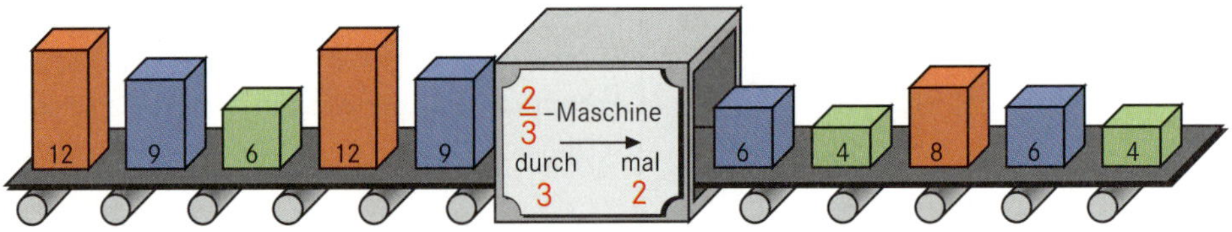

Übungen

1 Halbiere ein DIN-A4-Blatt mehrmals hintereinander, so oft du kannst. Knicke sauber!
Öffne nun dein Blatt wieder und suche dir für jeden Anteil ($\frac{1}{2}$-Blatt, $\frac{1}{4}$-Blatt, $\frac{1}{8}$-Blatt, ...) eine Beispielfläche heraus. Umrande sie farbig und beschrifte sie mit einem passenden Bruch.

2 Zeichne die Figur mit ihrer Einteilung ab. Färbe einen Teil und bezeichne ihn mit seinem „Namen“.

a) b) c) d) e)

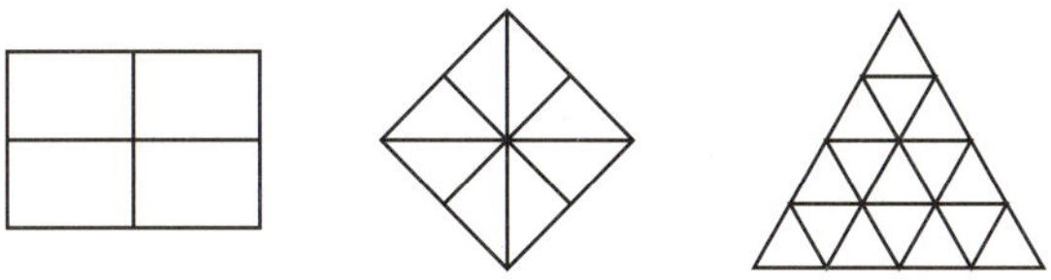

3

Bekommt ein Kroll alles, hat er $\frac{24}{24}$ der Schokolade für sich. Man kann auch einfach sagen: „Er erhält die ganze Schokolade.“, oder auch: „Er erhält $\frac{1}{1}$ der Schokolade.“

a) Wie sieht das jetzt für zwei Krölle aus? Gib den Schokoladenanteil an, den jeder bei gerechter Verteilung erhält. Schreibe in Worten und mit Brüchen.

b) Wie viele Krölle könnten sich die Schokoladentafel ebenfalls gerecht teilen ohne eines der 24 Stücke zu zerbrechen? Lege eine Tabelle an:

Anzahl Krölle	Bild mit Schokostückchen	Schokoladenanteil	Was man sonst noch sagt	
			als Bruch	als Wort
1		$\frac{24}{24}$	$\frac{1}{1}$	eine Ganze
2				

4 Welcher Anteil der Fläche ist gefärbt und welcher nicht?

a) b) c) d)

Basteltipp!!!
Die Schablonen am Buchende können helfen.

5 Schneidet euch aus Bierdeckeln Bruchteile aus und versucht sie anschließend blind zu ertasten.
Denkt euch Regeln für diese Spielidee aus.
Erfindet auch andere Spiele mit Bruchteilen von Bierdeckeln.
Probiert eure Spiele in der Gruppe aus.

6 Schreibe die Zeitspannen als Bruchteile einer Stunde und die Gewichte als Bruchteile eines Kilogramms. Färbe die entsprechenden Anteile einer Kreisfläche bzw. eines Quadrats.

a) 30 min; 6 min; 15 min; 20 min; 12 min b) 100 g; 500 g; 250 g; 200 g; 10 g

7 Welcher Anteil der Figur ist gefärbt, welcher ist nicht gefärbt?
Prüfe, ob das Ganze in gleich große Teile zerlegt worden ist. Schätze gegebenenfalls.

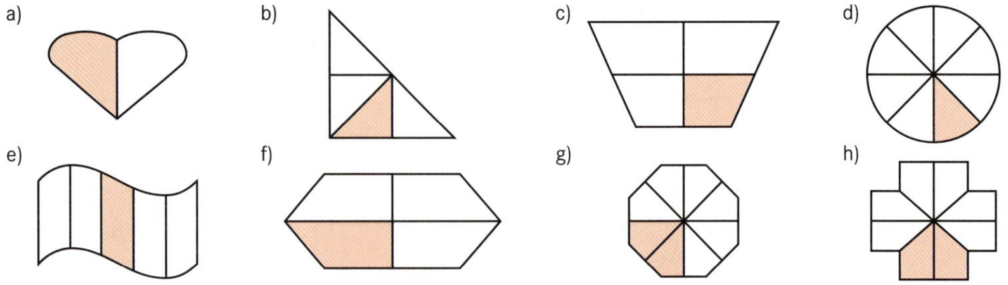

8 Welcher Kreisanteil ist gefärbt, welcher nicht? Schätze gegebenenfalls.

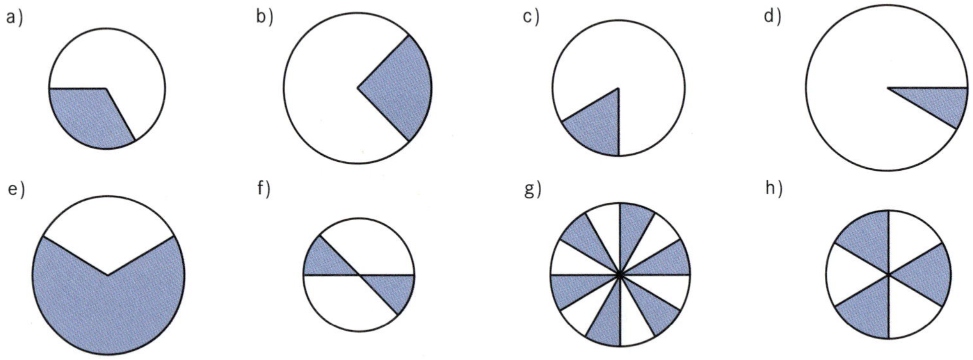

9 Bei einem Tennisturnier gibt es Achtelfinale, Viertelfinale, Halbfinale und ein Finale.
a) Erkläre die Bedeutung der verschiedenen Finalrunden.
b) Wie viele Spiele werden insgesamt gespielt, wenn ein Turnier mit dem Achtelfinale beginnt?
c) Finde heraus, welches die vier weltgrößten Tennisturniere („Grandslam-Turniere“) sind. Wie viele Spiele werden in der ersten Runde der Einzelwettbewerbe dieser Turniere jeweils durchgeführt? Wie viele Spiele sind es insgesamt, bis der Gewinner feststeht?
d) Was hat die Anzahl der Spieler, die im Lauf des Turniers ein Spiel verloren haben, mit der Anzahl der durchgeführten Spiele zu tun? Hilft dir diese Erkenntnis dabei, die Frage nach der Gesamtzahl der bis zum Turnierende durchgeführten Spiele anders als in c) zu beantworten?

10 Gib den Anteil für jede Farbe (auch für weiß) an.

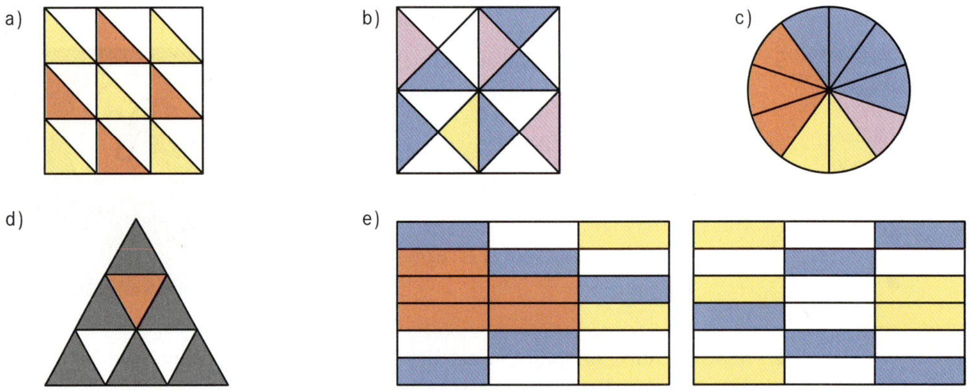

11 Finde und erkläre Wörter, in denen Brüche vorkommen, wie in „Halbzeit“ oder „Stadtviertel“.

12 a) Wie lassen sich drei Äpfel an vier Kinder gerecht verteilen?
Eine Lösung findet ihr im Grundwissen **3**, (III), eine andere im Bild rechts.
Vergleicht verschiedene Möglichkeiten.

b) Denkt euch ähnliche Verteilungsprobleme aus und schreibt sie auf eine Karteikarte. Zeichnet als Lösung zwei verschiedene Verteilungsarten auf die Rückseite der Karteikarte. Schreibt auch einen Antwortsatz dazu. Legt dann eure Karte in die Mathe-Box und bearbeitet die Karteikarte einer anderen Gruppe.

13 Zeichne das Rechteck ab und färbe den angegebenen Anteil.

a) $\frac{7}{25}$

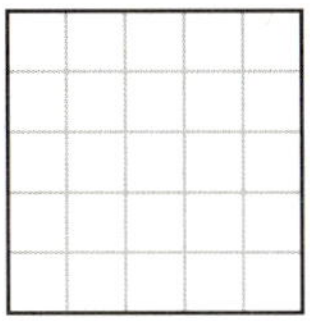

b) $\frac{15}{20}$

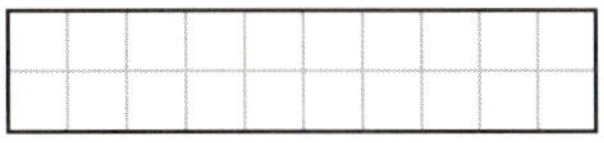

c) $\frac{4}{30}$

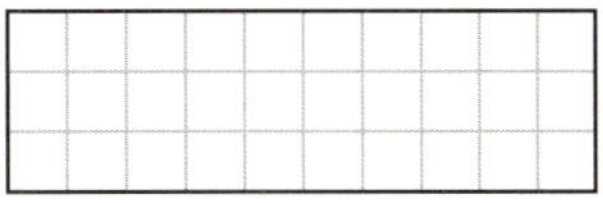

d) $\frac{6}{20}$

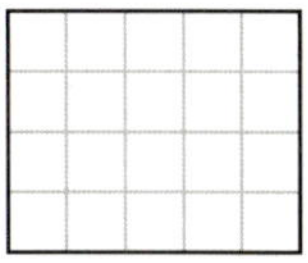

14 Zeichne die Figur ab und färbe den angegebenen Anteil. Finde unterschiedliche Lösungen.

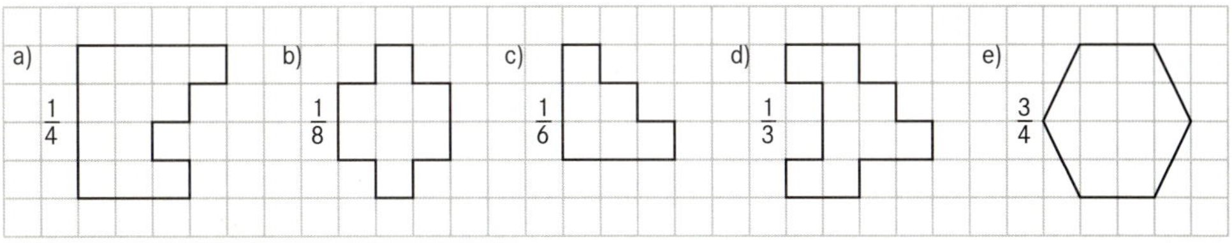

15 Welcher Anteil einer Stunde ist farbig markiert und welcher fehlt noch zu einer vollen Stunde?

16 Zu welchen Ländern gehören die Flaggen? Schlage in einem Lexikon nach.
Schätze für jede Flagge die Farbanteile.

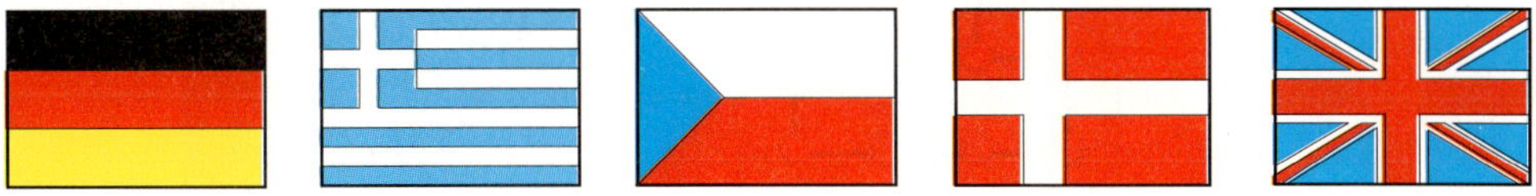

17 Bastelt für die Mathe-Box die „Bruch-Uhr" aus Karton. Beschriftet eine Scheibe wie im Bild. Schneidet beide Scheiben bis zur Mitte ein und steckt sie ineinander.
Stellt einen Bruchteil ein und lasst ihn vom Partner auf der Rückseite schätzen. Prüft auf der „Uhr" nach.
Wer schätzt die meisten Brüche richtig?

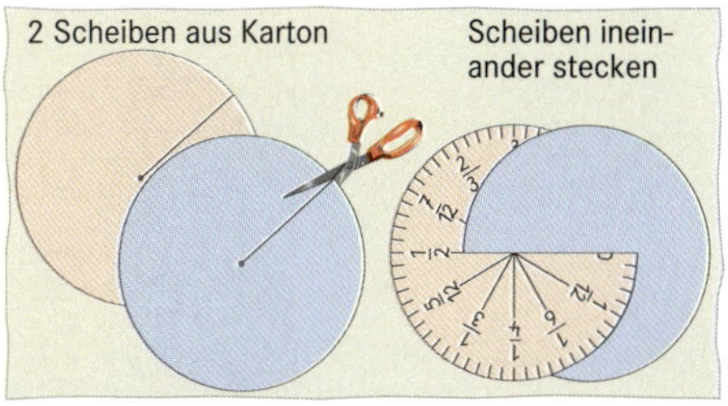

18 Welcher Anteil des Glases ist mit Orangensaft gefüllt?

a)
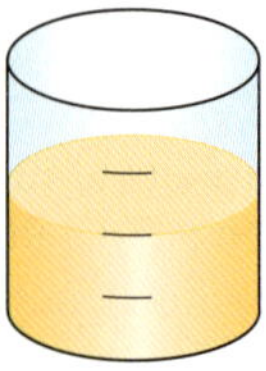
b)

c)
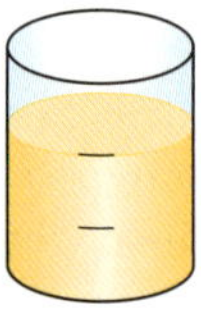
d)
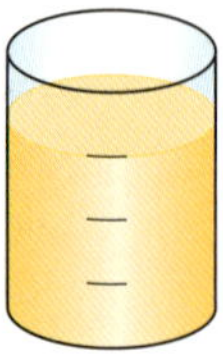
e)
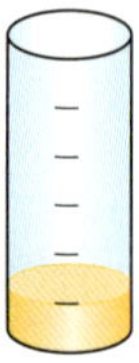

19 Gib die Flüssigkeitsmenge als Anteil eines Liters an:

a)
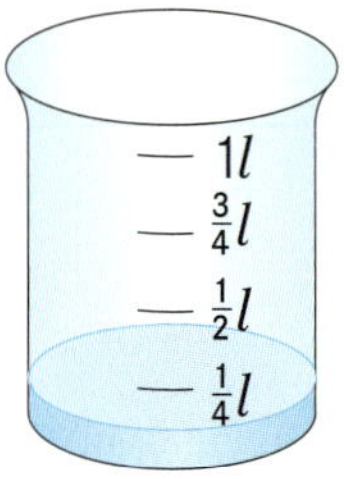

b)
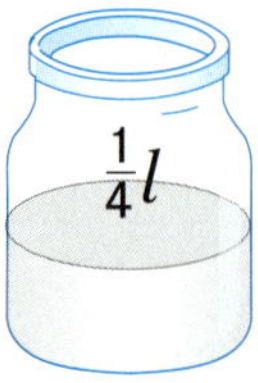

c)
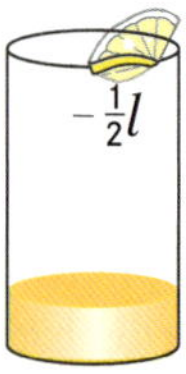

d)

Materialliste!!!
- Holzbrett (20 cm x 20 cm, 15 mm dick)
- 16 Nägel
- Hammer
- Gummibänder

20 Für diese Übung benötigt ihr zu zweit ein Nagelbrett wie das abgebildete.
Stellt es mit eurer Lehrerin oder eurem Lehrer her. Die Nägel müssen ein Quadratmuster bilden.

Spannt Figuren mit den Gummibändern; beginnt dabei mit „einfachen“ Figuren.

Welcher Anteil des größten Quadrats wird jeweils von dem Gummiband umspannt?

21 Gib den Anteil der umspannten Fläche als Bruchteil an.

a)
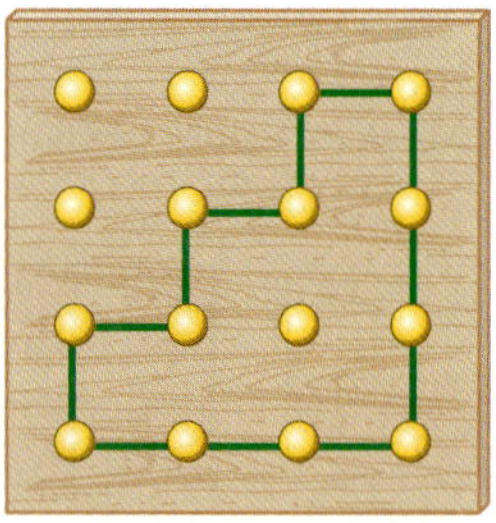
b)
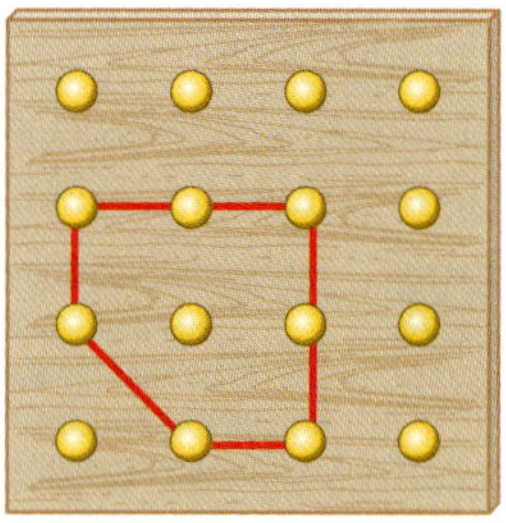
c)
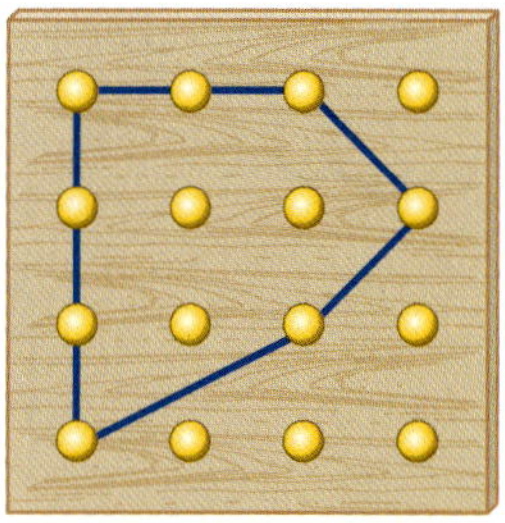
d)
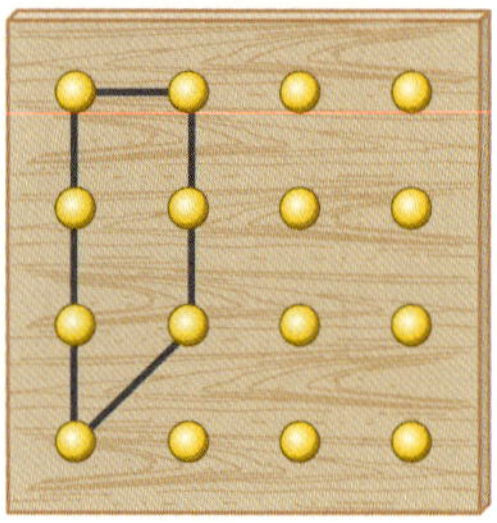
e)
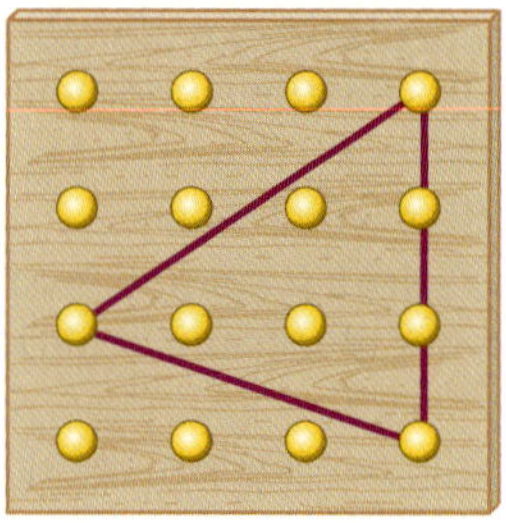
f)

22 Füttere die $\frac{3}{4}$-Maschine mit den Zahlen: 2; 3; 4; 5; 6; 8; 10; 12; 15; 16; 20; 60; 80.
Was kommt jeweils heraus?

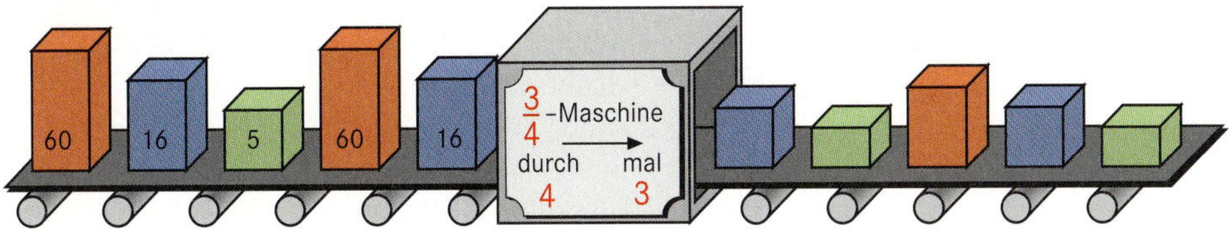

23 Gib die Brüche in gemischter Schreibweise an.

a) $\frac{5}{3}$ b) $\frac{7}{6}$ c) $\frac{13}{7}$ d) $\frac{8}{3}$ e) $\frac{13}{5}$ f) $\frac{36}{11}$ g) $\frac{40}{13}$ h) $\frac{93}{7}$ i) $\frac{145}{12}$ j) $\frac{80}{23}$ k) $\frac{99}{13}$

Materialliste!!!
- blickdichtes Tuch
- 1 kg Reis
- eine Waage
- mindestens fünf Papiertüten

24 Verteilt das Kilogramm Reis zunächst ohne Waage gleichmäßig auf zwei Tüten. Prüft mit den Händen, verbessert danach mit einer Waage die Genauigkeit.

Teilt den Inhalt einer Tüte wieder in zwei Tüten gleichen Inhalts auf und macht so weiter.

Spielregeln

Einer bekommt die Augen verbunden, darf sich eine Tüte aussuchen und deren „Gewicht“ abschätzen.
Wechselt, sobald der Tipp richtig ist.

25 Notiere als Bruch.

a) $2\frac{1}{2}$ b) $3\frac{1}{3}$ c) $1\frac{1}{8}$ d) $6\frac{2}{3}$ e) $1\frac{4}{10}$ f) $2\frac{33}{100}$ g) $1\frac{1}{1000}$ h) $5\frac{5}{12}$ i) $9\frac{14}{15}$

26

Die sechs *Elefantenkinder* (4–6 J.) bekommen Teig für neun Waffeln. Die zehn *Chamäleonkinder* (1.–4. Kl.) erhalten Teig für 22 Waffeln. Den fünf *Albatroskindern* (5./6. Kl.) bringt der Koch Teig für dreizehn Waffeln.
Alle lieben frisch gebackene Waffeln und achten deshalb peinlich genau darauf, dass keiner zu viel bekommt!

a) Wie viele Waffeln bekommt jeder? Schreibt es in gemischter Schreibweise auf.
b) Denkt euch andere Waffelzuteilungsprobleme aus und löst sie. Geht es immer gerecht?
c) Backt selbst Waffeln. Schreibt dazu einen Waffelverteilungsplan und bestimmt den Waffelanteil für jeden.

28 Bilde aus je zwei Zahlen eine nicht aufgehende Divisionsaufgabe und schreibe das Ergebnis als Bruch, z. B. „3 : 2 = $\frac{3}{2}$“.
Zeichne dazu jeweils ein Bild.
Finde möglichst viele solcher Aufgaben.

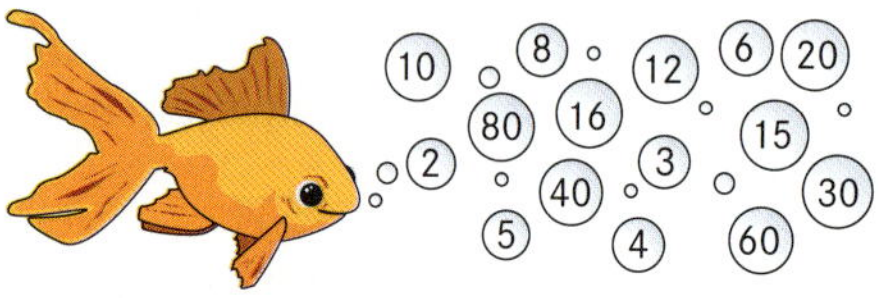

Ausstiege

A1 Macht eine „Bruchteil-Ausstellung“ aus mit Sand gefüllten Gläsern, die eine Bruch-Skala als Einteilung haben. Die „1“ muss passend festgelegt werden.
Jede Gruppe benötigt:
- mehrere gleiche Gläser,
- einen größeren Eimer,
- genügend feinen Sand,
- einen Folienstift zur Markierung,
- eine Waage zur Kontrolle.

Schätzt zuerst und verbessert dann eure Einteilung.
Könnt ihr auch kleine Rechenaufgaben damit anschaulich aufbauen, z. B. $\frac{1}{2} + \frac{1}{4} = \square$?

A2 *„Der Zähler und der Nenner“* (Melodie: Der Kuckuck und der Esel, Text: A. Paulitsch)

(I) Du, Nenner, gibst der Bruchzahl
des Schrittes Länge an.“
„Du, Zähler, zählest Schritte, (2x)
was auch nicht jeder kann.“ (2x)

(II) Der Zähler und der Nenner,
die sahen schließlich ein:
Bedeutend sind wir beide, (2x)
das Streiten muss nicht sein. (2x)

(III) Zum Kehrbruch so verwandelt,
warn beide plötzlich still.
Der Bruchstrich sprach: „So höret, (2x)
was ich euch sagen will.“ (2x)

(IV) Der Nenner sah das anders:
„Du irrst und nicht zu knapp!
Denn ohne mich als Basis, (2x)
stürzt du samt Bruchstrich ab.“ (2x)

(V) Der Zähler sprach: „Na wer wohl?
Mir fällt nur einer ein! –
Nur der, der obenauf ist, (2x)
kann wirklich wichtig sein.“ (2x)

(VI) Sie stritten immer weiter,
dem Bruchstrich ward’s zu dumm.
Und ohne viel zu sagen, (2x)
dreht er die beiden um. (2x)

a) Bringt die Strophen des Liedes in eine sinnvolle Reihenfolge.
b) Denkt euch selbst ein Lied zur Bruchrechnung aus und übt es ein.
c) Wer hat „Der Kuckuck und der Esel“ gedichtet? Wofür ist der Dichter besonders berühmt?

5.2 Immer hübsch der Reihe nach – Vergleichen und Ordnen

Einstiege

Materialliste!!!
7 gleich lange, ca. 2 cm breite Papierstreifen

E1 Nehmt die Papierstreifen und faltet sie: Der erste Streifen soll *halbiert* werden – das ist einfach. Der zweite Streifen soll *gedrittelt* werden:

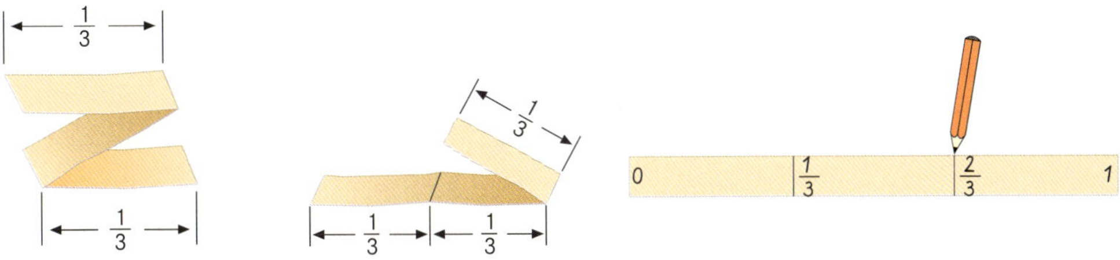

Weiter geht's mit *Vierteln, Fünfteln, Sechsteln, Achteln* und *Zehnteln*.
Schreibt die entsprechenden Brüche an die Knickstellen, ergänzt links „0“ und rechts „1“.

a) Betrachtet erst einmal jeden Bruchstreifen für sich. Auf dem geviertelten Bruchstreifen steht $\frac{2}{4}$ in der Mitte, *weiter rechts* steht $\frac{3}{4}$. Ihr könnt ablesen: $\frac{2}{4} < \frac{3}{4}$.
Stellt derartige Bruchvergleiche mit allen Bruchstreifen an; bildet Kleinerketten … < … < …

b) Vergleicht jetzt Brüche *verschiedener* Bruchstreifen; legt die entsprechenden Bruchstreifen dafür genau untereinander. Bildet Kleinerketten und Gleichheitsketten.

c) Sucht nach allgemein gültigen Regeln zum Brüche-Vergleichen.

E2

Zwei Brüche werden an die Tafel geschrieben.
Jeder überlegt: Sind die Brüche gleich groß oder ist einer kleiner als der andere? Wenn ja, welcher ist der kleinere?
Wenn jemand richtig liegt und gut begründen kann, darf er zwei neue Brüche an die Tafel schreiben.

Probiert es aus! Erfindet Spielregeln um aus dieser Idee ein Wettspiel zu machen, welches ihr in eurer Klasse spielen könnt. Welche Tricks zum Vergleich von Brüchen habt ihr benutzt? Tauscht euch aus und sammelt eure Strategien.

E3 Zeichnet einen langen Zahlenstrahl an die Tafel. Markiert ganz links die „0“ und weit rechts die „2“, tragt dann die „1“ an der richtigen Stelle ein.

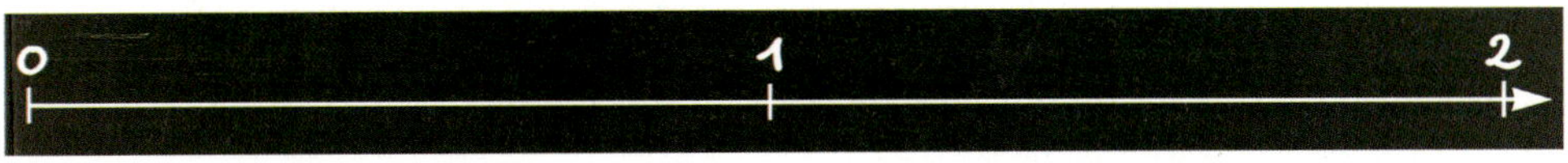

Schreibt nun jeder zwei Brüche zwischen 0 und 2 auf je einen Notizzettel; schreibt deutlich und genügend groß. Heftet dann eure Brüche an der richtigen Stelle am Zahlenstrahl an, z. B. mit Magnetplättchen oder Klebestreifen.
Ihr könnt auch ein Seil spannen und daran die Brüche mit Wäscheklammern aufhängen.

Grundwissen

1

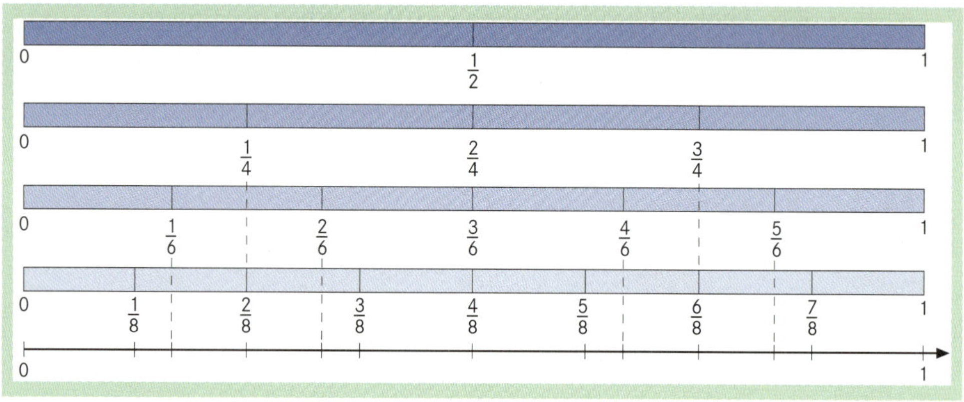

Überträgt man die auf den Bruchstreifen notierten Anteile alle auf einen Zahlenstrahl, stellt man fest, dass einige Brüche an der gleichen Stelle liegen. Sie bezeichnen den gleichen Anteil, tragen aber verschiedene Namen.

Man schreibt zum Beispiel: $\frac{1}{2} = \frac{2}{4} = \frac{3}{6} = \frac{4}{8}$; $\frac{1}{4} = \frac{2}{8}$; $\frac{3}{4} = \frac{6}{8}$.

Isst man von einer Pizza die Hälfte, so kann man stattdessen auch zwei Viertel Stücke Pizza, drei Sechstel Stücke Pizza, vier Achtel Stücke Pizza oder auch sechs Zwölftel Stücke Pizza essen. In allen Fällen wird der gleiche Anteil der Pizza gegessen.
Die Pizza-Stücke sind nur anders geschnitten. Das ist der einzige Unterschied.

2

Ein Anteil eines Ganzen ändert sich nicht, wenn man die Einteilung des Ganzen *verfeinert* oder *vergröbert*.
Dabei ändert der Anteil nur seinen Namen, genau wie die Brüche, die ihn bezeichnen.

Erweitern

Beim Übergang vom Bruch $\frac{1}{2}$ zu den gleichwertigen Brüchen $\frac{2}{4}$; $\frac{3}{6}$; $\frac{6}{12}$; ... spricht man vom **Erweitern** des Bruchs $\frac{1}{2}$.

Kürzen

Den Übergang vom Bruch $\frac{6}{12}$ zu den gleichwertigen Brüchen $\frac{3}{6}$; $\frac{2}{4}$; $\frac{1}{2}$ bezeichnet man als das **Kürzen** des Bruchs $\frac{6}{12}$.

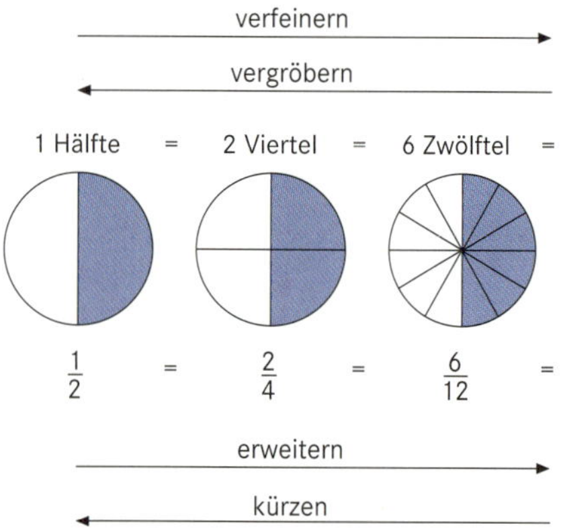

Bruchzahl

3 Gleichwertige Brüche werden am Zahlenstrahl an der gleichen Stelle eingetragen, sie bezeichnen die gleiche **Bruchzahl.** Auch jede natürliche Zahl ist eine Bruchzahl.
Jede Bruchzahl kann durch viele verschiedene gleichwertige Brüche angegeben werden.

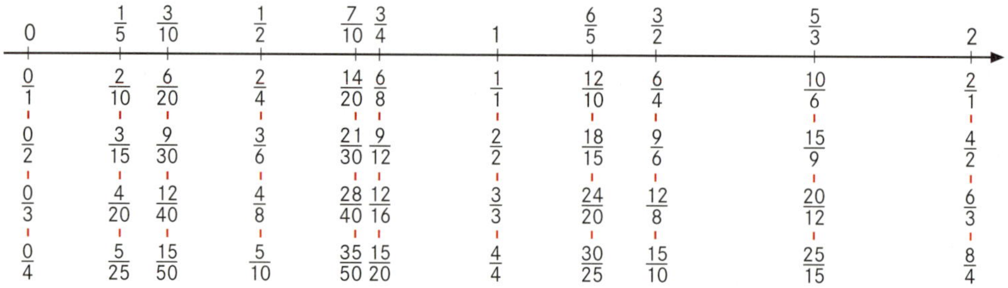

Brüche vergleichen

4 Es gibt verschiedene Methoden zwei **Brüche** miteinander zu **vergleichen.** Welcher Weg jeweils der geschickteste ist, hängt vom Einzelfall ab.

zählergleich nennergleich

Erster Weg: *„Zählergleich bzw. nennergleich“*
Besonders gut lassen sich **zählergleiche** oder **nennergleiche** Brüche miteinander vergleichen.

Bei **zählergleichen Brüchen** muss man nur die Nenner vergleichen. Derjenige Bruch ist *kleiner,* der den *größeren* Nenner hat.

$\frac{2}{5} < \frac{2}{4} < \frac{2}{3}$

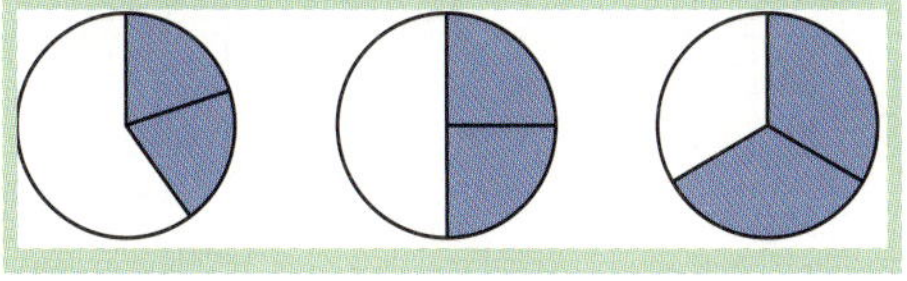

Bei **nennergleichen Brüchen** muss man nur die Zähler vergleichen. Derjenige Bruch ist *kleiner,* der den *kleineren* Zähler hat.

$\frac{2}{8} < \frac{3}{8} < \frac{5}{8}$

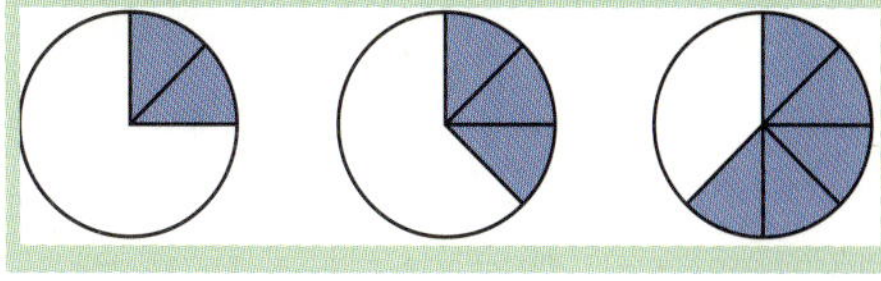

Zweiter Weg: *„Unterhalb/oberhalb“*
Brüche lassen sich vergleichen, indem man überlegt, ob der Bruch jeweils unterhalb oder oberhalb eines passenden Wertes liegt.

(I) Zu vergleichen sind $\frac{4}{5}$ und $\frac{5}{4}$. Da bei $\frac{4}{5}$ der Zähler kleiner als der Nenner ist, liegt $\frac{4}{5}$ unterhalb von „1“; bei $\frac{5}{4}$ ist der Zähler größer als der Nenner, deshalb liegt $\frac{5}{4}$ oberhalb von „1“.
Also liegt $\frac{4}{5}$ unterhalb und $\frac{5}{4}$ oberhalb von „1“: $\frac{4}{5} < 1 < \frac{5}{4}$, also ist $\frac{4}{5} < \frac{5}{4}$.

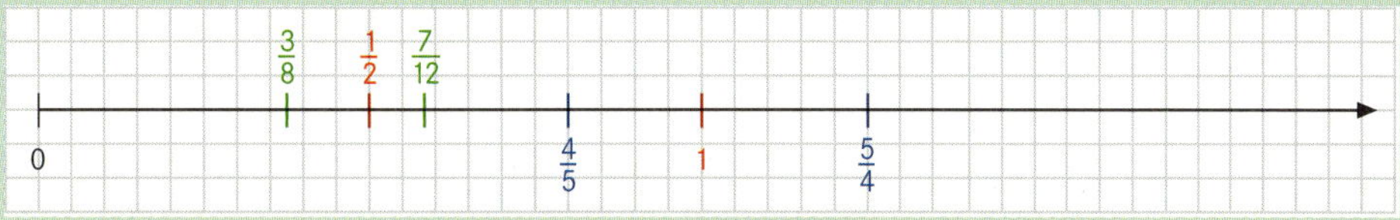

(II) Zu vergleichen sind $\frac{3}{8}$ und $\frac{7}{12}$. Da 3 kleiner als die Hälfte von 8 ist, liegt $\frac{3}{8}$ unterhalb von „$\frac{1}{2}$“; 7 ist größer als die Hälfte von 12, daher liegt $\frac{7}{12}$ oberhalb von „$\frac{1}{2}$“.
Also liegt $\frac{3}{8}$ unterhalb und $\frac{7}{12}$ oberhalb von „$\frac{1}{2}$“: $\frac{3}{8} < \frac{1}{2} < \frac{7}{12}$, also $\frac{3}{8} < \frac{7}{12}$.

Dritter Weg: *„Abstand zur nächsten natürlichen Zahl“*
Vergleichen lässt sich auch jeweils der Abstand zur nächsten natürlichen Zahl.

Zu vergleichen sind $\frac{7}{8}$ und $\frac{8}{9}$.
Beide Brüche liegen in der Nähe von „1“.
Bei $\frac{7}{8}$ fehlt noch $\frac{1}{8}$ bis zur „1“ und bei $\frac{8}{9}$ nur noch $\frac{1}{9}$, also weniger. Deshalb ist $\frac{7}{8} < \frac{8}{9}$.

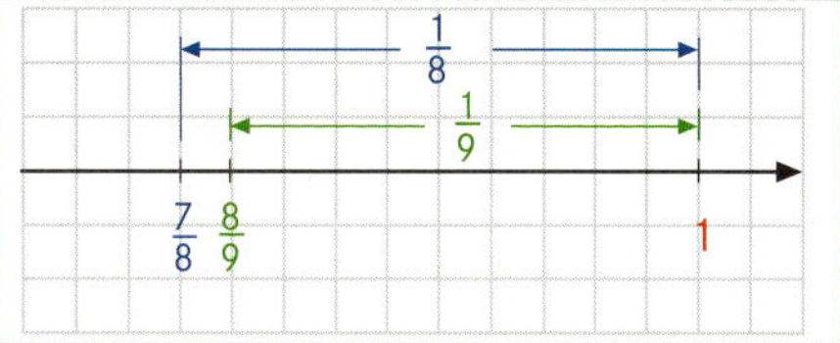

Vierter Weg: *„Vergleich über Verfeinerungslisten“*
Man kann zwei zu vergleichende Brüche auch erst durch Kürzen oder Erweitern in *nennergleiche* Brüche verwandeln und dann wie beim ersten Weg (Vergleich nennergleicher Brüche) vorgehen.

Zu vergleichen sind $\frac{5}{12}$ und $\frac{3}{8}$.
Es ist
$\frac{5}{12} = \frac{10}{24} = \frac{15}{36} = \ldots$ und $\frac{3}{8} = \frac{6}{16} = \frac{9}{24} = \ldots$

$\frac{5}{12} = \frac{10}{24} > \frac{9}{24} = \frac{3}{8}$, also $\frac{5}{12} > \frac{3}{8}$

Übungen

1 Zeichne das Bild ab. Finde durch Verfeinern fünf weitere gleichwertige Brüche für den blauen Bruchteil.

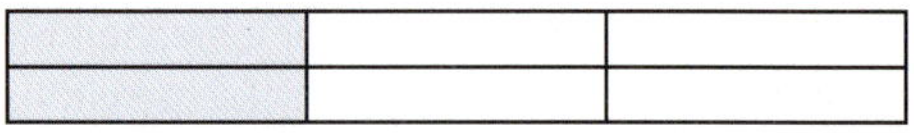

2 a) Finde möglichst viele Namen für die farbigen und die weißen Anteile.

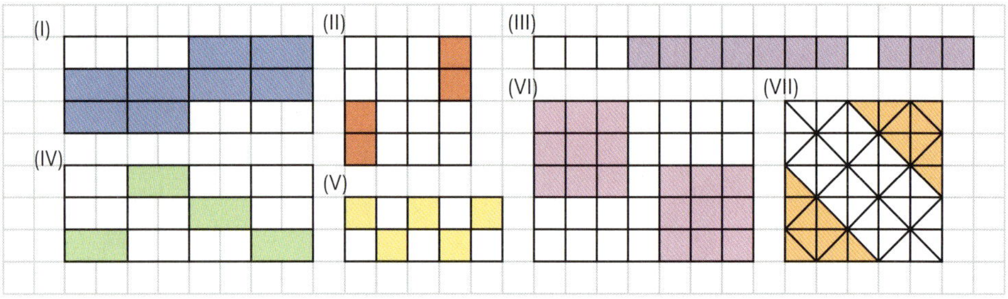

b) Zeichne die Figuren ab, färbe sie anders und benenne die Anteile neu.

3 Entscheide jeweils, welche der beiden Zeitspannen die kürzere ist.

a) $\frac{1}{2}$ Std; $\frac{3}{4}$ Std b) $\frac{1}{4}$ Std; $\frac{3}{4}$ Std c) $1\frac{1}{4}$ Std; $1\frac{1}{2}$ Std d) $2\frac{1}{4}$ Std; $4\frac{1}{2}$ Std e) $3\frac{3}{4}$ Std; $3\frac{4}{3}$ Std

4 Vergleiche die Streckenlängen und füge das passende Zeichen („<“, „>“, „=“) ein.

a) $\frac{1}{2}$ dm; $\frac{1}{4}$ dm b) $\frac{3}{4}$ m; $\frac{2}{4}$ m c) $\frac{1}{10}$ mm; $\frac{1}{5}$ mm d) $\frac{8}{10}$ km; $\frac{4}{5}$ km e) $\frac{2}{5}$ cm; $\frac{3}{5}$ cm

f) $1\frac{1}{2}$ m; $\frac{3}{2}$ m g) $1\frac{3}{4}$ km; $1\frac{1}{4}$ km h) $2\frac{1}{2}$ km; $\frac{5}{2}$ km i) $10\frac{1}{2}$ m; $1\frac{1}{10}$ m j) $\frac{50}{100}$ mm; $\frac{5}{10}$ mm

5 Jonas und Jakob kochen jeder eine Kanne Früchtetee. Jonas nimmt für die Vier-Tassen-Kanne drei Löffel und Jakob nimmt für die Fünf-Tassen-Kanne vier Löffel vom Früchtetee. Beide lassen ihren Tee zehn Minuten ziehen. Welcher Tee wird kräftiger schmecken?

6 Zeichne den Zahlenstrahl ab. Welche Brüche sind durch die Tintenkleckse verdeckt? Trage sie ein.

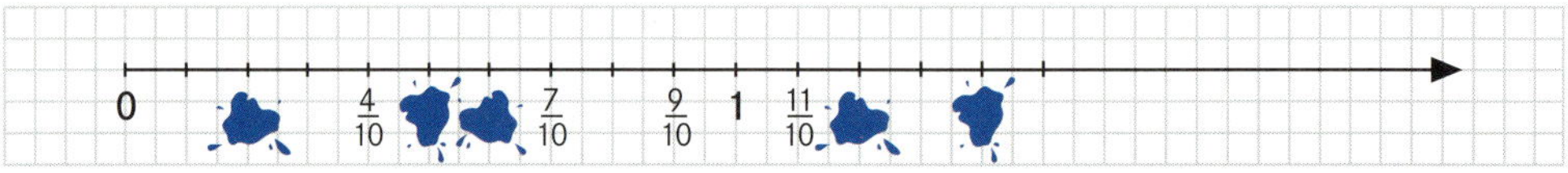

7 Beim Sommerfest hat die Klasse 5a eine Tombola veranstaltet. Sie haben 1000 Lose für insgesamt 100 Preise angeboten. Kathrin, Sebastian, Jasmin und Torben schreiben die Anzahl ihrer verkauften Lose und ihrer Gewinne auf.

a) Wer von ihnen hatte die höchste Gewinnquote, wer die niedrigste?

b) Hättest du am Schluss noch ein Los gekauft?
Begründe deine Antwort.

Name	Anzahl Lose	Gewinne
Kathrin	150	14
Sebastian	200	20
Jasmin	100	11
Torben	250	23

8 Zeichne einen Zahlenstrahl. Markiere die „0“ und nach 10 cm die „1“.

a) Trage $\frac{1}{2}$; $\frac{3}{4}$; $\frac{4}{5}$; $\frac{3}{20}$; $\frac{7}{10}$; $\frac{11}{20}$; $\frac{9}{10}$ und $\frac{16}{20}$ ein.

b) Bilde aus vier Brüchen eine Kleinerkette und aus den anderen vier eine Größerkette.

9 Schreibe eine Verfeinerungsliste für den Bruch. a) $\frac{2}{3}$ b) $\frac{1}{5}$ c) $\frac{4}{3}$ d) $\frac{5}{2}$ e) $\frac{2}{1}$

10

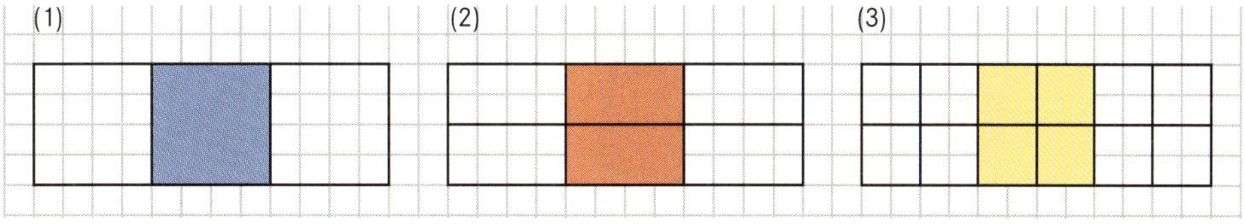

a) Gib den gefärbten Anteil durch Brüche an, die zu den verschiedenen Einteilungen passen.
b) Zeichne Bild (1) in dein Heft. Verfeinere dann die Einteilung so, dass der gefärbte Anteil in Vierundzwanzigsteln dargestellt wird. Kannst du ihn auch mit Neunteln beschreiben?

11

Osthandel erlebt kräftigen Schub

Der deutsche Osthandel erlebt in diesem Jahr einen kräftigen Schub. Nach Schätzungen des Ost- und Mitteleuropa Vereins (OMV) wird der Osthandel erstmals ein Zehntel des gesamten deutschen Außenhandels ausmachen, nachdem er jahrelang nicht über ein Fünftel hinauskam.

aus: Süddeutsche Zeitung, zitiert nach „Der Spiegel", Nr. 49/1995

a) Was sagt der Artikel aus? Ist hier alles in Ordnung? Wie würdest du den Text ändern?
b) Angenommen das Handelsvolumen des deutschen Osthandels hätte 1995 zehn Milliarden Euro betragen, wie hoch wäre es dann in den Jahren davor gewesen?

12 Erweitere den Bruch mithilfe einer passenden Verfeinerungsliste auf den Nenner 60.

a) $\frac{7}{30}$ b) $\frac{3}{20}$ c) $\frac{4}{15}$ d) $\frac{11}{10}$ e) $\frac{7}{6}$ f) $\frac{6}{12}$ g) $\frac{3}{4}$ h) $\frac{5}{5}$ i) $1\frac{5}{6}$ j) $2\frac{5}{6}$ k) $3\frac{5}{6}$

13 Kürze den Bruch wie im Beispiel, bis es nicht mehr geht.

$\frac{12}{36} = \frac{6}{18} = \frac{3}{9} = \frac{1}{3}$

a) $\frac{10}{15}$ b) $\frac{8}{12}$ c) $\frac{12}{8}$ d) $\frac{20}{16}$ e) $\frac{100}{25}$ f) $\frac{9}{27}$ g) $\frac{14}{10}$ h) $\frac{10}{50}$ i) $\frac{32}{18}$ j) $\frac{42}{14}$

14 Erweitere auf den gleichen Nenner.

a) $\frac{2}{3}$ und $\frac{5}{12}$ b) $\frac{5}{6}$ und $\frac{11}{36}$ c) $\frac{8}{20}$ und $\frac{3}{5}$ d) $\frac{4}{6}$ und $\frac{2}{10}$ e) $\frac{2}{8}$ und $\frac{5}{12}$ f) $\frac{3}{15}$ und $\frac{2}{10}$

15 Welches der Zeichen passt: „<", „>" oder „="? Verwende jeweils eine möglichst einfache Vergleichsmethode. Vergleicht eure Wege.

a) $\frac{1}{2} \square \frac{1}{3}$ b) $\frac{2}{3} \square \frac{3}{4}$ c) $\frac{1}{4} \square \frac{1}{6}$ d) $\frac{4}{5} \square \frac{5}{6}$ e) $1\frac{1}{2} \square 1\frac{1}{4}$ f) $\frac{9}{10} \square \frac{11}{10}$

g) $\frac{6}{5} \square 1\frac{2}{10}$ h) $\frac{5}{3} \square \frac{6}{4}$ i) $\frac{9}{10} \square \frac{10}{9}$ j) $\frac{8}{6} \square \frac{12}{9}$ k) $\frac{11}{9} \square \frac{11}{10}$ l) $3\frac{1}{2} \square 2\frac{1}{3}$

m) $\frac{2}{5} \square \frac{2}{7}$ n) $1\frac{1}{2} \square \frac{3}{2}$ o) $\frac{5}{4} \square \frac{6}{5}$ p) $\frac{6}{9} \square \frac{12}{18}$ q) $\frac{3}{1} \square \frac{4}{2}$ r) $\frac{2}{5} \square \frac{4}{7}$

s) $\frac{5}{15} \square \frac{5}{20}$ t) $\frac{3}{2} \square \frac{5}{2}$ u) $\frac{12}{2} \square \frac{14}{2}$ v) $\frac{5}{6} \square \frac{6}{6}$ w) $\frac{5}{4} \square \frac{4}{3}$ x) $\frac{7}{9} \square \frac{5}{6}$

16 a) Lies für jeden Zahlenstrahl ab, welche Bruchzahlen markiert sind.
b) Suche aus den Zahlenstrahlen (1) bis (4) Ketten von Brüchen heraus, die jeweils die gleiche Bruchzahl angeben.
c) Bilde eine Kette aus *allen* Brüchen, die zu den Punkten auf den Zahlenstrahlen (1) bis (4) gehören. Setze die Zeichen „<" oder „=" passend ein.

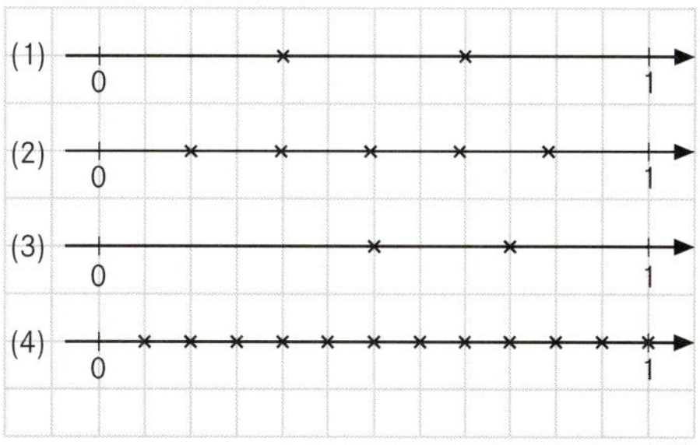

17

a) Stellt euch zu zweit ein Bruchdomino mit mindestens 20 Kärtchen her. Achtet darauf, dass jedes Bild auch einen passenden Zahlwert hat. Wählt viele verschiedene Darstellungen.
b) Spielt euer Bruchdomino. Legt es dann in die Mathe-Box und spielt mit einem Bruchdomino eines anderen Teams weiter.

18 Zeichne ab und prüfe durch Einfärben, welcher Bruch der größere ist.

a) 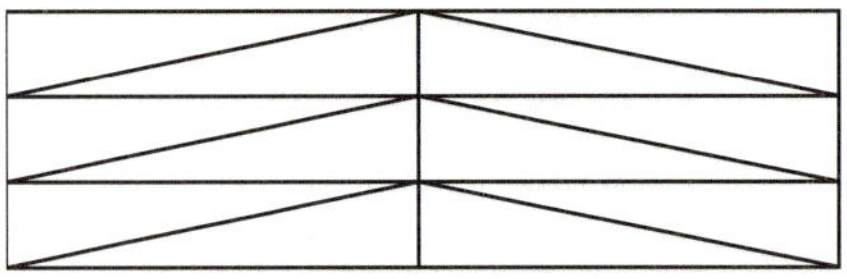

(I) $\frac{1}{3}$; $\frac{5}{12}$ (II) $\frac{1}{4}$; $\frac{2}{6}$ (III) $\frac{5}{6}$; $\frac{9}{12}$

b) 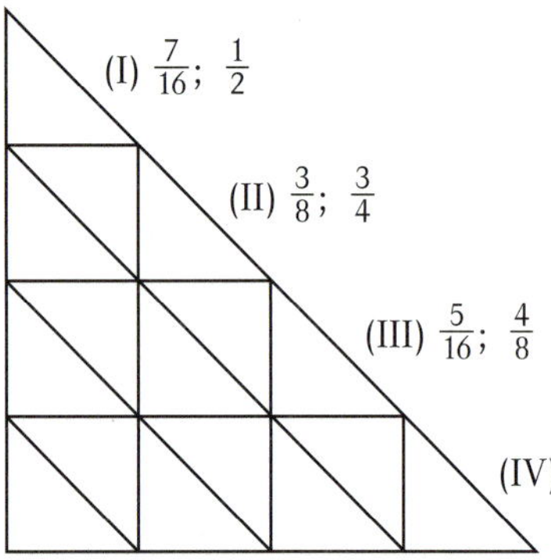

(I) $\frac{7}{16}$; $\frac{1}{2}$
(II) $\frac{3}{8}$; $\frac{3}{4}$
(III) $\frac{5}{16}$; $\frac{4}{8}$
(IV) $\frac{4}{16}$; $\frac{2}{8}$

c) Färbe noch weitere Anteile in deinen Zeichnungen und bezeichne sie.
d) Erfinde eigene Aufgaben dieser Art und tausche sie mit deinem Nachbarn aus.

19 Gib einen Bruch an, der zwischen den beiden Brüchen liegt.

a) $\frac{1}{10}$; $\frac{1}{12}$ b) $\frac{2}{3}$; $\frac{5}{6}$ c) $\frac{1}{4}$; $\frac{3}{4}$ d) $1\frac{1}{2}$; $\frac{2}{3}$ e) $2\frac{3}{4}$; $2\frac{1}{3}$ f) $3\frac{1}{4}$; $3\frac{1}{2}$ g) $1\frac{3}{4}$; $\frac{7}{4}$

20 Gib mindestens fünf Brüche dazwischen an.

a) $\frac{1}{2}$ und $\frac{2}{3}$ b) $\frac{5}{6}$ und $\frac{4}{5}$ c) $\frac{3}{4}$ und $\frac{5}{8}$ d) $\frac{4}{7}$ und $\frac{3}{8}$ e) $\frac{5}{3}$ und $\frac{5}{4}$ f) $\frac{7}{3}$ und $\frac{11}{4}$

21 Ersetze die Lücken durch passende Zahlen.

a) $\frac{3}{7} = \frac{15}{\square}$ b) $\frac{16}{20} = \frac{\square}{5}$ c) $\frac{22}{\square} = \frac{66}{105}$ d) $\frac{\square}{96} = \frac{29}{32}$ e) $\frac{3}{7} < \frac{\square}{21} < \frac{15}{21}$ f) $\frac{6}{7} > \frac{\square}{21} > \frac{28}{42}$

22

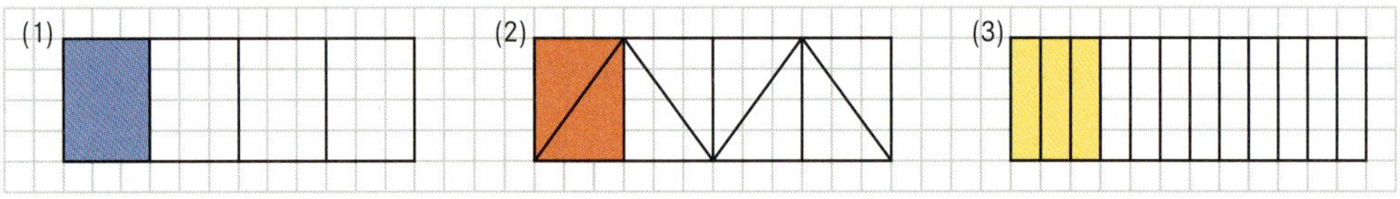

a) Beschreibe, was in den Bildern (1) bis (3) dargestellt ist. Benenne den gefärbten Anteil jeweils mit einem Bruch, der zur Feinheit der Einteilung passt.
b) Wie verändern sich Zähler und Nenner der Brüche beim Übergang von (1) zu (2) und (3)? Vergleiche mit der Feinheit der Einteilung des Ganzen.
c) Zeichne (1) in dein Heft und vervierfache (versechsfache; verzwölffache) die Feinheit der Einteilung des Ganzen. Benenne den gefärbten Anteil mit den passenden Brüchen.
Wie entstehen diese Brüche aus dem Bruch zu (1)? Welcher Bruch benennt den gefärbten Anteil bei 10-mal (15-mal; 25-mal) so feiner Einteilung?
d) Untersuche, ob deine Überlegungen auch für andere gefärbte Anteile richtig sind.
Formuliere eine Regel.

23 „Gib vor“ spielt man zu zweit mit zwei 12-seitigen Würfeln. Der erste Spieler erhält mit seinem Wurf einen Bruch und gibt dem zweiten Spieler *„größer“* oder *„kleiner“* vor. Hat der erste Spieler Recht, bekommt er einen Punkt, hat er Unrecht, erhält der andere einen Punkt.
Vereinbart vorab, bei welcher Punktzahl das Spiel zu Ende sein soll.

24 Das Bruchtangram-Spiel besteht aus sieben Teilen (Teil Nr. 1 ist doppelt).

a) Klebe ein kariertes DIN-A4-Papier auf Pappe und stelle dir daraus das Bruchtangram-Spiel her.
b) Sortiere die Teile der Größe nach und begründe die Reihenfolge.
Gibt es außer dem Teil Nr. 1 noch andere gleich große Teile?
c) Ordne den einzelnen Teilen Bruchteile zu und überprüfe deine Größerkette rechnerisch.

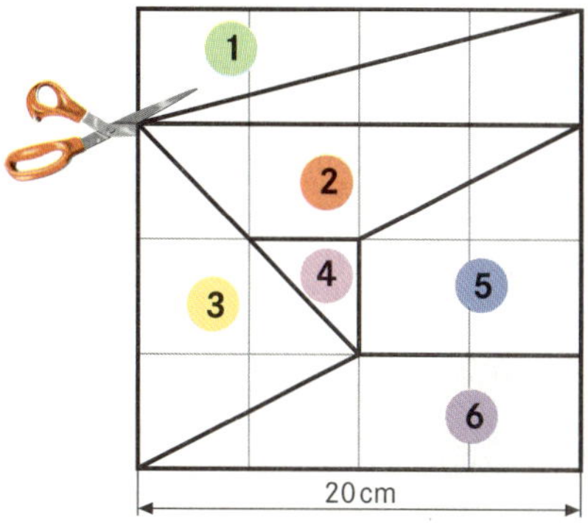

d) Nimm die beiden Teile mit der Nr. 1 heraus, sodass sich das Ganze verkleinert.
Ändert sich jetzt die Größerkette für die Teile 2 bis 6? Ändern sich die Bruchteile? Begründe.
e) Denkt euch mit allen Teilen Figuren aus, umrandet sie und tauscht den Rahmen mit einer anderen Gruppe aus. Versucht den Rahmen mit euren Teilen auszulegen.

Ausstiege

A1 a) Das Quadratgitter rechts enthält alle Brüche mit Zählern und Nennern von 1 bis 10. Stelle ein solches Gitter her.

(I) Beschreibe die Gemeinsamkeiten der Brüche, die in den einzelnen Zeilen und Spalten liegen.
(II) Wähle einen Bruch aus und markiere ihn und alle zu ihm gleichwertigen Brüche mit derselben Farbe. Wo liegen alle Brüche, die kleiner sind als deiner? Wo liegen die größeren? Wo liegen speziell alle Brüche, die kleiner als 1 (größer als 1) sind?

Denke dir weitere Fragen aus und versuche Muster zu finden, die sie beantworten.

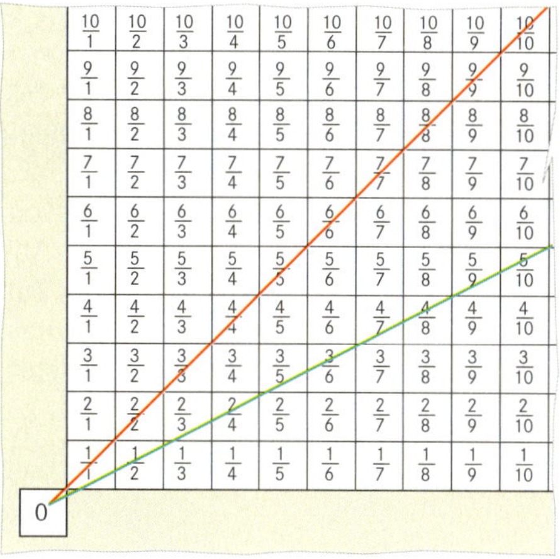

b) Es gibt unendlich viele natürliche Zahlen. Zwischen je zwei davon liegen außerdem noch unendlich viele Bruchzahlen – zum Beispiel liegen alle Stammbrüche zwischen 0 und 1. Jede einzelne Bruchzahl kann wieder durch unendlich viele Brüche angegeben werden. Trotzdem kann man *alle Brüche durchnummerieren* und damit „abzählen“!
Man sortiert dazu die Brüche wie oben in einem unbegrenzten Quadratgitter und fängt bei $\frac{1}{1}$ an (1. Bruch), geht dann nach rechts zu $\frac{1}{2}$ (2. Bruch), von da *schräg hoch* zu $\frac{2}{1}$ (3. Bruch), dann nach oben zu $\frac{3}{1}$, von da *schräg runter* über $\frac{2}{2}$ zu $\frac{1}{3}$ usw.
Zeichne das Zählmuster in dein Gitter ein und erkläre seinen Namen **„Cantorsches Diagonalverfahren“.** Suche Informationen dazu.

GEORG CANTOR (1845–1918) deutscher Mathematiker

A2 Die *Notenwerte* zeigen einem Musiker an, wie lange eine Note jeweils gehalten werden muss. Einige einfache Notenwerte sind hier abgebildet.

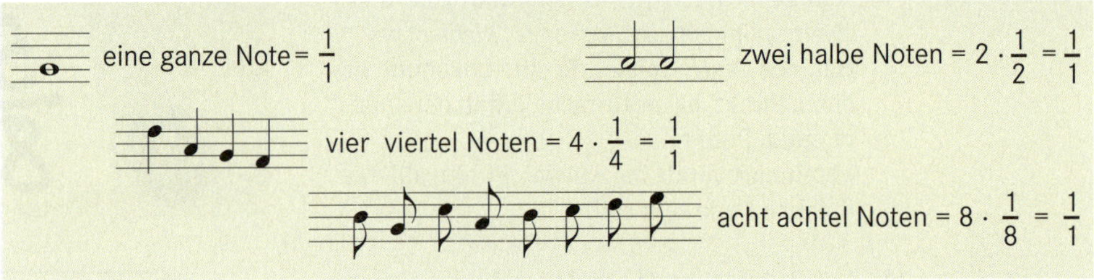

Eine Achtel-Note unterscheidet sich von einer Viertel-Note durch das Fähnchen am Notenhals, das angebrachte Fähnchen *halbiert* die Tondauer. Bringt man am Notenhals einer Achtel-Note ein zweites Fähnchen an, so wird die Tonlänge der Achtel-Note halbiert und man erhält eine Sechzehntel-Note.

a) Lest die folgenden Notenwerte: ♩ ♪ 𝅗𝅥 𝅘𝅥𝅯 𝅝

b) Wie sieht eine Zweiunddreißigstel-Note aus?

c) Schreibt man hinter eine Note einen Punkt, so vergrößert sich der Notenwert um seine Hälfte. Welche Notenwerte haben demnach *punktierte Viertel* ♪., *punktierte Halbe* 𝅗𝅥., *punktierte Ganze* 𝅝.?
Schreibt eine Note mit dem Notenwert $\frac{3}{16}$ auf.

d) Teilt eure Gruppe in mindestens vier Teams auf. Zunächst üben wir ein Klatschkonzert. Jedes Team klatscht einen anderen Notenwert: Ganze, Halbe, Viertel oder Achtel.
Das Viertel-Team bildet die Grundlage. Viermal klatschen entspricht einem Takt. Die Viertel-Noten dienen den Musikern auch als Zähleinheit. Sie zählen 1 - 2 - 3 - 4.
Die Tondauer einer ganzen Note entspricht der von vier Vierteln, eine halbe Note entspricht zwei Vierteln, zwei (!) Achtel-Noten entsprechen einer Viertel-Note.
Nun probt! Der Takt muss stets gleichmäßig sein. Dabei könnte euch ein Metronom (Taktgeber) helfen. Das Metronom zählt euch die Viertel vor.
Leiht es euch von einem Musiklehrer aus und stellt es auf 120 Schläge pro Minute ein.

e) Jetzt ist genaues Zuhören gefragt! Eine oder einer aus eurem Team klatscht eine kurze Folge vor, die anderen hören genau zu und schreiben die Noten anschließend auf. Wechselt euch regelmäßig ab.

(I) Vier Viertel-Noten und zwei Halbe;
(II) Eine halbe Note, vier Viertel und wieder eine Halbe;
(III) Eine Viertel, zwei Achtel, zwei Viertel und zwei Halbe.

Schreibt euch die Noten und die Zählzeiten zu den Noten auf. Das hilft beim Klatschen.
Beim $\frac{4}{4}$-Takt ist nach vier Vierteln eine Einheit vorbei. Ein Takt muss nicht nur aus Viertel-Noten bestehen. Entscheidend ist, dass die Summe der Notenwerte $\frac{4}{4}$ ergibt.

f) Ein Takt kann aus allen euch bekannten Notenwerten zusammengesetzt sein: halben Noten, viertel Noten, achtel Noten, ... Die Aufteilung ist beliebig. Nach einem Takt setzt man einen Taktstrich (senkrechten Strich). Komponiert selbst ein kleines Klatschstück.

5.3 Klare Verhältnisse – Denken in Verhältnissen

Einstiege

Materialliste!!!
1 l Apfelsaft (100%)
2 l Wasser
3 Literflaschen
blickdichtes Tuch
mehrere Trinkbecher

E1 Für die Durchführung eines Geschmackstests benötigt ihr die auf der Liste zusammengestellten Materialien. Stellt zunächst nach Anleitung drei verschiedene Apfelsaft-Wasser-Mischungen her, füllt sie in die Flaschen und beschriftet sie mit dem jeweiligen Mischungsverhältnis.

Verhältnis „1 zu 1": Ein Teil Apfelsaft und ein Teil Wasser.
Verhältnis „1 zu 3": Ein Teil Apfelsaft und drei Teile Wasser.
Verhältnis „1 zu 4": Ein Teil Apfelsaft und vier Teile Wasser.

a) Jetzt kommt der Test:
Bestimmt aus eurer Gruppe einen Tester und verbindet ihm die Augen; füllt einen Becher mit einem Apfelsaft-Wasser-Gemisch. Die oder der „Blinde" soll herausschmecken, welche der Mischungen sich im Testbecher befindet.

b) Stellt noch weitere Mischungsverhältnisse mit Apfelsaft und Wasser her und versucht die Unterschiede zu schmecken. Wer von euch ist der beste Tester?

E2 a) In einem Krankenhaus notiert die Hebamme ein M, wenn ein Mädchen geboren wird; für jeden Jungen trägt sie ein J ein.

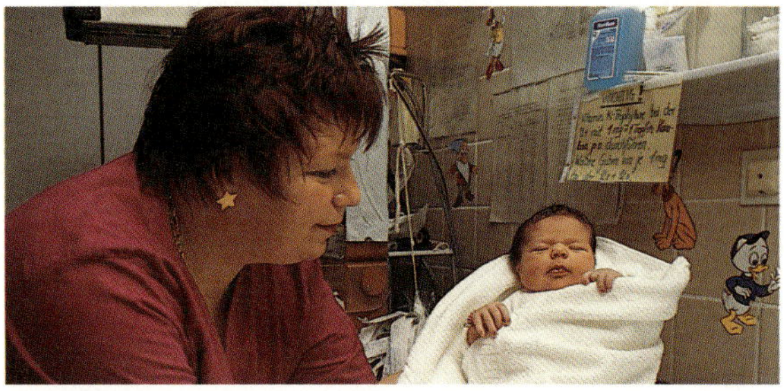

vom 31. 01. bis zum 6. 02.:
J, J, M, J, M, M, J, M, J, J, J, M, J, M

vom 7. 02. bis zum 13. 02.:	M, M, M, J, J, M, J, M, M, J, J, J
vom 14. 02. bis zum 20. 02.:	J, J, M, M, M, M, M, M, J, J, J, J, J, M, J, J, J
vom 21. 02. bis zum 27. 02.:	J, M, J, M, M, J, J, M, M, J, M, M, M, M, M

Bestimme das Verhältnis der Anzahlen von neugeborenen Mädchen zu neugeborenen Jungen in jeder einzelnen Woche und im gesamten vierwöchigen Zeitraum, der erfasst wurde.

b) Ermittelt das Mädchen-Jungen-Verhältnis in eurer Klasse und vergleicht es mit den Geschlechterverhältnissen in eurer Parallelklasse oder in eurer Jahrgangsstufe.

c) Eine noch größere Testgruppe erhaltet ihr, wenn ihr eure gesamte Schule untersucht. Teilt euch die Arbeit in der Klasse auf und besorgt euch Daten aus dem Sekretariat.

E3

Fährt man mit dem Rad bergauf, so schaltet man in einen kleineren Gang. Das Treten geht dann leichter, dafür muss man aber häufiger treten um eine bestimmte Strecke zurückzulegen.

a) Beim Übersetzungsverhältnis 2 zu 1 dreht sich das Hinterrad doppelt so schnell wie die Pedale.
Wie hängt das Übersetzungsverhältnis mit den Zahnrädern zusammen, über die die Kette läuft?

b) Wozu dient eine Gangschaltung?
Braucht man bergauf ein größeres oder ein kleineres Übersetzungsverhältnis als bergab?

c) Untersucht eure Fahrräder: Wie viele Zähne haben die verschiedenen Zahnräder jeweils?
Welche Übersetzungsverhältnisse könnt ihr damit herstellen?

Grundwissen

Verhältnis

1 Oft ist es wichtig, dass Zahlen oder Größen im richtigen **Verhältnis** zueinander stehen.

2 : 1
(lies: 2 zu 1)

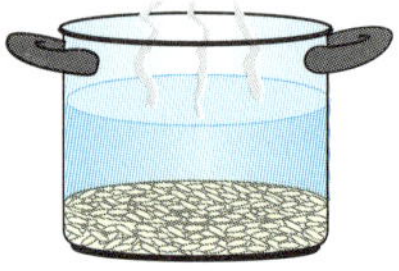

$\frac{2}{3}$ und $\frac{1}{3}$

Beim Kochen von Reis benötigt man *doppelt so viel* Wasser wie Reis: *zwei Teile* Wasser auf *einen Teil* Reis.
Die Wassermenge steht zur Reismenge *im Verhältnis 2 : 1*.
Das Wasser-Reis-Gemisch besteht aus *zwei Dritteln* Wasser und *einem Drittel* Reis.

Beim Denken in Verhältnissen betont man das *Verhältnis der Bestandteile zueinander*.
Beim Denken in Bruchteilen betont man den *Anteil* der Bestandteile *am Ganzen*.

2 Ein Geldpreis von 1000 Euro soll im Verhältnis 5 : 3 an zwei Gewinner eines Wettbewerbs verteilt werden. Das bedeutet: Die 1000 Euro müssen so in gleiche Teile zerlegt werden, dass das gesamte Geld restlos verteilt ist, wenn der eine Gewinner fünf und der andere Gewinner drei dieser Teile erhält.

Teilungsverhältnis

Insgesamt werden (5 + 3) Teile = 8 Teile benötigt.
Es ist 1000 : 8 = 125. Daher erhält
der eine Gewinner 5 · 125 Euro = 625 Euro
und der andere 3 · 125 Euro = 375 Euro.

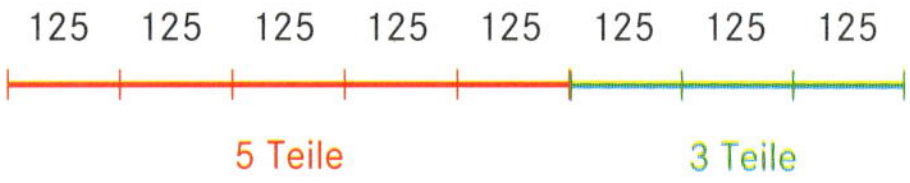

(5 + 3) Teile = 8 Teile

Eine Pizza soll im Verhältnis 2 : 3 an zwei unterschiedlich hungrige Kinder verteilt werden.

Zwei Fünftel Pizza
und
drei Fünftel Pizza

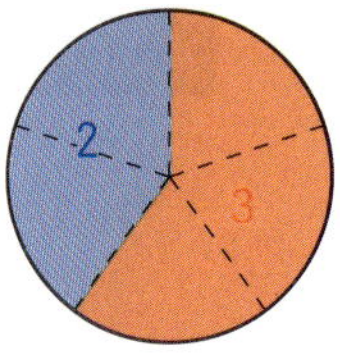

Insgesamt werden (2 + 3) = 5 gleiche Teile benötigt.

Das kleinere Teilstück ist $\frac{2}{5}$ vom Ganzen,

das größere Teilstück ist $\frac{3}{5}$ vom Ganzen.

Will man ein Ganzes in einem vorgegebenen Verhältnis aufteilen, so kann man an der *Summe der Zahlen vor und hinter dem Doppelpunkt* ablesen, in *wie viele gleiche Teile* man das Ganze dazu sinnvollerweise zerlegt.

Vergrößerungs-/Verkleinerungsverhältnis

3 Lupen und Mikroskope dienen dazu *kleine* Gegenstände zu *vergrößern*.
Will man *große* Gegenstände im Bild darstellen, so muss man sie *verkleinern*.
Das **Vergrößerungs- bzw. Verkleinerungsverhältnis** gibt an, wie sich die Größe des Originals zur Größe des Bildes verhält.

Übersetzungsverhältnis

4 Die Kette am Fahrrad läuft über zwei Zahnräder, das Kettenblatt beim Pedal und das Ritzel am Hinterrad.
Das **Übersetzungsverhältnis** ist das Verhältnis der Anzahl der Zähne an Kettenblatt zur Anzahl der Zähne am Ritzel.
Beim Übersetzungsverhältnis 36 : 12 oder 3 : 1 dreht sich das Hinterrad *dreimal,* wenn das Pedal eine Umdrehung macht.

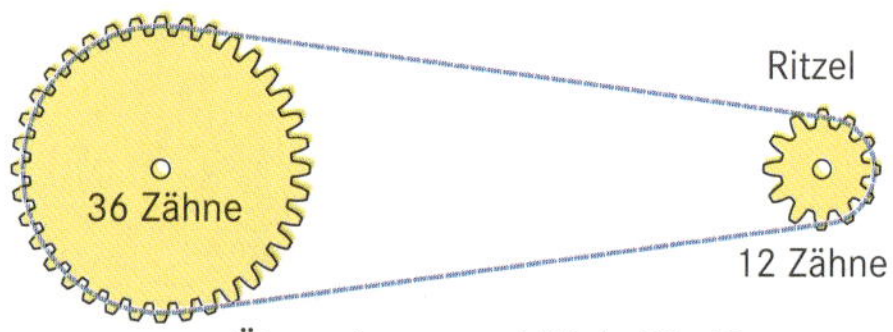

Übersetzungsverhältnis 36 : 12
oder Übersetzungsverhältnis 3 : 1

Mischungsverhältnis

5 Im Drucker eines Computers werden Farben durch Mischung von drei Grundfarben erzeugt. Jeder Farbton ist durch ein bestimmtes **Mischungsverhältnis** gekennzeichnet.

cyan		magenta		gelb
0	:	25	:	50
20	:	40	:	60
20	:	0	:	20

Maßstab

6 Statt vom Vergrößerungs- oder Verkleinerungsverhältnis spricht man z. B. im Modellbau, bei Architektenzeichnungen oder bei Landkarten vom **Maßstab**.

Der Maßstab gibt an, wie sich die Größe des Bildes zur Größe des Originals verhält.

Beim Maßstab 1 : 10 gilt:

1 cm im Bild entspricht 10 cm im Original
1 cm im Bild $\triangleq$ 10 cm im Original

Originalgröße

Bildgröße bei Maßstab 1:10

Wie lang ist ein Auto in Wirklichkeit, wenn es als Modell im Maßstab 1 : 18 eine Länge von 20 cm hat?

Beim Maßstab 1 : 18 gilt:
1 cm im Modell entspricht 18 cm im Original.

Also hat das Auto tatsächlich eine Länge von 20 cm · 18 = 360 cm oder 3,60 m.

Bei Maßstabsangaben gilt: Je *größer* die zweite Zahl, desto *kleiner* der Maßstab.

7 Verhältnisangaben lassen sich verfeinern und vergröbern. Das Verhältnis bleibt dabei gleich.

Reisrezept für	2 Personen	4 Personen	6 Personen	1 Person	3 Personen
Reis zu Wasser	1 : 2	2 : 4	3 : 6	$\frac{1}{2}$: 1	$1\frac{1}{2}$: 3

Das Verfeinern und Vergröbern von Verhältnisangaben entspricht dem Erweitern und Kürzen von Brüchen. Wenn Reis und Wasser im Verhältnis 1 : 2 = 2 : 4 = 3 : 6 = ... gemischt werden, macht die Reismenge $\frac{1}{2} = \frac{2}{4} = \frac{3}{6} = \ldots$ der Wassermenge aus.

8 Bei einem 12-Minuten-Testlauf verhalten sich die Laufstrecken von Ilona und Vera wie 2 : 3. Vera hat 2400 m geschafft. Wie weit ist Ilona gelaufen?

Wenn man die Laufstrecken von Ilona und Vera addiert und die Gesamtstrecke in fünf gleiche Teile zerlegt, haben Ilona davon 2 Teile und Vera davon 3 Teile gelaufen.

1 Teil entspricht dann $\frac{1}{3}$ von Veras Strecke, also 2400 m : 3 = 800 m.
Ilonas Strecke ist das Doppelte von einem Teil, demnach 2 · 800 m = 1600 m.

Man rechnet kurz:
Ilonas Laufstrecke macht $\frac{2}{3}$ von Veras Laufstrecke aus, damit ist sie

$\frac{2}{3}$ von 2400 m = (2400 m : 3) · 2 = 800 m · 2 = 1600 m weit gelaufen.

Das Verhältnis 2 : 3 oder 2 *zu* 3 kann man auch 2 *durch* 3 lesen und $\frac{2}{3}$ schreiben.
Es bedeutet, dass der kleinere Anteil $\frac{2}{3}$ des größeren Anteils ausmacht.

Übungen

1 a) Verhältnisse gibt es überall! Viele Sprüche und Sprachgewohnheiten ranken sich um die Wörter „Verhältnis“ oder auch „verhältnismäßig“.
Suche möglichst viele Sätze, in denen ein Wort aus der Wortfamilie „Verhältnis“ vorkommt.

b) Es gibt auch Wortverhältnisse. Schreibe die Beispiele ab und ersetze die Fragezeichen.
(I) *Elefant* verhält sich zu *Maus* wie *groß* zu ? .
(II) *Lampe* verhält sich zu *Licht* wie *Ofen* zu ? .
(III) *Finger* verhält sich zu *Hand* wie ? zu *Fuß*.

c) Denke dir selbst Wortverhältnisse aus.

d) In jedem der Beispiele kann man bestimmte Wörter vertauschen. Experimentiere.

2 Auf dem Etikett einer Flasche Himbeersirup steht: „Für köstlichen Himbeersaft Sirup mit Wasser im Verhältnis 1 : 4 mischen.“

a) Was muss Hendrik tun, wenn er sich einen halben Liter Himbeersaft anmischen will?

b) Hendrik findet eine Eineinhalb-Liter-Flasche und möchte sich darin einen Vorrat anlegen. Wie viel Himbeersirup und wie viel Wasser muss er dafür abmessen?

c) Katharina mischt sich ihren Himbeersaft anders an. Sie nimmt Sirup und Wasser im Verhältnis 1 : 3. Schmeckt ihr Saft konzentrierter oder wässriger?

d) Wie viel Himbeersaft können Hendrik und Katharina jeweils herstellen, wenn in der Sirupflasche $\frac{3}{4}$ *l* Himbeersirup sind?

3 a) Eine gewöhnliche Lupe liefert ein Vergrößerungsverhältnis von 1 : 5.
Angenommen du betrachtest einen vier Millimeter langen Käfer mit der Lupe. Wie groß wird er dir dann erscheinen?

b) Ein Staubgefäß einer Tulpe erscheint unter der Lupe 35 mm lang.
Wie lang ist es in Wirklichkeit?

c) Die Schrift auf dem Beipackzettel einer Arznei ist winzig.
Welches Vergrößerungsverhältnis benötigt man um die 1,8 mm großen Buchstaben auf eine Größe von 3,6 mm zu bringen?

4

Zwei Teams haben zusammen 720 Euro gewonnen, die nun im Verhältnis der Mitgliederanzahlen verteilt werden sollen.
Wie viel erhält jedes Team?

5 Malfarben werden aus den drei Grundfarben cyanblau, magentarot und gelb gemischt.
Mit dem Tuschkasten kannst du das ausprobieren!
Sekundärfarben erhält man durch die Mischung zweier Grundfarben, Tertiärfarben entstehen aus der Mischung dreier Grundfarben.
Wie viel von jeder Farbe in die Mischung kommt, wird in einem Mischungsverhältnis angegeben. Beschreibe die Farbmischung 3 : 2 : 1 aus cyanblau, magentarot und gelb.
Denke dir weitere Farbmischungen aus und probiere sie aus (Farben tropfenweise dazugeben).

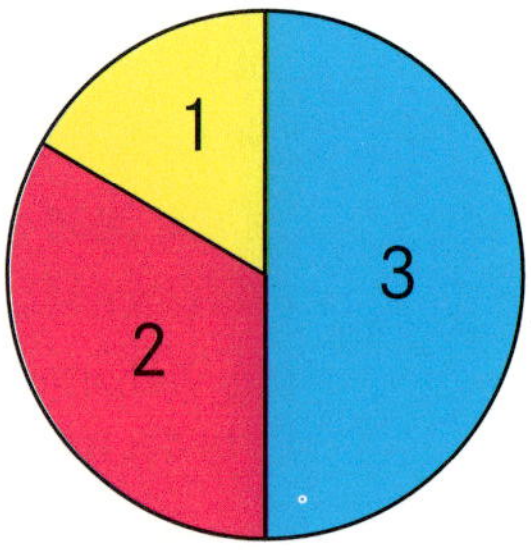

6 Steigungen werden oft durch ein Verhältnis angegeben.

a) Was bedeutet eine Steigung von 1 : 10?

b) Was würde eine Steigung von 1 : 5 bedeuten?

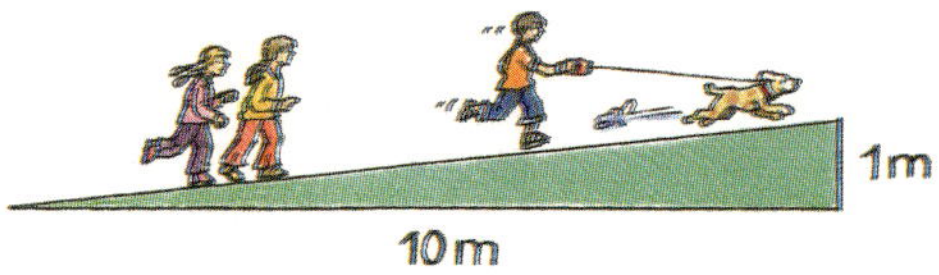

7 Dirty Dan und seine Bande haben zusammen mit den Carson Brothers und Billy Bones einen Bankraub in Silver City verübt. Nun soll die Beute aufgeteilt werden; die Bande berät in ihrem Hauptquartier.

a) Wie viele Mitglieder hat Dirty Dans Bande, wie viele Brüder Carson waren beteiligt?

b) Wie hoch war die Beute, wenn der Anteil der Carsons 5100 Silberdollars ausmacht?

c) Dirty Dan ist mit dem Verteilungsplan nicht einverstanden. „Der Sheriff bekommt gar nichts – er soll sich mal beschweren! Und seinen Anteil kriegen *wir*; die Carsons und Billy Bones bekommen nichts davon ab!“
In welchem Verhältnis wird die ganze Beute zwischen Dirty Dans Bande, den Carsons und Billy Bones aufgeteilt, wenn Dan seinen Willen durchsetzt?

8 Modellautos werden in verschiedenen Maßstäben hergestellt.
Wie groß sind diese Modellautos in Wirklichkeit?

Modell	Maßstab	Länge
Trecker mit Frontlader	1 : 32	21 cm
Forstanhänger	1 : 32	22 cm
Traktor	1 : 32	17 cm
Pkw-Transporter	1 : 55	33 cm
Autotransporter	1 : 55	31 cm
Geländewagen	1 : 55	7,5 cm
Recycling-Lkw-Zug	1 : 55	14,5 cm
Großbagger	1 : 55	23 cm
Tieflader	1 : 55	16 cm
Polizeiwagen	1 : 55	8,5 cm
Rennwagen	1 : 55	7,8 cm

Zeichne die Punkte in ein Koordinatensystem und verbinde sie in alphabetischer Reihenfolge.

a) A (0 | 1); B (3 | 1); C (3 | 0); D (4 | 0); E (4 | 1); F (7 | 1); G (4 | 2); H (6 | 2); I (4 | 3); J (5 | 3); K (4 | 4); L(4 | 5); M(3,5 | 6); N(3 | 4); O(2 | 3); P(3 | 3); Q(1 | 2); R(3 | 2)

b) A (3 | 0); B (4 | 0); C (4 | 2); D (7 | 2); E (7 | 0); F (8 | 0); G (8 | 2); H (8 | 3); I (10 | 4); J (4 | 4); K (4 | 6); L(3,5 | 7); M(3 | 6); N(2 | 6); O(2 | 5); P(1 | 5); Q(1 | 4); R(3 | 4)

9 Das abgebildete Rennrad hat vorne zwei Kettenblätter mit 52 und 48 Zähnen.
Hinten hat es sechs Ritzel mit 26, 23, 20, 17, 15 und 13 Zähnen.

a) Wie musst du hinten und vorne schalten, damit du den „kleinsten Gang“ zum Beispiel für eine extreme Bergauf-Fahrt erhältst?
b) Wie viele unterschiedliche Gänge bietet dieses Rennrad insgesamt? Nenne alle Übersetzungsverhältnisse und vereinfache sie, sofern es geht. Sortiere sie der Größe nach.
c) Vervollständige folgende Sätze:
(I) „ ..., so muss man das kleinste Ritzel hinten und das größte Kettenblatt vorne wählen.“
(II) „Je größer man das Kettenblatt wählt, desto .... dreht sich bei jeder Pedalumdrehung das Hinterrad.“
(III) „Schaltet man hinten auf ein kleineres Ritzel, so dreht sich das Hinterrad bei jeder Pedalumdrehung ...“

10 Konstantin möchte mit seiner Mutter Erdbeermarmelade kochen. Dazu soll er im Supermarkt Gelierzucker kaufen, und zwar eine Sorte, bei der mehr Frucht und weniger Zucker benötigt wird. Im Regal stehen verschiedene Sorten Gelierzucker mit den Aufschriften 1 : 1 und 1 : 2. Die erste Zahl bedeutet, wie viele Teile Zucker in die Mischung kommen, die zweite Zahl, wie viele Teile Frucht.

a) Welchen Gelierzucker würdest du an Konstantins Stelle kaufen? Warum?
b) Angenommen Konstantin wählt den Gelierzucker mit 1 : 2 und die Mutter hat ein Kilogramm (2 kg; 3 kg) Erdbeeren. Wie viel Gelierzucker muss er dann kaufen?
c) Welchen Anteil Zucker hätte die selbst gemachte Erdbeermarmelade?
Vergleiche das Ergebnis mit dem Zuckeranteilgehalt einer gekauften Erdbeermarmelade.

11 Das *Museum of Natural History* in London zeigt in der Ausstellung „Insekten“ überdimensionale bewegliche Modelle von verschiedenen Insekten in realistischen Farben. Übertrage die Tabelle in dein Heft und vervollständige sie.
Wie sehen die genannten Insekten aus?

Insekt	Maßstab	Original	Modell
Gespenst-schrecke	30 : 1		5,40 m
Rosenkäfer	20 : 1		0,30 m
Menschenfloh	250 : 1		75 cm
Menschenfloh			10 cm
Kopflaus	250 : 1		80 cm
Atlaskäfer	40 : 1	8,5 cm	
Wander-heuschrecke		7 cm	3,50 m
Libelle	35 : 1		1,22 m
Schwalben-schwanzraupe	90 : 1	7 cm	
Chinesische Gottesanbeterin	60 : 1	8 cm	
Kopf einer Stechmücke	600 : 1		55 cm
Termite		7 mm	17,5 cm
Charles Darwin	1 : 1		170 cm

Natürlich ist Charles Darwin kein Insekt. Wie kommt er in die Ausstellung?

12 a) Veranschauliche das Verhältnis 3 : 5 mithilfe (I) einer Strecke; (II) eines Kreises.
b) Erfinde möglichst viele Geschichten, in denen 3 : 5 als Mischungsverhältnis, Übersetzungsverhältnis, Teilungsverhältnis usw. vorkommt.
c) Lest euch eure Geschichten gegenseitig vor. Wählt die schönsten aus und lest sie der ganzen Klasse vor.

Ein Emulgator sorgt dafür, dass sich das Badeöl mit dem Wasser mischt, sonst würde es obenauf schwimmen.

13 a) In welchem Mischungsverhältnis müssen die Zutaten für Melissenölbad gemischt werden?
b) Wie viel der einzelnen Zutaten benötigst du um 100 g Badeöl herzustellen?
c) Für wie viele Wannenbäder mit je 50 *l* Wasser reicht $\frac{1}{10}$ kg Badeöl, wenn Wasser mit Badeöl im Verhältnis 1000 : 1 zu mischen ist und 1 *l* Wasser 1 kg wiegt?
(Tipp: Du könntest zunächst darüber nachdenken, für wie viele Wannenbäder mit 100 *l* Wasser das Badeöl reicht – das ist einfacher zu rechnen! Wie hilft dir diese Überlegung bei der Lösung von c)?)

Melissenölbad
Acht Teile kaltgepresstes Sonnenblumenöl (Fettöl), ein Teil Melissenöl und ein Teil Emulgator.

14 Winzig kleine Dinge kann man mit einem so genannten Elektronenmikroskop sichtbar machen. Es kann bis zu einem Verhältnis von 1 : 250 000 vergrößern.
Was könntest du damit betrachten?
Frage deine Eltern oder schlage in einem Lexikon nach.

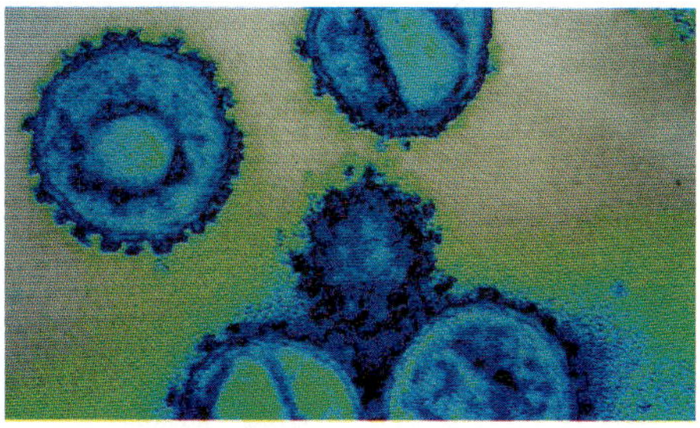

Aids-Viren 1 : 150 000

15 Die Marinade eines Sauerbratens enthält neben verschiedenen Gewürzen Rotwein, Rotweinessig und Wasser im Verhältnis 2 : 1 : 2.
a) Welche Menge jeder Flüssigkeit muss man nehmen, wenn man $1\frac{1}{4}$ Liter Marinade braucht?
b) Wie groß sind die Anteile der einzelnen Flüssigkeiten an der ganzen Marinade?

16 Die Naturheilkunde wendet Methoden und Heilmittel an, die sich in Jahrhunderten bewährt haben. Ihre Anfänge gehen auf die Ärzte der Antike zurück.

a) Informiere dich über HIPPOKRATES VON KOS, der als geistiger Vater der Biomedizin unserer Tage gilt.
b) Eines der wichtigsten Teilgebiete der Biomedizin ist die Homöopathie. Hier wird versucht die körpereigenen Abwehrkräfte anzuregen. Durch Einnahme von winzigen Mengen eines Naturheilmittels wird eine ähnliche Körperreaktion hervorgerufen wie bei der Krankheit selbst. Dadurch wird der Körper trainiert Abwehrstoffe herzustellen. Tritt dann die Krankheit auf, kann sich der Körper besser wehren.
Homöopathische Heilmittel sind Mischungen aus einem Wirkstoff und einem Lösungsmittel. Bei einem Mischungsverhältnis von 1 : 9 von Wirkstoff und Lösungsmittel spricht man von der homöopathischen Dosis D_1. Verdünnt man D_1 wieder im Verhältnis 1 : 9 mit dem Lösungsmittel, erhält man D_2. Aus D_2 wird durch Verdünnung mit Lösungsmittel im Verhältnis 1 : 9 die Dosis D_3 usw.
Wie groß ist jeweils der Anteil des Wirkstoffs in den Dosierungen D_1, D_2, D_3, D_4, D_5?
c) Erkläre, weshalb wohl in der Homöopathie bei der Herstellung homöopathischer Mittel nach der in b) beschriebenen Methode vom „Potenzieren" eines Wirkstoffs die Rede ist.

„homoios" und „pathos" sind griechisch; sie bedeuten „ähnlich" bzw. „Leiden".

17 Bei Modelleisenbahnen der Spurweite H0 handelt es sich um Modelle im Maßstab 1 : 87.

a) Welche Länge hat ein H0-Modell eines D-Zug-Wagens, der im Original 26,40 m lang ist?

b) Ein H0-Modell eines ICE-Triebwagens misst 29,4 cm. Wie lang ist das Original?

c) Ein Modell eines Tankwagens, welcher in Wirklichkeit 21,48 m lang ist, hat eine Länge von 17,9 cm. Bestimme den Maßstab. Handelt es sich um ein H0-Modell?

Ausstiege

A1 a) Wie klein müsste ein U-Boot sein, das durch die Blutadern eines Menschen fahren könnte? Wie stark müsste man dich verkleinern, damit du in das U-Boot passt?

b) Was könntest du auf einer Reise durch den menschlichen Körper alles entdecken? Wie groß würdest du die verschiedenen Teile des Körpers sehen?

c) Schreibe ein Drehbuch für einen Film oder male eine Bildergeschichte von einer Reise mit einem U-Boot durch deinen Körper.

d) Zu medizinischen Zwecken fahren schon heute „U-Boote" mit Kameras durch den menschlichen Körper. Erkundige dich.

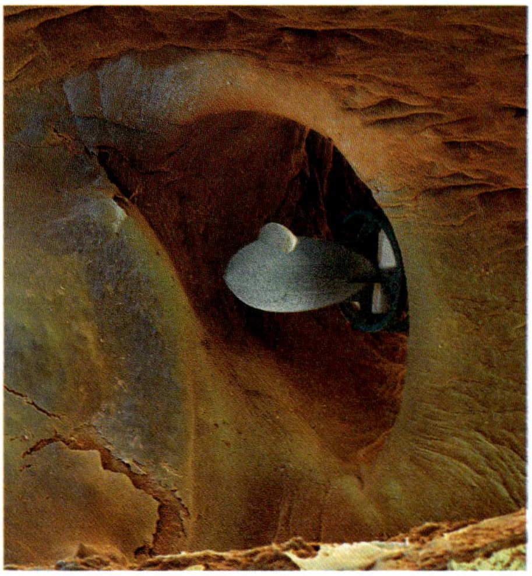

A2

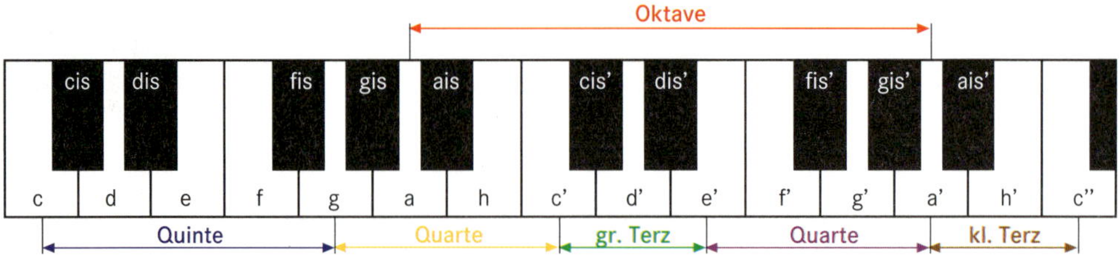

Frequenz: physikalische Messgröße (Anzahl der Schwingungen pro Sekunde), in der Akustik ein Maß für die Tonhöhe.

Oben seht ihr einen Ausschnitt einer Klaviertastatur. Von einer Taste zur nächsten geht es immer einen *Halbtonschritt* weiter, z. B. von c nach cis oder von h nach c′. Haben zwei Töne (bis auf den Oberstrich) die gleiche Bezeichnung, z. B. c, c′ und c″ oder a und a′, handelt es sich prinzipiell um die gleichen Töne, allerdings in verschiedenen Tonhöhen. Jeder Ton ist durch seine Frequenz festgelegt: je größer die Frequenz, desto höher und weiter rechts auf der Tastatur ist der Ton. Bei einer *Oktave*, das ist der Sprung von einem Ton zum nächsten mit der gleichen Bezeichnung, ist das Frequenzverhältnis vom hohen zum tiefen Ton 2 : 1.

Auch jedes andere Tonintervall lässt sich durch ein bestimmtes Frequenzverhältnis der beteiligten Töne beschreiben; einige Tonintervalle *(kleine Terz, große Terz, Quarte, Quinte)* sind im Bild oben benannt. Die kleine Terz kennt ihr vom Kuckucksruf; die Quarte tritt beim akustischen Warnsignal der Rettungsfahrzeuge in Deutschland auf („Martinshorn").

a) Arbeitet heraus, durch wie viele Halbtonschritte die oben genannten Tonintervalle jeweils festgelegt werden. Findet dann zu jedem der Tonintervalle drei Paare von Tönen, die das entsprechende Tonintervall bilden.

b) Welche anderen Tonintervalle sind euch noch bekannt? Findet auch dazu Tonpaare.

c) Der niedrigere und der höhere Ton einer Quinte stehen im Frequenzverhältnis 2 : 3. Durch *Verfeinerung* des Verhältnisses 1 : 2 für eine Oktave kann man das Frequenzverhältnis für eine Quarte herausfinden: c : c′ = 1 : 2 = 2 : 4 und c : g = 2 : 3, also c : g : c′ = 2 : 3 : 4. Der niedrigere und der höhere Ton einer Quarte stehen damit im Frequenzverhältnis 3 : 4. Ermittelt in gleicher Weise die Frequenzverhältnisse für andere Tonintervalle.

5.4 Aufs Komma genau – Dezimalschreibweise

Einstiege

E1

Ein Lkw nähert sich der Unterführung. Sagt der Beifahrer: „Oh, so'n Pech, nur 3,40 Meter Höhe; wir haben 3,60 Meter!" Erwidert der Fahrer: „Macht nichts, oder siehst du hier irgendwo einen Polizisten?"

Priggen sind Seezeichen, die die Fahrrinne im Tidengewässer kennzeichnen.

Zwei Freunde wollen von Bremerhaven nach Varel segeln; ihr Boot hat 1,10 Meter Tiefgang. Der Weg über das „offene" Wasser ist lang, deshalb entscheiden sie sich für eine Abkürzung durch das Tidengewässer, wo die Gezeiten („Tiden" – Ebbe und Flut) im Wechsel von jeweils 6 Stunden die Fahrrinne verändern. Sie folgen dem durch Priggen gekennzeichneten Weg zu einer Stelle mit einem Hochwasserstand von 3,60 m, aber aktuell nur 0,90 Meter Wassertiefe.

a) Informiere dich in einem Atlas über die geographischen Gegebenheiten.
b) Schreibe die beiden Geschichten zu Ende.
c) Zeichne zu (I) den Lkw in der Unterführung und zu (II) das Segelboot im Priggenweg.
d) Erfinde weitere Geschichten, in denen „Kommazahlen" wichtig sind.

E2 Die Ansicht *„Spinat ist besonders gesund, weil er viel Eisen enthält"* beruht auf einem Tippfehler: Im Jahre 1930 hat eine Sekretärin in einem wissenschaftlichen Bericht aus den damals ermittelten 1,6 Milligramm (mg) Eisen pro 100 g Spinat gewaltige 16 mg gemacht. Sie hatte einfach das Komma vergessen! Der Fehler wurde später ausdrücklich berichtigt.

a) Sortiere die Nahrungsmittel nach ihrem Eisengehalt.
b) Gehe auf die Suche nach anderen wichtigen Mineralien. Du kannst dich darüber in Koch- oder Ernährungsbüchern oder bei Krankenkassen informieren. Häufig findest du solche Informationen auch direkt auf den Lebensmittelverpackungen. Stelle für jeden wichtigen Inhaltsstoff deine eigene Rangliste auf.

Der Eisengehalt pro 100 g beträgt:	
Rindfleisch (gekocht)	3,3 mg
Spinat (gekocht und entwässert)	2,2 mg
Bohnen (gekocht)	2,7 mg
Eier	2,2 mg
Pistazien	7,3 mg
Spinat (frisch)	2,6 mg

E3 Veronique hat einen grippalen Infekt. Sie vertreibt sich die Zeit mit Fieber messen.

Datum	3.05.	3.05.	3.05.	3.05.	3.05.	4.05.	4.05.	4.05.	4.05.	4.05.	4.05.
Uhrzeit	10.00	13.00	16.00	19.00	22.00	7.00	10.00	13.00	16.00	19.00	22.00
Temperatur	39,1 °C	38,7 °C	38,5 °C	38,9 °C	39,2 °C	38,5 °C	38,8 °C	38,4 °C	38,2 °C	38,3 °C	37,6 °C

a) Welches war innerhalb dieses Messzeitraums Veroniques höchste Temperatur, welches ihre niedrigste?
b) Stelle Veroniques Körpertemperatur in einem Diagramm dar.
c) Schätze, wie hoch ihre durchschnittliche Temperatur am 3.05. und am 4.05. war.

Grundwissen

1 Beim Geld trennt das Komma *Euro* von *Cent.* Wenn ein Vollkornbrot 2,50 Euro kostet, muss man dafür 2 Euro und 50 Cent bezahlen, das sind $2\frac{1}{2}$ Euro. Mit der Längenangabe 1,56 m ist ein *Meter* (m) und 56 *Zentimeter* (cm) gemeint, das entspricht $1\frac{56}{100}$ m.

Dezimalzahl

Man kann Bruchzahlen als Zahl mit einem Komma schreiben; hier spricht man von der *dezimalen Schreibweise* von Bruchzahlen. Preise, Temperaturen und Längen werden meist mit Kommazahlen angegeben. Man nennt Kommazahlen auch **Dezimalzahlen.**

2 Die **Dezimalschreibweise** führt zu einer Erweiterung unserer bisherigen Stellenwerttafel. Nach dem Komma setzt man sie nach rechts fort:

: 10 → : 10 → : 10 → : 10 → : 10

Dezimalschreibweise	…	100 Hunderter	10 Zehner	1 Einer	,	$0{,}1=\frac{1}{10}$ Zehntel	$0{,}01=\frac{1}{100}$ Hundertstel	$0{,}001=\frac{1}{1000}$ Tausendstel	…
0,25				0	,	2	5		
12,125			1	2	,	1	2	5	
150,01		1	5	0	,	0	1		

3

0,25	Lies:	„null	Komma	zwei	fünf“	
12,125	Lies:	„zwölf	Komma	eins	zwei	fünf“
150,01	Lies:	„einhundertfünfzig	Komma	null	eins“	

Vor dem Komma spricht man die Zahl im Ganzen; *hinter* dem Komma spricht man die Ziffern *einzeln.*

Eine *falsche Sprechweise* kann für Fehler sorgen:
Werden die Ziffern nach dem Komma nicht einzeln gesprochen, beispielsweise 6,15 als „sechs Komma fünfzehn“, so hört sich „sechs Komma fünfzehn“ größer als „sechs Komma neun“ an, richtig ist aber: 6,15 < 6,9 !!!

Hinter dem Komma rechts angehängte Nullen ändern den Wert der Dezimalzahl nicht.
Also: 4,1 = 4,10 oder 0,7 = 0,700. Aber Vorsicht links vom Komma: 41 ≠ 410!

Vergleich von Dezimalzahlen

4 Dezimalzahlen **vergleicht** man *stellenweise von links nach rechts.* Links beginnend wandert man so lange nach rechts, bis sich bei einem Stellenwert die Ziffern unterscheiden.
Diese Stelle entscheidet, welche der beiden Zahlen die größere ist.

16,67 3 23
16,67 5 12

Da 5 > 3, ist also 16,67512 > 16,67323.

Runden von Dezimalzahlen

5 Dezimalzahlen werden nach denselben Regeln **gerundet,** die auch für das Aufrunden oder das Abrunden natürlicher Zahlen gelten.
Entscheidend ist immer *die Ziffer rechts von der Rundungsstelle:*

Bei **0; 1; 2; 3; 4** wird **abgerundet**; bei **5; 6; 7; 8; 9** wird **aufgerundet**.

Will man also auf Hundertstel runden, so entscheidet die Ziffer der Tausendstelstelle; will man auf Zehntel runden, so entscheidet die Ziffer der Hundertstelstelle usw.

Runden auf Zehntel:	45,**14** ≈ 45,1	da bei der **„4“** abgerundet wird.
Runden auf Hundertstel:	305,63**5** ≈ 305,64	da bei der **„5“** aufgerundet wird.

Übungen

1 Lest die Dezimalzahl vor.

a) 23,796 b) 49,01 c) 5608,0203 d) 409,409 e) 4094,09
f) 40980,007 g) 40980,7 h) 6280001,628 i) 2560,0625 j) 2560062,5
k) 1010,0101 l) 101,00101 m) 1001,1001 n) 10001100,101 o) 110011,11
p) 707,007 q) 7070,0707 r) 70707070,707 s) 12345,12345 t) 5555555,555
u) 1700170,0107 v) 6810,6810 w) 13579,97531 x) 13579975,31 y) 10110111,01
z) 120022,22 äh) 99999,9099 oh) 1561117,28 je) 256009712,245 uff) 10000000,10

2 Denkt euch Dezimalzahlen aus, schreibt sie auf und diktiert sie euch gegenseitig.

3 Welchen Stellenwert hat jeweils die Ziffer 6?

a) 161,4 b) 1,263 c) 0,00063 d) 10,625 e) 6122453,004 f) 111,010230456
g) 1,01614 h) 1,00263 i) 0,0063 j) 0,10625 k) 61224,53004 l) 1110102,30456
m) 14,0016 n) 36200,1 o) 0,000063 p) 10,0625 q) 40053,42216 r) 65403201011,1

4 Die Ziffer 0 soll jeweils den angegebenen Stellenwert haben. Setze das Komma passend.

a) 21103 (Tausendstel) b) 123304 (Einer) c) 10123 (Zehntel) d) 9807654 (Hundertstel)
e) 21103 (Zehntel) f) 123304 (Tausender) g) 10123 (Einer) h) 9807654 (Zehntel)
i) 21103 (Hunderttausendstel) j) 10123 (Milliardstel)

5

Die Reinen und die Feinen

LONDON, 2. Mai (AFP/FR). Diplomaten müssen im Dienst für ihr Land nicht alle gleich sauber sein. (...) Danach stehen einem Beamten der ersten Kategorie, der im Ausland im Einsatz ist, pro Jahr 57,6 Handseifen, 14,4 Tuben Zahnpasta und 28,8 Rollen Toilettenpapier zu. Ein Beamter der fünften Kategorie hat dagegen nur Anrecht auf 43,2 Handseifen, 10,8 Tuben Zahnpasta und 21,6 Rollen Toilettenpapier. Dies, so unken Beobachter, weil er wohl weniger Hände drücken und seltener lächeln muss.

(Frankfurter Rundschau, vom 3. 5. 1983)

Verstehst du diese Zeitungsmeldung? Was fällt dir an den Zahlen auf?

6 Zeichne den Zahlenstrahl ab. Bezeichne die markierten Stellen mit Dezimalzahlen.

a)
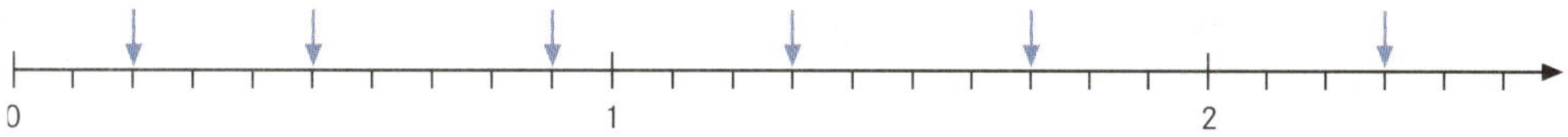

b)
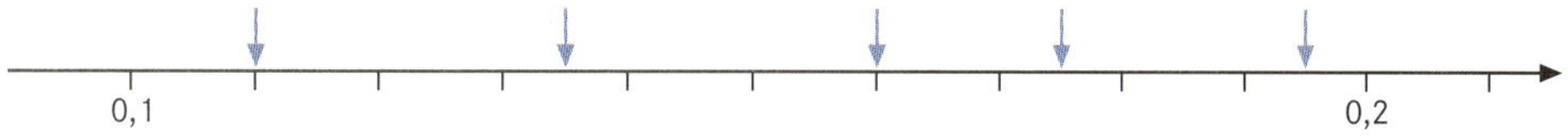

7 Dezimalzahlen findet ihr in vielen Lebensbereichen.

a) Sucht in Zeitschriften oder Werbung Beispiele. Schneidet sie aus und klebt sie auf ein Blatt.
b) Sucht die interessantesten Ausschnitte heraus und macht daraus eine Ausstellung.

8 Schreibe als Dezimalzahl.

a) $1\frac{3}{10}$ b) $1\frac{3}{1000}$ c) $13\frac{3}{100}$ d) $\frac{133}{10000}$ e) $133\frac{1}{10000}$ f) $\frac{1331}{1000}$ g) $13\frac{31}{1000}$

9 Kürze so, dass der Nenner eine Zehnerpotenz wird; schreibe dann als Dezimalzahl.

a) $\frac{18}{20}$ b) $\frac{15}{30}$ c) $\frac{49}{70}$ d) $\frac{490}{70}$ e) $\frac{30}{15}$ f) $\frac{30}{150}$ g) $\frac{30}{1500}$ h) $\frac{10}{500}$

10 Notiere jede Dezimalzahl als Bruch in gemischter Schreibweise. Kürze so weit wie möglich.

a) 2,5 b) 2,05 c) 2,025 d) 20,25 e) 202,5 f) 250,2 g) 22,55
h) 1,5 i) 1,25 j) 1,125 k) 1,0125 l) 10,125 m) 1012,5 n) 521,01

11 „Nullen sind unwichtig“, behauptet Siegfried. Mareike widerspricht heftig.

a) Wie viele Nullen kann man insgesamt in den folgenden Zahlen weglassen? Übertrage die Zahlen mit möglichst wenigen Ziffern in dein Heft.

17,008	00,5700	9,00	0,807	3490	820,01
0,0007	62,10	10,00	98,1601	0,00010	10203,040

Begründe, warum man manche Nullen weglassen darf und andere nicht.

b) Auch beim Runden werden Ziffern weggelassen. Runde auf die Stelle mit der Ziffer 1 und berechne den Rundungsfehler.

(I) 31,824 (II) 0,0146 (III) 1,5074 (IV) 45,012

c) Finde drei Zahlen, bei denen beim Runden auf Zehntel der Rundungsfehler ein Hundertstel beträgt.

12 Runde auf die angegebenen Stellenwerte.

a) Hundertstel: 21,476	b) Zehntel: 5,55	c) Zehntel: 5,505	d) Hundertstel: 3,4549
e) Einer: 21,476	f) Zehner: 5,55	g) Hundertstel: 5,505	h) Tausendstel: 3,4549
i) Tausendstel: 2,1476	j) Zehntel: 55,5	k) Tausendstel: 0,5505	l) Millionstel: 0,0034549

13 Gib fünf verschiedene Dezimalzahlen an, die auf Hundertstel gerundet die Darstellung 1,25 haben. Welches ist die kleinste aller Zahlen, die dafür zu groß sind?

14 Lars hat 11 Euro in seiner Tasche. Er kauft drei Hefte für 1,90 Euro, Kleber für 2,49 Euro und eine Schere für 2,95 Euro. Rechne überschlägig nach, ob er sich noch ein Eis zu 1,30 Euro leisten kann, wenn er später noch 2 Euro für eine Fahrkarte ausgeben muss.

15 Schreibe ab und setze das richtige Zeichen „<“, „>“, „=“ ein.

a) 7,23 □ 7,2285	b) 13,05 □ 13,5	c) 7,5 □ 7,50	d) 3,80 □ 3,08
e) 2,5 □ 2,499	f) 0,70 □ 0,07	g) 8,75 □ 8,075	h) 1,0603 □ 1,0630

16 Zeichne jeweils einen passend beschrifteten Zahlenstrahl in dein Heft und trage sechs Dezimalzahlen ein zwischen

a) 8 und 9; b) 0,8 und 0,9; c) 8,8 und 8,9; d) 0,88 und 0,89; e) 8,88 und 8,89.

Materialliste!!!

Plakatkarton in 11 Farben
Kartenschablone

17 Bastelt für die Mathe-Box Spielkarten: Stellt jede Karte mehrmals her, verwendet für dieselbe Ziffer bzw. das Komma immer dieselbe Farbe.

a) Nehmt euch eine Komma-Karte und drei unterschiedliche, von der 0-Karte verschiedene Ziffernkarten. Legt alle Dezimalzahlen, die damit gebildet werden können; notiert sie und ordnet sie nach ihrer Größe. Wie viele verschiedene Zahlen sind es?

b) Wie ändert sich das Ergebnis, wenn auch die Null-Karte zugelassen ist oder die Ziffernkarten gleich sein dürfen? Erklärt eure Feststellungen. Denkt euch weitere Veränderungen aus.

18 Ordne die Zahlen der Größe nach.

a) 7,89	8,79	7,879	8,756	b) 101,11	110,10	101,01	111,11
c) 8,777	7,888	7,885	8,789	d) 99,89	98,98	89,89	89,98
e) 7,89	7,998	8,079	8,97	f) 0,700	0,077	0,070	0,007
g) 0,111	0,101	0,001	0,100	h) 303,03	333,033	330,30	303,33

Ausstiege

A1 Im Buch *„Der Zahlenteufel"* von HANS MAGNUS ENZENSBERGER träumt Robert eines Nachts unverhofft von einem Zahlenteufel. In der vierten Nacht träumt er von eigenartigen Dezimalzahlen:

Der Zahlenteufel erhob sein Stöckchen, und vor Roberts Augen erschien ein neuer Rechner. [...] Na, dann tipp mal eins durch drei, befahl der Alte. 1 : 3 sagte Robert und drückte auf die Tasten. Auf dem endlos langen Fensterchen erschien die Lösung in hellgrüner Schrift:
0,333333333333333333
– Hört denn das nie auf? fragte Robert.
– Doch, sagte der Zahlenteufel. Es hört dort auf, wo der Rechner aufhört. – Und was dann? –
– Dann geht es weiter. Du kannst es nur nicht lesen. – Aber es kommt ja immer dasselbe heraus, eine Drei nach der anderen. Das ist verdammt rutschig! – Da hast du recht.
– Nöö, murmelte Robert. Das ist mir zu dumm! Da schreibe ich doch einfach ein Drittel. So: $\frac{1}{3}$ Dann habe ich meine Ruhe. – Schon, sagte der Alte. Aber dann musst du Bruchrechnen [...]. „Wenn $\frac{1}{3}$ von 33 Bäckern in $2\frac{1}{2}$ Stunden 89 Brezeln backen [...]?
– Um Himmels willen nein! Das ist mir zu bockelig. Dann lieber mit dem Rechner und den Kommazahlen, und wenn sie nie aufhören. Ich möchte nur wissen, wo diese vielen Dreier herkommen.
– Das geht so: Die erste Drei hinter dem Komma, das sind drei Zehntel. Dazu kommt dann die zweite Drei, die macht drei Hundertstel, die dritte drei Tausendstel und so weiter. Die kannst du dann zusammenzählen.

0,3
0,03
0,003
0,0003
0,00003 ...

Kapiert? Ja? Dann versuch mal, das Ganze mal drei zu nehmen, die erste Drei, also die drei Zehntel, dann die drei Hundertstel und so weiter. – Kein Problem, sagte Robert. Das kann ich sogar im Kopf ausrechnen: $3 \cdot 0{,}3 = 0{,}9$ [...]

a) Kannst du das auch? – Was passiert, wenn du die Zahlen 0,3 ... alle wieder zusammenzählst?
b) Jetzt erinnere dich mal zurück. $0{,}33333... = \frac{1}{3}$. Drei Drittel sind ...? Was müsste also eigentlich bei $3 \cdot 0{,}3333...$ herauskommen? Kannst du diesen Widerspruch lösen?
c) So geht es beim Zahlenteufel weiter:

Keine Ahnung, sagte Robert. Irgend etwas fehlt. 0,999 ist zwar fast eins, aber nicht ganz. – Das ist es ja. Deshalb musst du immer weitermachen mit den Neunen und darfst nie aufhören. – Können vor Lachen! – Kein Problem für einen Zahlenteufel! Der Alte lachte [...] im Nu füllte sich der ganze Himmel mit einer langen, langen Schlange von Neunen, die sich immer weiter in die Höhe wand. – Aufhören, schrie Robert. Da wird einem ja schlecht! – Kostet mich nur ein Fingerschnipsen, weg sind sie. Aber erst, sofern du zugibst, dass diese Neunerschlange hinter der Null, wenn sie immer weiter und weiter wächst, genauso viel wie eine Eins ist. Während er sprach, wuchs die Schlange immer weiter. Sie verdunkelte langsam den Himmel. Obwohl Robert ganz schwindelig wurde, wollte er aber nicht nachgeben. – Nie und nimmer, sagte er. Ganz egal, wie lange du mit deiner Schlange weitermachst, etwas fehlt immer. Nämlich die letzte Neun. – Es gibt keine letzte Neun, schrie der Zahlenteufel. [...] Endlose Schlangen gibt es wie Sand am Meer, mein Lieber. Schätz mal, wie viele allein zwischen 0,0 und 1,0 auftauchen! Robert dachte scharf nach. [...]

Was hat Robert wohl gesagt? Versuche mehr darüber herauszufinden.

Vermischte Übungen

1 Stelle den Anteil bildlich, als Dezimalzahl und mit drei verschiedenen Brüchen dar.
a) ein Halbes b) ein Viertel c) drei Viertel d) ein Achtel e) ein Fünftel
f) ein Zehntel g) ein Hundertstel h) zwei Sechstel i) vier Achtel j) vier Halbe

L2 Welcher Anteil der Figur ist gefärbt? Welcher Anteil ist nicht gefärbt?

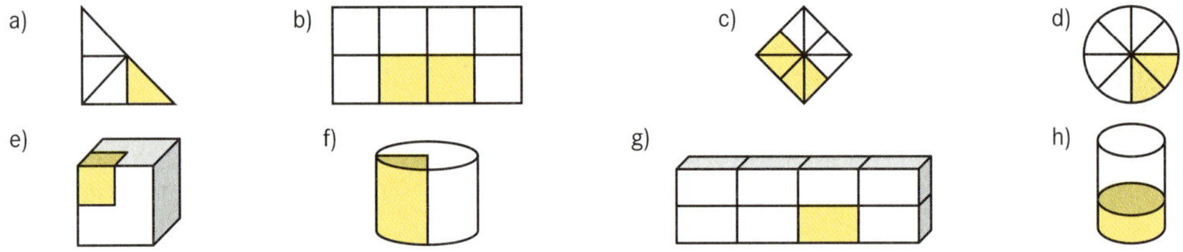

3 Mit dem hier abgebildeten Dominostein kann man die Brüche $\frac{2}{3}$ und $\frac{3}{2}$ darstellen, wenn man aus den Punktzahlen Zähler und Nenner eines Bruchs bildet.

a) Mit welchem Dominostein kann man *keinen* Bruch bilden?
b) Mit welchen Dominosteinen kann man jeweils nur *einen* Bruch darstellen?
c) Wie viele verschiedene Brüche kann man mit allen 28 Dominosteinen bilden? Wie viele verschiedene Bruchzahlen werden dadurch angegeben?

L4 Zeichne den Zahlenstrahl in dein Heft und trage die Zahlen darauf ein.

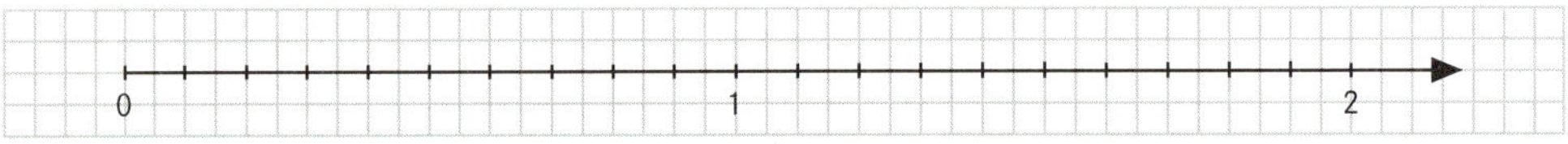

1,1 1,9 $\frac{1}{4}$ $\frac{7}{4}$ 0,75 $\frac{2}{3}$ 0,2 1,25 2,1 $2\frac{1}{4}$ $1\frac{3}{4}$ 1,99

5 Vergleiche die Brüche mit der „Unterhalb-oberhalb-Methode" aus **5.2** Grundwissen **4**.
a) $\frac{7}{9}$; $\frac{5}{11}$ b) $\frac{14}{13}$; $\frac{9}{10}$ c) $\frac{21}{10}$; $\frac{7}{4}$ d) $\frac{43}{14}$; $\frac{29}{15}$ e) $\frac{7}{15}$; $\frac{7}{6}$ f) $\frac{81}{10}$; $\frac{158}{20}$ g) $\frac{39}{19}$; $\frac{59}{20}$

6 Vergleiche die Brüche über ihren Abstand zur nächsten natürlichen Zahl.
a) $\frac{3}{5}$; $\frac{5}{6}$ b) $2\frac{1}{2}$; $\frac{19}{8}$ c) $\frac{2}{3}$; $\frac{5}{9}$ d) $\frac{27}{12}$; $2\frac{2}{8}$ e) $\frac{6}{7}$; $\frac{7}{8}$; $\frac{8}{9}$ f) $\frac{12}{11}$; $\frac{11}{10}$; $\frac{10}{9}$

7 Vergleiche die Brüche möglichst geschickt.
a) $\frac{4}{5} \square \frac{5}{7}$ b) $\frac{5}{24} \square \frac{1}{5}$ c) $\frac{2}{9} \square \frac{3}{8}$ d) $\frac{0}{4} \square \frac{0}{6}$ e) $\frac{12}{10} \square \frac{6}{5}$ f) $\frac{3}{7} \square \frac{21}{49}$
g) $\frac{10}{3} \square \frac{4}{1}$ h) $\frac{100}{5} \square \frac{20}{1}$ i) $1\frac{1}{2} \square 1\frac{1}{3}$ j) $3\frac{3}{4} \square \frac{7}{2}$ k) $\frac{8}{2} \square \frac{2}{8}$ f) $2\frac{1}{2} \square \frac{7}{3}$
m) $\frac{11}{10} \square \frac{5}{4}$ n) $\frac{3}{2} \square 1\frac{1}{2}$ o) $\frac{1}{4} \square \frac{25}{100}$ p) $\frac{7}{3} \square \frac{73}{10}$ q) $\frac{3}{8} \square \frac{4}{9}$ r) $\frac{25}{20} \square \frac{10}{8}$

8 Bei einer Tombola werden 5000 Lose angeboten; der Anteil der Gewinnlose an allen Losen beträgt $\frac{2}{5}$.
a) Wie viele Gewinne sind zu vergeben?
b) In welchem Verhältnis stehen die Gewinn- und Verlustchancen für denjenigen, der das erste Los kauft?
c) Nachdem drei Viertel aller Lose verkauft sind, sind noch so viele Gewinne übrig, dass die Losverkäufer für den Verkauf der Restlose mit dem Ausruf „Jedes zweite Los gewinnt!" werben. Wie groß ist jetzt das Chancenverhältnis, und wie viele Gewinne gibt es noch?

9 Zeichne den Zahlenstrahl in dein Heft und trage die Zahlen darauf ein.

a)

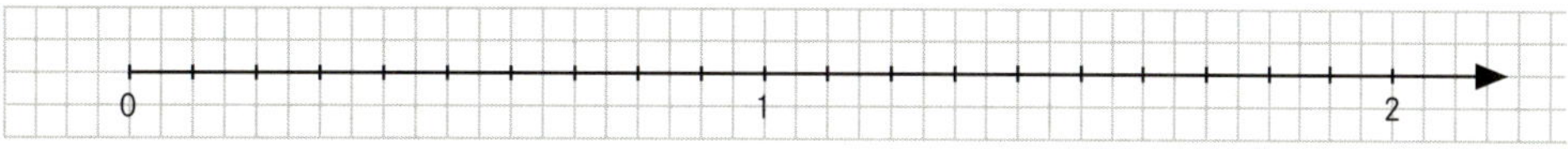

$\frac{1}{4}$ $\frac{2}{2}$ $1\frac{1}{2}$ $1\frac{3}{4}$ $\frac{2}{10}$ $\frac{5}{4}$ $\frac{6}{5}$ $\frac{12}{10}$ $\frac{4}{5}$ $\frac{7}{4}$

b)

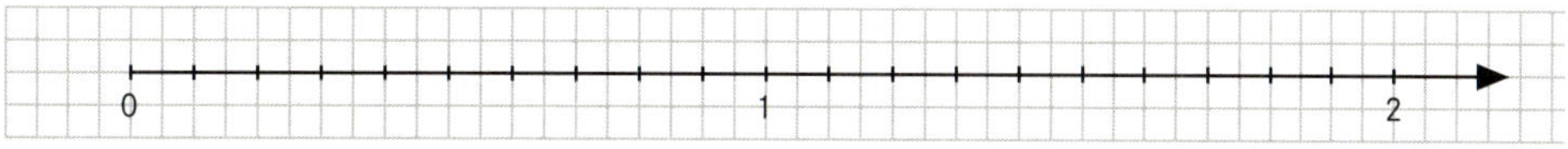

0,25 1,2 $\frac{6}{4}$ 1,8 $\frac{6}{5}$ 1,5 1,20 $\frac{2}{8}$ $1\frac{1}{2}$ $\frac{1}{4}$ $\frac{12}{10}$ $\frac{9}{5}$ $1\frac{8}{10}$

L10 Der Stand-by-Betrieb (Leerlauf) von Elektrogeräten ist reine Energieverschwendung! In einem Jahr wurden dadurch in Deutschland 20 Milliarden Kilowattstunden verbraucht.

a) Etwa $\frac{1}{4}$ dieser Energie könnte allein durch „richtiges" Ausschalten von Fernseh- und Videogeräten eingespart werden. Wie viele Kilowattstunden würden dann in deutschen Haushalten pro Jahr noch durch den Stand-by-Betrieb anderer Elektrogeräte verbraucht werden?

b) Was kostet eine Kilowattstunde bei eurem Stromanbieter? Welche jährliche Ersparnis ergäbe sich bei diesem Preis in Deutschland durch das Ausschalten von TV- und Videogeräten.

11

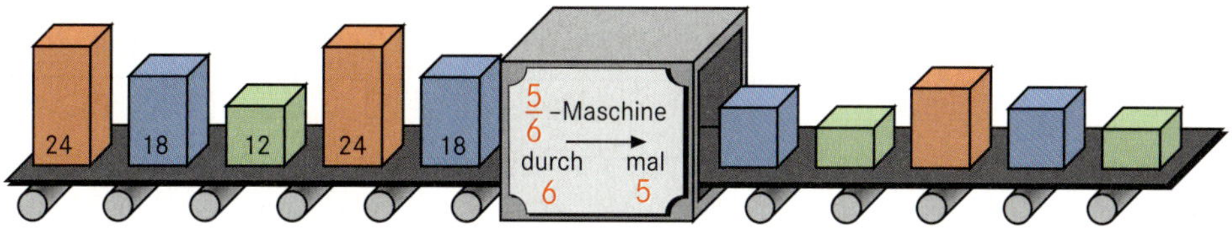

a) Was kommt aus der $\frac{5}{6}$-Maschine heraus?

b) Erfinde eine Maschine, die aus deinen Ergebnissen wieder die Zahlen 24, 18, 12 herstellt.

c) Denke dir eine andere Bruchmaschine aus und verarbeite damit passend gewählte Zahlen.

L12 Katharina wünscht sich ein neues Fahrrad, das 400 Euro kostet.
Den angegebenen Anteil steuern die Eltern dazu bei. Wie viele Euro geben die Eltern dazu? Wie viele Euro zahlt Katharina selbst? Wie groß ist ihr Anteil?

a) $\frac{1}{10}$ b) $\frac{3}{4}$ c) $\frac{1}{4}$ d) $\frac{1}{1}$ e) $\frac{1}{5}$ f) $\frac{1}{2}$ g) $\frac{1}{8}$

13 Zeichne die Teilfigur ab und ergänze sie zu einer ganzen Figur.

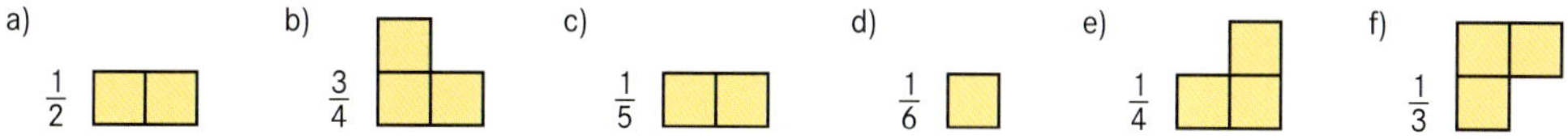

14 Berechne.

a) $\frac{1}{10}$ von 100 Euro b) $\frac{1}{2}$ von 20 kg c) $\frac{1}{4}$ von 5000 m d) $\frac{3}{4}$ von 20 Stück

e) $\frac{1}{5}$ von 2000 Euro f) $\frac{3}{4}$ von 100 000 Einwohnern g) $\frac{1}{3}$ von 6 000 000 Euro

h) $\frac{1}{2}$ von 2,5 m i) $\frac{1}{6}$ von 3,5 Stunden j) $\frac{1}{11}$ von $2\frac{3}{4}$ Litern

L15 Ordne in einer Kleinerkette: $\frac{3}{8}$; $\frac{1}{2}$; $\frac{5}{12}$; $\frac{2}{3}$; $\frac{8}{9}$; $\frac{11}{10}$.

16 Eine Laufstrecke ist 200 m (400 m; 1000 m) lang, die angegebenen Strecken sind bereits zurückgelegt. Bestimme jeweils ihren Anteil an der Gesamtlänge und das Verhältnis der bereits gelaufenen Streckenlänge zur noch verbleibenden Distanz.

a) 2 m b) 100 m c) 50 m d) 150 m e) 200 m f) 4 m g) 25 m h) 10 m

17 Gib drei verschiedene Bruchzahlen an, die zwischen den genannten Zahlen liegen. Notiere deine Zahlen als Brüche und in dezimaler Schreibweise.

a) $1; \frac{1}{2}$ b) $\frac{1}{5}; \frac{2}{5}$ c) $\frac{3}{2}; \frac{7}{4}$ d) $\frac{2}{1}; \frac{7}{3}$ e) $1\frac{1}{2}; \frac{9}{4}$ f) $\frac{0}{3}; \frac{1}{6}$

L18 Für eine Fruchtbowle müssen Mineralwasser (M), Sirup (S) und drei verschiedene Obstsäfte (A, B, C) im Verhältnis M : S : A : B : C = 6 : 1 : 3 : 2 : 3 gemischt werden.

a) Veranschauliche dieses Mischungsverhältnis durch Einzeichnen der Anteile in einem Rechteck auf Karopapier. Welches sind geeignete Seitenlängen? Begründe.

b) Wie viel Bowle kann man herstellen, wenn man zwar genügend Saft und Sirup, aber nur 3 *l* Mineralwasser hat?

c) Wie viel Sirup braucht man für $3\frac{3}{4}$ *l* Bowle?

19 Notiere zu den rot markierten Punkten des Zahlenstrahls die zugehörigen Bruchzahlen. Achte auf die unterschiedlichen Einteilungen!

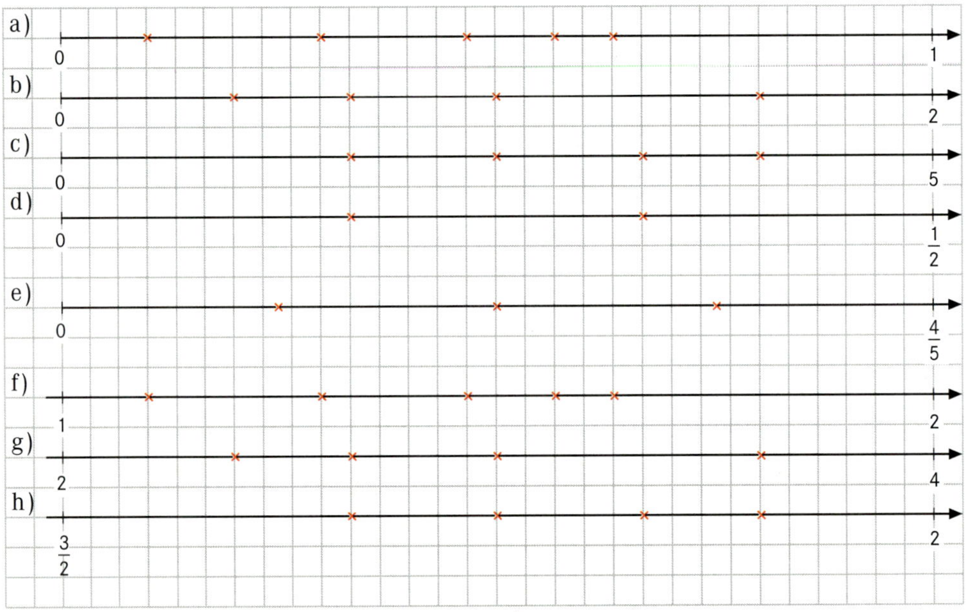

20 Im Schnitt werden in Deutschland pro Person täglich 120 Liter Trinkwasser verbraucht. Auf der Toilette wird etwa ein Viertel des täglichen Wasserverbrauchs heruntergespült.

a) Wie viel Wasser verbraucht eine vierköpfige Familie täglich für die Toilettenspülung?

b) Jeder Haushalt bekommt einmal im Jahr eine Wasserabrechnung. Frage bei dir zu Hause nach, wie viel Wasser ihr im Jahr verbraucht. Wofür braucht ihr zu Hause Wasser? Schätze die Anteile eures Wasserverbrauchs ab (für die Toilette, zum Duschen, ...). Stelle deine Schätzungen in einem Diagramm dar.

c) Aus der Wasserabrechnung kannst du auch ablesen, was ein Liter Wasser und ein Liter Abwasser kosten. Berechne mithilfe deiner Schätzungen aus b) ungefähr eure jährlichen Wasserkosten für die einzelnen Verwendungszwecke.

21 Es gibt in der Musik ganze Noten, halbe Noten, Viertel-Noten, Achtel-Noten usw.

a) Schreibe die Sätze ab und fülle die Lücken.

(I) Eine ganze Note ist so lang wie ______ halbe Noten oder ______ Viertel-Noten oder ______ Achtel-Noten oder ______ Sechzehntel-Noten.

(II) Eine halbe Note ist so lang wie ______ Viertel-Noten oder ______ Achtel-Noten oder ______ Sechzehntel-Noten.

(III) Eine Viertel-Note ist so lang wie ______ Achtel-Noten oder ______ Sechzehntel-Noten.

(IV) Eine Achtel-Note ist so lang wie ______ Sechzehntel-Noten.

b) Schreibe die Sätze (I) bis (IV) in der Notenschrift, z.B.: 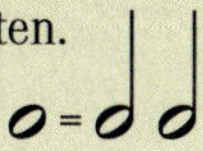

22 Erweitere auf den angegebenen Nenner; schreibe dazu Verfeinerungslisten auf.

a) $\frac{1}{2}$; $\frac{2}{3}$; $\frac{5}{8}$; $\frac{7}{12}$; $\frac{3}{4}$ auf $\frac{\square}{72}$ b) $\frac{2}{5}$; $\frac{5}{6}$; $\frac{9}{10}$; $\frac{7}{12}$; $\frac{3}{20}$; $\frac{9}{30}$ auf $\frac{\square}{60}$

c) $\frac{5}{7}$; $\frac{3}{4}$; $\frac{7}{8}$; $\frac{11}{14}$; $\frac{27}{28}$ auf $\frac{\square}{56}$ d) $\frac{3}{4}$; $\frac{5}{6}$; $\frac{7}{8}$; $\frac{5}{16}$; $\frac{9}{32}$; $\frac{5}{24}$ auf $\frac{\square}{96}$

23 Kürze so weit wie möglich.

a) $\frac{12}{18}$; $\frac{6}{9}$; $\frac{12}{16}$; $\frac{20}{25}$; $\frac{18}{30}$; $\frac{6}{16}$ b) $\frac{30}{50}$; $\frac{24}{36}$; $\frac{24}{28}$; $\frac{16}{18}$; $\frac{40}{45}$; $\frac{21}{28}$ c) $\frac{36}{40}$; $\frac{35}{40}$; $\frac{50}{60}$; $\frac{20}{48}$; $\frac{24}{54}$; $\frac{63}{72}$

L 24 Gib die Dezimalzahl als Bruch an und kürze dann den Bruch so weit wie möglich. Wenn es geht, notiere auch in gemischter Schreibweise.

a) 0,5 b) 0,25 c) 0,20 d) 0,05 e) 2,0 f) 2,2 g) 0,75 h) 0,075 i) 2,75

25 Ordne in einer Kleinerkette: $\frac{3}{12}$; $\frac{1}{2}$; $\frac{2}{12}$; $\frac{1}{3}$; 2; $\frac{11}{6}$; $\frac{9}{2}$; $\frac{3}{4}$; $\frac{7}{3}$; 0; $\frac{5}{8}$; $\frac{13}{24}$.

26 Ein Schülermikroskop hat meist verschiedene Objektive. Man kann so Dinge z. B. in 20facher, 50facher, 100facher Vergrößerung betrachten.
Wie groß erscheint mit den verschiedenen Objektiven ein 0,1 mm breites und 0,9 mm langes Pantoffeltierchen?

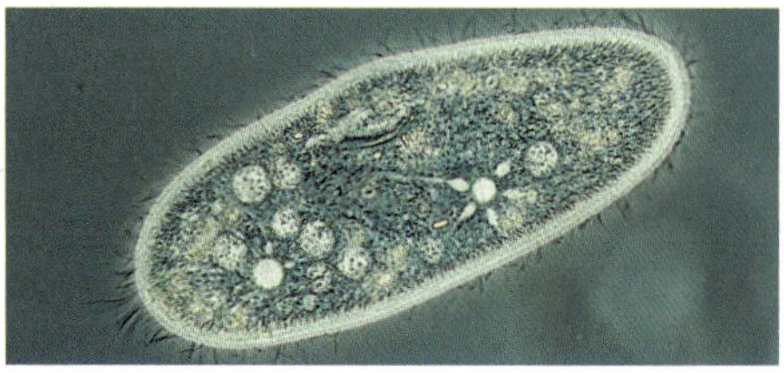

27 Ist die Aussage wahr oder falsch? Begründe deine Antwort.

(I) $3\frac{1}{2}$ Runden sind viel mehr als 1000 m (1 Runde = 400 m).

(II) 40 Minuten sind kürzer als eine dreiviertel Stunde.

(III) Eine ganze Note ist so lang wie vier Achtel-Noten und eine halbe Note.

(IV) In einer $\frac{3}{4}$-Liter-Flasche ist mehr als in einer 0,7-Liter-Flasche.

L 28 Runde auf die angegebenen Stellenwerte.

a) Hundertstel: 1,4349 b) Zehntel: 5,05 c) Zehntel: 55,05 d) Hundertstel: 3,2149
e) Einer: 14,349 f) Zehner: 5,05 g) Hundertstel: 5,505 h) Tausendstel: 3,2149
i) Tausendstel: 1,4349 j) Zehntel: 50,55 k) Tausendstel: 0,5505 l) Millionstel: 0,0032149

29 Die Ziffer 0 soll jeweils den angegebenen Stellenwert haben. Setze das Komma passend.

a) 10 315 (Tausendstel) b) 1204 (Einer) c) 11 203 (Zehntel) d) 98 089 (Hundertstel)
e) 10 315 (Zehntel) f) 1204 (Tausender) g) 11 203 (Einer) h) 98 089 (Zehntel)
i) 10 315 (Hunderttausendstel) j) 11 203 (Milliardstel)

30 Es gibt rote, gelbe, weiße, orange und grüne Gummibärchen. Die Roten schmecken nach Himbeeren und sind am beliebtesten. Deshalb findet man davon am meisten in einer Tüte: ein Drittel!
Die restlichen Gummibärchen verteilen sich gleichmäßig auf die anderen vier Farben.

a) Berechnet den Gummibärchenanteil für grün, gelb, weiß und orange.
b) Zählt jeder die Farben der Gummibärchen einer Tüte aus, rechnet eure Ergebnisse zusammen und bestimmt die Farbanteile. Vergleicht euer Rechenergebnis.

31 Das Würfelspiel *„Higher and higher“* spielt man mit 2 bis 6 Personen und zwei Würfeln. Aus den Augenzahlen beider Würfel wird ein Bruch gebildet (kleinere Zahl in den Zähler). Damit berechnet man seinen Anteil an 60 Gewinnpunkten.
Das Spiel endet, wenn eine bestimmte Anzahl von Runden gespielt wurde oder wenn eine vorher verabredete Punktzahl überschritten wird.

Würfelt man 3 und 2, bildet man den Bruch $\frac{2}{3}$ und schreibt sich $\frac{2}{3}$ von 60 Gewinnpunkten gut, also $60 : 3 \cdot 2 = 40$ Gewinnpunkte.

32 Wie muss man beim *„Higher and higher“* (vgl. Übung **31**) die maximal erreichbare Gewinnpunktzahl ändern, wenn man mit zwei 8-seitigen Würfeln spielt und nur ganzzahlige Gewinnpunkte vergeben werden sollen?

33 Welcher Anteil ist gefärbt, welcher nicht?

a) 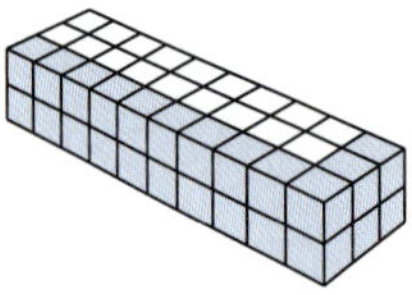
b) 
c) 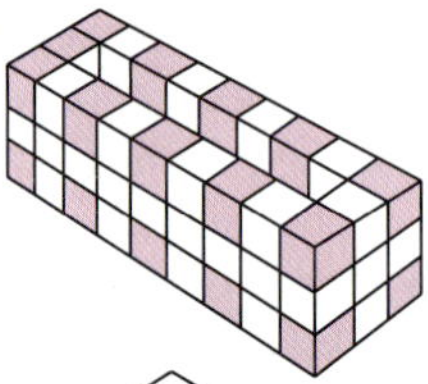
d) 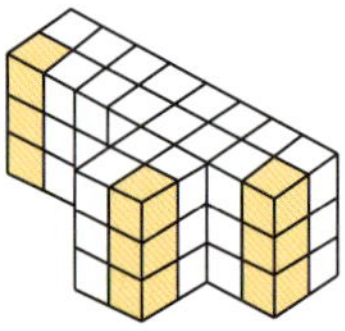
e) 
f) 
g) 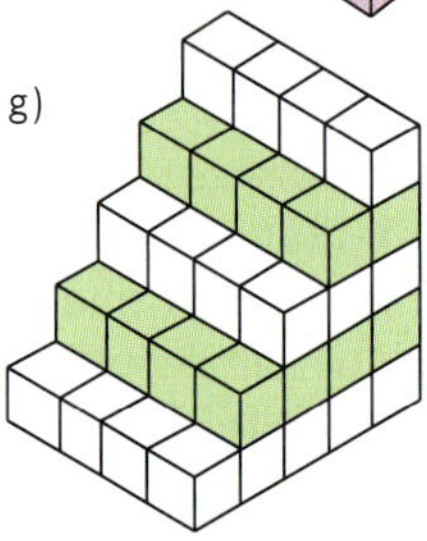
h) 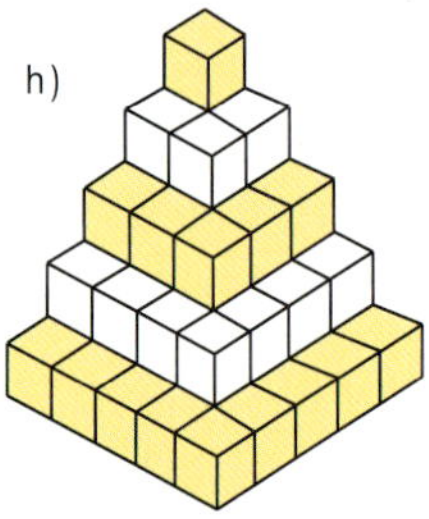

34 a) Kira findet zwölf Ostereier. Benedikt findet anderthalbmal so viele, Sabrina dreiviertelmal so viele und Jonathan fünfsechstelmal so viele. Wie viele Eier findet jedes der Kinder?
b) Die Großen verstecken nun 20 Ostereier für ihre kleinen Geschwister. Leon findet fünf davon, Rieke sechs und Pia acht. Eines bleibt verschollen. Drücke alle Anteile sprachlich mithilfe von Brüchen aus.
c) Denke dir selbst eine Ostereieraufgabe in der Art von a) und eine in der Art von b) aus. Du darfst auch beide Arten mixen. Schreibe sie auf und stelle sie deinem Nachbarn.

Zusammenfassung

1 Bruchteile eines Ganzen werden mit **Brüchen** wie $\frac{1}{2}$; $\frac{2}{3}$; $\frac{3}{4}$; $\frac{2}{5}$; $\frac{5}{6}$; ... beschrieben.
Unter dem Bruchstrich steht der **Nenner.**
Er gibt an, in wie viele gleich große Teile das Ganze zerlegt wird.

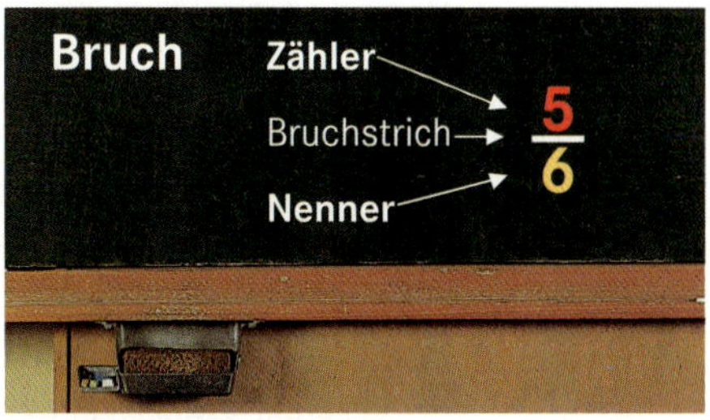

Brüche mit dem Nenner 0 gibt es nicht!

Über dem Bruchstrich steht der **Zähler;** dieser legt fest, wie viele der Teile zu nehmen sind.

Ein Bruch kann auch ein Ganzes oder mehr als ein Ganzes beschreiben:
vier Viertel = ein Ganzes bzw. $\frac{4}{4} = 1$;
fünf Viertel = ein Ganzes und ein Viertel bzw. $\frac{5}{4} = 1\frac{1}{4} = 5 : 4$.

2 Ein Anteil eines Ganzen ändert sich nicht, wenn man die Einteilung des Ganzen *verfeinert* oder *vergröbert.*

Dabei ändert der Anteil nur seinen Namen, genau wie die Brüche, die ihn bezeichnen. Beim Übergang vom Bruch $\frac{1}{2}$ zu den gleichwertigen Brüchen $\frac{2}{4}$; $\frac{3}{6}$; $\frac{6}{12}$; ... spricht man vom **Erweitern** des Bruchs $\frac{1}{2}$.

Den Übergang vom Bruch $\frac{6}{12}$ zu den gleichwertigen Brüchen $\frac{3}{6}$; $\frac{2}{4}$; $\frac{1}{2}$ bezeichnet man als das **Kürzen** des Bruchs $\frac{6}{12}$.

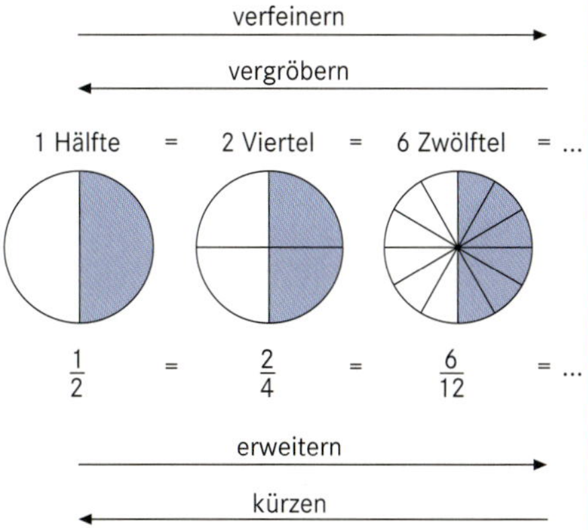

3 Auf dem Zahlenstrahl lassen sich Brüche wie folgt anordnen:

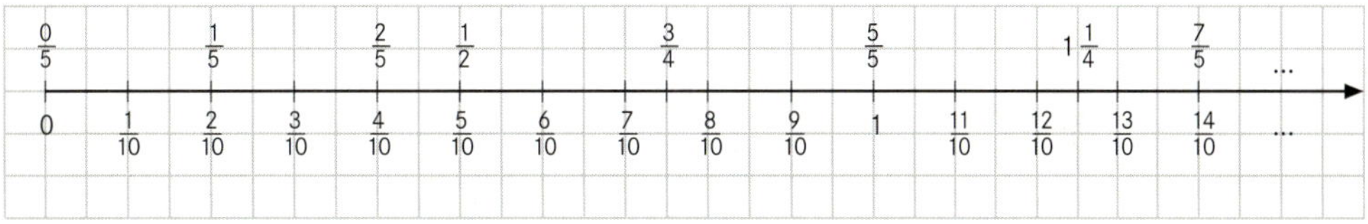

Gleichwertige Brüche werden am Zahlenstrahl an der gleichen Stelle eingetragen, sie bezeichnen die gleiche **Bruchzahl.** Auch jede natürliche Zahl ist eine Bruchzahl.

4 Wenn man Bruchzahlen als Zahlen mit einem Komma schreibt, spricht man von der *dezimalen Schreibweise* von Bruchzahlen oder auch von **Dezimalzahlen.**

: 10   : 10   : 10   : 10   : 10

Dezimalschreibweise	...	100 Hunderter	10 Zehner	1 Einer	,	$0{,}1 = \frac{1}{10}$ Zehntel	$0{,}01 = \frac{1}{100}$ Hundertstel	$0{,}001 = \frac{1}{1000}$ Tausendstel	...
0,25				0	,	2	5		
12,125			1	2	,	1	2	5	

0,25 Lies: „null Komma zwei fünf"
12,125 Lies: „zwölf Komma eins zwei fünf"
Vor dem Komma spricht man die Zahl im Ganzen; *hinter* dem Komma spricht man die Ziffern *einzeln.*

5 Für den Vergleich von Brüchen gibt es verschiedene Wege.

(I) $\frac{2}{3}$ und $\frac{7}{8}$
Von $\frac{2}{3}$ bis 1 fehlt $\frac{1}{3}$,
von $\frac{7}{8}$ bis 1 nur $\frac{1}{8}$.
Da $\frac{1}{3} > \frac{1}{8}$, ist $\frac{2}{3} < \frac{7}{8}$.

(II) $\frac{3}{8}$ und $\frac{7}{12}$
7 ist größer als die Hälfte von 12.
3 ist kleiner als die Hälfte von 8.
Daher liegt $\frac{7}{12}$ oberhalb von $\frac{1}{2}$ und $\frac{3}{8}$ unterhalb von $\frac{1}{2}$: $\frac{7}{12} > \frac{3}{8}$

(III) Bei **zählergleichen Brüchen** muss man nur die Nenner vergleichen.

$\frac{2}{5} < \frac{2}{4} < \frac{2}{3}$

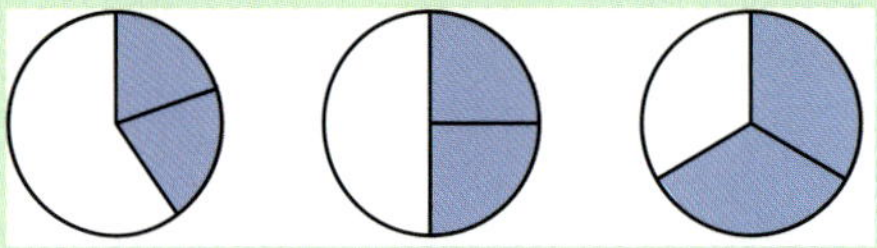

(IV) Bei **nennergleichen Brüchen** muss man nur die Zähler vergleichen.

$\frac{2}{8} < \frac{3}{8} < \frac{5}{8}$

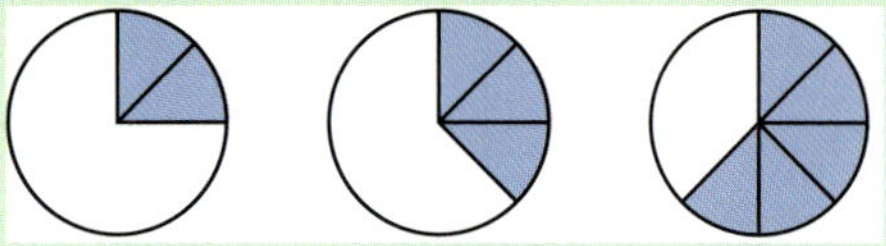

(V) Verfeinerungslisten
Man kann zwei zu vergleichende Brüche auch erst durch Kürzen oder Erweitern in *nennergleiche* Brüche verwandeln und dann wie in (IV) vorgehen.

Welcher Bruch ist größer, $\frac{5}{12}$ oder $\frac{3}{8}$?

$\frac{5}{12} = \frac{10}{24} = \frac{15}{36} = \ldots$ und $\frac{3}{8} = \frac{6}{16} = \frac{9}{24} = \ldots$

$\frac{5}{12} = \frac{10}{24} > \frac{9}{24} = \frac{3}{8}$, also $\frac{5}{12} > \frac{3}{8}$.

6 In Alltagssituationen müssen oft Zahlen oder Größen im richtigen **Verhältnis** zueinander stehen, z. B. im Verhältnis 2 : 1 (lies: „zwei zu eins") oder im Verhältnis 3 : 5 : 7 (lies: „drei zu fünf zu sieben").

Ein Geldpreis von 1000 Euro wird im Verhältnis 5 : 3 an zwei Gewinner verteilt.

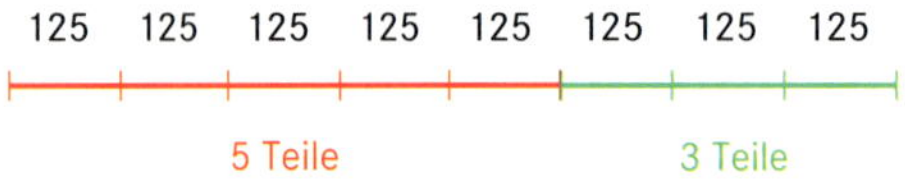

(5 + 3) Teile = 8 Teile

Eine Pizza wird im Verhältnis 2 : 3 an zwei Kinder verteilt.

(2 + 3) Teile
= 5 Teile

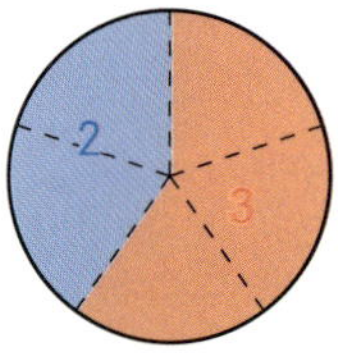

An der *Summe der Zahlen vor und hinter dem Doppelpunkt* kann man ablesen, in *wie viele* gleiche Teile das Ganze sinnvoll zu zerlegen ist, wenn man es in einem vorgegebenen Verhältnis aufteilen will.

Außer in der Rolle des **Teilungsverhältnisses** begegnet man Verhältnissen im Alltag beim **Mischungsverhältnis** (z. B. Mischung von Farbtönen), beim **Übersetzungsverhältnis** (z. B. Gangschaltung beim Fahrrad), beim **Vergrößerungs-** bzw. **Verkleinerungsverhältnis** (z. B. Mikroskop, Kopierer) und beim **Maßstab** (z. B. Landkarte, Modellbau).
Wichtiger Unterschied: Der Maßstab bezeichnet das Verhältnis der *Größe des Bildes zur Größe des Originals,* das Vergrößerungs- bzw. Verkleinerungsverhältnis benennt das Verhältnis der *Größe des Originals zur Größe des Bildes.*

Verhältnisangaben kann man **verfeinern** oder **vergröbern:** 2 : 3 = 4 : 6 = 6 : 9 = 8 : 12 = ...
Man kann sie auch als Bruch notieren, wenn man statt „2 zu 3" „2 durch 3" liest und $\frac{2}{3}$ schreibt; das Verfeinern und Vergröbern von Verhältnisangaben entspricht dem Erweitern und Kürzen von Brüchen.
Beim Verhältnis 2 : 3 macht der kleinere Anteil $\frac{2}{3}$ des größeren Anteils aus.

5.7 Mein Bruchalbum

Vielleicht hast du dir nach einer tollen Klassenfahrt oder einer schönen Urlaubsreise schon einmal ein Album angelegt, in das du alles eingeklebt und geschrieben hast, was dich an diese Fahrt erinnert:
Fotos, Ansichts- und Eintrittskarten, besondere Erlebnisse, Orte usw.

So kannst du sie nicht vergessen.

Und genauso kannst du ein Bruchalbum anlegen und alles sammeln, was du bisher über Brüche weißt.

Gebrauch

Veranschaulichung

korrekte Schreibweise

Du brauchst nur einen Schnellhefter oder Ringordner, Papier und Stifte.

Und nun sind Ideen gefragt!

Natürlich muss ein schönes Deckblatt her und ein Inhaltsverzeichnis mit allen Seitenüberschriften und den zugehörigen Seitenzahlen. (Ergänze es immer, wenn du eine neue Seite gestaltest.)

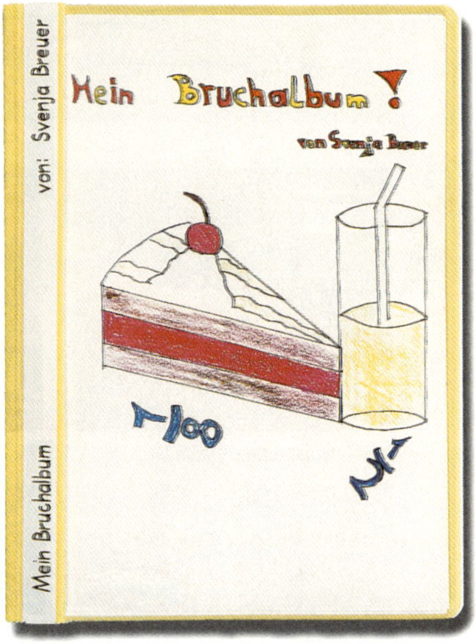

Jeder wichtige Bruch soll eine eigene Seite erhalten, z.B.:

$\frac{1}{2}$; $\frac{1}{3}$; $\frac{2}{3}$; $\frac{1}{4}$; $\frac{3}{4}$; $\frac{1}{5}$; $\frac{1}{8}$; $\frac{1}{10}$; $\frac{1}{12}$; $\frac{1}{100}$; $1\frac{1}{2}$; $2\frac{3}{4}$.

Zusätzlich kannst du noch
- eine kleine Rechen- oder Denkaufgabe,
- eine Geschichte oder einen Spruch zu der Zahl
- ein Gedicht

oder Ähnliches hinzuschreiben.

Bald wirst du noch mehr über Brüche lernen, dann kannst du das Album fortsetzen ...

6.1 Zeit ist Geld – Längen, Zeiten, Währungen

Einstiege

E1

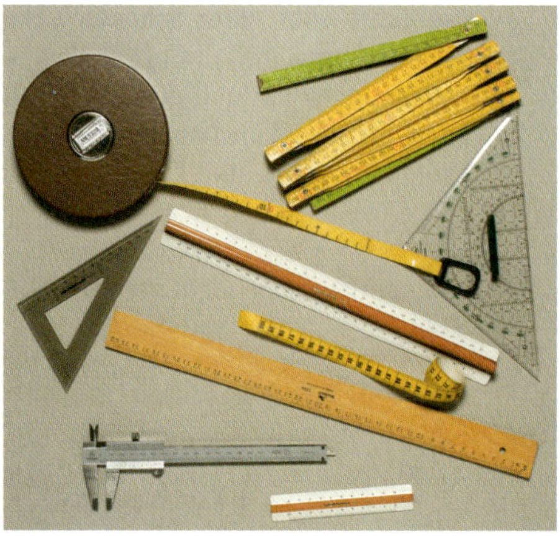

a) Besorgt euch möglichst viele der abgebildeten Messgeräte und messt damit die Gegenstände im Klassenzimmer.
b) Wie hoch ist ein Turm aus Tisch, Stuhl und Radiergummi? Baut einen größeren Turm und bestimmt seine Höhe.
c) Sieben gleiche Schultaschen sind 3 m hoch. Wie hoch ist eine Tasche?
Vier gleiche Radiergummis aneinander gelegt sind 25 cm lang. Wie lang ist einer?
d) Denkt euch selbst ähnliche Aufgaben aus, bei denen man messen und rechnen kann.

E2

Wie lang ist eine Ameise?

Wie breit ist das Haus?

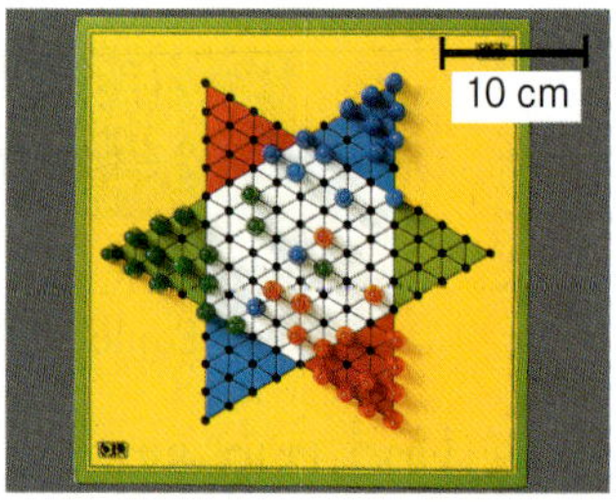

Wie breit ist ein Halma-Spiel?

Wie dick ist ein Sandkorn?

Wie breit sind die Ohrringe?

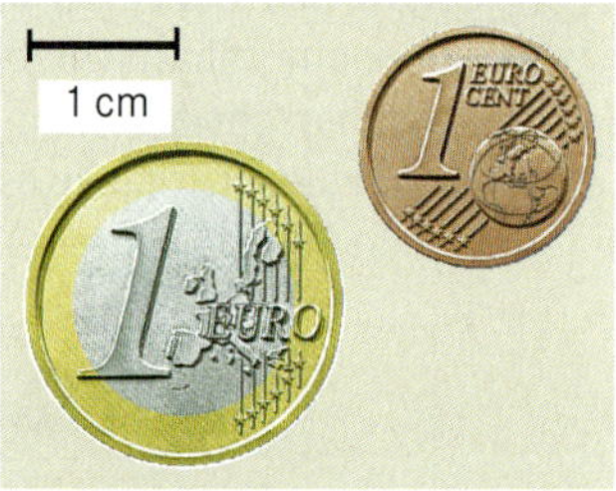

Wie breit sind die Münzen?

a) Schneide aus Zeitschriften fünf weitere Bilder aus und klebe sie in dein Heft. Zeichne eine geeignete Messstrecke und gib ungefähr die Größe der abgebildeten Dinge an.
b) Zeichne für zehn unterschiedlich große Lebewesen je einen Strich in dein Heft, der seiner Länge entspricht. Zeichne 1 Zentimeter für 1 Meter in der Wirklichkeit.
c) Wie viele Ameisen passen der Länge nach in eine 7 m lange Riesenschlange?
25 739 Ameisen haben sich aufeinander gestellt um die Höhe eines 30 m hohen Mammutbaumes zu erreichen.
Wie viele fehlen noch?

d) Denkt euch weitere Rechenaufgaben dieser Art aus und lasst sie vom Partner lösen.

E3

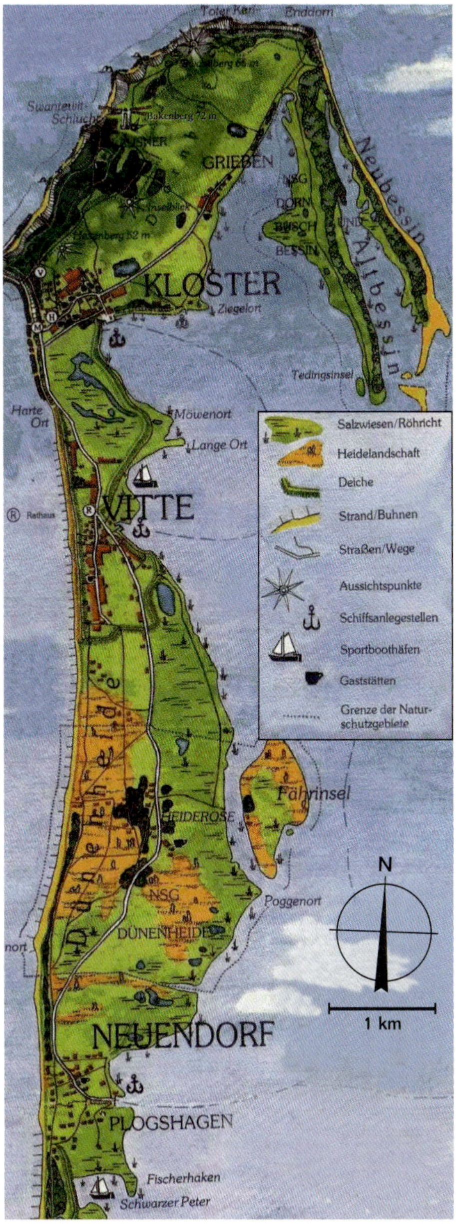

Die 28 Schülerinnen und Schüler der Klasse 5c planen während ihrer Klassenreise nach Schaprode auf Rügen einen Tagesausflug zur Insel Hiddensee.

Die Klasse will mit der Fähre nach Neuendorf fahren, sich dort Fahrräder ausleihen, einige Zeit am Strand verbringen und dann mit den Fahrrädern zur Nordspitze der Insel fahren um dort den Ausblick vom Leuchtturm zu genießen. Zwischendurch soll eine Rast gemacht werden.

Die Rückfahrt ist mit der Fähre von Hiddensee-Kloster aus geplant, dort werden auch die Fahrräder abgegeben.

a) Wie lang ist die Fahrradstrecke und welche Zeit muss dafür eingeplant werden? Fertige eine Tabelle an, wo sich die Schüler zu verschiedenen Zeitpunkten befinden müssen, wenn sie ihre Fähre für die Rückfahrt pünktlich erreichen wollen.

Schaprode – Insel Hiddensee

ab Schaprode	06.15	08.15	08.45	09.15	10.00
Neuendorf	—	08.45	—	—	10.30
Vitte	07.00	—	09.30	—	11.15
an Kloster	—	—	—	10.00	—

Insel Hiddensee – Schaprode

ab Kloster	—	14.00	14.45	—	17.00
Vitte	12.30	14.30	—	15.15	—
Neuendorf	—	—	15.30	—	17.45
an Schaprode	13.15	15.15	16.00	16.00	18.15

b) Eine Rückfahrkarte für die Fähre kostet je Schüler 11,50 Euro, die Fahrradmiete 5 Euro. Welche Kosten entstehen für die gesamte Klasse?

Berechne die freien Felder der Rechensterne im Kopf.

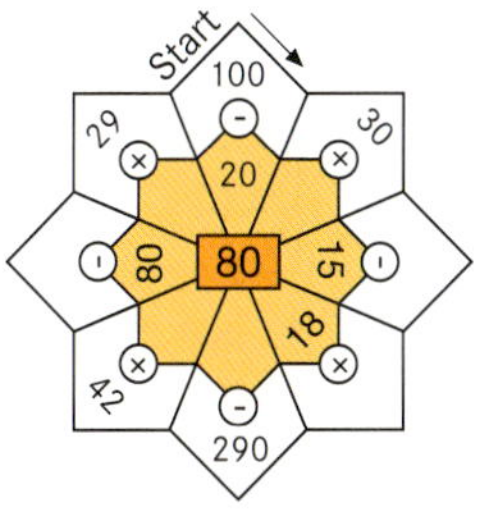

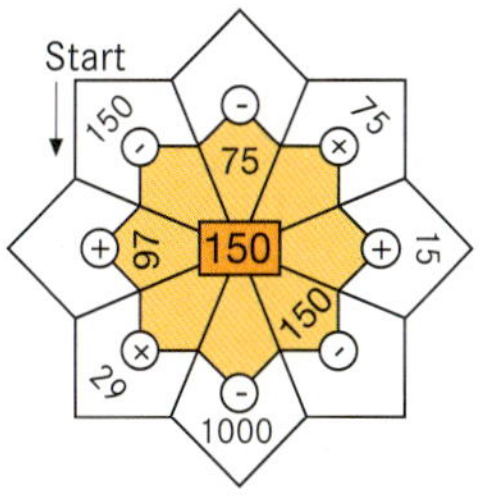

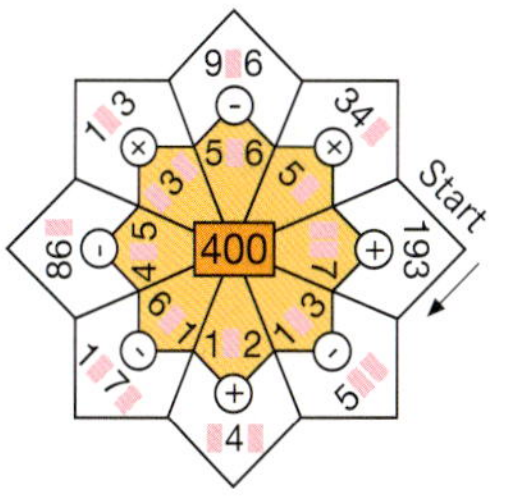

Grundwissen

1 **Größen** wie Längen und Zeitspannen werden durch Zahlen zusammen mit einer **Einheit** angegeben. Eine falsche Einheit verändert die Größe; eine fehlende Einheit macht die Angabe unbrauchbar.
Man kann **Größen** in verschiedenen Einheiten ausdrücken.
Die Wahl einer sinnvollen Einheit dient dazu, dass die Zahl bei der Größenangabe „gut lesbar“ ist:
175 m ist besser lesbar als 175 000 mm.

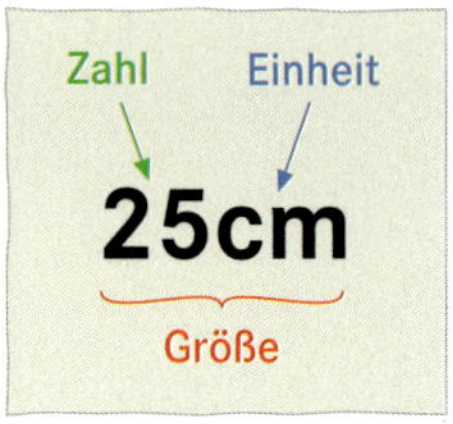

Längeneinheiten

2

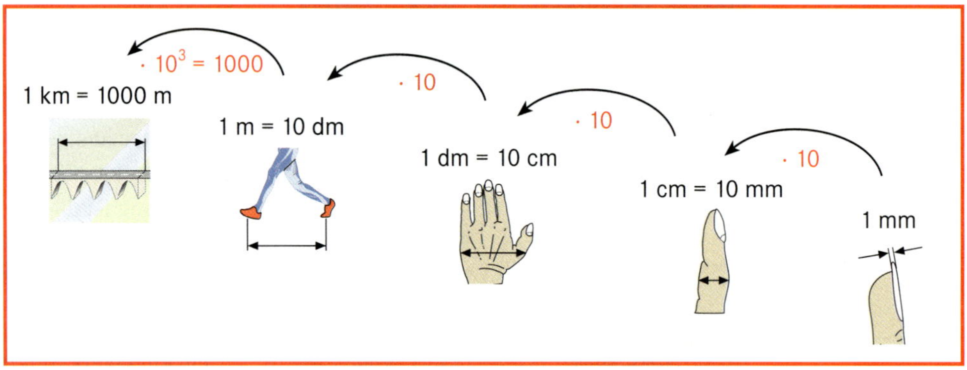

Die Grundeinheit für die Länge ist ein **Meter**.
Zur Umrechnung der Längeneinheiten kann man die Einheitentafel verwenden.
Man setzt ein Komma hinter die Stelle mit der gewünschten Einheit.

km	m			dm	cm	mm
	H	Z	E			
		1	0	4	5	1
2	0	0	3	0	7	

Die Ziffernfolge bleibt beim Einheitenwechsel gleich:
10,451 m = 1045,1 cm = 10451 mm
200 307 cm = 2003,07 m = 2,00307 km

eine Null dran — eine Null dran — eine Null dran

12 m = 120 dm = 1200 cm = 12 000 mm

12,01 m = 120,1 dm = 1201 cm = 12 010 mm

eine Stelle weg — eine Stelle weg — eine Null weg geht nicht — eine Null weg

Umwandlung in die größere Einheit: Stellen weg!

3 Die **Vorsätze** wie „kilo“ oder „milli“ werden nicht nur bei Längen verwendet. Sie kennzeichnen Teile bzw. Vielfache einer Grundeinheit.

Aber Kiloeuro gibt es nicht!

Vorsatz	Abkürzung	Zahlwort	Zahl	Erklärung
Kilo	k	Eintausend	$1000 = 10^3$	griech.: chilioi (1000)
Hekto	h	Hundert	$100 = 10^2$	griech.: hekaton (100)
Deka	da	Zehn	$10 = 10^1$	griech.: deka (10)
Dezi	d	Zehntel	$\frac{1}{10} = 0{,}1$	lat.: decem (10)
Zenti	c	Hundertstel	$\frac{1}{100} = 0{,}01$	lat.: centum (100)
Milli	m	Tausendstel	$\frac{1}{1000} = 0{,}001$	lat.: mille (1000)

4 1 Meter = 10 Dezimeter
also ist 1 dm = 1 m : 10
$= \frac{1}{10}$ m = 0,1 m (ein zehntel Meter)

1 Meter = 100 Zentimeter
also ist 1 cm = 1 m : 100
$= \frac{1}{100}$ m = 0,01 m (ein hundertstel Meter)

1 Meter = 1000 Millimeter
also ist 1 mm = 1 m : 1000
$= \frac{1}{1000}$ m = 0,001 m (ein tausendstel Meter)

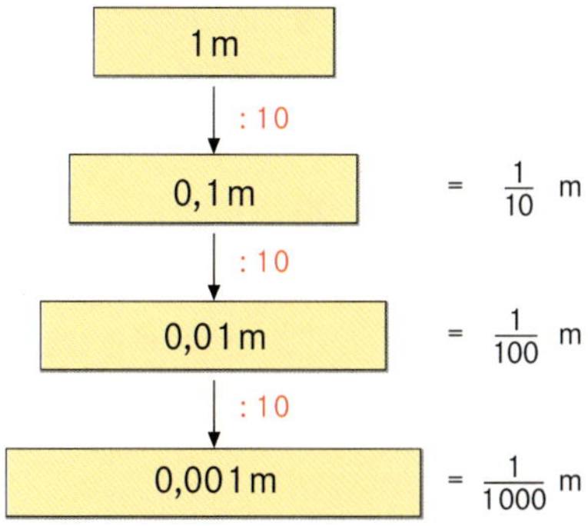

Zeiteinheiten

5 Bei unseren **Zeiteinheiten** spielen die Zahlen 60 und 12 eine große Rolle:

Zeiteinheit	Abkürzung	Umrechnung	Erklärung
1 Sekunde	**1 s**	1000 Millisekunden	(nicht: 1 sec!)
1 Minute	1 min	60 Sekunden	
1 Stunde	1 h	60 Minuten	lat.: hora; engl.: hour
1 Tag	1 d	24 Stunden	lat.: di-es; engl.: day
1 Woche		7 Tage	
1 Jahr	1 a	12 Monate	lat.: anno

Die Grundeinheit für die Zeit ist eine **Sekunde.**

Währung

6 Die Grundeinheit für die **Währungen** in Deutschland ist ein **Euro.**

Ein Euro sind 100 (Euro-)Cent

1 € = 100 ct.

Umrechnen von Größen

7 Zum **Umrechnen von Größen** muss man multiplizieren oder dividieren.

5 km	sind	5000 m,	denn	5 km = 5 · 1000 m = 5000 m
3 d	sind	72 h,	denn	3 d = 3 · 24 h = 72 h
240 min	sind	4 h,	denn	240 min = (240 : 60) h = 4 h

Gibt es bei solchen Aufgaben einen Rest, kann man oft trotzdem weiter rechnen:

4500 m	sind	4,5 km,	denn	(4500 : 1000) km = 4 km 500 m
195 min	sind	$3\frac{1}{4}$ h,	denn	(195 : 60) h = 3 h 15 min

Schätzen

8 Beim **Schätzen** von Größen erreicht man eine bestimmte Genauigkeit und wählt dann eine dazu passende Einheit.
Diese sagt auch etwas über die Genauigkeit aus:
5000 m heißt eher, dass *genau* 5000 m *gemeint* sind, während 5 km auch ein paar Meter mehr oder weniger sein können.

Runden

9 Im Alltag genügt es oft Größen nicht ganz genau anzugeben. Dann kann man **runden.**

8846 m ≈ 9000 m = 9 km
183 min ≈ 180 min = 3 h
9,99 € ≈ 10 €

10 Größen derselben Art kann man addieren und subtrahieren. Dazu *muss* man sie vorher in dieselbe Einheit umrechnen.

	Addiere $3\frac{1}{2}$ h und 45 min	Subtrahiere 453 cm von 57 m
1. Weg	210 min + 45 min = 255 min	5700 cm – 453 cm = 5247 cm
2. Weg	$3\frac{1}{2}$ h + $\frac{3}{4}$ h = $4\frac{1}{4}$ h	57 m – 4,53 m = 52,47 m

Verwendet man Größen mit Komma, müssen beim schriftlichen Addieren und Subtrahieren immer die Kommas untereinander stehen. Dann kann man rechnen wie mit Zahlen ohne Komma. Das Ergebnis erhält das Komma an der gleichen Stelle.

```
  52,34 m        13,874 s
+ 19,72 m      –  1,01  s
  72,06 m        12,864 s
```

11 Jede Größe kann auch mit einer Zahl multipliziert oder durch eine Zahl dividiert werden.

765 cm · 5 = 3825 cm = 38,25 m
16 250 cm : 2 = 8125 cm = 81,25 m

Übungen

1

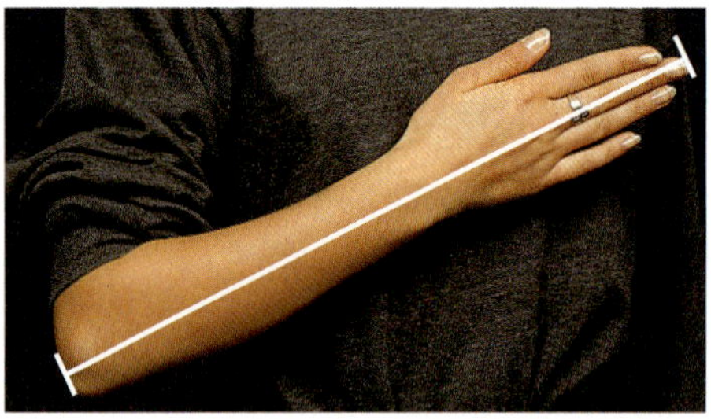

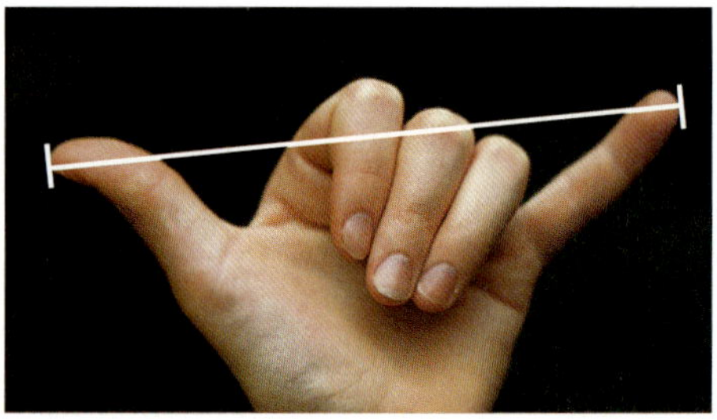

a) Bestimme deine eigenen Körpereinheiten, z. B.: Armlänge; Fingerspanne; Fingerdicke.
b) Welche Bedeutung hatten die Einheiten Elle, Klafter, Fuß?
c) Wie kannst du mit deinen Körpermaßen am besten 1 m (10 cm; 1 cm; 1 mm) ermitteln?
d) Miss ohne Hilfsmittel den Weg von deinem Klassenraum bis zum Eingang der Schule.

2

Wie lang sind alle Schülerinnen und Schüler deiner Klasse zusammen?
Stellt euch vor, ihr bildet eine lange Kette, indem ihr euch alle an den Händen fasst und die Arme ganz lang macht. Wie lang wäre diese Kette? Wie viele Kinder braucht man für einen Kilometer?
Schätzt, wie viele Kinder mit ausgestreckten Armen die Erde umspannen.

3 Schreibe jeweils mit zwei Einheiten.

5950 m = 5 km 950 m

a) 12345 m b) 37 mm c) 448 cm d) 589 dm e) 87 h f) 548 s g) 1835 ct

4 Schreibe ohne Komma in einer kleineren Einheit.

1,55 m = 155 cm

a) 14,53 km b) 6,25 m c) 0,25 cm d) 1,35 dm e) 1,5 d f) 2,5 h g) 128,35 €

5 Rechne in die in Klammern stehenden Einheiten um.

a) 765 cm (m; mm) b) 2,5 h (min; s) c) 15 063 m (km; dm) d) 3 d (h; min)
e) 2,5 dm (cm; m) f) 321 mm (cm; km) g) 17 km (m; cm) h) 5,36 m (mm; dm)

6 Stimmen die Umformungen? Verbessere, falls nötig, die rechte Seite.

a) 5 km 300 m = 5,3 km	b) 4 m 1 cm = 4,1 cm	c) 1 h 30 min = 1,3 h
d) 12 km 10 m = 12,10 km	e) 5 € 20 ct = 5,02 €	f) 1 a 180 d = 1,5 a

7 Makuku-Kinder kennen unsere Längeneinheiten nicht. Erkläre ihnen die Längen:

a) 10 Meter sind so lang wie ...
b) 10 Kilometer sind so lang wie ...
c) Ein Zehntel Meter ist so lang wie ...
d) 70 Zentimeter sind so lang wie ...
e) 2 Dezimeter sind so lang wie ...

8 Das Makuku-Kind freut sich, dass es die Längeneinheiten begriffen hat, und sagt: „Ich bin 0,0016 Kilometer groß". Du sagst es einfacher: „Du bist 1,60 Meter groß". Stellt euch gegenseitig zehn Makuku-Aufgaben und formt sie vernünftig um.

9 Die erste Strecke der Spirale soll 0,5 cm lang sein. Wie lang ist die 10., 20., 30., ... 100. Strecke der Spirale? Wie lang ist die Spirale dann jeweils insgesamt?

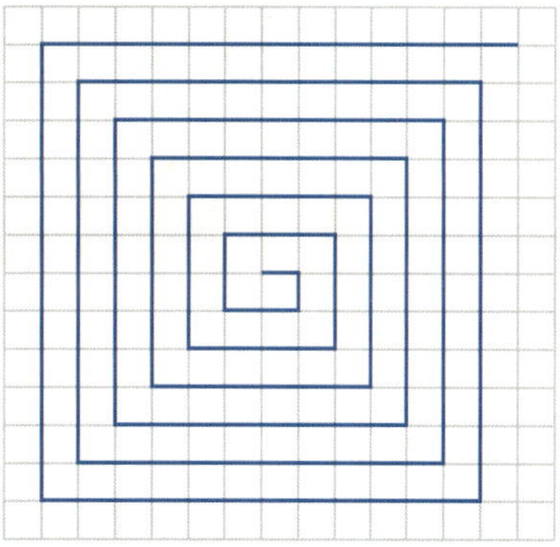

10 a) Laura fährt jeden Morgen mit dem Rad zur Schule. Die Strecke ist 3700 m lang. Wie viele Kilometer fährt Laura in einer Woche (in einem Schuljahr)?

b) Lucy schwimmt im Verein jeden Donnerstag 32 Bahnen zu je 25 m. Wie viele Kilometer sind das im Jahr?

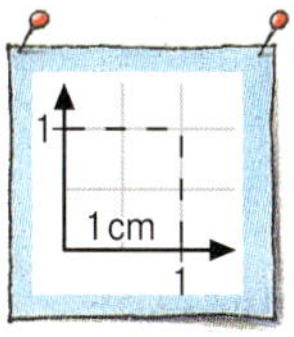

11 Zeichne ein Koordinatensystem und trage die Punkte ein. Miss die Längen der einzelnen Verbindungsstrecken möglichst genau und bestimme die Länge des Streckenzuges.

a) A (0|0) B (3|1) C (2|4) D (5|2) E (2|5) F (4|4)
b) A (0,5|0) B (1|2,5) C (2,5|6) D (3,5|1) E (5,5|1) F (0|4,5)
c) A (7,3|6,7) B (5,8|6,1) C (4,7|4,9) D (3,3|4,2) E (1,2|2,5) F (0,4|0,2)

12 a) Der Äquator ist 40 077 km lang. Die Erde dreht sich einmal am Tag um sich selbst. Wie weit wird ein Baum am Äquator in einer Woche (in einem Monat; in einem Jahr) bewegt?

b) Zwanzig Jahre lang strampelt Jan täglich 22 km auf dem Fahrrad. Wie oft ist er in dieser Zeit „um die Erde" gefahren?

13 a) Wie viele Sekunden hat eine Stunde, ein Tag, eine Woche, ein Jahr?

b) Wie viele Stunden hat der Februar in einem Schaltjahr?

14 Schätze, wie lange ein 100-Meter-Lauf, dein Lieblingslied, ein Kinofilm, ein Flug von Düsseldorf nach Tokio oder ein Flug zum Mond dauert. Überlege dir weitere Fragen.

15 Schreibe in den angegebenen Einheiten.
a) 12 min (s) b) 128 min 40 s (s) c) 4 h 27 min (min, s) d) 3 d 12 h (h, min)

16 Berechne die Gesamtzeitdauer.

2 h 22 min + 49 min = 2 h 71 min = 3 h 11 min

a) 4 h 45 min + 6 h 37 min b) 25 h 49 min + 7 h 30 min c) 17 h 40 min – 9 h 55 min

17 Übertrage die Tabelle in dein Heft und fülle die Lücken aus.

	a)	b)	c)	d)	e)	f)
Abfahrt	7.25	14.32		15.25	17.28	
Ankunft		21.15	12.35		0.10	4.30
Reisedauer	3 h 42 min		1 h 25 min	6 h 59 min		5.25

18

Gütersloh Hbf → Bonn Hbf

7.32	ICE 740	Essen Hbf	8.34	8.55	ICE 1034	10.09	Mo - Fr	04
7.32	ICE 740	Dortmund Hbf	8.11	8.38	ICE 29	10.12	täglich	
8.09	RE 29612	Hamm(Westf) Köln Hbf	8.42 10.16	8.54 10.34	ICE 956 RE 11111	10.57	Mo - Sa	05
8.09	RE 29612	Hamm(Westf) Köln Hbf	8.42 10.40	9.01 10.56	RE 29715 RB 11923	11.25	täglich	
8.09	RE 29612	Düsseldorf Hbf	10.05	10.58	RE 11113	11.57	täglich	
8.51	IC 2042	Dortmund Hbf	9.29	9.38	EC 101	11.12	Di - So	06
8.51	IC 2042	Dortmund Hbf	9.29	9.38	EC 103	11.12	Mo	02
9.09	RE 29614	Hamm(Westf)	9.42	9.54	ICE 654	11.42	täglich	
9.09	RE 29614	Dortmund Hbf	10.04	10.36	EC 23	12.12	täglich	
9.09	RE 29614	Hamm(Westf) Köln Hbf	9.42 11.40	10.01 11.56	RE 29717 RB 11925	12.25	täglich	
9.09	RE 29614	Düsseldorf Hbf	11.05	11.58	RE 11115	12.57	täglich	

Fährt man um 8.51 Uhr mit dem IC 2042, steigt man einmal in Dortmund um; wählt man den Regionalexpress um 8.09 Uhr, muss man zweimal (in Hamm und Köln) umsteigen.

a) Eine Klasse aus Gütersloh fährt zur Tutanchamun-Ausstellung nach Bonn. Suche die schnellste und die langsamste Zugverbindung heraus.
b) Berechne die Umsteigezeiten und die reine Fahrzeit aller Züge.
c) Auf der Rückfahrt nimmt die Klasse den IC 2428, der Bonn planmäßig um 19.44 Uhr verlässt und um 21.20 Uhr in Dortmund ist. Dort soll es mit dem ICE 649 um 21.49 Uhr nach Gütersloh weitergehen. Leider hat der Zug in Bonn 30 Minuten Verspätung. Auf dem Weg nach Dortmund holt er zwischen den Halten noch sechsmal zwei Minuten heraus.
Wie viel Zeit bleibt der Klasse jetzt noch in Dortmund zum Umsteigen?

19 Der Kellner hat die Rechnung aus Versehen unten abgerissen. Herr Meier zahlt 40 Euro und sagt: „Stimmt so." Ist der Kellner zufrieden?

Rechnung

2 Schollenfilets	17,40 €
2 Würstchen mit Pommes	7,40 €
1 Bier 0,5 l	5,50 €
1 Mineralwasser 0,2 l	1,60 €
2 Apfelsaft 0,2 l	3,50 €
2 Tassen Kaffee	4,20 €

20 Kian kauft zu seinem Geburtstag für jedes der 28 Kinder seiner Klasse ein Überraschungsei für je 0,45 Euro. Wie viel muss er bezahlen?

21 Jannes hat zwei Scheine und drei Münzen in seiner Tasche. Er kauft Hefte für 1,90 Euro, Kleber für 2,97 Euro, eine Schere für 2,75 Euro und ein Eis für 1,30 Euro. Jetzt hat er noch 5,58 Euro übrig. Welche Scheine und Münzen hatte Jannes in der Tasche?

22 Sonja fährt in ihrer Freizeit gerne Rad. Sie möchte sich Helm, Schuhe, Trikot und Handschuhe kaufen und hat dafür schon 56 Euro gespart.

a) Wie lange muss sie noch sparen, wenn sie wöchentlich 4 Euro zurücklegen kann?

b) Sie erhält das Angebot zweimal in der Woche ein Anzeigenblatt in 140 Haushalte auszutragen und dafür je Zeitung 10 Cent zu bekommen. Wann kann sie sich die Ausrüstung kaufen, wenn sie das Angebot annimmt? Schätze erst und rechne dann.

277,5 cm; 16 dm; 68,73 €; 65 ct; 173,01 €; 3,3 km; 1 €; 4,80 €; 1 h; 138,023 m; 2,35 €; 3 km; 2 h 35 min; 15 dm; 1,5 min; 3,02 €; 20 h; 137,998 m; 7 €; 2,962 m; 4,20 €; 9,573 km; 20 m; 1,61 €; 9 dm; 24,60 €; 3 h; 1,28 €

23 Berechne.

a) 3 km + 6573 m	b) 425 mm + 235 cm	c) 2,5 h + 30 min	d) 173 dm + 2,7 m
e) 3,125 km + 175 m	f) 15,62 dm + 38 mm	g) 138 m + 23 mm	h) 932 mm + 2,03 m
i) 3,125 km - 125 m	j) 15,62 dm - 62 mm	k) 138 m - 2 mm	l) 932 mm - 3,2 cm
m) 3 h - 25 min	n) 120 min - 1 h	o) 2 min - 30 s	p) 25 h - 300 min

24 Berechne.

a) 3 € + 6573 ct	b) 3 € - 65 ct	c) 173 € + 301 ct - 3 €
d) 8 € - 63 ct - 37 ct	e) 3,18 € + 162 ct	f) 60 ct + 7,07 € - 347 ct
g) 12,3 € · 2	h) 23 ct · 7	i) 0,20 € · 5
j) 27,18 € : 9	k) 1024 ct : 8	l) 3,25 € : 5

25 Was ist mehr?

a) eine Million Millimeter oder hundert Dezimeter

b) siebenhunderttausend Millimeter oder achttausend Zentimeter

c) zweieinhalb Stunden oder zehntausend Sekunden

d) eine Milliarde Cent oder eine Million Euro

e) one billion Dollar oder eine Milliarde Euro

f) fifty million Dollar oder half a billion Dollar

Attention

Bei Übersetzungen aus dem Amerikanischen entstehen oft Fehler: *one billion* (amerikanisches Englisch) ist nur eine Milliarde (auf deutsch).

26 Auf Karten werden Strecken verkleinert abgebildet. Der Maßstab 1:25000 bedeutet: Einem cm auf der Karte entsprechen 25000 cm in der Wirklichkeit, das sind 250 m (vgl. **6** in **5.3**).

a) Bestimme die tatsächliche Entfernung (Luftlinie) in Meter.

	Strecke im Stadtplan (Maßstab 1:25000)
Schule-Bad	6 cm
Schule-Kirche	4 cm
Schule-Bahnhof	8,5 cm
Kirche-Burg	5,2 cm

b) Bestimme die tatsächliche Entfernung (Luftlinie) in Kilometer.

	Strecke auf der Karte (Maßstab 1:1500000)
Köln-Hagen	4 cm
Bonn-Bielefeld	12 cm
Aachen-Siegen	9,5 cm
Detmold-Arnsberg	5,5 cm

27

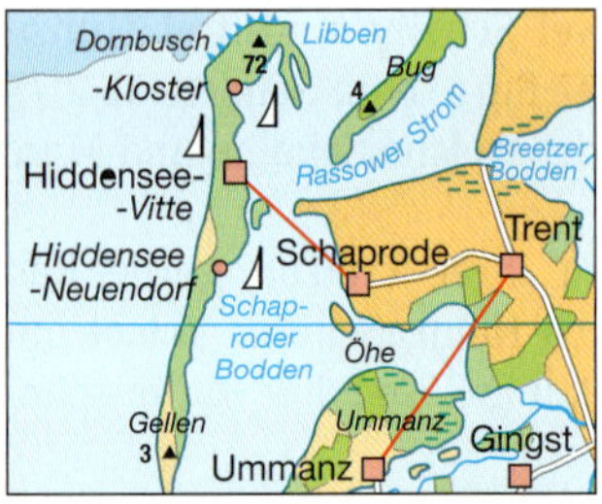

Wird der Maßstab verkleinert, können weniger Einzelheiten in der Karte dargestellt werden.

a) Ordne die Maßstäbe zu.

1:500000
1:16000000
1:36000000

b) Berechne die eingezeichneten Entfernungen.

c) Stellt euch gegenseitig weitere Aufgaben, nutzt auch den Atlas.

28 Wenn man sehr kleine Dinge misst, kann man durch Vorsätze die Zahlen vereinfachen. Ein rotes Blutkörperchen ist 8 Mikrometer (8 µm) groß, also 0,008 mm.

Vorsatz	Abkürzung	Zahlenwert	Zahl
Milli	m	Tausendstel	$\frac{1}{1000}$
Mikro	µ	Millionstel	$\frac{1}{1\,000\,000}$
Nano	n	Milliardstel	$\frac{1}{1\,000\,000\,000}$
Pico	p	Billionstel	$\frac{1}{1\,000\,000\,000\,000}$

m	mm			µm		
0	0	2	0	1	4	0

20,14 mm
= 0,02014 m
= 20140 µm

Rechne um.

a) 17 µm (in nm; pm) b) 35,2 mm (in µm; nm) c) 12 ms (in s; µs) d) 150 nm (in m; cm)
e) 12,4 µm (in m; cm) f) 5 pm (in mm; nm) g) 7 ps (in s; ms) h) 1 min (in s; ms)

29 Blattgold ist etwa 0,0001 mm dick. Ein Goldatom ist etwa 100 pm dick.
Wie viele Schichten Goldatome sind im Blattgold enthalten?

30

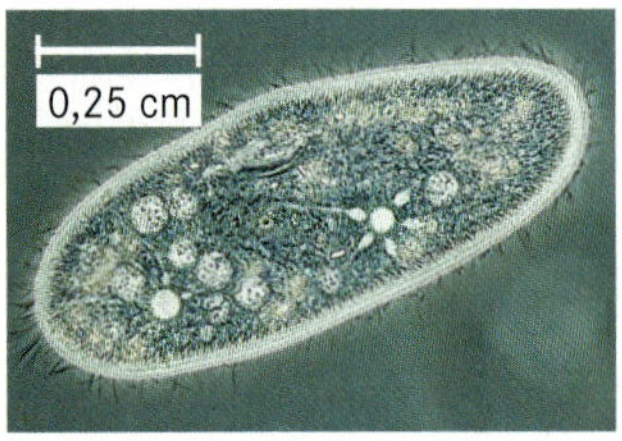

Wie lang ist ein Pantoffeltierchen?

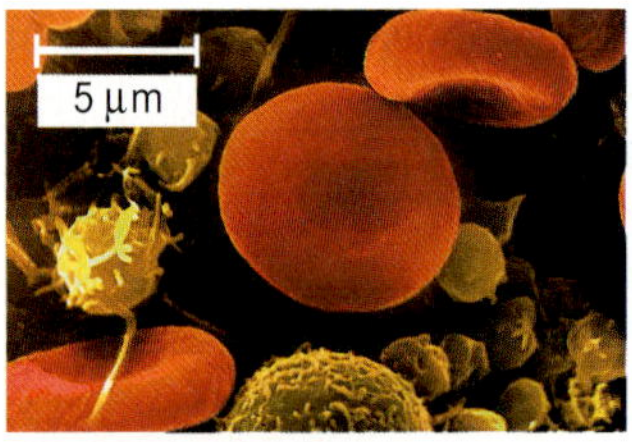

Wie breit ist ein Virus?

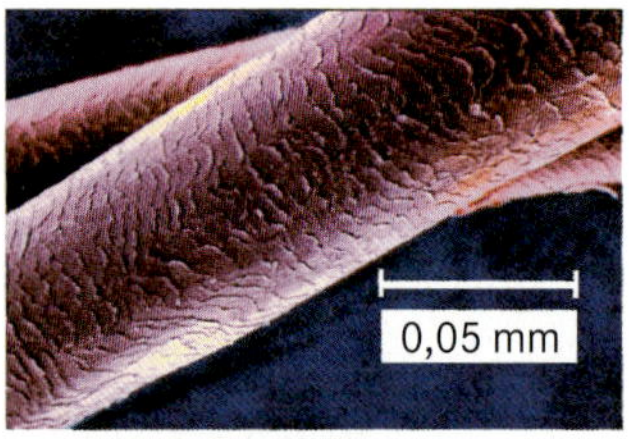

Wie dick ist ein Haar?

Wie lang ist das Modellauto?

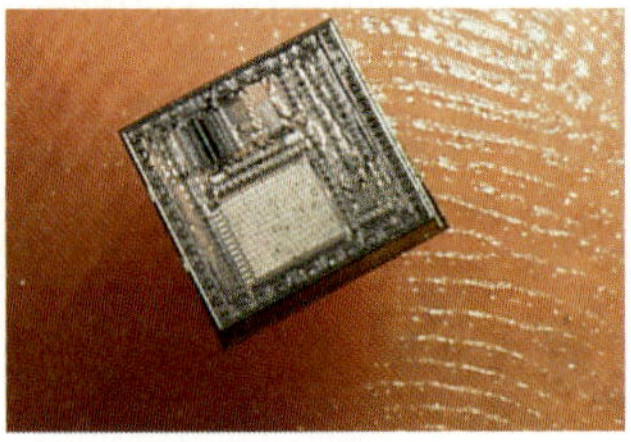

Wie dick ist die Leitung in einem Computerchip?

Wie groß ist ein Springschwanz?

Ausstiege

A1 Früher gab es eine Vielzahl von Längeneinheiten, die sich von Region zu Region und von Land zu Land unterschieden. Aber in vielen Bereichen wurde eine Vereinheitlichung immer dringender. 1875 verständigten sich schließlich 19 Staaten in der „Meterkonvention“ auf das metrische System. Das Urmeter, das in Paris aufbewahrt wird, diente als „Längennormal“.

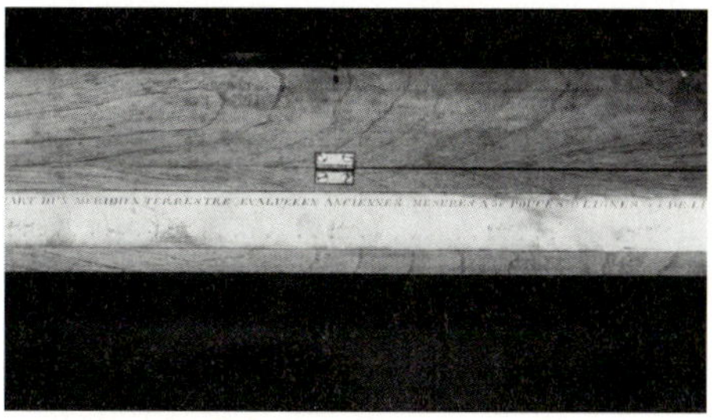

a) Alte Einheiten sind z.B. Elle, Spanne, bayerische Meile, Seemeile, Stadien, ...
Woher kommen ihre Namen? Suche weitere alte Einheiten und erkläre deren Namen.
Wie werden die alten Einheiten in die heute gültigen umgerechnet?

b) Das Meter wurde 1791 zunächst in Frankreich als Längeneinheit eingeführt. Informiere dich, wie das Meter damals festgelegt wurde. Welche Festlegung gilt heute?

A2 In Großbritannien sind noch andere Einheiten gebräuchlich.

1 mile	equals	1609,344 m	1 mile	equals	1760 yards
1 yard	equals	91,44 cm	1 yard	equals	3 feet
1 foot	equals	30,48 cm	1 foot	equals	12 inches
1 inch	equals	2,54 cm			

Wenn man vergisst, die richtigen Einheiten für Längen zu verwenden, kann dies sehr teuer werden. Die Sonde „Mars Climate Orbiter“ kam dem Mars zu nahe und stürzte ab, weil die Wissenschaftler englische Meilen nicht in Kilometer umgerechnet hatten.

Illustration des Mars Climate Orbiter über der Südpolkappe des Mars

a) Wie groß bist du in englischen Einheiten?

b) Wie lang, breit und hoch ist euer Klassenraum in englischen Einheiten?

c) Stellt euch gegenseitig Aufgaben zur Umrechnung der Längen von Alltagsgegenständen in englische Einheiten.

d) Wie weit ist es von Hamburg nach München in englischen Einheiten?

e) Ein Bild wird mit 300 dpi (dots per inch) eingescannt. Was bedeutet das?

f) Stellt euch vor, ihr würdet als Abgeordnete im britischen Parlament an einer Debatte zur Abschaffung der alten Maßeinheiten teilnehmen. Sammelt Pro- und Contra-Argumente und erstellt je eine Rede für die beiden Positionen.

A3 Sicher kennt einer von euch den Roman *„In 80 Tagen um die Welt“* von Jules Verne.
Untersucht die Reiseroute mithilfe von Landkarten und stellt sie im Klassenraum dar.
Die Reise hat im Buch 81 Tage gedauert und dann doch nur 80 Tage. Wie kann das sein?
Prüft anhand des Textes, wie lange die Reisenden unterwegs waren. Hat der Autor richtig gezählt?
Die Reise war ganz schön teuer. Könnt ihr herausbekommen, wie viel sie gekostet hat?
Wie würde so eine Reise heute aussehen?
Am 3. März 2005 beendete Steve Fossett nach nur 67 Stunden die erste Weltumrundung im Alleinflug. Informiere dich über andere Rekorde dieser Art.

6.2 Eine Sache der Auslegung – Flächeninhalte

Einstiege

E1 Übertrage die Abbildung auf ein kariertes DIN-A4-Blatt.
Schneide das Papier ein und klappe die Seiten hoch, sodass im Versuch nichts herunterfällt.

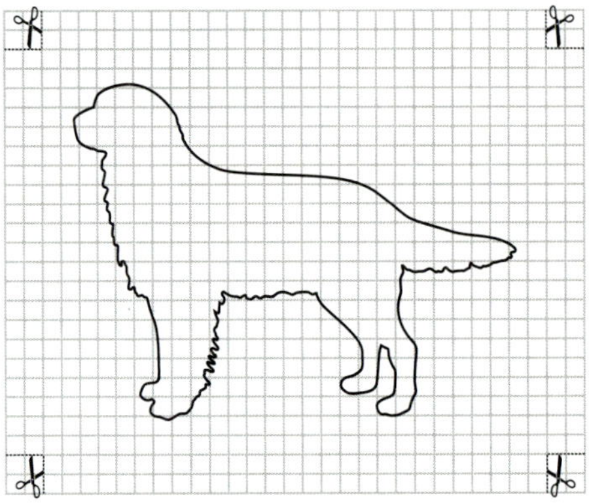

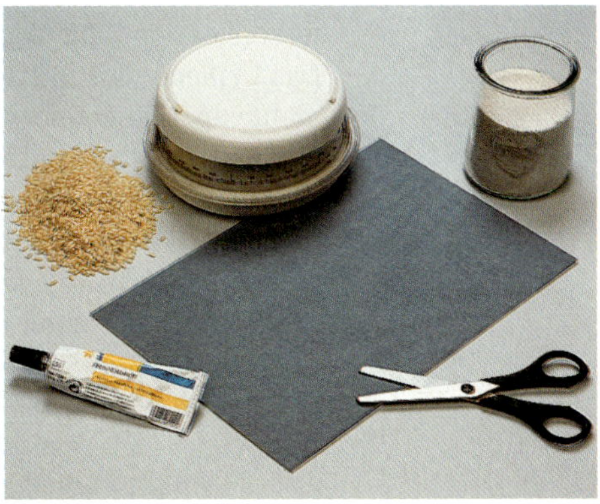

Besorge dir als Hilfsmittel die abgebildeten Gegenstände und bestimme den Flächeninhalt des Hundes auf unterschiedliche Weise. Berichte über deine Erfahrungen.

E2 Herr Höhne möchte seinen Garten anlegen und fragt einen Gärtner nach den Preisen.
Was muss er bezahlen?

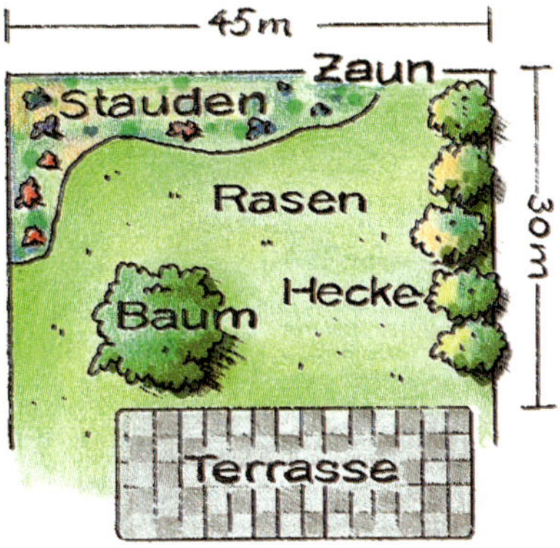

E3

E4 Das abgebildete Haus der Familie Schneider ist im Maßstab 1 : 100 gezeichnet.

a) Es sollen Küche, Dusche, Diele und Bad gefliest werden. Die Fliesen sind quadratisch mit 20 cm Kantenlänge. Wie viele Fliesen werden benötigt?

b) Schlaf- und Wohnzimmer sollen mit Teppichboden ausgelegt werden. Wie viel Teppichboden muss eingekauft werden?

c) Welchen Anteil haben die Kinderzimmer an der Fläche des Hauses?

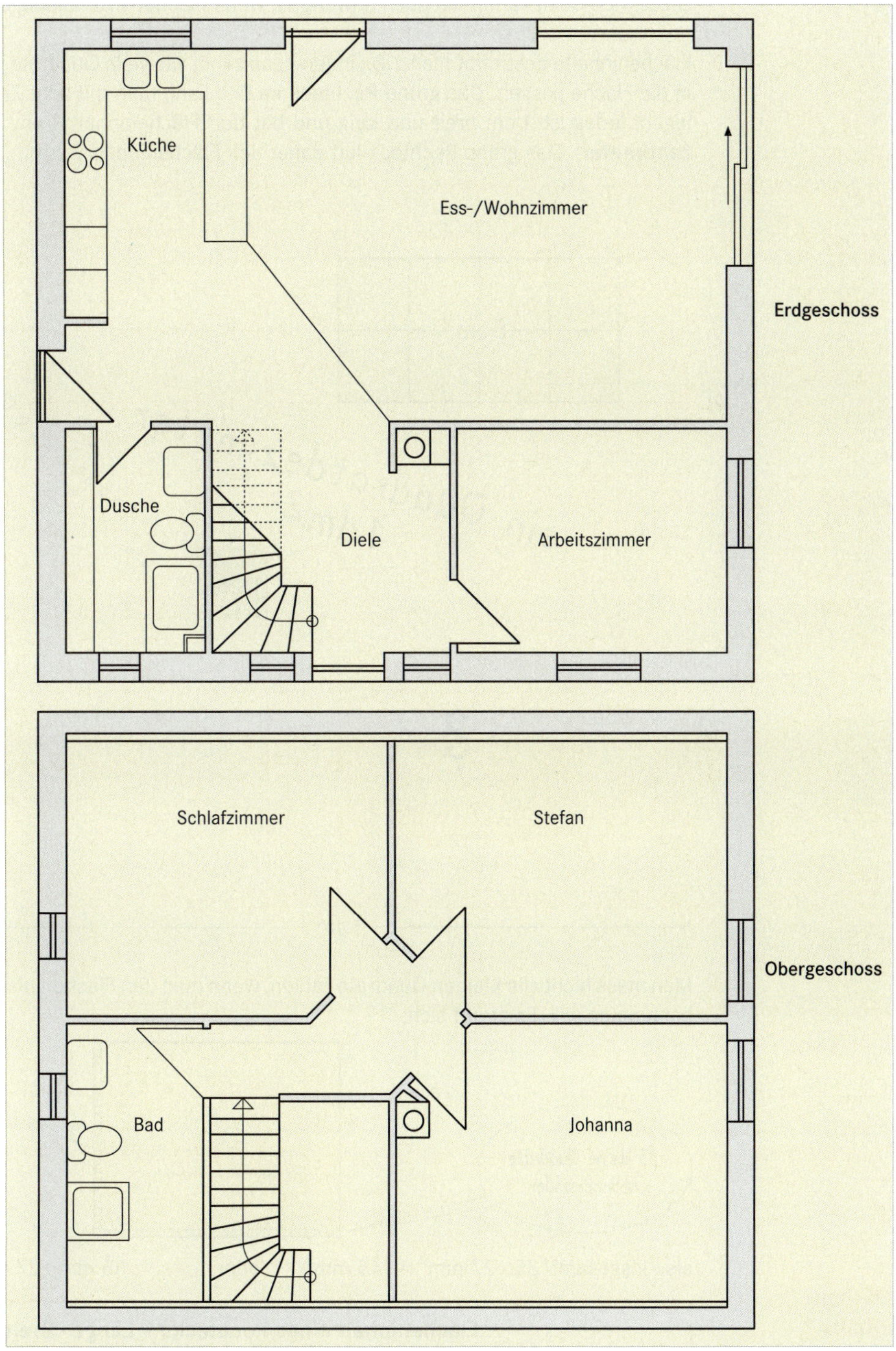

Grundwissen

Flächeninhalt

1 Mögliche Methoden zur Bestimmung von **Flächeninhalten**:
(I) **Schätzen** durch Vergleichen mit bekannten Flächeninhalten, z. B. mit der Fläche des eigenen Fingernagels oder der eigenen Handfläche;
(II) **Auszählen** von Kästchen;
(III) **Wiegen** von Pappstücken mit bekanntem und unbekanntem Flächeninhalt und Vergleich des Gewichts.
Diese Methoden kann man auch anwenden, wenn Flächen krummlinig begrenzt sind.

2 Flächeninhalte bestimmt man z. B., indem man zählt, wie viele Quadrate einer bestimmten Größe in die Fläche passen. Das grüne Rechteck im Bild kann man mit acht Zentimeterquadraten auslegen. Jedes ist 1 cm breit und lang und hat den Flächeninhalt 1 cm^2 (gelesen: ein **Quadratzentimeter**). Das grüne Rechteck hat daher den Flächeninhalt 8 cm^2.

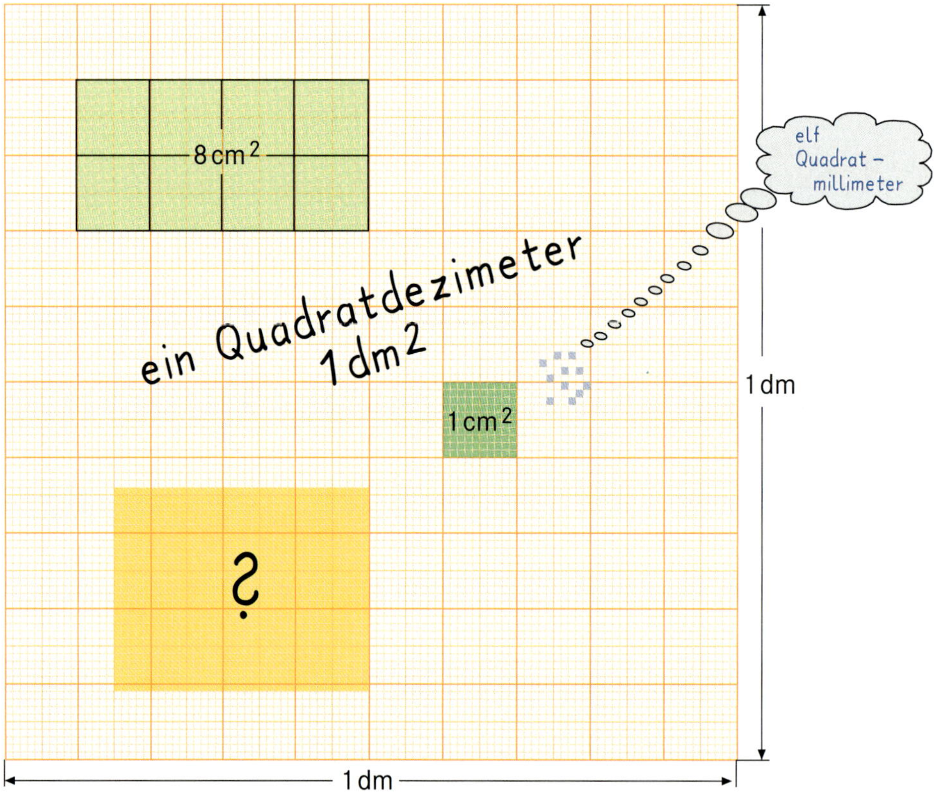

3 Man muss nicht alle kleinen Quadrate zählen, wenn man den Flächeninhalt des gelben Rechtecks bestimmen will. Es ergibt sich:

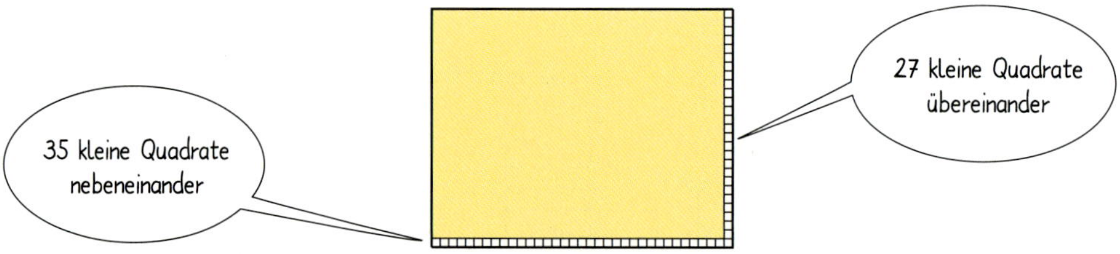

also insgesamt $35 \cdot 27\ mm^2 = 945\ mm^2$ oder $35\ mm \cdot 27\ mm = 945\ mm^2$

Flächeninhaltsformel

Flächeninhalt eines Rechtecks = Länge · Breite

Flächen-einheiten

4

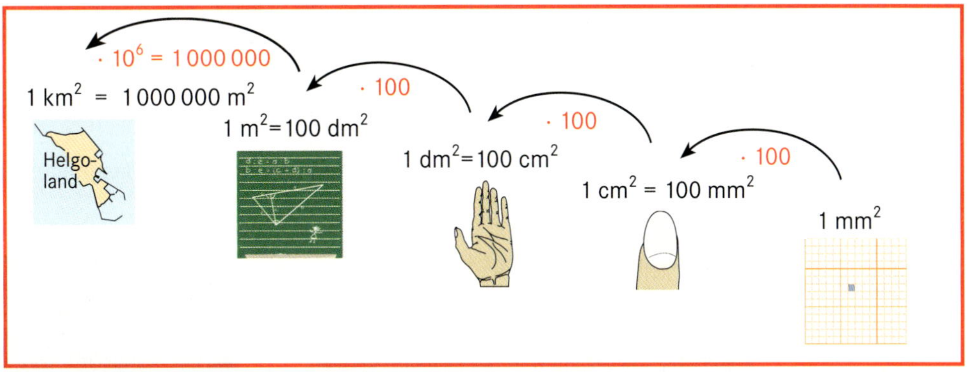

Die Grundeinheit für den Flächeninhalt ist ein **Quadratmeter**.

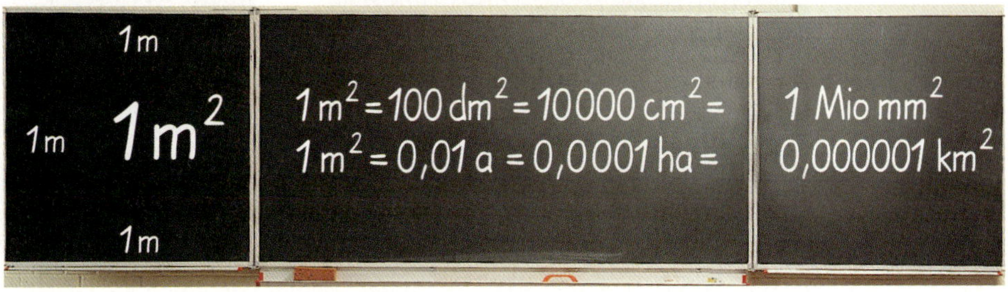

5 Beim Umrechnen von einer Flächeneinheit in eine andere muss man gut aufpassen:
In das Dezimeterquadrat in **2** passen an der unteren Kante entlang zehn grüne Quadrate vom Flächeninhalt 1 cm². Damit ist es aber noch nicht ausgefüllt.
Man bekommt zehn solcher Reihen übereinander hinein, also passen 100 cm² in 1 dm².
Damit ergibt sich für die Umrechnung von Flächeneinheiten:

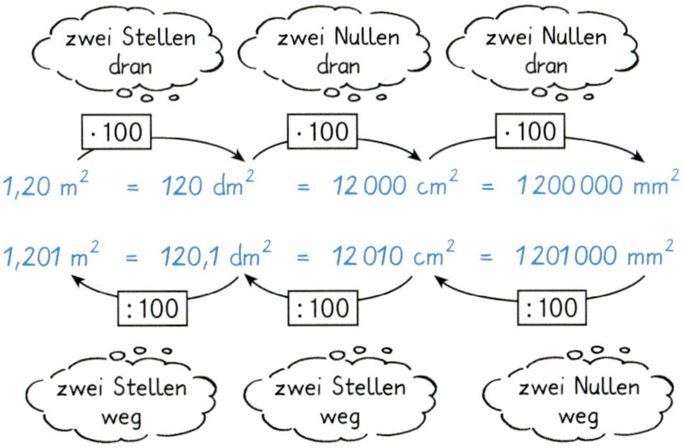

Fehlerquelle beim Umrechnen von Flächeneinheiten:
1 m = 100 cm aber 1 m² = 10 000 cm² und nicht ~~1 m² = 100 cm²~~

6 Die Umrechnungszahl von Quadratkilometer in Quadratmeter ist 1 Million = 10^6.
Dazwischen gibt es noch die Einheiten **Hektar** (ha) und **Ar** (a), jeweils mit der Umrechnungszahl 100. Sie werden traditionell in der Landwirtschaft verwendet.

1 km² = 100 ha — Fläche von Helgoland
1 ha = 100 a — Fläche eines Sportstadions
1 a = 100 m² — Fläche eines großen Klassenzimmers

1 km² = 100 · 100 · 100 m² = 1 000 000 m² = 1000 m · 1000 m = 1 km · 1 km

Übungen

1 Zeichne verschiedene Rechtecke mit dem Flächeninhalt 1 dm^2. Finde möglichst viele.

2 Schneidet aus Papier ein Quadrat mit dem Flächeninhalt 1 m^2 aus (Tipp: Zeitungspapierseiten zusammenkleben). Unterteilt es in Dezimeterquadrate. Wie viele Kinder passen auf 1 m^2?

3 Wie groß ist der Flächeninhalt eines Blattes DIN-A4-Papier? Bestimme auch den Flächeninhalt für DIN A6 (A5; A3; A2; A1; A0).

4 a) Suche in einem Atlas Gebiete heraus, deren Flächeninhalt etwa 1 km^2 beträgt.

b) Wie groß sind die Flächen, die auf der rechten Luftaufnahme erkennbar sind?

5 Schätzt den Flächeninhalt, vergleicht eure Schätzungen und überprüft durch Messung und Rechnung. Verwendet auch eure Körpermaße.
a) Punkt auf dem i
b) CD-Hülle
c) Wände und Fußboden eures Klassenraumes
d) Bleistiftstrich von 10 cm Länge
e) Fenster eures Klassenraumes
f) Laacher See (Atlas)

6 Wie groß ist der Flächeninhalt eines Fußballfeldes? Wie groß ist der Torraum? Wie viele Volleyballfelder passen in ein Fußballfeld? Wie viele Basketballfelder passen hinein? (Erst schätzen, dann messen oder die Maße nachschlagen.)

7 a) Wie groß ist die Tischplatte eines Schülertisches?
b) Wie groß ist die Sitzfläche deines Stuhles?
c) Wie groß ist euer Schulhof?

8 Bastelt aus einem Dezimeterquadrat ein Tangram-Puzzle.
Bestimmt den Flächeninhalt jedes Puzzleteilchens.
Legt euch gegenseitig verschiedene Figuren vor und lasst den Flächeninhalt berechnen.

9 Wie groß ist die Außenfläche eines Würfels mit der Kantenlänge 2 cm?

10 Schätzt den Flächeninhalt runder Filterblätter (Kaffeefilter oder Filter aus dem Chemielabor). Bestimmt den Flächeninhalt durch Auszählen von Kästchen und vergleicht die Ergebnisse.

11

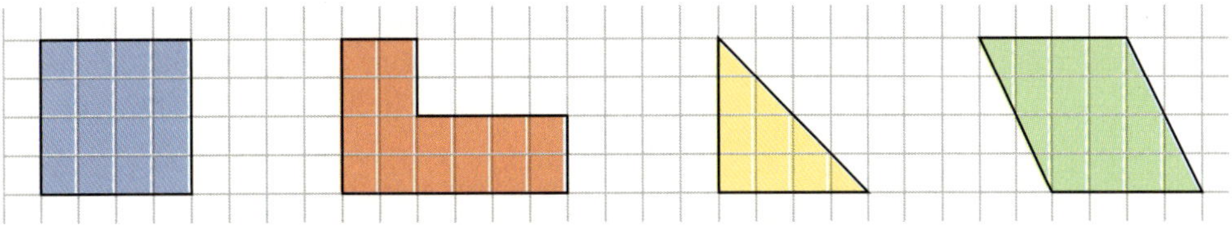

Bestimme die Flächeninhalte der Figuren durch Auszählen. Was fällt dir auf?

12 Makuku-Kinder kennen unsere Flächeneinheiten nicht.
Erkläre ihnen die Flächeninhalte:
a) 2 Quadratdezimeter sind so groß wie ...
b) 5 Quadratzentimeter sind so groß wie ...
c) 10 Quadratmeter sind so groß wie ...
d) 10 Quadratmillimeter sind so groß wie ...
e) 2 Quadratkilometer sind so groß wie ...

13 Das Makuku-Kind freut sich, dass es die Flächeneinheiten begriffen hat, und sagt:
„Mein Fuß ist 0,00000003 Quadratkilometer groß".
Du sagst es einfacher: „Dein Riesenfuß ist 3 Quadratdezimeter groß".
Stellt euch gegenseitig zehn Makuku-Aufgaben und formt sie vernünftig um.

14 Finde passende Einheiten.
a) Fläche eines Kinderzimmers
b) Höhe eines Luftsprungs
c) Länge eines Radiergummis
d) Oberfläche eines Radiergummis
e) Abstand Erde – Mond
f) Umfang des Mondes
g) Mondoberfläche
h) Länge einer Schulstunde

15 Beim Umrechnen von Flächeninhalten kann eine Einheitentafel hilfreich sein:

	km^2	ha		a		m^2		dm^2		cm^2		mm^2	
$12\ m^2$ =						1	2						
$1200\ dm^2$						1	2	0	0				
$20000\ cm^2$ =							2	0	0	0	0		
$2\ m^2$							2						
$3{,}012\ km^2$ =	3	0	1	2									
$3012000\ m^2$	3	0	1	2	0	0	0						
$129000\ mm^2$ =								1	2	9	0	0	0
$12{,}9\ dm^2$								1	2	9			
12 ha 7 a $8\ m^2$ =		1	2		7		8						
$120708\ m^2$		1	2	0	7	0	8						

Rechne mithilfe der Einheitentafel in die angegebenen Einheiten um.
a) $5\ m^2$ (dm^2; cm^2)
b) $22\ dm^2$ (cm^2; m^2)
c) $1{,}5\ km^2$ (ha; m^2)
d) $159\ cm^2$ (dm^2; m^2)
e) 7,5 ha (m^2; a)
f) $5\ mm^2$ (cm^2; dm^2)
g) $0{,}5\ m^2$ (cm^2; dm^2)
h) $17\ km^2$ (mm^2; a)
i) 24 a (m^2; ha)
j) $12500\ dm^2$ (m^2; ha)
k) 25,5 ha (km^2; m^2)
l) $2\ dm^2$ (mm^2)
m) $2\ m^2$ $12\ cm^2$ (mm^2, dm^2)
n) $4\ km^2$ 5 ha 70 a (km^2; a, m^2)
o) $125\ m^2$ $5\ dm^2$ (cm^2)

16 Schreibe mit Komma in der größeren Einheit.
a) $8\ m^2$ $17\ dm^2$
b) 49 ha 12 a
c) $39\ m^2$ $123\ cm^2$
d) 4 a $5\ m^2$
e) $2\ km^2$ $1200\ m^2$

17 a) Runde auf volle m^2: $5928\ dm^2$; $12943\ dm^2$; $948523\ cm^2$; $5400\ cm^2$; 0,0198 a
b) Runde auf volle ha: 645 a; 5948 a; $24550\ m^2$; $129430\ m^2$; $3212\ m^2$; $0{,}019\ km^2$

18 Übertrage in dein Heft und setze die Zeichen <, > oder = passend ein:
a) $150\ m^2$ □ 1a b) $4\ m^2\ 20\ cm^2$ □ $4{,}02\ m^2$ c) $1\ km^2 : 8$ □ 125 ha d) 2 a □ 0,2 ha
e) $13{,}7\ m^2 + 9{,}4\ m^2$ □ $23\ m^2\ 1\ dm^2$ f) $90\ m^2 + 1000\ dm^2$ □ a g) $0{,}5\ a - 50\ m^2$ □ 0

19 Berechne.
a) $5\ m^2 + 100\ dm^2$ b) $5\ ha + 0{,}5\ km^2$ c) $10\ dm^2 - 10\ cm^2$ d) $1\ m^2 - 50\,000\ mm^2$
e) $250\ cm^2 + 2{,}5\ dm^2$ f) $7\ a + 1000\ m^2$ g) $700\ cm^2 + 70\ dm^2$ h) $1\ km^2 - 1\ mm^2$
i) 250 cm + 2,5 dm j) 1 h – 5 min k) $7007\ cm^2 - 7\ dm^2$ l) 1 km – 1 mm
m) $250\ cm^2 - 2{,}5\ dm^2$ n) $7\ a - 105\ m^2$ o) 70,07 € – 770 ct p) 1 h – 1 s

20 Ein Schuhkarton ist 25 cm lang, 15 cm breit und 10 cm hoch. Wie viel Pappe wurde etwa verbraucht? (Für welche Schuhe und Schuhgrößen ist der Karton passend?)

21 Auf einem 25-kg-Sack mit Rasendünger steht: „Reicht für $300\ m^2$".
a) Wie viele Säcke muss man kaufen, wenn der Rasen 17 m breit und 5 m lang ist?
b) Wie viele Säcke benötigt man für 1 ha?

22 Während einer Flurbereinigung müssen Grundstücke zusammengelegt werden. Berechne die neue Gesamtfläche.
a) 5 ha; 270 a; $3900\ m^2$; 2,5 ha b) 12,5 ha; 1902 a; $10050\ m^2$ c) 1,012 ha; $1012\ m^2$; 4,2 ha

23 Was bedeuten die historischen Einheiten *Joch* und *Morgen?* Wo waren sie gebräuchlich?

24
Aufgabe: Ein Rechteck ist 1,5 dm lang und 7 mm breit. Wie groß ist sein Flächeninhalt?
Lösung durch Umrechnung in die kleinste Einheit: 1,5 dm = 150 mm
$A = 150\ mm \cdot 7\ mm = 1050\ mm^2 = 10{,}5\ cm^2$

Berechne ebenso.

	Länge	Breite
a)	7 m	19 cm
b)	3 m	0,9 m
c)	5 dm	17 cm

	Länge	Breite
d)	7 mm	20 cm
e)	13,4 cm	12 mm
f)	18,3 dm	19,6 cm

	Länge	Breite
g)	17,01 dm	1,01 m
h)	3,2 cm	3,002 m
i)	99 m	0,99 m

25 Übertrage die Tabelle ins Heft und ergänze die fehlenden Angaben zu den Rechtecken.

	Länge	Breite	Flächeninhalt
a)	3 cm	5 cm	
b)	2 dm		$6\ dm^2$
c)	5 cm	7 mm	

	Länge	Breite	Flächeninhalt
d)		7 cm	$7\ dm^2$
e)	2,5 cm	0,12 dm	
f)		25 mm	$5\ cm^2$

26

Bei der Fußball-WM 2006 in Deutschland finden auch in der Arena AufSchalke Spiele statt. Das Spielfeld dort ist 118 m lang und 79 m breit. Für eine neue Einsaat werden pro Quadratmeter 40 g Samen benötigt. Ein 50-kg-Sack kostet 320 Euro. Für die Arbeit muss der Verein zwei Gärtner jeweils acht Stunden beschäftigen. Berechne die Gesamtkosten bei einem Stundenlohn von 14,50 Euro.

27 Ein rechteckiges Privatgrundstück ist 16 m breit. Im Garten gibt es 285m² Rasen, einen 7 m breiten und 6 m langen Zierteich und eine 195 m² große Blumenwiese. Auf 283 m² sind Beete angelegt. Das Haus ist 13 m breit und 10 m tief, die Garage hat 21 m² Grundfläche, Wege und Terrasse sind 91 m² groß.

a) Wie groß ist die Gesamtfläche des Grundstücks? Wie tief ist es?

b) Welchen Wert hat das Grundstück, wenn der Quadratmeter 212 Euro kostet?

28 Familie Schneider renoviert ihr Haus (vgl. **E 4**).

a) In den Zimmern des Obergeschosses (ohne Bad) müssen Fußleisten angebracht werden. Wie viele Meter zu 4,40 Euro müssen Schneiders im Baumarkt mindestens einkaufen?

b) Johannas und Stefans Zimmer erhalten einen neuen Teppichboden. Ein m² kostet 8 Euro.

c) Wände und Decke des Arbeitszimmers (Raumhöhe 2,70 m) werden gestrichen. Beachte, dass die Tür 2,20 m und die Fenster 1,10 m hoch sind.

d) Mit welchen Kosten muss Familie Schneider insgesamt rechnen?

e) Überlege dir weitere Renovierungsmöglichkeiten und stelle deinem Partner entsprechende Aufgaben.

29 Die Lunge eines Erwachsenen besteht aus etwa 100 Millionen Lungenbläschen. Jedes Lungenbläschen hat die Oberfläche von etwa 1 mm².

a) Berechne die gesamte Lungenoberfläche und gib sie in einer sinnvollen Einheit an.

b) Informiere dich, warum die Lungenoberfläche so groß sein muss und wie dieses Riesengebilde in den Brustkorb passt.

30

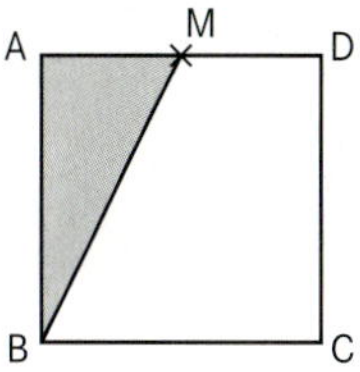

ABCD ist ein Quadrat. M ist der Mittelpunkt der Strecke $\overline{AD}$.
Der Flächeninhalt des grauen Teils ist 7 cm².
Dann ist der Flächeninhalt des Quadrates ABCD

(A)	(B)	(C)	(D)	(E)
14 cm²	36 cm²	21 cm²	25 cm²	28 cm²

31 Wie groß ist die Außenfläche der Körper?

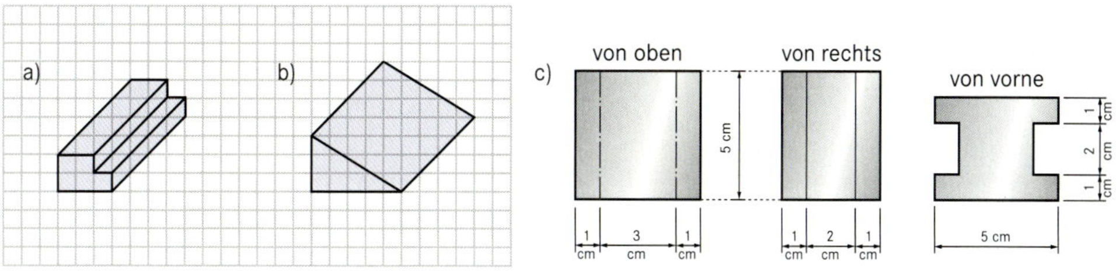

a) Übersetze den Text in einen Term, zeichne einen Rechenbaum und berechne.

(I) Subtrahiere die Differenz von 143 und 87 von der Summe dieser Zahlen und dividiere das Ergebnis durch 2.

(II) Halbiere die Summe aus der Summe und der Differenz der zahlen 1284 und 1248.

b) Führe die Rechnungen aus a) auch mit anderen Zahlen durch. Was fällt dir auf?

Ausstiege

A1 Das Satellitenfoto zeigt die schleswig-holsteinische Wattenküste im Maßstab 1 : 500 000.
a) Finde mit deinem Atlas die Namen der abgebildeten Inseln und Halligen heraus.
b) Überlege dir eine Methode die Größe von Föhr und Sylt zu schätzen.
c) Bestimme so auch die ungefähre Größe der Insel Hiddensee (vgl. **E 3** in **6.1**)
d) Sucht im Atlas weitere Inseln oder Seen und gebt eine Schätzung für deren Größe an.

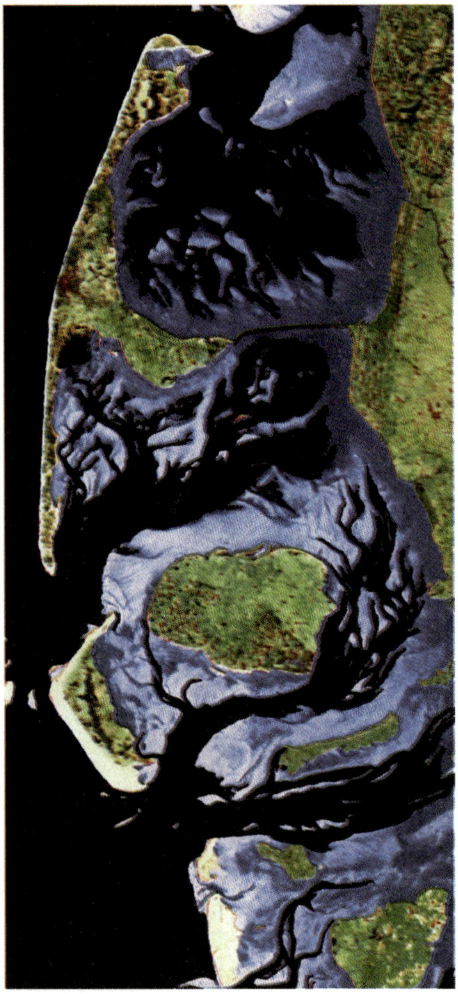

A2 Verwende das Nagelbrett aus **5.1** um verschiedene Figuren darzustellen. Wie groß sind deren Flächen?
Ihr könnt etwas Ähnliches mit einem Seil auf dem Schulhof machen:
Legt (geschlossene) Figuren und zeichnet sie mit Kreide nach. Wie groß sind die Flächen? Wie müsst ihr das Seil hinlegen, damit der Flächeninhalt möglichst groß wird?

A3 Aus dem Quadrat wird immer mehr herausgeschnitten.
Zeichne die dritte und vierte Generation in dein Heft. Wie groß ist der Flächeninhalt des Restes in der vierten Generation? Wie groß ist er bei der zehnten Generation?

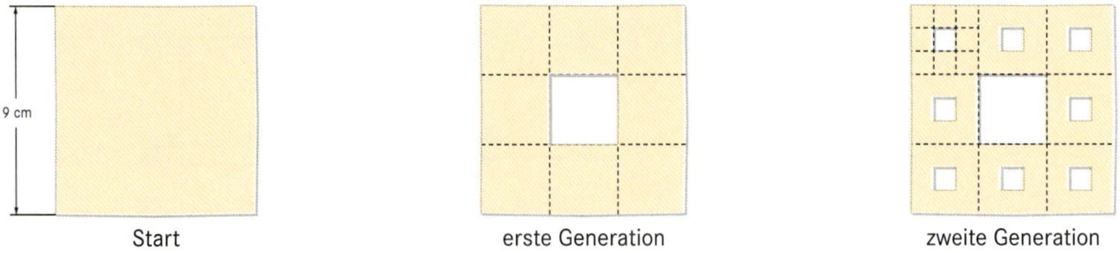

Übertrage das Verfahren auf ein rechtwinkliges Dreieck.

· 6	+15	·2
+4	· 5	+14
: 2	−70	· 7
− 8	· 2	− 28
: 3	: 10	: 14

Das Bild zeigt Kettenaufgaben zum Kopfrechnen.
Schreibe die Aufgaben mit der Startzahl 18 als Term.
Wie viele Klammern benötigst du jeweils?

6.3 Ganz schön was drin – Rauminhalte und Gewichte

Einstiege

E1 a) Miss mit einem Haushaltsmessbecher ab, wie viel Wasser in die Gefäße passt.
(I) Kaffeetasse
(II) Bierglas (Ist der Eichstrich richtig?)
(III) Esslöffel
(IV) Suppenteller
(V) Eiswürfelbox
(VI) Frischhaltebox

b) Schätze ab, wie genau deine Messungen sind. Wie kannst du das Gewicht der Wassermenge bestimmen?

E2 Besorgt euch möglichst viele verschiedene Lebensmittelverpackungen.
a) Welche Mengenangaben findet ihr auf den Verpackungen? Ordnet sie der Größe nach.
b) Sind große Packungen im Verhältnis billiger oder teurer als kleinere?
c) Baut einige Verpackungen (z. B. eine Milchtüte) aus Papier nach. Verwendet den gleichen Bauplan auch mit anderen Kantenlängen. Schafft ihr es verschiedene Abmessungen so zu wählen, dass trotzdem immer gleich viel hineinpasst?

E3

Kofferraumvolumen: 330/1184 Liter

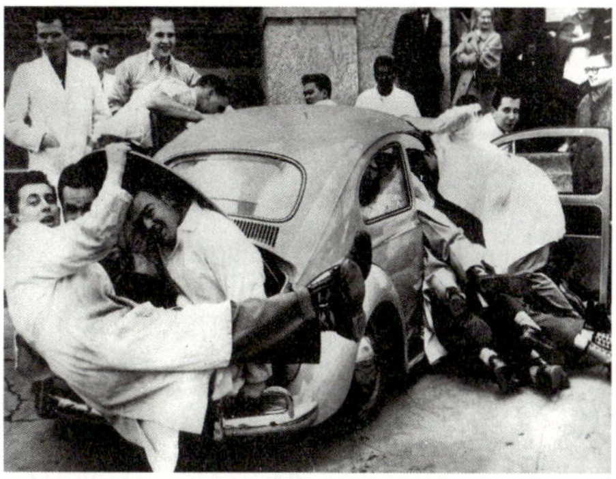

Missglückter Rekordversuch (1959)

Ein erwachsener Mensch hat ein Volumen von etwa 60 Litern.

a) Was bedeutet die Bildunterschrift unter dem ersten Foto? Wie kann man die Angabe überprüfen?
b) Am 15. Februar 1969 gelang es 34 Personen sich gleichzeitig in einen VW-Käfer zu quetschen. Wie viel Platz muss dafür in einem VW-Käfer sein?

E4 a) Baut aus 1 m langen Stäben das Kantenmodell eines Würfels.
Wie viele Kinder eurer Klasse passen dort hinein?
b) Wie viele Kinder könnten in euren Klassenraum passen?
c) Könnt ihr einen Rekord aufstellen? (Regeln findet ihr im Internet.)

Grundwissen

Volumen

1 Mögliche Methoden zur Bestimmung von Rauminhalten **(Volumina)**:

(I) **Schätzen** durch Vergleich mit bekannten Rauminhalten, zum Beispiel mit dem Volumen eines Sandkorns oder mit einem Liter Milch.

(II) **Auszählen** von Würfeln gleicher Größe.

(III) **Wiegen** von Gegenständen und Vergleich mit Gegenständen aus dem gleichen Material, deren Volumen man kennt.

(IV) **Eintauchen** von Gegenständen in einen Messbecher und Ablesen, um wie viel der Wasserstand gestiegen ist.

Diese Methoden kann man auch bei komplizierter gebauten Körpern anwenden.

2 Das Volumen eines Quaders kann man durch Auszählen bestimmen.

In den Quader rechts passen 24 Würfel. Jeder der kleinen Würfel ist 1 cm lang, 1 cm breit und 1 cm hoch und hat das Volumen 1 cm³ (gelesen: ein **Kubikzentimeter**).
Der Quader hat daher das Volumen 24 cm³.

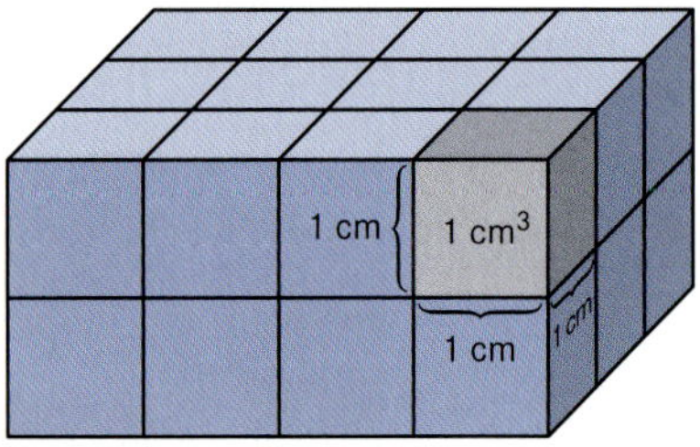

Man muss nicht alle Einheitswürfel zählen. Es reicht, wenn man zählt oder misst, wie viele Einheitswürfel nebeneinander, hintereinander und übereinander in den Quader passen.
Dann rechnet man.

Der Quader ist 4 cm lang, 3 cm breit und 2 cm hoch. Es passen 4 Zentimeterwürfel nebeneinander, 3 hintereinander und 2 übereinander. Er hat das Volumen:
$4 \cdot 3 \cdot 2\ \text{cm}^3 = 24\ \text{cm}^3$ oder $4\ \text{cm} \cdot 3\ \text{cm} \cdot 2\ \text{cm} = 24\ \text{cm}^3$

Volumenformel

Volumen eines Quaders = Länge · Breite · Höhe

3 **Volumeneinheiten**

„Cubus" (lat.) bedeutet „Würfel".

$\cdot 10^9$

$1\ \text{km}^3 = 1\,000\,000\,000\ \text{m}^3$ $\quad \cdot 1000$

$1\ \text{m}^3 = 1000\ \text{dm}^3$ $\quad \cdot 1000$

$1\ \text{dm}^3 = 1000\ \text{cm}^3$ $\quad \cdot 1000$

$1\ \text{cm}^3 = 1000\ \text{mm}^3$

$1\ \text{mm}^3$

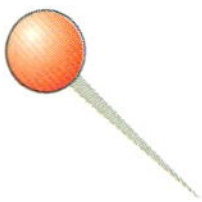

Die Grundeinheit für das Volumen ist ein **Kubikmeter**.

4

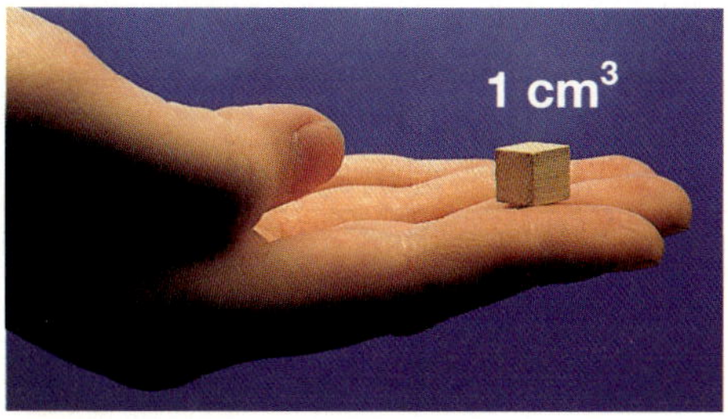

$1\ cm^3$ heißt auch 1 **Milliliter** (1 ml).

$1\ dm^3$ heißt auch 1 **Liter** (1 *l*).

5 Bei der Umrechnung von Volumeneinheiten muss man aufpassen.

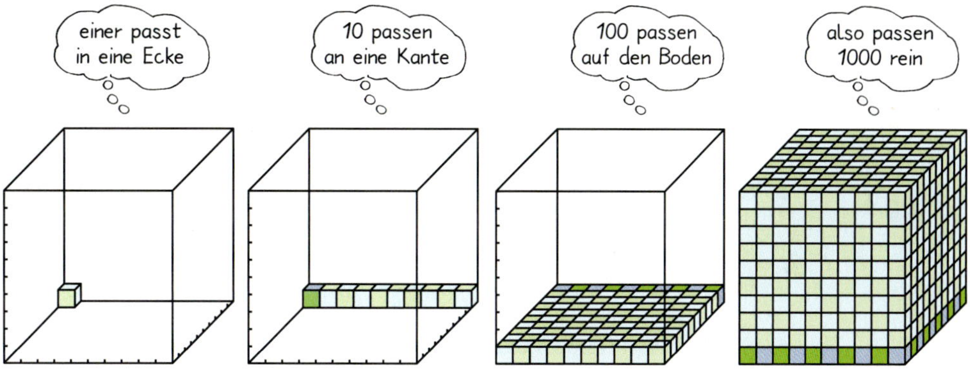

1 Zentimeterwürfel $1\ cm^3$ | 10 Zentimeterwürfel $10\ cm^3$ | 10 · 10 Zentimeterwürfel $100\ cm^3$ | 10 · 10 · 10 Zentimeterwürfel $1000\ cm^3$

Damit ergibt sich für die Umrechnung von Volumeneinheiten:

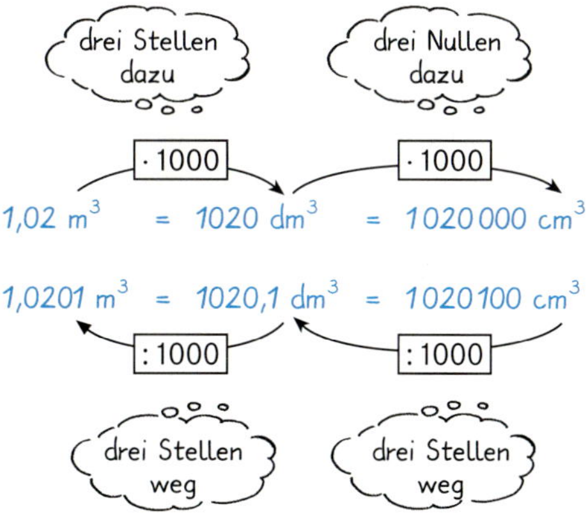

$1{,}02\ m^3 = 1020\ dm^3 = 1\,020\,000\ cm^3$

$1{,}0201\ m^3 = 1020{,}1\ dm^3 = 1\,020\,100\ cm^3$

$1\ m^3 = 10\ dm \cdot 10\ dm \cdot 10\ dm = 10 \cdot 10 \cdot 10\ dm^3 = 1000\ dm^3 = 1000\ l$
$1\ dm^3 = 10\ cm \cdot 10\ cm \cdot 10\ cm = 10 \cdot 10 \cdot 10\ cm^3 = 1000\ cm^3$
$1\ cm^3 = 10\ mm \cdot 10\ mm \cdot 10\ mm = 10 \cdot 10 \cdot 10\ mm^3 = 1000\ mm^3$

Fehlerquelle beim Umrechnen von Volumeneinheiten:

1 m = 100 cm

aber $1\ m^3 = 1\,000\,000\ cm^3$ = 1 Million cm^3 und nicht ~~$1\ m^3 = 100\ cm^3$~~

Ein Kubikmeter sind hundert mal hundert mal hundert Kubikzentimeter.

Gewicht

6 Die Grundeinheit für das **Gewicht** (eigentlich: die Masse) ist ein Kilogramm (1 kg).

Gewichtseinheit	Abkürzung	Umrechnung	Vergleichsgröße
1 Gramm	1 g	0,001 kg	Erbse; Tafel Schokolade = 100 g
1 Kilogramm	**1 kg**	1000 g	1 Liter Wasser
1 Tonne	1 t	1000 kg	Pkw
1 Pfund	1 ℔	500 g; $\frac{1}{2}$ kg	Kaffeepackung
1 Zentner	1 Ztr	100 ℔; 50 kg	großer Sack Kartoffeln
1 Doppelzentner	1dt (Dezitonne)	100 kg	großer Mensch

Übungen

1 Wie groß ist das Volumen eines Wassertropfens? Experimentiere zu Hause.

2 Bestimmt das Volumen und das Gewicht eines Hühnereies auf möglichst viele verschiedene Weisen. Gebt an, wie genau euer Ergebnis ist.

3 Schätzt das Volumen und das Gewicht des Körpers. Vergleicht eure Schätzungen und überprüft durch Messung und Rechnung. Verwendet auch eure Körpermaße.
a) Mathematikbuch b) Klassenraum c) CD-Hülle d) Schultasche
e) neuer Bleistift f) Kind g) Geodreieck h) Auto

4 Suche verschiedene Möglichkeiten einen Quader herzustellen, der das Volumen 1 dm^3 hat. Wer findet am meisten? Baue einen dieser Quader aus Papier.

5

a) Bestimme das Volumen der Bausteine des Soma-Würfels (vgl. **A1** aus Unterkapitel **4.1**).
b) Denke dir um jeden der Körper einen möglichst kleinen Quader. Gib dessen Volumen an.
c) Welches Volumen hat der größte Quader, der in den Körper hineinpasst?

6

Makuku-Kinder kennen unsere Volumeneinheiten nicht. Erkläre ihnen die Rauminhalte:
a) 5 Kubikdezimeter sind so groß wie ...
b) 10 Kubikzentimeter sind so groß wie ...
c) 2 Kubikmeter sind so groß wie ...
d) 25 Kubikmillimeter sind so groß wie ...
e) 2 Kubikkilometer sind so groß wie ...

7 Das Makuku-Kind sagt: „Meine Nase hat das Volumen 0,0000075 Kubikmeter“.
Du sagst es einfacher. Stellt euch gegenseitig zehn Makuku-Aufgaben zum Volumen.

8 Rechne um.

a) 15 *l* (in dm^3; cm^3) b) 6000 cm^3 (in m^3; *l*) c) 2 dm^3 (in mm^3; cm^3)
d) 1 km^3 (in m^3; dm^3) e) 2,5 cm^3 (in dm^3; m^3) f) 500 dm^3 (in mm^3; m^3)
g) 0,1 m^3 (in *l*; dm^3) h) 7 m^3 (in cm^3; *l*) i) 0,01 a (in dm^2; cm^2)
j) 0,1 m^2 (in dm^2; cm^2) k) 240 m^3 (in cm^3; ml) l) 0,1 m (in dm; cm)
m) 270,01 *l* (in dm^3; cm^3) n) 0,0001 km (in mm; cm) o) 1 ha (in m^2; a)

9 Finde den Fehler und korrigiere ihn im Heft.

a) $2\,m^2 = 20\,dm^2$ b) $5\,cm^2 = 0{,}5\,dm^2$ c) $3\,m^3 - 200\,dm^3 = 1\,m^3$
d) $8\,m^3 + 20\,dm^3 = 8{,}2\,m^3$ e) $3\,cm \cdot 4\,cm = 12\,cm$ f) $0{,}3\,cm \cdot 0{,}4\,cm = 1{,}2\,cm$

10 Berechne im Kopf.

a) 7 · 300 mm b) 7 cm + 300 mm c) 7m – 300 mm d) 7200 mm : 6
e) 4 m – 2 cm f) 4 dm – 2 cm g) 4 dm – 2 mm h) (4 m + 2 m) · 2
i) 2,5 kg : 5 j) 2,5 kg – 500 g k) 2,5 g · 20 l) (2,5 kg · 10) : 5
m) 4 m^2 + 2 dm^2 n) 4 m^2 – 2 dm^2 o) 4 m^2 + 200 cm^2 p) 4 m^2 + 2 cm^2
q) 4 m^3 + 200 dm^3 r) 4 m^3 – 200 dm^3 s) 4 m^3 – 2000 dm^3 t) 4 m^3 : 2
u) 4 cm · 2 cm v) 4 cm · 2 cm · 5 cm w) 4 cm · 0,2 cm x) (4 cm + 2 cm) : 6
y) 0,4 cm · 0,2 cm z) 0,4 cm – 0,2 cm ä) 0,4 dm – 0,2 cm ö) (4 m · 2 m) : 4
ü) 8 m + 0,9 m oh) 8 m · 9 m je) 0,8 m · 9 uff) 9 m^3 · 0

11 Lebewesen sind selten quaderförmig, daher kann man ihr Volumen nur schwer bestimmen. Aber Lebewesen bestehen zum größten Teil aus Wasser.
Von Wasser weiß man: 1 *l* wiegt 1 kg.
Also bestimmt man das Gewicht und kann damit das Volumen abschätzen.
Schätze auf diese Weise das Volumen.

a) Kind mit 47 kg b) Blauwal mit 28 t
c) Regenwurm mit 8 g d) Mücke mit 0,1 g

12 Auf einem Lkw steht „40 t Zuladung". Was steht auf Müllcontainern, Koffern oder Güterzügen? Finde heraus, was auf einem Öltanker stehen müsste. Suche weitere Beispiele und ordne sie der Größe nach.

13 Rechne um.

a) 50 kg (in g; t) b) 20,5 t (in kg; Ztr) c) 9 g (in kg; t)
d) 5000 kg (in t; Ztr) e) 3,5 kg (in g; mg) f) 3 Ztr (in kg; g)
g) 60 Ztr (in kg; t) h) 1,005 t (in kg; mg) i) 0,0075 Ztr (in t; kg)

14 25 kg Dünger reichen für 300 m^2 Rasen. Wie viel Rasen kann man mit einem Zentner düngen, wie viel mit 1 dt, 1 t, 1 ℔?

15 Ein Paket Kopierpapier enthält 500 Blatt und wiegt 2,5 kg. Ohne Verpackung ist der Inhalt 5,2 cm hoch. Außen auf der Packung steht: A4 Standard Kopierpapier 80g/m^2.
Stellt euch zu diesen Zahlen gegenseitig Rechenaufgaben und löst sie.

16 Prüfe nach, ob ein Stück Butter von 250 g auch ein Volumen von 250 cm^3 hat.

17 In einer 15-kg-Kiste sind 80 Äpfel. Wie schwer ist ein Apfel etwa? (Warum „etwa"?)

18 Berechne.

a) $7{,}5\ m^3 + 1553\ dm^3$ b) $37\,895\ mm^3 + 1\ l$ c) $624\ cm^3 + 17\ dm^3$ d) $17\ dm^3 - 624\ cm^3$
e) $2\ dm^3 + 9912\ mm^3$ f) $6{,}1\ m^3 - 9865\ cm^3$ g) $7{,}3\ cm^3 + 98\ mm^3$ h) $9{,}4\ m^3 - 6823{,}42\ l$
i) $3 \cdot 714\ cm^2 + 1\ m^2$ j) $3 \cdot 7\ € + 212\ ct$ k) $8{,}14\ cm^2 - 2\ mm^2$ l) $625\ cm^2 : 5 + 1\ m^2$
m) $800\ l - 5 \cdot 80\ dm^3$ n) $2{,}5\ l - 5\ cm^3$ o) $888\ cm^2 + 5 \cdot 8\ m^2$ p) $999\ l - 9 \cdot 111\ dm^3$

19

Ein Quader ist 1,7 dm breit, 2,5 cm lang und 16 mm hoch. Wie groß ist sein Volumen?
Umrechnung in die kleinste Einheit, in mm
1,7 dm = 170 mm 2,5 cm = 25 mm
$V = 170\ mm \cdot 25\ mm \cdot 16\ mm$
$= 68\,000\ mm^3 = 68\ cm^3$

Bestimme das Volumen des Quaders.

	Länge	Breite	Höhe
a)	7 m	19 cm	22 cm
b)	3 m	0,9 m	0,7 m
c)	5 dm	17 cm	13 cm
d)	2,5 dm	15 cm	0,3 m

20 Nuray hat das Volumen einer Schachtel ausgerechnet. Er hatte die Kanten ausgemessen: 12,2 cm; 17,5 cm; 9,8 cm. Seine Schwester Layla misst nach und stellt fest, dass Nuray immer 2 mm zu wenig gemessen hat. Um wie viel ist das Volumen, das Nuray berechnet hat, zu klein?

21

	Länge	Breite	Höhe	Volumen
a)	7 mm	20 cm	1 m	
b)	2,5 dm		15 cm	$9000\ cm^3$
c)	13,4 cm	12 mm		$32{,}16\ cm^3$

Berechne die fehlenden Größen des Quaders.

22 Auf einem Saftglas steht neben dem Eichstrich 0,2 *l*. In den Saftflaschen des Lokals sind jeweils 0,75 *l* Saft. Der Kellner nimmt eine volle Flasche und schenkt nacheinander Gläser genau bis zum Eichstrich voll. Ist eine Flasche leer, nimmt er die nächste.
Er hört auf, wenn mit dem letzten Tropfen einer Flasche gerade eines der Gläser bis zum Eichstrich voll wird. Wie viele Gläser schenkt er aus? Wie viele Flaschen verbraucht er? Wie ändert sich das, wenn die Flaschen nur 0,7 *l* fassen?

23 Hier siehst du einen Querschnitt des Hauses von Familie Schneider (vgl. Unterkapitel **6.2, E 4**).

a) Das Haus ist hier in einem kleineren Maßstab dargestellt. Versuche trotzdem seine Höhe zu schätzen.
b) Versuche das Volumen des Hauses möglichst genau zu bestimmen.

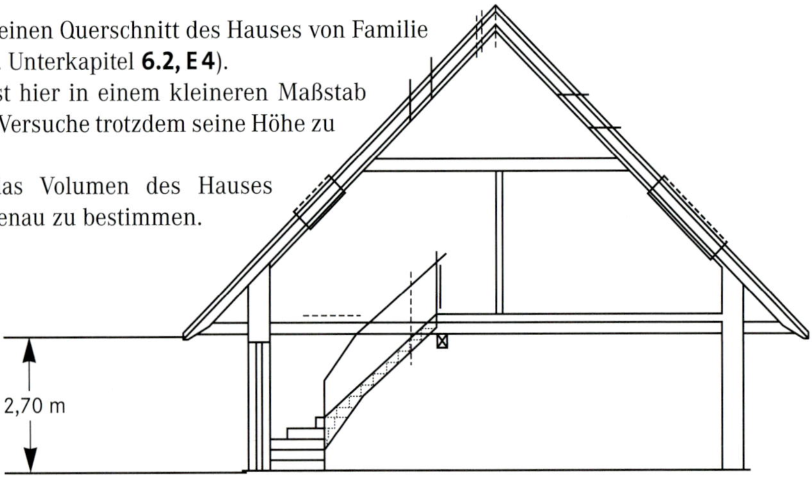

24 a) Wie groß ist das Volumen?
b) Wie groß sind die Flächen? Welche Flächen sind gleich groß?
c) Welche Kanten sind gleich lang? Wie lang sind alle Kanten zusammen?
d) Wie viele CDs passen in das Paket?
e) Wie viele Kubikzentimeterwürfel passen in das Paket?
f) Fülle das Paket mit möglichst großen Würfeln. Sie dürfen verschieden groß sein.

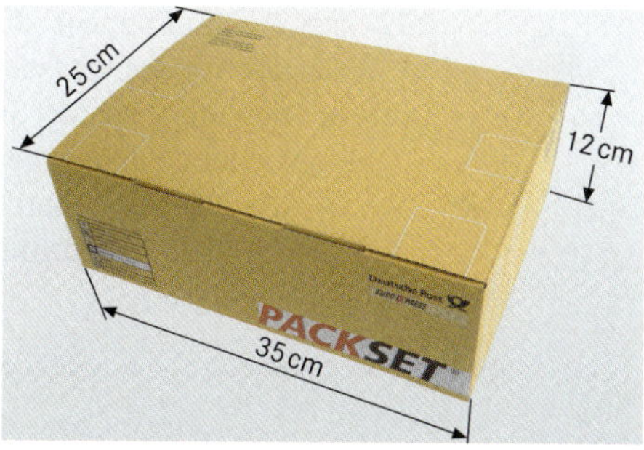

25 Frau Holle hat acht Blumenkästen, die sie mit Erde füllen will. Die Kästen sind 65 cm lang und 14,5 cm breit und sollten mindestens 13 cm hoch gefüllt werden. Der Supermarkt bietet gerade 30-Liter-Säcke mit Blumenerde im Sonderangebot an.

26 Berechne.

a) 5 t + 2786 kg	b) 50 g + 3 kg	c) 1 Ztr – 27,3 kg	d) 4 t – 20 Ztr
e) 16,5 kg – 312 g	f) 18 mg + 1,35 g	g) 1 kg – 350 g	h) 5 kg – 3 g
i) 3 Ztr – 0,5 kg	j) 70 g + 0,25 kg	k) 70 t – 70 Ztr	l) 68 g + 145 mg
m) 0,3 t + 27 Ztr	n) 0,9 *l* – 25 cm^3	o) 30 a + 20 km^2	p) 1 m^2 + 10 ha – 2a

27 Ein Kubikmeter Mauersteine wiegt 1,6 t. Wie schwer ist eine 5,5 m lange, 30 cm dicke und 2,3 m hohe Mauer?

28 Ein quaderförmiger Goldbarren von 20 cm · 5 cm · 5 cm wiegt 9650 g.
a) Wie schwer ist 1 dm^3 Gold?
b) Wie viel Gramm Gold passen in eine Streichholzschachtel?
c) Wie viele Kubikdezimeter Gold könntest du in deine Schultasche packen? Könntest du sie dann noch tragen?

29 a) Was bedeuten die historischen Einheiten *Fass*, *Scheffel*, *Gran* und *Mark*?
b) Wo werden die Einheiten *Unze* und *Karat* verwendet? Was bedeuten sie?
c) Wo wird die Einheit *Barrel* verwendet? Was bedeutet sie?

30

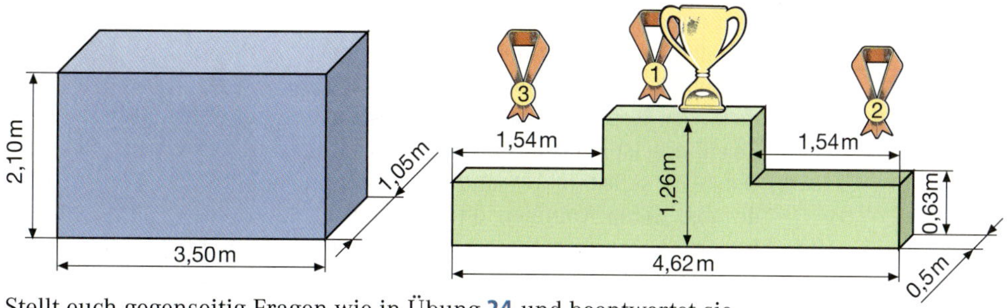

Stellt euch gegenseitig Fragen wie in Übung **24** und beantwortet sie.

1 l Wasser wiegt 1 kg.

31 120 Liter sind in einem Aquarium, das 80 cm breit, 30 cm tief und 40 cm hoch ist.
a) Wie hoch steht das Wasser?
b) Das leere Aquarium wiegt 9,8 kg. Wie schwer ist es mitsamt Wasser?
c) Wie viel m^2 Glasscheiben werden für die Wände benötigt?

32 Der Swimmingpool soll renoviert werden. Dazu muss das Wasser abgelassen werden.

a) Die Pumpe schafft 34,272 m^3 pro Stunde. Wie lange dauert der Pumpvorgang?

b) Alle Flächen sollen neu gefliest werden. Wie viele Quadratmeter Fliesen werden benötigt?

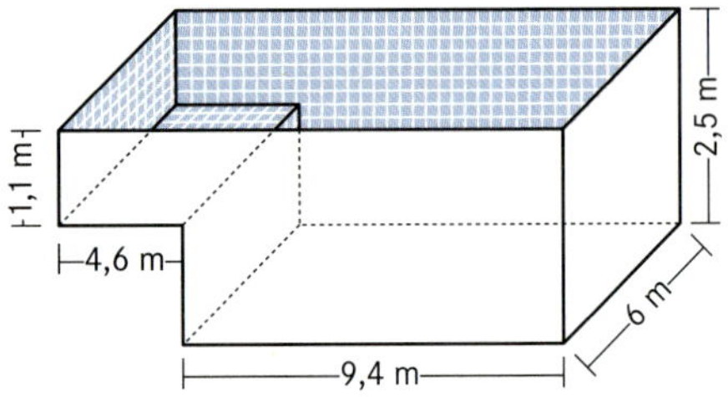

Ausstiege

A1 Wählt euch in der Gruppe ein interessantes Tier aus, z. B. den afrikanischen Elefanten. Sammelt möglichst viele Informationen und stellt daraus einen Steckbrief her, der das Tier genau beschreibt.
Denkt euch Fragen und Rechenaufgaben aus wie:

Wie viele Ameisen sind gemeinsam so schwer wie ein Elefant? Wie viele Flöhe brauchen so viel Platz wie ein Nashorn? Welche der Tiere darf und kann man auch kaufen? Wie viel kosten sie? Wie viel fressen sie und wie teuer wird das? Wie viel Platz braucht ein Tier? Wie viele Tiere passen auf einen Öltanker? Wie groß müsste die Arche Noah sein?

Was wisst ihr über den afrikanischen Elefanten? Wie groß ist er? Wie schwer ist er? Wie groß sind seine Ohren? Wie lang sind seine Schritte? Wie schnell kann er laufen?

A2 a) Bestimme das Volumen der Burgmauern und des Turmes. Die Außenmauern sind jeweils 18 m lang, 5 m hoch und 50 cm dick. Der Wehrgang ist 1,5 m breit. Die Zeichnung ist maßstabsgerecht.

b) Denke dir selbst interessante Gegenstände aus, deren Volumen du bestimmen kannst.

c) Zeichne sie so, dass andere Kinder deiner Klasse deine Rechnung überprüfen können, und prüfe deren Rechnungen.

d) Macht eine Ausstellung mit euren Zeichnungen und Rechnungen.

A3 Baut genügend viele Kubikdezimeterwürfel aus Papier und messt damit die Kofferräume von Autos aus.
Baut auch andere Figuren mit den Würfeln. Wie viele Würfel benötigt ihr für eine Stufenpyramide mit einer quadratischen oder dreieckigen Grundfläche?

Vermischte Übungen

1 Das Mündungsgebiet eines Flusses besitzt oft die Form eines Dreiecks. Besonders schön sieht man dies am Nil-Delta auf dem Satellitenbild. Die Bezeichnung stammt von dem griechischen Buchstaben Δ (delta).

a) Finde heraus, auf welchen Kontinenten die Deltas liegen.
b) Veranschauliche ihre Fläche in einem Stabdiagramm.
c) Schätze die Länge der Deltas vom Beginn bis zur Küste ab.

Flächen einzelner Deltas	
Donau	4000 km²
Ganges	80000 km²
Lena	45000 km²
Niger	24000 km²
Nil	20000 km²
Orinoko	24000 km²
Wolga	18000 km²

2 Finde passende Einheiten.
a) Fläche eines Fingernagels
b) Inhalt einer Badewanne
c) Gewicht eines Jogurtbechers
d) Länge einer Weltreise
e) Volumen eines Wolkenkratzers
f) Seite eines Dreiecks
g) Oberfläche eines Wolkenkratzers
h) Umfang der Hausaufgaben

L3 a) Wie dick ist ein Blatt Papier?
b) Wie viele Blätter muss man aufeinanderlegen, damit der Stapel so hoch wird wie der Eiffelturm (320 m)?
c) Wie viele Blätter benötigt man für einen Stapel bis zum Mond?
d) Wie viele DIN-A4-Blätter muss man nebeneinander legen um am Äquator einmal um die Erde zu kommen (40077 km)?
e) Wie groß ist das Volumen des Papierstapels jeweils?
f) Wie schwer ist der Papierstapel jeweils?

L4 Goldraub im Fernsehkrimi: Der Dieb packt seinen Rucksack voll mit Goldbarren, schwingt ihn sich auf den Rücken und flieht.
„Da hat der Regisseur aber in der Schule nicht aufgepasst!", beschwert sich Jonas Mutter. Jonas steht vor einem Rätsel...
Kannst du es lösen? Dabei können dir die folgenden Teilaufgaben helfen.
a) Ein quaderförmiger Goldbarren von 20 cm · 5 cm · 5 cm wiegt 9650 g. Wie schwer ist ein dm³ Gold?
b) Wie groß ist das Volumen von 1 kg Gold? Wie viel Platz braucht man für eine Tonne Gold?
c) Wie schwer wäre deine Schultasche, wenn du sie mit Gold füllen würdest? In den Rucksack im Krimi passt etwa dreimal so viel wie in deine Schultasche. Kann der Dieb ihn tragen?
d) Würde es Dieben besser gehen, wenn Blei oder Eisen genauso wertvoll wäre wie Gold? Der gleiche Barren aus Blei wiegt 5,67 kg und aus Eisen 3,85 kg. Beantworte die Fragen aus a) bis c) auch für Eisen und Blei.

5 In den Spülkasten einer Toilette passen acht Liter Wasser. Wie viel Wasser wird in einem Vier-Personen-Haushalt im Jahr heruntergespült, wenn jeder fünfmal am Tag die Wasserspülung betätigt?

L6 Auf einem Bauernhof werden 4 ha Gemüse und 17,5 ha Getreide angebaut. Das Vieh weidet auf Wiesen mit einer Gesamtfläche von 35,7 ha. Die Gebäude und der Hof dazwischen benötigen eine Fläche von 300 m Länge und 200 m Breite.
Wie groß ist die Gesamtfläche des Bauernhofes?

L7 Wie hoch sind die Gebäude? (Abb. im gleichen Maßstab)

Messeturm, Frankfurt/M.

Kölner Dom

Eiffelturm, Paris

Petronas-Tower, Kuala Lumpur

L8 Kann die Schrittzahl, die DAVE KUNST auf seinem Weg um die Welt angeblich machte, stimmen?

Am 20. Juni 1970 machte sich Dave Kunst auf den Weg, als erster Mensch einmal zu Fuß um die Erde zu wandern. Er wanderte über 5 Kontinente, durch 13 Länder und legte einen Weg von 14 450 Meilen zurück. Auf seinem Weg machte er über 20 Millionen Schritte und verbrauchte 21 Paar Schuhe. Nach 4,5 Jahren hatte er es geschafft und kam wieder an seinem Ausgangspunkt an.

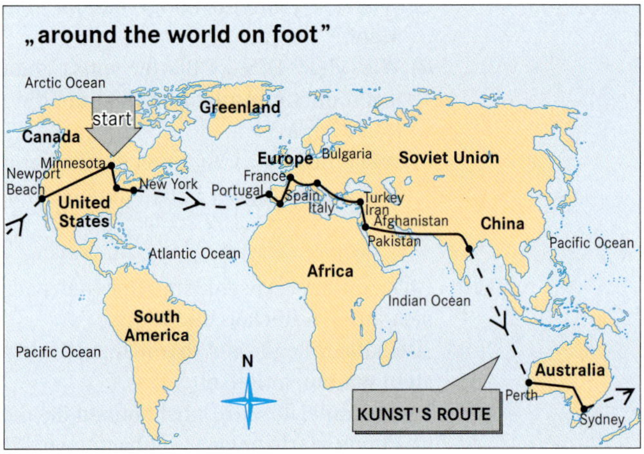

L9 Wie groß ist die Fläche, wenn man alle Blätter, auf denen dieses Buch gedruckt wurde, nebeneinander legt?

10 Übertrage die Additionsmauern in dein Heft und fülle sie aus.

a)
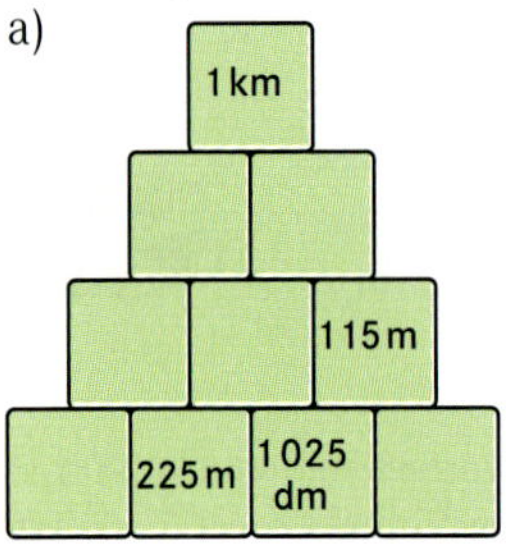

b)
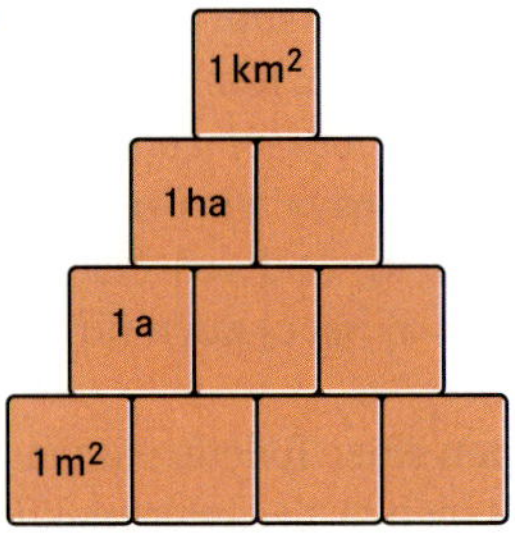

c)
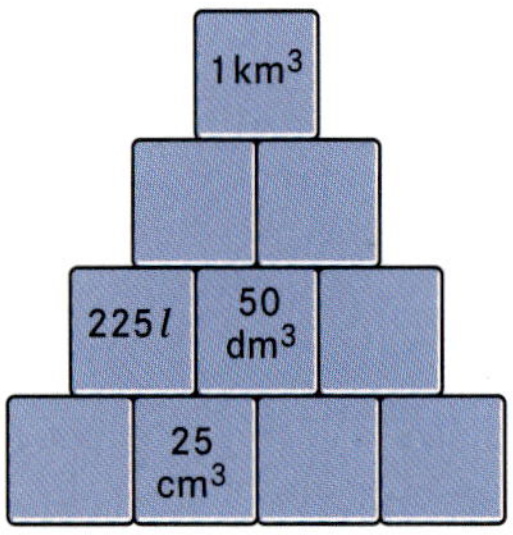

11 Familie Schneider aus Düsseldorf fährt im Urlaub nach Bergen in Norwegen. Von Hirtshals in Dänemark bis Kristiansand in Norwegen nehmen sie die Fähre.

a) Das Auto hat ein zulässiges Gesamtgewicht von 1350 kg, es wiegt leer 850 kg. Herr Schneider wiegt 87 kg, seine Frau 64 kg. Die beiden Kinder wiegen 44 bzw. 31 kg. Wie viel Gepäck darf höchstens noch zugeladen werden?

b) Ein Routenplaner gibt für die Fahrstrecke insgesamt 1325 km an. Stefan liest den Kilometerstand ab: bei der Abfahrt 65 124 km, in Hirtshals 66 027 km.
   (I) Wie weit ist es von Düsseldorf bis Hirtshals?
   (II) Welche Strecke müssen sie noch in Norwegen zurücklegen?
   (III) Welcher Kilometerstand wird am Urlaubsort erreicht sein?

c) Wie lange dauert die Überfahrt mit der Fähre, wenn das Schiff der Color-Line Hirtshals um 01.15 Uhr verlässt und Kristiansand um 07.00 Uhr erreicht?

d) Für die Autofahrt in Norwegen rechnet Herr Schneider mit einer Durchschnittsgeschwindigkeit von 70 km/h, außerdem plant er 4 Std. für Pausen und kleinere Fährpassagen ein. Wann erreicht die Familie ungefähr ihr Ziel?

e) Das Auto der Familie verbraucht im Durchschnitt 8 *l* pro 100 km. Um die Gesamtkosten überschlagen zu können rechnet Frau Schneider mit einem Literpreis von 1,20 Euro. Für die Fähre müssen sie pro Richtung zusätzlich 215 Euro und für Maut in Norwegen insgesamt 30 Euro ausgeben. Wie teuer werden Hin- und Rückfahrt insgesamt?

12 Menschen benötigen durchschnittlich eine Sekunde um auf eine Beobachtung zu reagieren. Wie viele Meter werden in dieser Schrecksekunde zurückgelegt von einem
   (I) Fußgänger, der 5 km in der Stunde geht;
   (II) Radfahrer, der mit 20 km/h fährt;
   (III) Autofahrer, der mit Tempo-30 fährt;
   (IV) Motorradfahrer, der mit Tempo-50 fährt;
   (V) Lastwagenfahrer, der 90 km/h fährt?

L13 Herr Simpson fährt mit seinem Auto auf der Autobahn mit dem Tempo 72 $\frac{\text{km}}{\text{h}}$.

a) Wie weit kommt Herr Simpson in einer Sekunde (gemessen in Metern)?

b) Wie lange braucht er für die Strecke von einem Pfosten zum nächsten (50 m)?

c) Wie ändern sich die Zahlen, wenn er 144 $\frac{\text{km}}{\text{h}}$ fährt?

d) Wie ändern sich die Zahlen, wenn er 100 $\frac{\text{km}}{\text{h}}$ fährt?

14 Wie schnell können verschiedene Tierarten laufen, schwimmen oder fliegen?

a) Sortiere sie nach Geschwindigkeit (z. B. Elefant, Gepard, Wolf, Pferd, Feldhase, Antilope, Wanderfalke, Taube, Libelle, Strauß, Pinguin, Wal, Tunfisch, Schnecke).

b) Stelle die Daten in einem Diagramm dar.

L15 Auf einem 19-Zoll-Computermonitor ist das Bild 37 cm breit und 27 cm hoch. Es wird mit 1280×1024 Pixeln (Bildschirmpunkten) dargestellt. Wie viele Bildpunkte passen auf 1 mm^2? Welche Fläche füllt ein Bildpunkt aus? Was bedeuten die 19 Zoll?

16 Das Schwimmbecken in einem Hallenbad ist 25 m lang, 12,5 m breit und durchschnittlich 2 m tief. In eine Badewanne passen etwa 300 *l* Wasser. Wie viele Badewannenfüllungen benötigt man um das Schwimmbecken zu füllen?

17 Der Linienbus auf Linie 102 wiegt 9 t. Der Busfahrer heißt Herbert. Er ist ziemlich dick und wiegt 155 kg. Er fährt an der Haltestelle Rathausplatz um 13.18 Uhr los. Dort steigen Frau Linde (60 kg schwer), Karim (75 kg), San Un (31 kg), Herr Meier (102 kg) und Klaus (80 kg) ein. Der Bus fährt nur 7 min bis zur 4,5 Kilometer entfernten Haltestelle Mückelstraße. Dort steigen Peter (72 kg), Jens (39 kg) und Frau Müller (81 kg) ein. Klaus und San Un steigen aus.
Nun geht es in 3 min zur Haltestelle Dengelweg (2 km) wo Herr Wang (65 kg) einsteigt. Fünf Minuten später ist der Bus bei der 3,5 km entfernten Haltestelle, wo er 2 min Pause einlegt. Währenddessen steigen Karim, Peter und Herr Meier aus. Eine Gruppe von zehn Kindergartenkindern steigt ein. Jedes Kinder wiegt etwa 27 kg und der Erzieher Malte wiegt 85 kg. Nun geht es weiter die letzten 9 km zum Schwimmbad, wo alle aussteigen. Herbert fährt langsam und braucht daher noch 15 min. Wie alt ist der Busfahrer?
Stelle deinem Partner Fragen, deren Lösung er mithilfe der Geschichte finden kann.

18 Erfinde eine Geschichte, die zu der Rechnung passt.

a) 2,7 m + 45 cm	b) 45 ct · 32	c) 3,5 h – 25 min
d) 63,70 € : 7	e) 3,5 kg + 250 g	f) 1,25 m · 5

19 Eine rechteckige Pferdeweide soll eingezäunt werden. Sie ist 63,7 m lang und 44,4 m breit. Der Zaun kostet pro Meter 4,80 Euro.

20 Wie groß sind die Euro-Scheine? Miss nach (oder erkundige dich) und berechne die Fläche. Wie dick sind die Scheine etwa?
Stell dir vor, dass du im Lotto 1 000 000 Euro gewonnen hast. Wie groß ist das Volumen des Geldstapels, wenn du das Geld in 10-Euro-Scheinen (20-; 50-; 100-; 200-; 500-Euro-Scheinen) bekommst? Was für ein Behältnis benötigst du jeweils um das Geld einzupacken?

21 Blattgold ist etwa $\frac{1}{10\,000}$ mm dick. Wie groß ist die Fläche Blattgold ungefähr, die man aus einem Goldwürfel der Kantenlänge 5 cm herstellen kann?

L22 Bestimme zu den Maßstabsleisten die Maßstäbe.

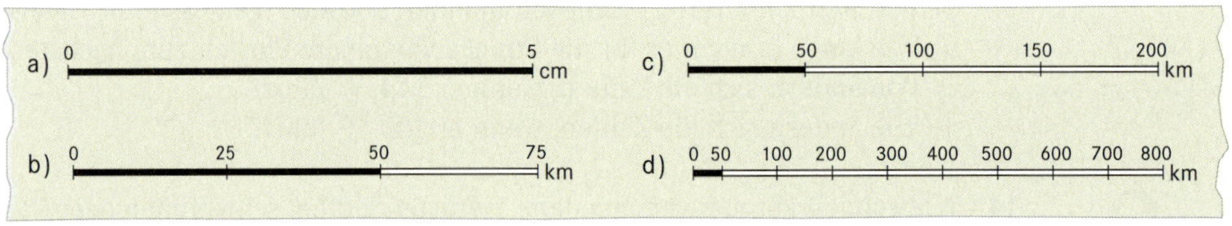

23 Wie groß ist das Volumen der Körper in Übung **31** in Unterkapitel **6.2**?

2 dm³ Holz wiegen 1 kg

L24 Im Baumarkt hat sich Herr Schneider Holzleisten gekauft und möchte diese auf dem Dach seines Autos transportieren. Der Gepäckträger darf mit 50 kg belastet werden. Jede Leiste ist 2 m lang, 10 cm breit und 5 cm dick. Wie viele Leisten darf Herr Schneider auf einer Fahrt höchstens transportieren?

25 Wie verändert sich das Volumen eines Würfels mit 8 cm Kantenlänge, wenn die Kantenlänge verdoppelt bzw. verdreifacht wird?

1 BRT = 2832 dm^3

26 Der Rauminhalt eines Schiffes wird in Bruttoregistertonnen (BRT) angegeben. Die M/S Christian IV, mit der Familie Schneider nach Norwegen gefahren ist, hat eine Größe von 21 699 BRT. Vergleiche mit dem Rauminhalt deines Klassenzimmers.

27

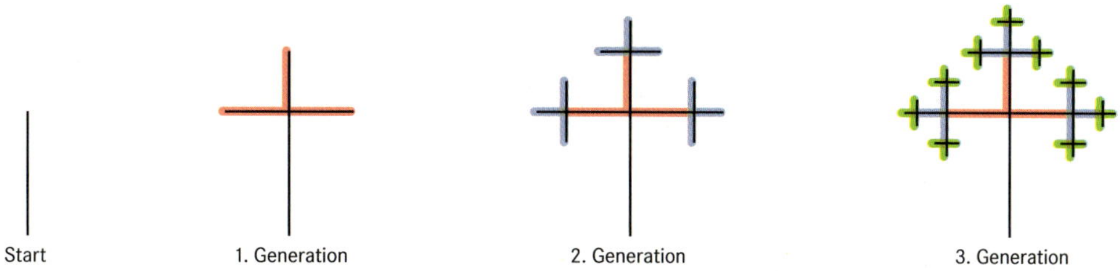

a) Zeichne die dritte und vierte Generation des „Baumes“ in dein Heft.
b) Wie viele Linien kommen in der vierten Generation dazu? Wie viele in der fünften? Wie viele in der zehnten Generation?
c) Wie lang sind die Linien, die in der ersten (in der fünften; in der zehnten) Generation dazu gezeichnet werden, wenn die Startlinie 1 m lang ist?
d) Wie lang ist die erste (fünfte; zehnte) Generation dann insgesamt?
e) Wie lang ist die 20. Generation insgesamt?

28 Der deutsche Wetterdienst veröffentlicht Wetter-Weltrekorde der Erde:

- die niedrigste durchschnittliche Regenmenge über einen längeren Zeitraum betrug 7 mm im Jahr (Oase Dachla Ägypten, gemessen 1932–1985)
- die höchste jährliche Niederschlagsmenge betrug 26 461 mm (Cherrapunji/Indien 1. 8. 1860 – 31. 7. 1861)
- die größte Niederschlagsmenge in 24 Stunden betrug 1870 mm (Cilaos Insel Reunion 15. 3. –16. 3. 1952)

a) Wo liegen diese Orte?
b) Wieso werden hier Wassermengen in mm angegeben?
c) Wie groß ist das Volumen des Regens, der bei diesen Rekorden jeweils auf einem Quadratmeter, einem Ar und einem Hektar gefallen ist?
d) Wie hoch ist die durchschnittliche jährliche Niederschlagsmenge in deinem Heimatort?
e) Wie viel Wasser landet bei euch im Jahr auf einem Quadratmeter (einem Ar; einem Hektar)?

29 Ermittle mithilfe eines Atlas die kürzesten Entfernungen zwischen den Städten.

Köln	Dortmund
Hamburg	München
Bonn	Berlin
Kiel	Flensburg
Rostock	Magdeburg
Gera	Zwickau

Paris	Hannover
Düsseldorf	Madrid
Stockholm	Kopenhagen
Kiew	Warschau
San Franzisko	New York
Seoul	Peking

Zeichne zwei Strecken so, dass sie denselben Mittelpunkt haben und nicht aufeinander liegen. Verbinde die Endpunkte der Strecken. Was für eine Figur erhältst du?

30

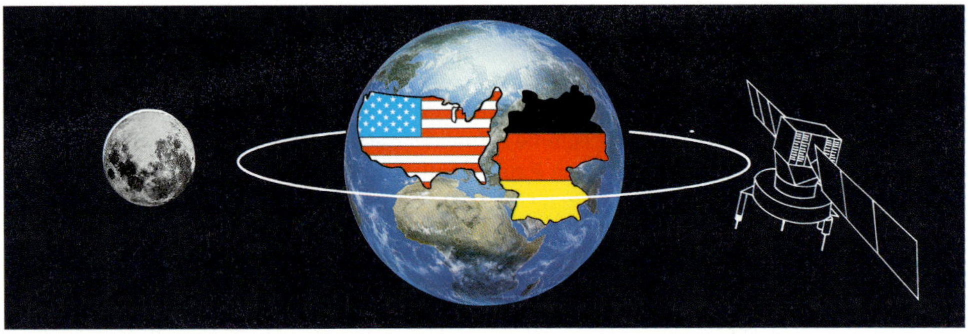

a) Stelle Zeichnungen von der Erde mit einigen Ländern und vom Mond her, bei denen die Größenverhältnisse stimmen. Wie viele Kilometer musst du dabei auf einem Zentimeter unterbringen? Verwende die Daten aus der Tabelle.

Durchmesser des Mondes		3476 km
Durchmesser der Erde		12757 km
Abstand Erde - Mond		384 400 km
USA	Ost - West - Ausdehnung	4520 km
	Nord - Süd - Ausdehnung	2600 km
Deutschland	Ost - West - Ausdehnung	640 km
	Nord - Süd - Ausdehnung	876 km
Abstand von Fernsehsatelliten zur Erdoberfläche		35 800 km

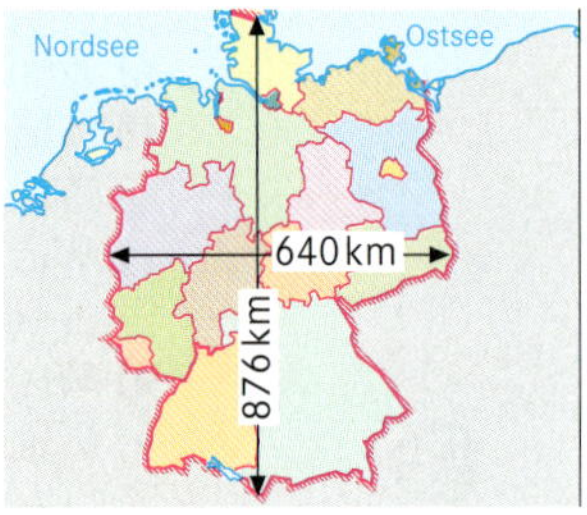

b) Hänge die Zeichnungen so auf, dass der Abstand von Erde und Mond auch passt. Wo muss der Satellit um die Erde kreisen?

31 Auch für sehr große Zahlen gibt es Vorsätze zu den Einheiten.

Vorsatz	Abkürzung	Zahlenwert	Zahl	Zehnerpotenz
Kilo	k	Eintausend	1 000	10^3
Mega	M	Million	1 000 000	10^6
Giga	G	Milliarde	1 000 000 000	10^9
Tera	T	Billion	1 000 000 000 000	10^{12}
Peta	P	Billiarde	1 000 000 000 000 000	10^{15}
Exa	E	Trillion	1 000 000 000 000 000 000	10^{18}

1 kB = 1 Kilobyte = 1024 Byte = 2^{10} Byte
1 MB = 1 Megabyte = 1024 · 1024 Byte = 1 048 576 Byte = 2^{20} Byte
1 GB = 1 Gigabyte = 1024 · 1024 · 1024 Byte = 1 073 741 824 Byte = 2^{30} Byte

a) Wie viele Byte sind in einem Terabyte?
b) Du schlägst deinen Eltern eine Taschengeldregelung vor: In der ersten Woche des Jahres 1 ct, in der zweiten 2 ct, in der dritten 4 ct usw. In jeder Woche soll sich der Betrag verdoppeln, bis zum Ende des Jahres. Werden deine Eltern einverstanden sein?

32

Makuku-Kinder lieben es ungewöhnliche Einheiten zu verwenden. Sie sagen:
„Ich habe eine Kilosekunde lang ferngesehen."
„Ich wiege fünfzig Millitonnen."
„Unser Auto hat drei Megacent gekostet."
„Ich kann vier Mikrojahre lang die Luft anhalten."

Übersetze die Makuku-Angaben in vernünftige Einheiten. Erfinde selbst fünf Makuku-Sätze.

33 Die Rechengeschwindigkeit von Computern wird in Hertz (Hz) angegeben.
Wie viele Rechenschritte macht ein Computer in einer Sekunde bei

1 Hz heißt 1 Rechenschritt pro Sekunde.
10 Hz heißt 10 Rechenschritte pro Sekunde.

a) 200 Hz; b) 8 kHz; c) 40 MHz; d) 75 MHz; e) 150 MHz; f) 220 MHz;
g) 450 MHz; h) 500 MHz; i) 750 MHz; j) 800 MHz; k) 1 GHz; l) 1,2 GHz?

34 Licht legt in einer Sekunde 299 792 458 m zurück. Daher beträgt die Lichtgeschwindigkeit 299 792 458 $\frac{\text{m}}{\text{s}}$. Ein Lichtjahr ist die Strecke, die Licht in einem Jahr zurücklegt.

a) Wie weit ist eine Lichtminute?
b) Wie weit ist eine Lichtstunde?
c) Wie weit ist ein Lichtjahr?
d) Wie viele Lichtminuten ist die Erde von der Sonne entfernt?
e) Ein *Parsec* sind 3,26 Lichtjahre.
Wie viele Kilometer sind das?

35 Die Bilder zeigen die Planetenbahnen unseres Sonnensystems in verschiedenen Maßstäben.

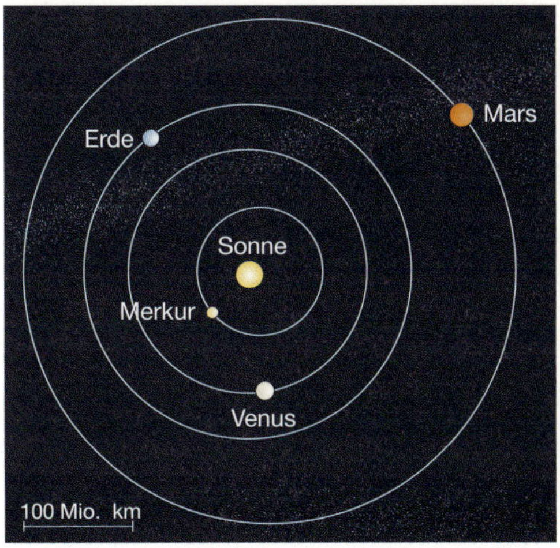

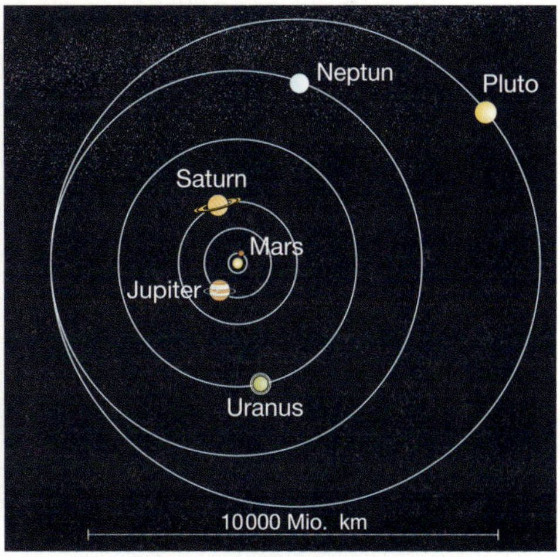

a) Denke dir eine Reise mit Lichtgeschwindigkeit durch unser Sonnensystem aus, auf der du von der Sonne aus der Reihe nach alle Planeten besuchst. Wie lange bist du jeweils mindestens unterwegs?
b) Wie lange würde diese Reise dauern, wenn du mit Schallgeschwindigkeit fliegst? (Der Schall legt in einer Sekunde 332 m zurück.)

c) Welche Reisen von Menschen und Raumsonden sind bisher im Weltraum unternommen worden?
d) Weltraumsonden machen Fotos von Planeten. Wie lange sind die Funksignale zur Erde jeweils unterwegs? (Funksignale sind genau so schnell wie Licht.)
e) Finde weitere Informationen über unser Sonnensystem heraus und stelle sie für deine Klassenkameraden dar.

35

a) Hier haben sich wohl einige in der Zeit verirrt. Kannst du alles wieder in die richtige Zeit einordnen? Schreibe jeweils dazu, wer in welche Zeit gehört, und ordne alle in einer Liste an.

b) Füge in die Liste weitere Ereignisse ein und verwende dafür die Informationen aus der Tabelle. Versuche die Zwischenräume so groß zu machen, dass man erkennt, wie viel Zeit zwischen zwei Ereignissen vergangen ist.

Entstehung der Erde	vor 4,65 Mrd. Jahren
Zeit der Dinosaurier	vor 205 Mio. – 65 Mio. Jahren
Erste Formen von Menschen (Frühmenschen)	vor 2 300 000 Jahren
Zeit des Neanderthalers	vor 120 000 – 30 000 Jahren
Kambrium – erste Lebewesen mit Sauerstoffatmung	vor 570 Mio. – 510 Mio. Jahren
Kreidezeit – erste Primaten	vor 135 Mio. – 65 Mio. Jahren
Jura – der Urkontinent bricht auf, erste Vögel	vor 205 Mio. – 140 Mio. Jahren
Trias – erste Dinosaurier, mausgroße Säugetiere	vor 250 Mio. – 205 Mio. Jahren
Karbon – Entstehung der Steinkohle	vor 355 Mio. – 290 Mio. Jahren
Beginn der letzten Eiszeit	vor 1 600 000 Jahren
Erste Amphibien	vor 408 Mio. Jahren
Erster Mensch auf dem Mond	20. Juli 1969

c)

Stell dir vor, dass die Erdgeschichte auf eine Uhr passt – dass also die ganzen 4,65 Milliarden Jahre einem Umlauf von zwölf Stunden entsprechen.
Seit wann gibt es dann Menschen? Wie lange gab es Dinosaurier und wann? Markiere diese und weitere Zeiträume auf einer *Uhr der Erdgeschichte.*

d) Erstelle mit deinen Klassenkameraden eine lange Zeitleiste an einer Wand eurer Klasse auf einer Wandzeitung. Tragt die Ereignisse aus der Tabelle ein. Findet weitere Ereignisse, die ihr in der Zeitleiste eintragen könnt.
Damit nachträglich eingeordnete Ereignisse auch einen Platz finden, müsst ihr jeweils genügend Zwischenräume lassen.
Welchem Zeitraum entspricht ein Zentimeter eurer Zeitleiste?

Zeichne zwei Parallelen im Abstand von 3 cm. Zeichne um einen Punkt auf der einen Parallelen einen Kreis mit dem Radius 4,5 cm. Verbinde die Schnittpunkte von Kreis und Parallelen. Was für eine Figur entsteht?

Zusammenfassung

1 **Größen** werden durch Zahlen zusammen mit einer **Einheit** angegeben.
Eine falsche Einheit verändert die Größe, eine fehlende Einheit macht sie unbrauchbar.
Bei geschätzten oder gerundeten Werten macht man durch die Auswahl der Einheit auch eine Aussage über die Genauigkeit.

> ca. 500 m ist eher auf Meter genau,
> ca. 0,5 km ist eher auf 100 m genau.

2 Wichtige Einheiten:

Größe	Grundeinheit	Abkürzung	andere Einheiten
Länge	1 Meter	1 m	mm; cm; km
Flächeninhalt	1 Quadratmeter	1 m^2	mm^2; cm^2; a; ha
Volumen	1 Kubikmeter	1 m^3	$dm^3 = l$; cm^3 = ml
Gewicht (Masse)	1 Kilogramm	1 kg	g; mg; Ztr; t
Geld	1 Euro	1 €	ct
Zeit	1 Sekunde	1 s	min; h; d

3 Beim **Umrechnen von Einheiten** muss man multiplizieren oder dividieren.

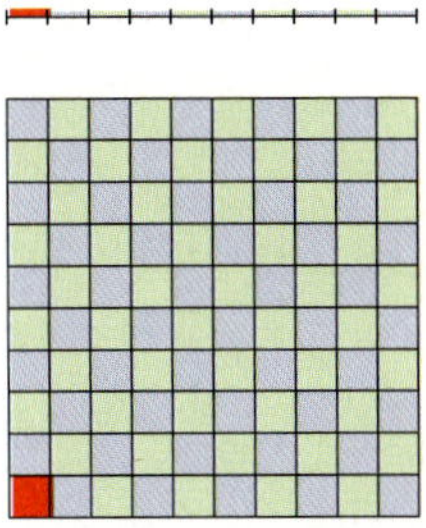

Länge

$1\text{ m} = 10 \cdot 1\text{ dm}$
$= \mathbf{10}\text{ dm}$

Fläche

$1\text{ m}^2 = 10 \cdot 10 \cdot 1\text{ dm}^2$
$= \mathbf{100}\text{ dm}^2$

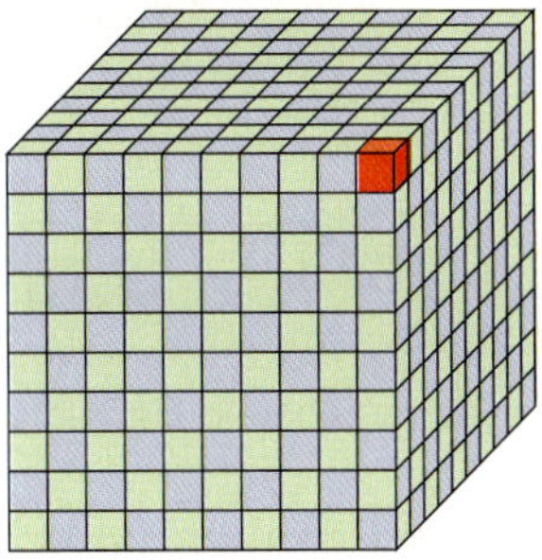

Volumen

$1\text{ m}^3 = 10 \cdot 10 \cdot 10 \cdot 1\text{ dm}^3$
$= \mathbf{1000}\text{ dm}^3$

> $1\text{ dm}^3 = 1\ l$
> $1\text{ cm}^3 = 1\text{ ml}$

4 Für Einheiten gibt es **Vorsätze** mit fester Bedeutung:

Vorsatz	Abkürzung	Zahlwort	Zahl
Tera	T	Billion	1 000 000 000 000 = 10^{12}
Giga	G	Milliarde	1 000 000 000 = 10^9
Mega	M	Million	1 000 000 = 10^6
Kilo	k	Tausend	1000 = 10^3
Hekto	h	Hundert	100 = 10^2
Deka	da	Zehn	10 = 10^1
Dezi	d	Zehntel	$\frac{1}{10}$ = 0,1
Zenti	c	Hundertstel	$\frac{1}{100}$ = 0,01
Milli	m	Tausendstel	$\frac{1}{1000}$ = 0,001
Mikro	µ	Millionstel	$\frac{1}{1\,000\,000}$ = 0,000 001
Nano	n	Milliardstel	$\frac{1}{1\,000\,000\,000}$ = 0,000 000 001
Pico	p	Billionstel	$\frac{1}{1\,000\,000\,000\,000}$ = 0,000 000 000 001

5 Bei Landkarten, Stadtplänen u. ä. gibt der **Kartenmaßstab** an, wie sich die Länge einer Strecke auf der Karte zur Länge der Strecke in der Wirklichkeit verhält.

Maßstab	Karte	Wirklichkeit	Maßstab	Wirklichkeit	Karte
1 : 20000	1 cm	20000 cm = 200 m	1 : 20000	1 km = 100000 cm	5 cm
1 : 50000	1 cm	50000 cm = 500 m	1 : 50000	1 km = 100000 cm	2 cm
1 : 250000	1 cm	250000 cm = 2,5 km	1 : 250000	1 km = 1000000 mm	4 mm
1 : 4000000	1 cm	4000000 cm = 40 km	1 : 4000000	1 km = 1000000 mm	$\frac{1}{4}$ mm

Wie lang ist 1 km einer Straße auf einer Karte im Maßstab 1 : 50000 bzw. 1 : 4000000?
1 km : 50000 = 100000 cm : 50000 = 2 cm
1 km : 4000000 = 100000 cm : 4000000 = 1 mm : 4 = $\frac{1}{4}$ mm

Beim Maßstab 1 : 50000 ist die Strecke also 2 cm lang, beim Maßstab 1 : 4000000 nur $\frac{1}{4}$ mm, d. h. nicht zu erkennen.

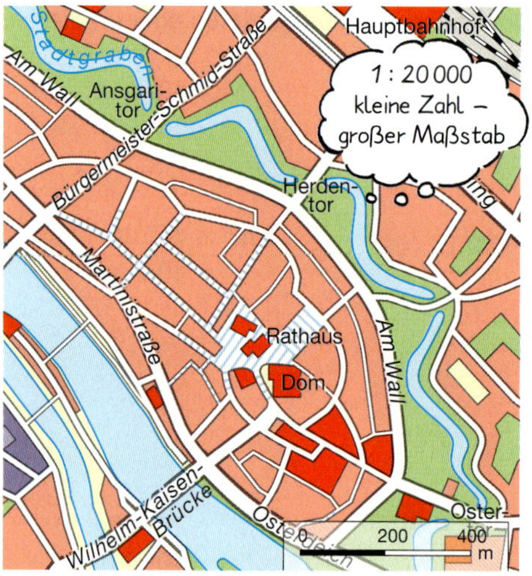

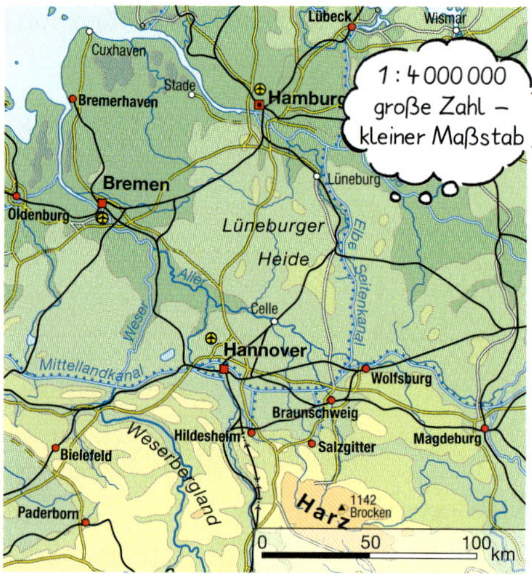

6 Es gibt verschiedene Methoden den Flächeninhalt von ebenen Figuren oder das Volumen (den Rauminhalt) von Körpern zu bestimmen.

	Flächeninhalt	Rauminhalt
Schätzen	durch Vergleich mit Flächeninhalten bekannter Flächen	durch Vergleich mit Rauminhalten bekannter Körper
Auszählen	von Kästchen	von Würfeln
Wiegen	von Flächenstücken im Vergleich zu bekannten Flächen	von Massivmodellen der Körper im Vergleich zu bekannten Körpern
Berechnen	aus bekannten Längen	aus bekannten Längen

Für einfache Figuren bzw. Körper gibt es Formeln, mit deren Hilfe man den Flächeninhalt bzw. das Volumen berechnen kann.

Flächeninhaltsformel für das **Rechteck**
Flächeninhalt = Länge · Breite

Volumenformel für den **Quader**
Volumen = Länge · Breite · Höhe

Diese Formeln sind auch nützlich, wenn man eine Figur aus Rechtecken bzw. einen Körper aus Quadern zusammensetzen kann.

6.6 Hühnerhaltung

Zum Eierlegen verdammt

Die Welt von vier Legehennen ist - ihr ganzes Leben lang - genau 40 cm x 43 cm x 45 cm groß.

Zu viert hocken die Hennen in dem kleinen Käfig, der aus hygienischen Gründen nur aus Drahtgitter besteht.

Sie kennen weder Sonne noch Regen und wissen nicht, wie gut ein frischer Grashalm schmeckt.

Rund 60 Millionen Hühner in der Bundesrepublik vegetieren in künstlich beleuchteten und belüfteten Ställen dahin, eingepfercht in enge Käfige.

Sie können sich weder strecken noch mit den Flügeln schlagen. Als „Ersatz“ dafür reißen sie sich die Federn aus und hacken aufeinander ein. Und das zwölf bis fünfzehn Monate lang. Dann ist ihre Legeperiode vorbei und sie werden geschlachtet.

„Jede europäische Legehenne hat seit 2003 das Recht auf 550 cm² Käfigfläche.“

„Die Käfighaltung schützt am besten vor der Geflügelpest.“

„Eier aus Legebatterien sind am wenigsten verschmutzt und darum gesünder.“

„Hennen, die Auslauf haben, nutzen ihn nur selten, weil sie Angst vor Raubvögeln haben. Hühner sind schließlich keine Menschen, sie glucken gerne dicht beieinander. Wenn sie frei laufen, dann hacken sie sich gegenseitig und verletzen sich.“

„Legehennen fühlen sich in Käfigen wohl, sonst würden sie keine Eier legen. Sie bekommen ausreichend Futter, werden sauber gehalten und müssen nicht mit anderen Hühnern um Nahrung kämpfen. Sie brauchen sich im Käfig nicht umzudrehen, Fressen gibt es vorne und hinten werden Eier gelegt.“

1 Informiert euch über die verschiedenen Möglichkeiten Legehennen zu halten. Sammelt viel Material über die Größe von Käfigen, über Kosten und Raumbedarf und über gesetzliche Bestimmungen. Beurteilt den Zeitungsausschnitt und die Behauptungen kritisch.

2 Baut aus Holzstäben oder aus Pappe einen Käfig für vier Legehennen. Schätzt das Volumen eines Huhnes. Blast vier Luftballons so auf, dass sie etwa das Volumen eines Huhnes haben, und gebt sie in den Käfig. Vergleicht das Volumen der Hühner mit dem Käfigvolumen.

3 Stellt möglichst genaue Rechnungen auf. Wie viele Eier werden in Deutschland täglich gebraucht? Was muss ein Eierproduzent alles beachten und berechnen?

4 Führt ein Streitgespräch darüber, ob es besser ist Hennen in Käfigen zu halten oder frei laufen zu lassen. Verteilt die Rollen so, dass ein Hühnerfarmbesitzer, ein Hühnerschützer (ein Anwalt der Hühner, die sich ja nicht wehren können), ein Verbraucher und weitere Betroffene ihre Meinungen und Argumente vertreten.

7.1 Regelmäßige Vielecke

Test A

1 Zeichne mithilfe der Figur fortgesetzte Muster. Mit welcher geht es lückenlos, mit welcher nicht?

a)

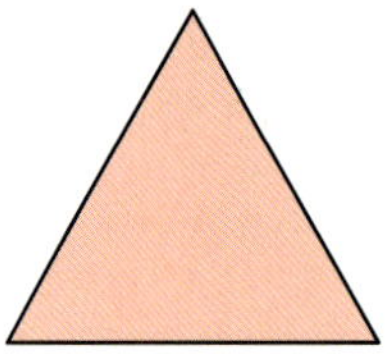

b)

c)

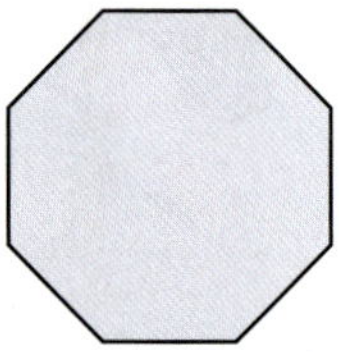

2 Wie viele regelmäßige Vierecke kann man in der Ebene mit einer Ecke zusammenlegen? Aus wie vielen regelmäßigen Vierecken kann man eine Ecke eines platonischen Körpers formen?

3 Nenne möglichst viele Eigenschaften eines Dodekaeders.

4 Lässt sich das Muster zu einem Körpernetz fortsetzen? Beschreibe den entstehenden Körper.

a)

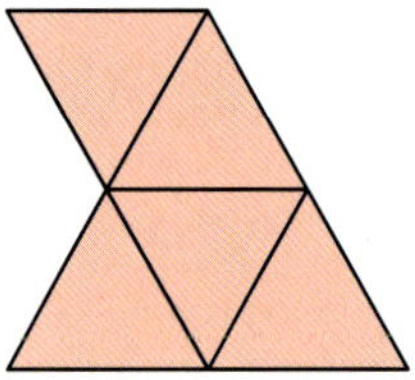

b)

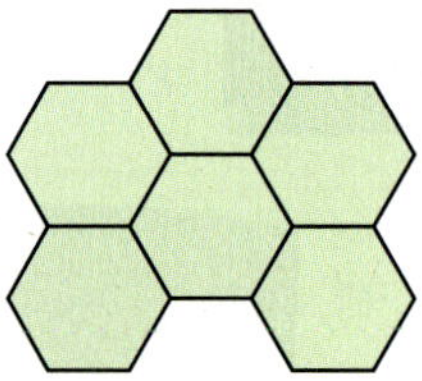

c)

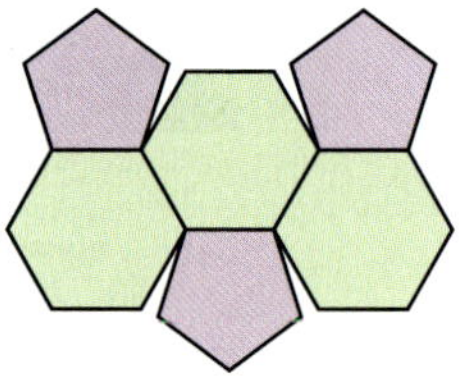

Test B

1 Was versteht man unter einem regelmäßigen Sechseck und welche Eigenschaften hat es?

2 a) Mit welchen regelmäßigen Vielecken kann man die Ebene lückenlos überdecken?
b) Nenne alle regelmäßigen Vielecke, aus denen man Netze platonischer Körper bilden kann.

3 Kann das Muster ein Körpernetz sein? Wenn ja, für welchen Körper?

a)

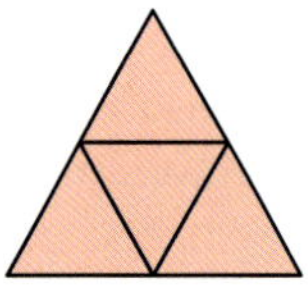

b)

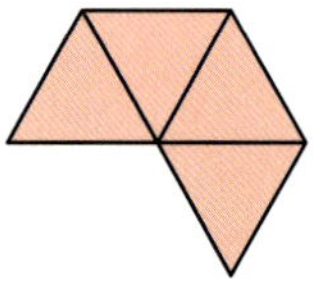

c)

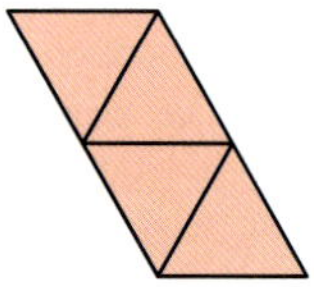

d)

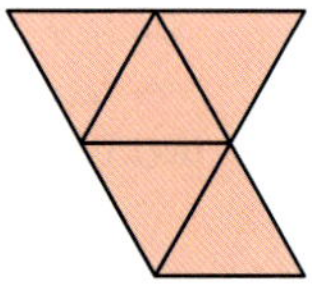

4 Lässt sich das Muster zu einem Körpernetz fortsetzen? Beschreibe den entstehenden Körper.

a)

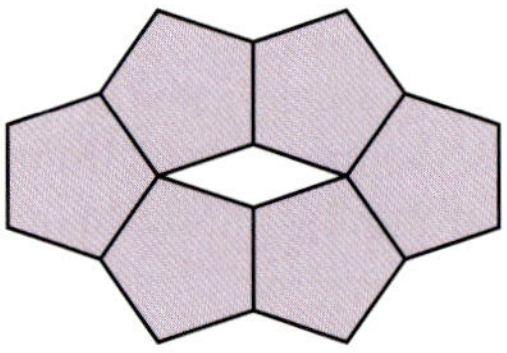

b)

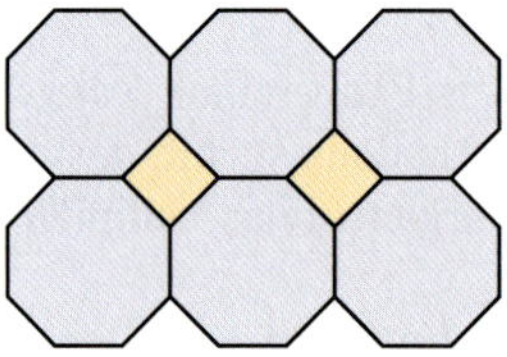

c)

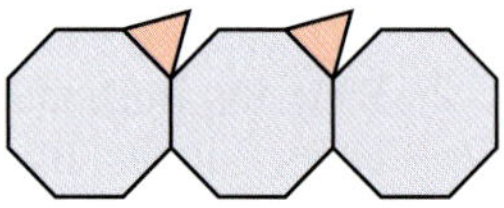

7.2 Natürliche Zahlen

Test A

1 Übertrage die römische Zahl in unsere Zahlschreibweise.
a) CXXIV b) MCDXLII

2 Schreibe die Zahl fünf Millionen dreitausendacht in Ziffern.

3 Gib die nächsten sechs Zahlen an, die auf 101_2 im Dualsystem folgen.

4 Null ist die kleinste natürliche Zahl. Wieso gibt es keine größte natürliche Zahl?

5 Runde die Zahl auf die angegebene Stelle und gib den Rundungsfehler an.
a) 5347 (Hunderter) b) 2900641 (Millionen) c) 2900641 (Tausender)

6 Ordne die folgenden Personen
a) nach ihren Geburtsdaten;
b) nach ihrer Lebensdauer und stelle diese in einem Säulendiagramm dar.

Christoph Kolumbus 1451 n. Chr.-1506 n. Chr.
Archimedes von Syrakus 287 v. Chr.-212 v. Chr.
Marie Curie 1867 n. Chr.-1934 n. Chr.
Sir Isaac Newton 1643 n. Chr.-1727 n. Chr.
Kleopatra 69 v. Chr.-30 v. Chr.

Test B

1 a) Übertrage die Dualzahl 110110_2 ins Zehnersystem.
b) Übertrage 106 ins Dualsystem.

2 Stelle die Angaben der Berghöhen über Meereshöhe in einem Säulendiagramm dar.
Feldberg (1493 m); Kahler Asten (841 m); Brocken (1142 m); Wasserkuppe (950 m) und Großer Arber (1456 m).

3 Wenn du nur ein Streichholz anders legst, so erhältst du eine richtige Gleichung. Schreibe die richtige Gleichung auf.

4 a) Überprüfe die folgenden Aussagen anhand des Diagramms.
(I) Mehr als 3 Mio. Schülerinnen und Schüler besuchen die Grundschule.
(II) Am Gymnasium sind rund viermal so viele Schülerinnen und Schüler wie an integrierten Gesamtschulen.
b) Formuliere zwei weitere Aussagen, die man aus dem Diagramm ablesen kann.

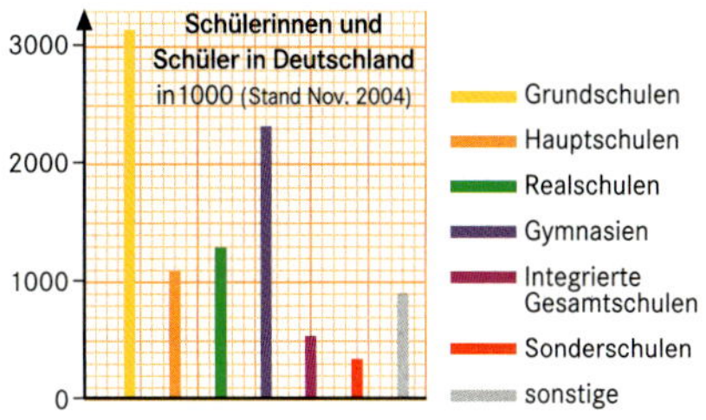

5 Ordne alle dreistelligen Zahlen, die man mit den Ziffern 4; 1 und 9 bilden kann, der Größe nach.

6 Berechne 5^2; 5^3 und 5^4.

7.3 Rechnen mit natürlichen Zahlen

Test A

1 Berechne schriftlich.
a) 743 + 2581 + 98 b) 87 654 − 4546 − 12 604 c) 789 · 1023 d) 2548 : 28

2 Berechne schriftlich.
a) [(34 + 16) · (27 − 12) + 250] : 50 b) 34 + 16 · (27 − 12) + 250 : 50

3 a) Multipliziere die Summe der Zahlen 34 und 71 mit der Differenz von 51 und 49.
b) Dividiere das Produkt der Zahlen 17 und 20 durch die Summe von 54 und 31.

4 Wie ändert sich das Produkt 25 · 52, wenn man
a) den ersten Faktor um 15 vergrößert,
b) den ersten Faktor verdoppelt und den zweiten halbiert?

5 Drei Geschwister sind zusammen genau so alt wie ihre Mutter. Miriam ist 11 Jahre alt, Gabi ist zwei Jahre jünger als Uli und Uli ist vier Jahre älter als Miriam. Wie alt ist die Mutter?

6 Mache eine Überschlagsrechnung.
a) 5876 · 2345 b) 18 705 : 9051

7 Führe zuerst eine Überschlagsrechnung im Kopf durch und berechne anschließend schriftlich:
a) 630 : 25 b) 5487 : 60

Test B

1 Schreibe den Text in mathematischer Schreibweise und berechne dann:
Addiere das Produkt von 17 und 12 zu dem Quotienten von 56 und 8.

2 Berechne.
a) 3456 + 9876 + 13 579 b) 98 765 − 6543 − 5432 c) 642 · 7452 d) 2548 : 30

3 Klammere so weit wie möglich aus und fasse zusammen.
a) 2 · 28 + 5 · 28 + 7 · 28 b) 3 · 16 + 10 · 16 + 16 · 7 c) $2 \cdot x + 32 \cdot x + 20 \cdot x$

4 Warum darf man in einer Summe die Summanden vertauschen?

5 Führe zuerst eine Überschlagsrechnung im Kopf durch und berechne anschließend schriftlich:
a) 987 · 13 b) 512 · 29

6 Eine Fabrik stellt täglich 750 Pkw her.
a) Wie viele Autos werden in einer Woche (5 Arbeitstage) und in einem Jahr (210 Arbeitstage) produziert?
b) Wie viele Arbeitstage benötigt das Werk zur Herstellung von 12 000 Pkw?

7 Welche Zahl muss man für den Platzhalter einsetzen, damit die Gleichung stimmt?
a) (▢ + 8) · 6 = 120
b) 2 · ▢ − 157 = 43

7.4 Geometrie

Test A

1 Welche der folgenden Figuren sind Netze von Quadern, Prismen oder Pyramiden?

a)

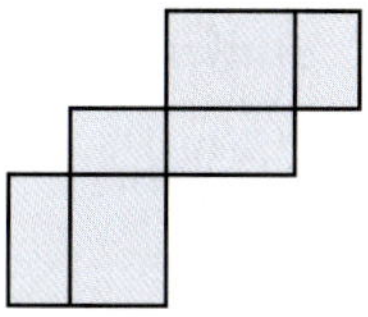

b)

c)

d)

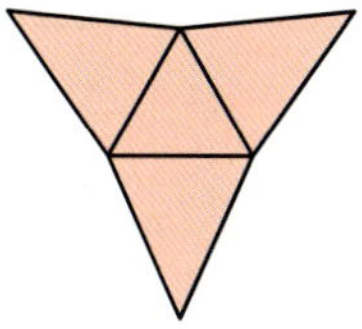

e)

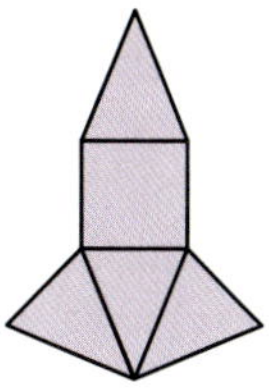

f)

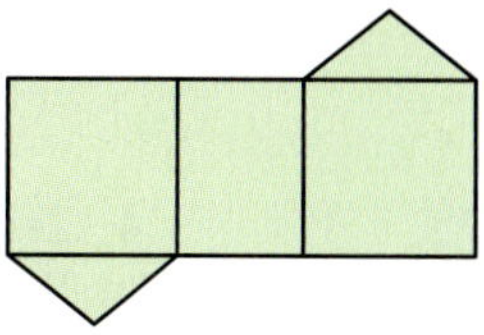

2 Zeichne ein Netz des rechts abgebildeten Körpers.

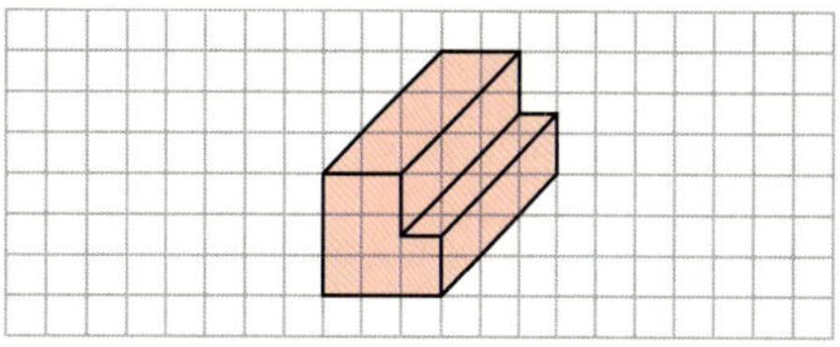

3 Zeichne ein Netz eines dreieckigen Prismas.

4 Zeichne ein Viereck, das genau zwei gegenüber liegende rechtwinklige Ecken hat. Was für Ecken sind die anderen beiden?

Test B

1 Zeichne zwei parallele Geraden g und h im Abstand 3 cm. Markiere auf g einen Punkt P und zeichne durch P die Gerade k senkrecht zu h. Welche Beziehung besteht zwischen g und k?

2 Zeichne ein Koordinatensystem mit Einheit ein Kästchen. Trage die Punkte A (1 | 1) und C (4 | 4) ein. Markiere die fehlenden Punkte B und D so, dass der Streckenzug ABCDA ein Quadrat umrandet. Lies die Koordinaten von B und D ab.

3 Bestimme mit dem Geodreieck
a) den Abstand von A und B,
b) den Abstand von A und g.

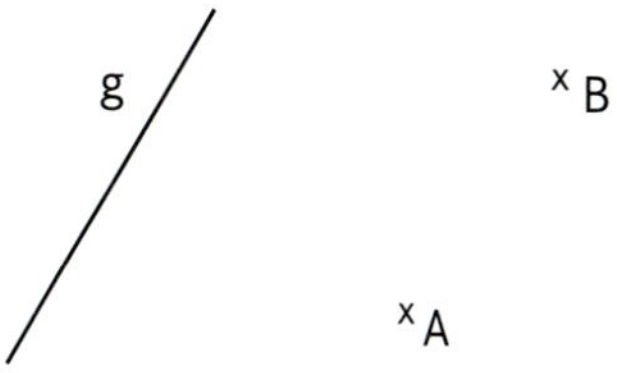

4 a) Finde in der Figur alle Symmetrieachsen.
b) Ist die Figur auch drehsymmetrisch?

7.5 Einführung der Bruchzahlen

Test A

1 Erläutere schriftlich die Bedeutung von a) einer $\frac{3}{4}$-Stunde; b) $1\frac{1}{2}$ Kilogramm und c) $\frac{1}{60}$ Sekunde.

2 Zeichne ein Quadrat mit 4 cm Kantenlänge. Markiere verschiedenfarbig a) $\frac{1}{8}$ der Fläche; b) $\frac{3}{16}$ der Fläche; c) zwei Viertel der Fläche und d) zwei Zweiunddreißigstel der Fläche.

3 Zeichne die anteilige Figur ab und ergänze sie zu einem Ganzen.

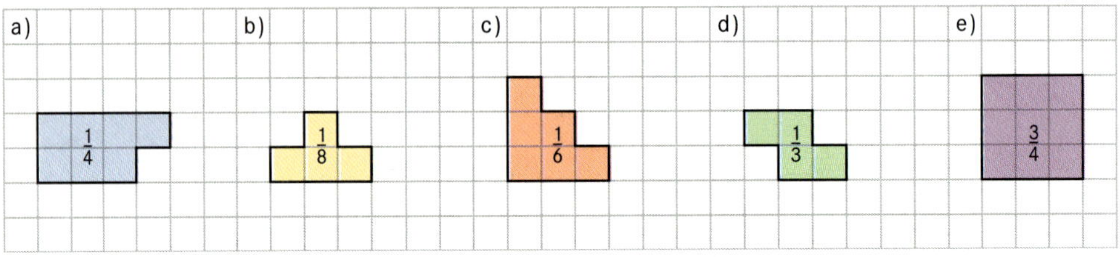

4 Zeichne einen Zahlenstrahl. Markiere die „0" und nach 12 cm die „2". Trage dann folgende Brüche ein: $\frac{12}{12}$; $\frac{3}{2}$; $1\frac{1}{3}$; $\frac{0}{4}$; $\frac{5}{6}$; $\frac{6}{24}$; $\frac{50}{100}$; $\frac{20}{10}$; $\frac{7}{4}$.

5 Vergleiche die Brüche möglichst geschickt; beschreibe deine Methode.
a) $\frac{4}{7}$ und $\frac{6}{7}$ b) $\frac{5}{9}$ und $\frac{7}{15}$ c) $\frac{23}{11}$ und $\frac{13}{6}$ d) $\frac{2}{7}$ und $\frac{5}{14}$

Test B

1 Veranschauliche das Verhältnis 3 : 2 a) mithilfe einer Strecke; b) mithilfe eines Kreises.

2 Das Modell eines Rennwagens hat im Maßstab 1 : 32 eine Länge von 13,5 cm. Wie lang ist das Auto in Wirklichkeit?

3 a) Gib das Verhältnis A : B : C : D an, welches durch die Farbeinteilung des Rechtecks in der Abbildung festgelegt ist.
b) Vergröbere die Verhältnisangabe so, dass das Verhältnis durch möglichst kleine natürliche Zahlen beschrieben wird.
c) Veranschauliche die Verhältnisangabe aus b) mit einem Rechteck auf Karopapier, welches aus genau 18 Karos besteht.

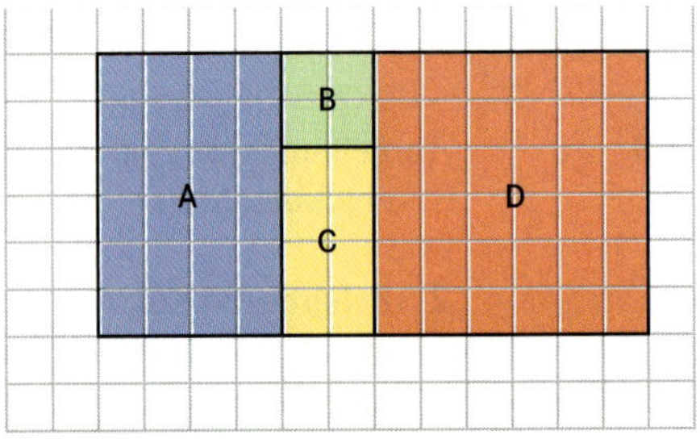

4 Welchen Stellenwert hat jeweils die Ziffer 4? Runde jede Dezimalzahl auf Hundertstel.
a) 161,4 b) 1,243 c) 0,0043 d) 10,425 e) 62453,001 f) 11,010304

5 Die Ziffer 0 soll jeweils den angegebenen Stellenwert haben. Setze das Komma passend.
a) 2103 (Tausendstel) b) 130411 (Zehner) c) 1021 (Zehntel) d) 9807 (Hundertstel)

6 a) Schreibe die folgenden Brüche als Dezimalzahlen:
$\frac{17}{100}$; $1\frac{7}{100}$; $\frac{170}{100}$; $17\frac{1}{100}$.
b) Notiere die Dezimalzahlen als Bruch in gemischter Schreibweise.
102,75; 1027,5; 120,75; 12,075

7.6 Größen

Test A

1 Rechne in die in Klammern stehende Einheit um.
a) 15,436 km (mm) b) 5 *l* (cm^3) c) 1753 cm^2 (m^2) d) 3,512 t (g)

2 Schreibe Gegenstände auf, die etwa die angegebene Größe haben.
a) 1 m b) 500 g c) 1 dm^2 d) 1,5 dm^3

3 Schreibe ab und vervollständige.

	Maßstab	Original	Modell
Pkw	1 : 50	5 m	
Stadt	1 : 20 000		7 cm
Eiffelturm		320 m	16 cm

4 Berechne.
a) 700 km – 3 · 75 cm b) 3 kg + 700 g : 14 c) 250 cm^2 + 250 mm^2
d) 1 m^3 – 0,5 *l* e) 600 cm – 4 m f) 3,5 h – 15 min

5 Ein Karton ist 20 cm hoch, 60 cm breit und 0,8 m lang.
a) Wie groß ist sein Volumen?
b) Wie viel Pappe benötigt man um den Karton zu bauen?

6 Runde auf ganze Grundeinheiten.
a) 1545 g b) 175 cm c) 1536 dm^2 d) 1536 dm^3

Test B

1 Gib zwei passende Größen zu dem Gegenstand an.
a) Würfelzucker b) Wandtafel c) Portion Hustensaft d) Menschenbein

2 Rechne um.
a) 0,45 cm (in m; km) b) 5,001 m^2 (in dm^2; mm^2) c) 330 min (in h; s)
d) 300 mg (in g; kg) e) 750 ml (in *l*; dm^3) f) 1 Megatonne (in t; kg)

3 a) Bestimme den Flächeninhalt. b) Bestimme das Volumen.

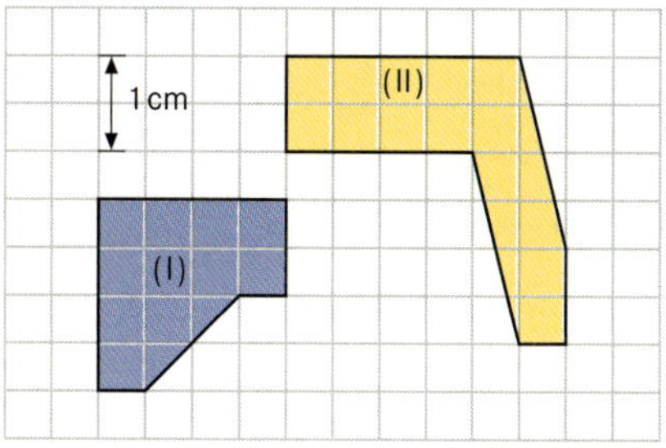

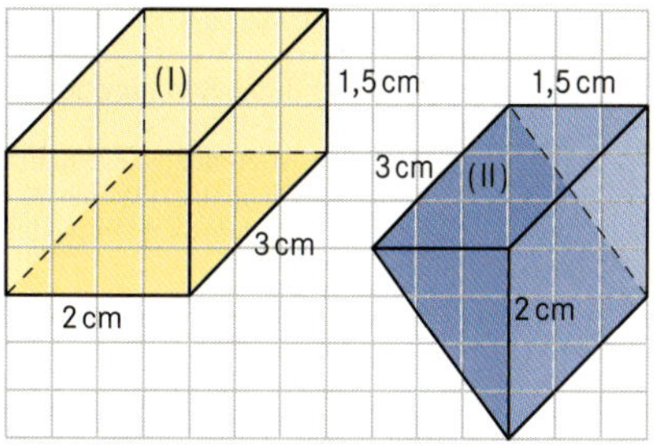

4 Berechne. Runde das Ergebnis auf ganze Grundeinheiten.
a) 99 m + 99 999 mm b) 1,7 kg + 3425 g c) 5 m^2 + 15 000 cm^2 d) 2,5 m^3 + 1536 dm^3

5 Ein Liter Wasser wiegt ein Kilogramm. Wie schwer ist das Wasser in einem Schwimmbecken, das 50 m lang, 25 m breit und 2,5 m tief ist?

6 Zeichne eine Strecke der Länge 16 km im Maßstab 1 : 200000 ins Heft.

7.7 Lösungen zu den Lernkontrollen

zu 7.1

A 1 a) lückenlos möglich

b) lückenlos möglich

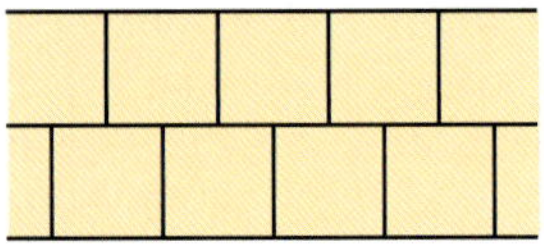

c) nicht lückenlos möglich

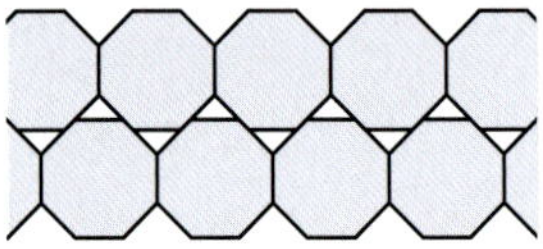

2 Man kann vier regelmäßige Vierecke (Quadrate) in der Ebene mit einer Ecke zusammenlegen. Die Ecke eines Würfels besteht aus drei Quadraten.

3 12 Außenflächen, alles regelmäßige Fünfecke – 20 Ecken, in jeder stoßen drei Fünfecke und auch drei Kanten zusammen – 30 gleichlange Kanten. Alle Ecken haben dieselbe Form – platonischer Körper.

4 a) Oktaeder: platonischer Körper mit acht Flächen (gleichseitige Dreiecke) – 6 Ecken und 12 Kanten.
Ikosaeder: platonischer Körper mit zwanzig Flächen (gleichseitige Dreiecke) – 12 Ecken und 30 Kanten.
b) Ist kein Körpernetz und kann nicht zu einem solchen fortgesetzt werden.
c) Fußball: Um ein regelmäßiges Fünfeck sind immer fünf regelmäßige Sechsecke – 32 Flächen: 12 regelmäßige Fünfecke und 20 regelmäßige Sechsecke – 60 Ecken: je drei Kanten stoßen zusammen oder je ein Fünfeck und zwei Sechsecke stoßen zusammen – 90 Kanten: je zwei Sechsecke oder ein Sechseck und ein Fünfeck stoßen aneinander.

B 1 Ein regelmäßiges Sechseck ist eine ebene Figur, die sechs gleich geformte Ecken hat und sechs gleich lange Seiten.

2 a) Lückenlos fortsetzbare Muster lassen sich nur aus gleichseitigen Dreiecken, Quadraten und regelmäßigen Sechsecken bilden.
b) Netze platonischer Körper lassen sich nur aus gleichseitigen Dreiecken, Quadraten und regelmäßigen Fünfecken herstellen.

3 a) Tetraedernetz
b) kein Tetraedernetz, in einer Ecke stoßen vier Dreiecke zusammen
c) Tetraedernetz
d) kein Tetraedernetz, zu viele Dreiecke

4 a) Kein Körpernetz, da in der Mitte vier Fünfecke aneinander stoßen würden.
Lässt man eines der vier mittleren Fünfecke weg, lässt sich das Muster zu einem Dodekaeder-Netz fortsetzen.
b) Ist kein Körpernetz und lässt sich auch nicht zu einem solchen fortsetzen.
c) Körper, der aus einem Würfel durch Abschneiden der Ecken entsteht – 14 Flächen: sechs regelmäßige Achtecke und acht gleichseitige Dreiecke – 24 Ecken: je drei Kanten stoßen zusammen oder je ein Dreieck und zwei Achtecke stoßen zusammen – 36 Kanten: je zwei Achtecke oder ein Achteck und ein Dreieck stoßen aneinander.

---

zu 7.2

A 1 a) 124 b) 1442

2 5 003 008

3 110_2; 111_2; 1000_2; 1001_2; 1010_2; 1011_2

4 Zu jeder noch so großen Zahl kann man 1 dazu addieren und erhält eine größere Zahl.

5 a) 5300, Rundungsfehler: 47 b) 3 Mio., Rundungsfehler: 99359 c) 2901000, Rundungsfehler: 359

6 a) Archimedes, Kleopatra, Kolumbus, Newton, Curie
b) Kleopatra (39 Jahre), Kolumbus (55 Jahre), Curie (67 Jahre), Archimedes (75 Jahre), Newton (84 Jahre)

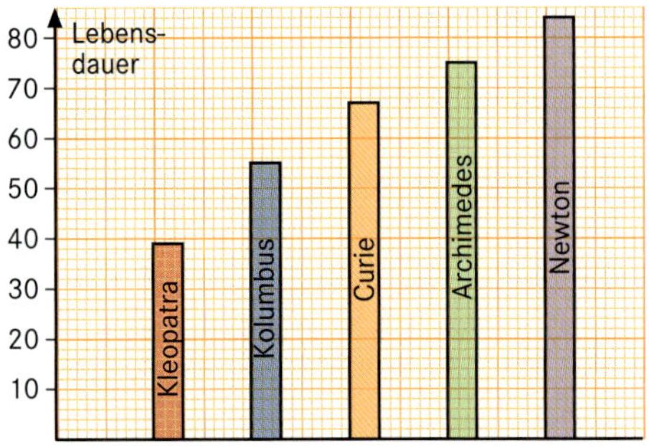

B 1 a) $1 \cdot 32 + 1 \cdot 16 + 1 \cdot 4 + 1 \cdot 2 = 54$ b) 1101010_2

2

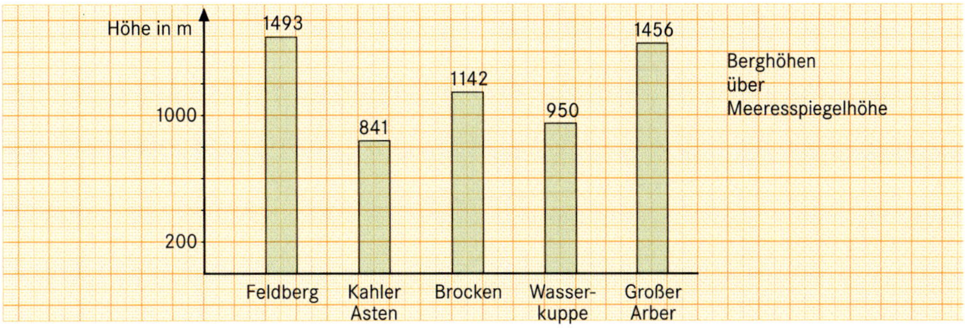

3 XIII + VI = XIX

4 a) (I) Der Stab für Grundschulen endet etwa bei 3100; da die Angaben in Tausenden erfolgen, ist Aussage (I) richtig.
(II) Der Stab für Gymnasien endet etwa bei 2300, der für integrierte Gesamtschulen bei etwas über 500. Also ist auch Aussage (II) richtig.
b) Es besuchen ungefähr gleich viele Schüler die Hauptschule und die Realschule.
Haupt- und Realschulen zusammen haben ungefähr so viele Schüler wie das Gymnasium.

5 $149 < 194 < 419 < 491 < 914 < 941$

6 25; 125; 625

---

zu 7.3

A 1 a) 3422 b) 70 504 c) 807 147 d) 91 **2** a) 20 b) 279

3 a) 210 b) 4 **4** a) Es wird um 780 größer. b) Es bleibt gleich. **5** Die Mutter ist 39 Jahre alt.

6 a) $6000 \cdot 2000 = 12\,000\,000$ b) $18\,000 : 9000 = 2$

7 a) z.B. $625 : 25 = 25$; Rechnung: $25 + 5 : 25$ b) z.B. $5400 : 60 = 90$; Rechnung: $91 + 27 : 60$

B 1 $17 \cdot 12 + 56 : 8 = 204 + 7 = 211$

2 a) 26 911 b) 86 790 c) 4 784 184 d) $84 + 28 : 30$

3 a) $(2 + 5 + 7) \cdot 28 = 14 \cdot 28 = 392$ b) $(3 + 10 + 7) \cdot 16 = 20 \cdot 16 = 320$ c) $(2 + 32 + 20) \cdot x = 54 \cdot x$

4 Das Ergebnis bleibt gleich, weil für die Addition von natürlichen Zahlen das Kommutativgesetz gilt.

5 a) z.B. $1000 \cdot 13 = 13000$; Rechnung: 12 831 b) z.B. $500 \cdot 30 = 15000$; Rechnung: 14 848

6 a) In einer Woche werden 3750 Pkw produziert, in einem Jahr 157 500 Pkw.
b) Das Werk benötigt für 12 000 Pkw 16 Tage.

7 a) 12; b) 100

---

zu 7.4

A 1 a) Quadernetz
b) kein Quadernetz, Seitenflächen passen nicht
c) Netz eines sechseckigen Prismas
d) Netz einer dreieckigen Pyramide
e) Netz einer quadratischen Pyramide
f) kein Netz eines dreieckigen Prismas, da die Seitenflächen falsche Größe haben

2

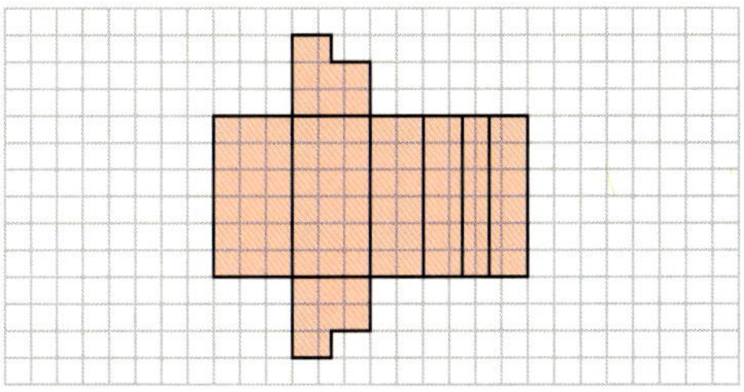

3

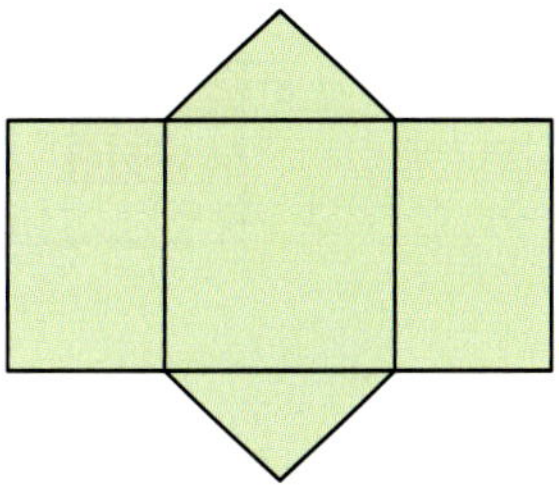

4

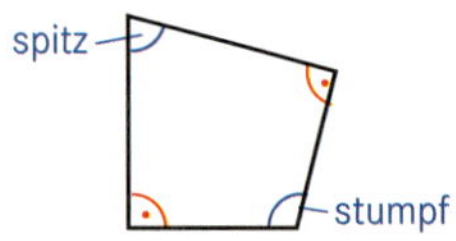

B 1

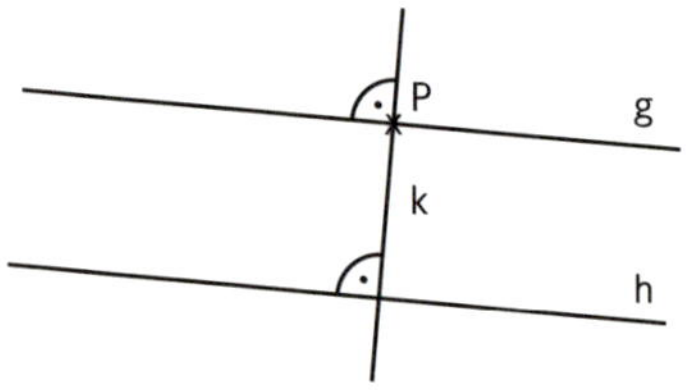

g und k sind senkrecht zueinander k ⊥ g.

2

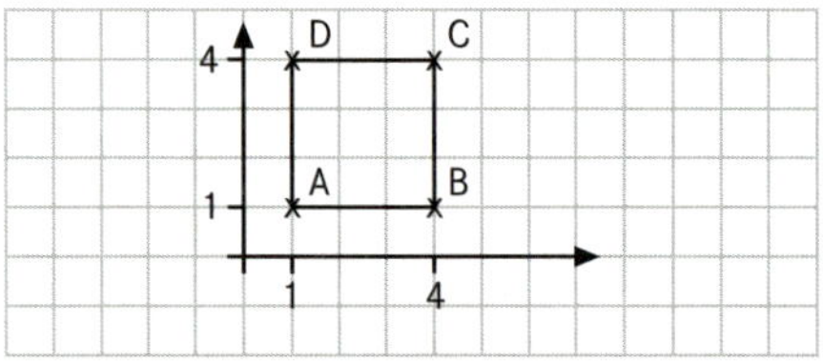

Die fehlenden Punkte sind B (4 | 1) und D (1 | 4).

3 a) 1,9 cm

b) 2,15 cm

4 a)

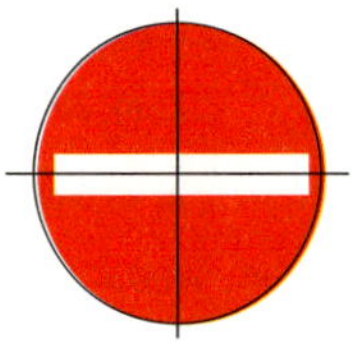

b) Die Figur ist drehsymmetrisch (zwei mögliche Lagen)

---

zu 7.5

A 1 a) Eine $\frac{3}{4}$-Stunde bedeutet dreimal eine Viertelstunde. Eine Viertelstunde ist der vierte Teil einer Stunde.

b) $1\frac{1}{2}$ kg ist ein kg und ein halbes kg.

c) $\frac{1}{60}$ s ist der sechzigste Teil einer Sekunde, eine übliche Belichtungszeit beim Fotografieren mit einem Blitz.

2

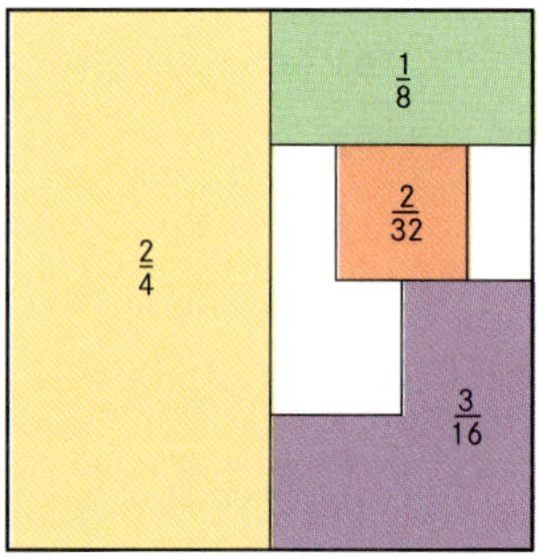

3

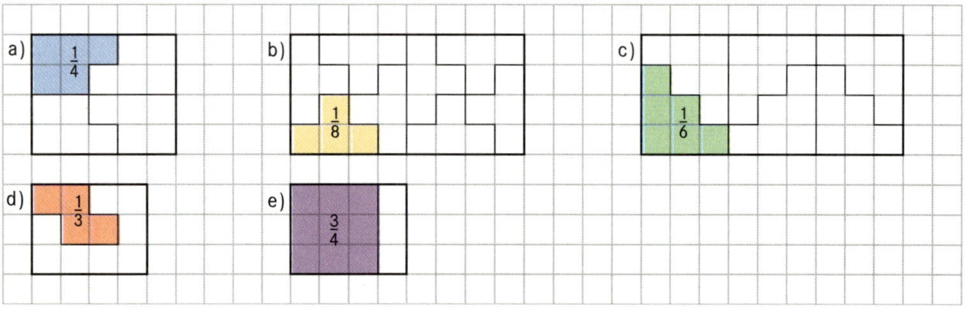

4

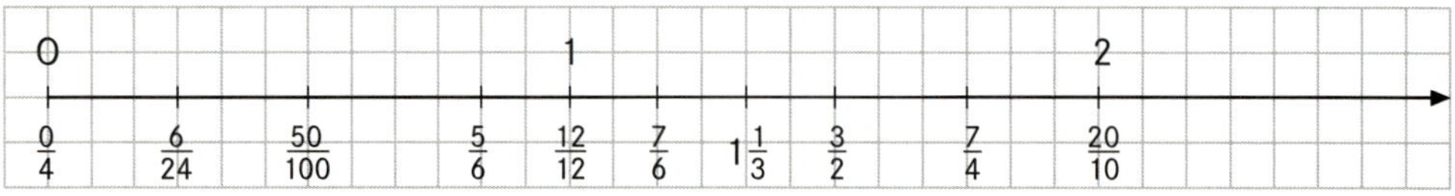

5 a) $\frac{4}{7}$ und $\frac{6}{7}$ sind nennergleich, also ist der Bruch mit dem größeren Zähler der größere: $\frac{4}{7} < \frac{6}{7}$.
b) 5 ist mehr als die Hälfte von 9, 7 ist weniger als die Hälfte von 15. Daher liegt $\frac{5}{9}$ oberhalb und $\frac{7}{15}$ unterhalb von $\frac{1}{2}$, also: $\frac{7}{15} < \frac{5}{9}$.
c) $\frac{23}{11} = 2\frac{1}{11}$ und $\frac{13}{6} = 2\frac{1}{6}$. Für die zählergleichen Brüche $\frac{1}{11}$ und $\frac{1}{6}$ gilt $\frac{1}{11} < \frac{1}{6}$, denn $\frac{1}{11}$ hat den größeren Nenner. Also ist $2\frac{1}{11} < 2\frac{1}{6}$ bzw $\frac{23}{11} < \frac{13}{6}$.
d) Es ist $\frac{2}{7} = \frac{4}{14}$ und $\frac{4}{14} < \frac{5}{14}$ (Vergleich nennergleicher Brüche). Daher gilt $\frac{2}{7} < \frac{5}{14}$.

B 1 a)

b)
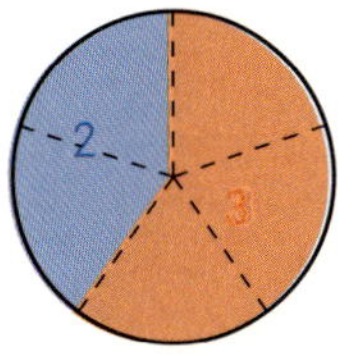

2 Beim Maßstab 1:32 gilt: 1cm im Modell entspricht 32 cm im Original. Also ist der Rennwagen in Wirklichkeit 13,5 cm · 32 = 432 cm = 4,32 m lang.

3 a) Abgebildet ist A : B : C : D = 24 : 4 : 8 : 36.
b) Die Verhältnisangabe aus a) kann vergröbert werden zu A : B : C : D = 6 : 1 : 2 : 9.
c) Das Verhältnis 6 : 1 : 2 : 9 wird durch die Farbteilung im Bild rechts verdeutlicht.

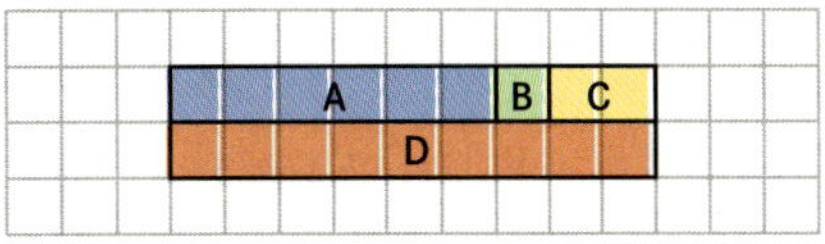

4 a) Stellenwert der 4: Zehntel; 161,4 ≈ 161,40
b) Stellenwert der 4: Hundertstel; 1,243 ≈ 1,24
c) Stellenwert der 4: Tausendstel; 0,0043 ≈ 0,00
d) Stellenwert der 4: Zehntel; 10,425 ≈ 10,43
e) Stellenwert der 4: Hunderter; 62453,001 ≈ 62453,00
f) Stellenwert der 4: Millionstel; 11,010304 ≈ 11,01

5 a) 0,2103 b) 1304,11 c) 1,021 d) 9,807

6 a) $\frac{17}{100} = 0{,}17$; $1\frac{7}{100} = 1{,}07$; $\frac{170}{100} = 1{,}7$; $17\frac{1}{100} = 17{,}01$.
b) $102{,}75 = 102\frac{75}{100} = 102\frac{3}{4}$; $1027{,}5 = 1027\frac{5}{10} = 1027\frac{1}{2}$; $120{,}75 = 120\frac{75}{100} = 120\frac{3}{4}$; $12{,}075 = 12\frac{75}{1000} = 12\frac{3}{40}$.

---

zu 7.6

A 1 a) 15 436 000 mm b) 5000 cm³ c) 0,1753 m² d) 3 512 000 g

2 a) langer Schritt b) Kaffeepackung c) Handfläche d) große Colaflasche

3

	Maßstab	Original	Modell
Pkw	1 : 50	5 m	10 cm
Stadt	1 : 20 000	1,4 km	7 cm
Eiffelturm	1 : 2000	320 m	16 cm

4 a) 699,99775 km b) 3,05 kg c) 252,5 cm² d) 0,9995 m³ = 999,5 *l* e) 2 m f) 3 h 15 min = 3,25 h

5 a) 20 cm · 60 cm · 80 cm = 96 000 cm³
b) 2 · 20 cm · 60 cm + 2 · 20 cm · 80 cm + 2 · 60 cm · 80 cm = 15200 cm²

6 a) 2 kg b) 2 m c) 15 m² d) 2 m³

B 1 a) 1 cm³; 2 g b) 2 m²; 0,1 m³ c) 5 ml; 5 g d) 1 m Beinlänge; 1 Fuß Fußlänge

2 a) 0,0045 m; 0,0000045 km b) 500,1 dm²; 5 001 000 mm² c) 5,5 h; 19 800 s
d) 0,3 g; 0,0003 kg e) 0,75 *l*; 0,75 dm³ f) 10^6 t; 10^9 kg

3 a) (I) 3 cm² (II) 4 cm² b) (I) 9 cm³ (II) die Hälfte von (I), also 4,5 cm³

4 a) 198,999 m, also 199 m b) 5,125 kg, also 5 kg c) 6,5 m², also 7 m² d) 4,0036 m³, also 4 m³

5 Volumen = 500 dm · 250 dm · 25 dm = 3 125 000 dm³ = 3 125 000 *l*.
Das Wasser wiegt 3 125 000 kg, also 3125 t.

6 Die Strecke ist 8 cm lang.

zu 1.3

1 a) 16 b) 24 c) 19 d) 16 e) 15 f) 20

2 a) 6 gleichseitige Dreiecke lassen sich in der Ebene mit einer Ecke zusammenlegen. Eine Ecke eines platonischen Körpers kann aus drei (Tetraeder), vier (Oktaeder) oder fünf (Ikosaeder) gleichseitigen Dreiecken geformt werden.

b)

Man kann aus vier regelmäßigen Sechsecken und vier gleichseitigen Dreiecken den rechts abgebildeten Körper herstellen.

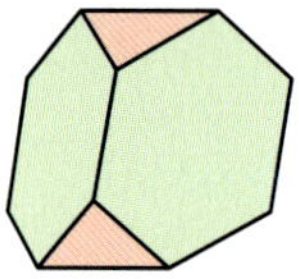

c)

Man benötigt sechs regelmäßige Achtecke und zusätzlich acht gleichseitige Dreiecke, um den rechts abgebildeten Körper herzustellen.

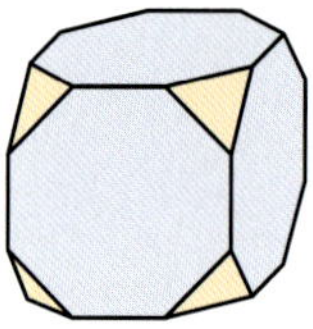

3 a) Es sind mindestens vier und höchstens zehn Würfel

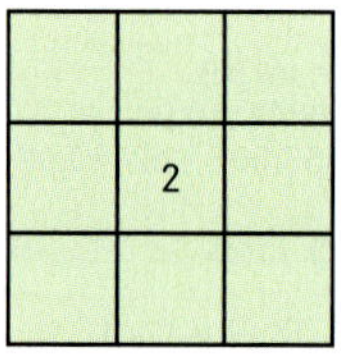

b) Es sind mindestens vier und höchstens sieben Würfel.

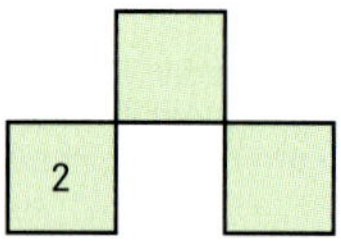

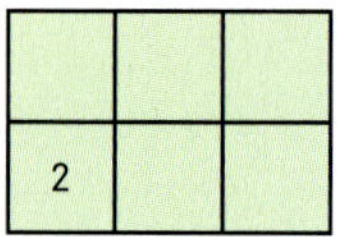

zu 2.5

1

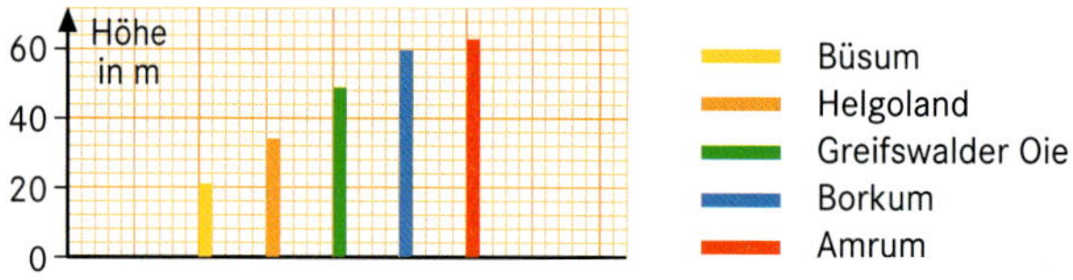

3 a) Temperatur 3,5 °C; Geschwindigkeit 66 $\frac{km}{h}$; Zeit 10 h und 7,5 min oder 10:07:30 Uhr (Einzeigeruhr!)

4 a) dreiundvierzigtausendneunhunderteinundfünfzig; Tausender
b) fünf Millionen dreihundertvierzehntausendsiebenhundertzweiunddreißig; Zehntausender
c) vierunddreißig Milliarden achthundertsiebenundfünfzig Millionen vierhundertzweiundvierzigtausend; 10 Milliarden
d) vierzig Millionen achthundertsiebzigtausendzweihundertsechzig; Hunderttausender

5 15 215 411 < 15 411 215 < 15 468 215 < 16 Millionen < 15 Milliarden

6 a)

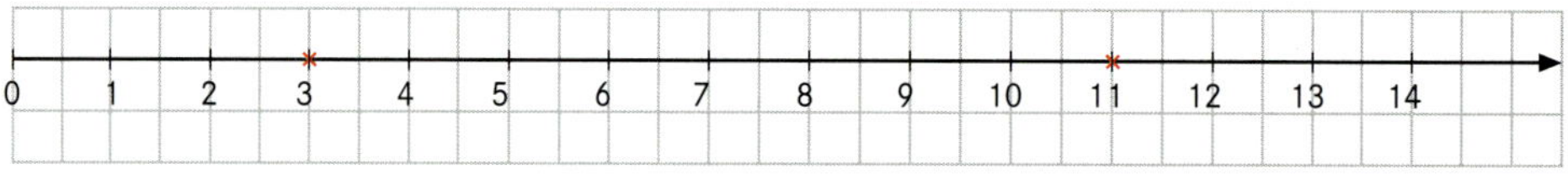

b)

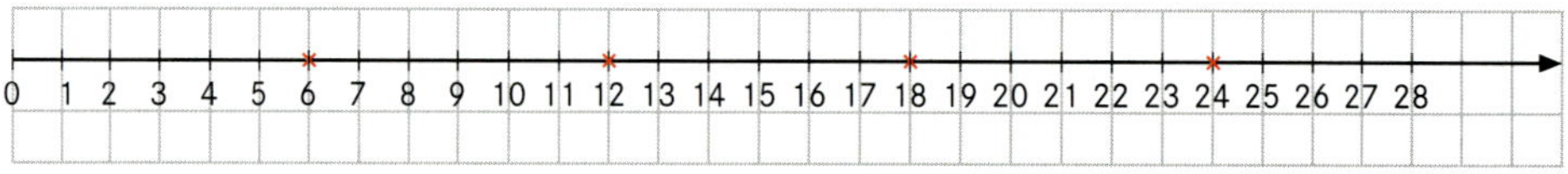

zu 3.4

1 a)

Zahl	27	6	13	24	49
Produkt und zugehörige Summe	3 · 3 · 3 — 9 1 · 3 · 9 — 13 1 · 1 · 27 — 29	1 · 2 · 3 — 6 1 · 1 · 6 — 8	1 · 1 · 13 — 15	2 · 3 · 4 — 9 1 · 4 · 6 — 11 1 · 3 · 8 — 12 1 · 2 · 12 — 15 1 · 1 · 24 — 26	1 · 7 · 7 — 15 1 · 1 · 49 — 51

b) 5 c) gerade (gerade oder ungerade) d) jede natürliche Zahl

2 Man startet beide Sanduhren, dreht die kleine um, wenn sie leer ist, und lässt sie laufen, bis die große leer ist. Dann ist in der kleinen gerade Sand für 4 min durchgelaufen. Man dreht die kleine wieder um und wenn sie leer ist, sind 15 min vergangen.

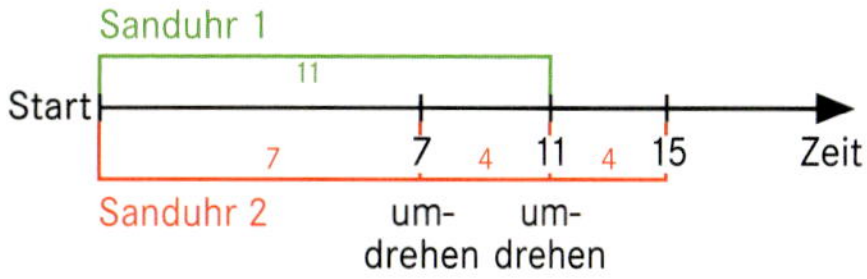

3 a)

Anzahl des Auftretens	Zahlen
1	1; 25; 49; 81; 100
2	2; 3; 5; 7; 14; 15; 21; 27; 28; 32; 35; 42; 45; 48; 50; 54; 56; 60; 63; 70; 72; 80; 90
3	4; 9; 16; 36
4	6; 8; 10; 12; 18; 20; 24; 30; 40

b) Zahlen über 10, die nur durch 1 und sich selbst zu teilen sind, kommen nicht vor, z. B. 11 oder 13. Deren Vielfache kommen auch nicht vor, z. B. 22 oder 65.
c) Zahlen, die viermal auftreten, lassen sich auf zwei verschiedene Arten in Faktoren aus dem Bereich 1 bis 10 zerlegen, z. B. $6 = 1 \cdot 6 = 6 \cdot 1$ und $6 = 2 \cdot 3 = 3 \cdot 2$. Die Quadratzahlen 1; 25; 49; 81 und 100 kommen nur einmal vor, und zwar in der Hauptdiagonalen. Die Quadratzahlen 4; 9; 16 und 36 kommen einmal in der Hauptdiagonalen und zweimal außerhalb der Hauptdiagonalen (spiegelsymmetrisch dazu) vor, also insgesamt dreimal.
d) In der Hauptdiagonalen stehen die Quadratzahlen.
e) Z. B. in der zweiten Zeile und in der zweiten Spalte stehen die gleichen Zahlen (die Tabelle ist spiegelsymmetrisch zur Hauptdiagonalen).
f) Die Summe der Nachbarn ist immer doppel so groß wie die Zahl.
Begründung für $45 = 5 \cdot 9$: $5 \cdot 8 + 5 \cdot 10 = 5 \cdot 18 = 2 \cdot 5 \cdot 9$ und $4 \cdot 9 + 6 \cdot 9 = 10 \cdot 9 = 2 \cdot 5 \cdot 9$.

4 Das Ergebnis ist vorwärst und rückwärts gelesen gleich, die Ziffern steigen von 1 bis 4 an und fallen dann wieder ab. Wenn die Ausgangszahl aus 7 Einsen besteht, steigen die Ziffern bis 7 an. Für Zahlen mit mehr als 9 Einsen gilt die Regel nicht mehr.

```
1111 · 1111
 1111
  1111
   1111
    1111
 1234321
```

5 a) 52 b) 61 bzw. 35 c) nein: 36; 42; 56; 60 nicht d) – e) 10 125 000

6 a) zwei gleiche Zahlen (Differenz 0) b) zwei gleiche Zahlen (Quotient 1)
c) die dritte Zahl muss 0 sein d) die dritte Zahl muss 1 sein

7

```
a)  894    b)  713    c)  3238    d)  23416    e) 175 · 7    f) 234 · 48    g) 524 · 567
   -231       -498       -1875       - 2947        1225           936            2620
    663        215        1363        20469                       1872            3144
                                                                 11232             3668
                                                                                 297108
```

```
h) 22578 : 426 = 53        i) 44856 : 712 = 63
  -2130                      -4272
    1278                       2136
   -1278                      -2136
       0                          0
```

8 Niko ist 18, Alex 18 – 4 = 14, Fred 14 + 2 = 16. Alle zusammen sind 48 Jahre alt, also ist Hannah 24 Jahre alt.

---

zu 4.8

2 a)

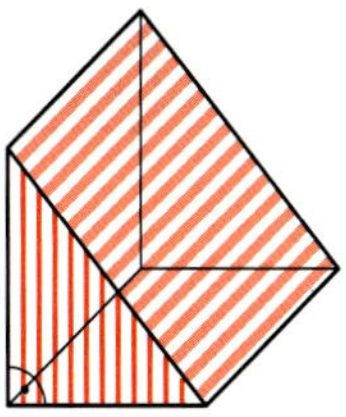

b)

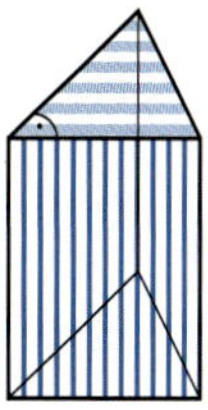

5

6 a) 4 cm

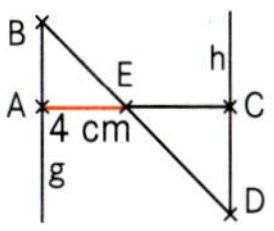

b) 6,1 cm

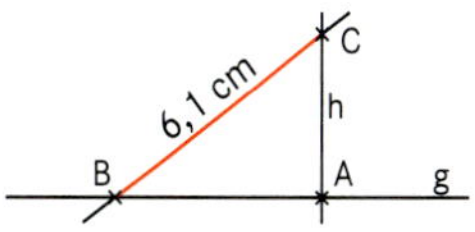

8 Trapez (T), Drachen (D), Parallelogramm (P), Rechteck (R), Raute (Ra), Quadrat (Q)

	(1)	(2)	(3)	(4)	(5)	(6)	(7)	(8)	(9)	(10)	(11)	(12)	(13)	(14)	(15)	(16)	(17)	(18)	(19)	(20)	(21)	(22)	(23)
T								x														0	1
D	x	x										x			x							1	1
P			x	x			x	x	x						x	x				x			2
R			x	x		x	x	x	x	x	x		x	x	x	x	x	x	x	x	x	2	2
Ra	x	x	x	x	x		x	x	x			x			x	x				x		2	2
Q	x	x	x	x	x	x	x	x	x	x	x	x	x	x	x	x	x	x	x	x	x	4	4

9 D **10** B **11** C **12** E

---

zu 5.5

2 a) gefärbt: $\frac{1}{4}$, nicht gefärbt: $\frac{3}{4}$ b) gefärbt: $\frac{2}{8}$, nicht gefärbt: $\frac{6}{8}$ c) gefärbt: $\frac{4}{8}$, nicht gefärbt: $\frac{4}{8}$
d) gefärbt: $\frac{2}{8}$, nicht gefärbt: $\frac{6}{8}$ e) gefärbt: $\frac{1}{8}$, nicht gefärbt: $\frac{7}{8}$ f) gefärbt: $\frac{1}{4}$, nicht gefärbt: $\frac{3}{4}$
g) gefärbt: $\frac{1}{8}$, nicht gefärbt: $\frac{7}{8}$ h) gefärbt: $\frac{1}{3}$, nicht gefärbt: $\frac{2}{3}$

4

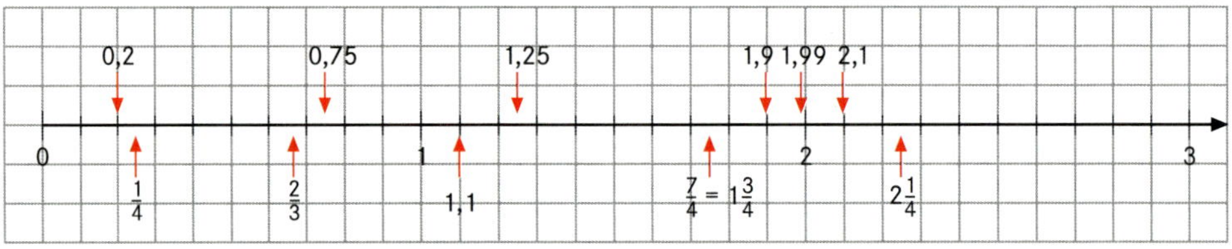

10 a) Durch richtiges Ausschalten von Fernseh- und Videogeräten hätten 5 Milliarden Kilowattstunden eingespart werden können. Die anderen Elektrogeräte hätten dann im „Stand-by-Betrieb" 15 Milliarden Kilowattstunden verbraucht.
b) Bei einem Strompreis von 15 Cent pro kWh wäre eine Ersparnis von 750 Millionen Euro möglich.

12 a) Die Eltern zahlen $\frac{1}{10}$ von 400 Euro, also 40 Euro. Katharina zahlt 360 Euro; ihr eigener Anteil ist $\frac{9}{10}$.
b) Die Eltern zahlen $\frac{3}{4}$ von 400 Euro, also 300 Euro. Katharina zahlt 100 Euro; ihr eigener Anteil ist $\frac{1}{4}$.
c) Die Eltern zahlen $\frac{1}{4}$ von 400 Euro, also 100 Euro. Katharina zahlt 300 Euro; ihr eigener Anteil ist $\frac{3}{4}$.
d) Die Eltern zahlen $\frac{1}{1}$ von 400 Euro, also 400 Euro. Katharina zahlt 0 Euro; ihr eigener Anteil ist 0.
e) Die Eltern zahlen $\frac{1}{5}$ von 400 Euro, also 80 Euro. Katharina zahlt 320 Euro; ihr eigener Anteil ist $\frac{4}{5}$.
f) Die Eltern zahlen $\frac{1}{2}$ von 400 Euro, also 200 Euro. Katharina zahlt 200 Euro; ihr eigener Anteil ist $\frac{1}{2}$.
g) Die Eltern zahlen $\frac{1}{8}$ von 400 Euro, also 50 Euro. Katharina zahlt 350 Euro; ihr eigener Anteil ist $\frac{7}{8}$.

15 Es ist $\frac{3}{8} < \frac{5}{12} < \frac{1}{2} < \frac{2}{3} < \frac{8}{9} < \frac{11}{10}$.

18 a) Wegen 6+1+3+2+3=15 kann man das Mischungsverhältnis am besten durch solche Rechtecke auf Karopapier veranschaulichen, die aus 15 Karos oder Vielfachen von 15 Karos bestehen. Geeignete Seitenlängen sind 5 Karos und 3 Karos, 10 Karos und 3 Karos, 5 Karos und 6 Karos, 15 Karos und 6 Karos usw.

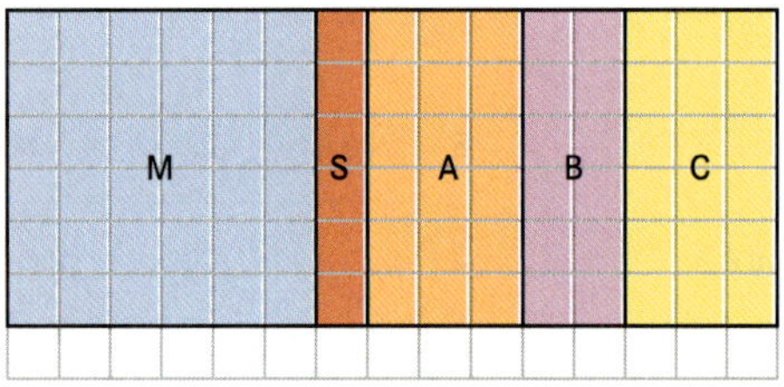

b) Der Anteil des Mineralwassers an der Fruchtbowle ist $\frac{6}{15} = \frac{2}{5}$. Wenn zwei Fünftel der Flüssigkeitsmenge 3 Litern entsprechen, macht ein Fünftel 1,5 Liter und fünf Fünftel 7,5 Liter aus. Man kann also mit 3 Litern Mineralwasser 7,5 Liter Bowle herstellen.
Oder: da 3 die Hälfte von 6 (Anteil M) ist, kann man die Hälfte von 15 Litern, also 7,5 Liter herstellen.
c) Der Sirupanteil in der Bowle ist $\frac{1}{15}$. Wenn $3\frac{3}{4}$ Liter bzw. $\frac{15}{4}$ Liter Bowle hergestellt werden sollen, wird demnach der fünfzehnte Teil von $\frac{15}{4}$ Liter, also $\frac{1}{4}$ Liter Sirup benötigt.

24 a) $0{,}5 = \frac{5}{10} = \frac{1}{2}$ b) $0{,}25 = \frac{25}{100} = \frac{1}{4}$ c) $0{,}20 = 0{,}2 = \frac{2}{10} = \frac{1}{5}$ d) $0{,}05 = \frac{5}{100} = \frac{1}{20}$ e) $2{,}0 = \frac{2}{1} = 2$
f) $2{,}2 = \frac{22}{10} = \frac{11}{5} = 2\frac{1}{5}$ g) $0{,}75 = \frac{75}{100} = \frac{3}{4}$ h) $0{,}075 = \frac{75}{1000} = \frac{3}{40}$ i) $2{,}75 = 2\frac{75}{100} = 2\frac{3}{4} = \frac{11}{4}$

28 a) 1,4349 ≈ 1,43 b) 5,05 ≈ 5,1 c) 55,05 ≈ 55,1 d) 3,2149 ≈ 3,21 e) 14,349 ≈ 14 f) 5,05 ≈ 10 g) 5,505 ≈ 5,51
h) 3,2149 ≈ 3,215 i) 1,4349 ≈ 1,435 j) 50,55 ≈ 50,6 k) 0,5505 ≈ 0,551 l) 0,0032149 ≈ 0,003215

zu 6.4

3 a) Eine Packung mit 500 Blatt Papier ist etwa 50 mm dick. 10 Blatt sind also 1 mm dick. 1 Blatt ist 0,1 mm dick.
b) 1 m = 1000 mm. Für einen 1 m hohen Stapel benötigt man 10 000 Blatt Papier. Für den Stapel von Eiffelturmhöhe 320 · 10 000 Blatt = 3 200 000 Blatt Papier.
c) Entfernung Erde-Mond: 384 400 km = 384 400 000 m macht 3 844 000 000 000 Blatt Papier.
d) Länge des Äquators: 40 077 km = 40 077 000 m. Länge eines Blattes DIN-A4-Papiers 30 cm. Für jeden Meter benötigt man 3 und $\frac{1}{3}$ Blatt Papier. 3 Blatt · 40 077 000 = 120 231 000 Blatt. $\frac{1}{3}$ von 40 077 000 sind etwa 13 400 000. Zusammen benötigt man also 133 631 000 Blatt Papier.
e) Ein DIN-A4-Blatt ist 30 cm lang und 21 cm breit. 1000 Blatt sind 10 cm hoch. Das Volumen von 1000 Blatt DIN-A4-Papier beträgt also 30 cm · 21 cm · 10 cm = 6300 cm^3. Ein Blatt hat das Volumen 6,3 cm^3. 3 000 000 Blatt Papier haben das Volumen 18 900 000 cm^3 = 18,9 m^3. 3 844 000 000 000 Blatt haben das Volumen 242 172 000 000 cm^3 = 242 172 000 m^3. 133 631 000 Blatt Papier haben das Volumen 841 875 300 cm^3 = 841,8753 m^3.
f) Normales DIN-A4-Papier wiegt 80 g pro Quadratmeter. Ein Quadratmeter ist der Flächeninhalt von einem DIN-A0-Bogen, ein DIN-A4-Blatt ist ein Sechzehntel davon und wiegt daher 80 g : 16 = 5 g. Also wiegen 1000 Blatt 5 kg. 3 000 000 Blatt Papier wiegen 15 000 kg = 15 t. 3 844 000 000 000 Blatt wiegen 19 220 000 000 kg = 19 220 000 t. 133 000 000 Blatt wiegen 665 000 kg = 665 t.

4 a) Volumen des Barrens: 20 cm · 5 cm · 5 cm = 500 cm^3, also wiegt 1 dm^3 das Doppelte: 2 · 9,65 kg = 19,3 kg.
b) 1000 cm^3 wiegen 19,3 kg. 1 kg hat also das Volumen 1000 cm^3 : 19,3 ≈ 52 cm^3.
c) 1 t = 1000 kg. 1000 · 52 cm^2 = 52 000 cm^2 = 52 *l*.
d) Angenommen, die Schultasche ist 13 cm dick, 32 cm breit und 32 cm hoch. Dann hat sie das Volumen 13 cm · 32 cm · 32 cm = 13 312 cm^3. 1 cm^3 Gold wiegt 19,3 g (Aufgabe a). Der Schulranzen voll Gold wiegt also 13 312 · 19,3 g = 256 921,6 g = 256,9216 kg.
e) Der Rucksack mit Gold wiegt 3 · 296,9 kg = 888,6 kg. Dafür reicht nicht mal ein Pkw.
f) Blei 5,67 kg a) 11,34 kg; b) 88 cm^3; c) 88 *l*; d) 75,47904 kg; e) rund 225 kg.
Eisen 3,85 kg a) 7,7 kg; b) 130 cm^3; c) 130 *l*; d) 51,2512 kg; e) rund 151 kg; auch das trägt kein Dieb.

6 Die Fläche für die Gebäude beträgt 200 m · 300 m = 60 000 m^2 = 6 ha. Insgesamt hat der Hof die Grundfläche 6 ha + 4 ha + 17,5 ha + 35,7 ha = 63,2 ha.

7 Eiffelturm 320 m; Kölner Dom 157 m; Messeturm Frankfurt/M. 257 m; Petronas Tower 452 m.
Hinweis: Hierbei handelt es sich um die genauen Werte. In der Aufgabe soll geschätzt werden.

8 1 mile ≈ 1610 m; 14 450 miles ≈ 23 264 500 m. Ist die Schrittlänge 1 m, benötigt er 23 264 500 Schritte. Bei 11 Schritten auf 10 m sind es 25 590 980 Schritte. Bei 12 Schritten auf 10 m sind es 27 917 400 Schritte. Schritte, die *länger* als 1 m sind, macht kaum jemand. Die Angabe im Text untertreibt also sogar.

9 Das Buch hat 238 Seiten, also 119 Blätter. Jedes Blatt ist 18 cm breit und 26 cm hoch. Der Flächeninhalt eines Blattes beträgt 18 cm · 26 cm = 468 cm^2. Alle Blätter zusammen haben den Flächeninhalt 468 cm^2 · 119 = 55 692 cm^2.

13 a) 1 km = 1000 m. Er fährt also pro Stunde 72 000 m. 1 h = 3600 s. 72 000 m : 3600 = 20 m.
b) 20 m passen 2,5 mal in 50 m. Also benötigt er 2,5 s.
c) 144 $\frac{km}{h}$ a) 40 m b) 1,25 s.
d) 100 km = 100 000 m. 100 000 m : 3600 ≈ 28 m. Für 50 m nicht ganz 2 s.

15 Das Bild hat eine Fläche von 37 cm · 27 cm = 999 cm^2 ≈ 1000 cm^2. Es besteht aus 1280 · 1024 = 1 310 720 Pixeln. Etwa 1312 Pixel befinden sich auf 1 cm^2. Etwa 13 Pixel befinden sich auf 1 mm^2. Ein Pixel hat also etwa die Fläche von $\frac{1}{13}$ mm^2.
19 Zoll = 19 inch = 48,26 cm. Dies gibt die Länge der Diagonale des Bildschirmes an.

22 a) Maßstab 1 : 1 b) Maßstab 1 : 1 500 000 c) Maßstab 1 : 4 000 000 d) Maßstab 1 : 16 000 000

24 Bei 50 kg Dachlast dürfen 100 dm^3 Holz transportiert werden. Volumen einer Leiste: 200 cm · 10 cm · 5 cm = 10 000 cm^3 = 10 dm^3. 100 dm^3 : 10 dm^3 = 10. Es dürfen 10 Leisten transportiert werden.

Mengen

$M = \{4, 5, 6, 7\}$	Menge aus den Elementen 4, 5, 6 und 7
$\mathbb{N} = \{0, 1, 2, 3, ...\}$	Menge der natürlichen Zahlen
$5 \in M$	5 ist Element der Menge M
$8 \notin M$	8 ist nicht Element der Menge M

Zahlen

$a = b$	a gleich b	$a \neq b$	a ungleich b
$a \approx b$	a ungefähr gleich b		
$a > b$	a größer als b	$a < b$	a kleiner als b
$a \geq b$	a größer oder gleich b	$a \leq b$	a kleiner oder gleich b

Geometrie

A, B, C, ...	Punkte
$\overline{AB}$	Strecke mit den Endpunkten A und B
$\overleftrightarrow{AB}$	Gerade durch die Punkte A und B
$\overrightarrow{AB}$	Strahl mit dem Anfangspunkt A durch den Punkt B
g, h, k, ...	Geraden
$g \parallel h$	g ist parallel zu h
$g \perp k$	g ist senkrecht zu k
$P(3 \mid 4)$	Punkt mit der ersten Koordinate 3 und der zweiten Koordinate 4
$\alpha, \beta, \gamma, \delta, \varepsilon$	Winkel

Griechische Buchstaben

α alpha β beta γ gamma δ delta ε epsilon ϱ rho

Bildquellennachweis:
ADAC, Laatzen: 134.1
AKG, Berlin: 12.3, 20, 21, 22.1, 90.9, 104, 193.1, 169.2
Tony Angermayer, Holzkirchen: 210
Agentur Anzenberger, Wien: 218.4
Architektur Bilderservice, Witten: 93.1, 143.3
Argus, Hamburg: 221.2
Astrofoto Bernd Koch, Sörth: 92.4, 193.2, 211, 216
Augenklick, Mettmann: 201
BMW, München: 203.2
bpk, Bildarchiv Preussischer Kulturbesitz, Berlin: 25.3, 89.4, 120.1
Svenja Breuer, Königswinter: 228.2 (Album), 228.3
BUGh, Wuppertal: 120.2

Markus Buller, Braunschweig: 116
bw Photoagentur, München: 52
Campus Verlag, Frankfurt: 26
(c) Color Line AS. All rights reserved. Color Line M/S Christian IV: 213.2
Michael Christoph GmbH, Groflinzemoos: 143.2
Photostudio Druwe & Polastri, Cremlingen: 11, 12.1,12.3, 13.1, 19.1, 25, 30, 33, 38, 46.3, 48.1, 50, 54, 72, 79, 89.2, 91, 94, 95, 98, 102, 103, 104.2, 106, 109, 118, 121, 127, 129, 131, 133.3, 134, 135.1 136.5, 144.2, 145, 146, 147, 149, 152, 153, 154, 155, 161, 165, 168.2, 180, 181, 183, 184.1, 188, 191, 194, 197, 202, 203.1, 203.4, 204, 205, 206
Deutsche Bahn AG: 190
Deutsche Luftbild, Hamburg: 198.1
Deutsches Museum, München: 89.3
Diagentur, Elkestolt: 209.1
(c) The M. C. Escher Company, Baarn - Holland. All rights reserved. M. C. Escher: 15.1,15.2
eye of science, Reutlingen: 170
Hans Magnus Enzensberger: Der Zahlenteufel, mit Illustrationen von Rotraut Susanne Berner, (c) 1999 Carl Hanser Verlag, München - Wien: 38.2, 175
Michael Fabian, Hannover: 35.2
by Falken Verlag in der Verlagsgruppe FALKEN / Mosaik, einem Unternehmen der Veragsgruppe Random House GmbH, Niederhausen/Ts.: 112.2
FIFA WM 2006(tm) Fifa, Zug: 46.3, 200
Dr. Bruno Fliert, Berlin: 212.4
Getty Images Deutschland GmbH, München: 22.2, 111, 133.5, 224
Globetrotter Ausrüstung, Hamburg: 90.8
(c) Eberhard Grames: 166.3
Haflidete am München Messeturm, Frankfurt: 212.1
Herzog August Bibliothek, Wolfenbüttel: 113
Thomas Huk, Braunschweig: 112.1, 184.2
IFA-Bilderteam, München: 90.3, 136.6, 192 .6
Insel Information, Hiddensee: 185
J. Mathis Werbetechnik:144.1
Jan Meyer, Rosenheim: 89.1
Arichtektur Bildservice Kandula, Witten: 143.1
Kalt Premium, Düsseldorf:133.4
Klaus Kohn, Braunschweig: 163
Ralf Johannes Kratz, Worms: 99.1
Landesvermessungsamt Sachsen, Dresden: 198.2
Edgar Lindenau GmbH, Planegg/München: 135.2
Lufthansa, Hamburg: 136.4
Manfred P. Kage, Institut für wissenschaftliche Fotografie, Lauterstein: 48.2, 169, 192.3
Mario Maier, Erlangen: 134.1
Mauritius, Mittenwald: 90, 92.2, 92.5, 93, 133.2, 133.6, 140, 184.2, 184.4, 212.2, 212.3, 213.1, 218.2
Michael Christoph GmbH, Groflinzemoos: 143.2
Natural History Museum, London: 168.3
NDR, Video Motion: 19.2
Niedersächsisches Staatsbad, Norderney: 144.3
Heinz Nixdorf MuseumsForum, Paderborn: 23.1
Nordzucker AG, Braunschweig: 92.1
Norman SchreiberInter News, München: 217
Okapia, Frankfurt: 209.2, 218.3, 221
Parwell GmbH, Bomen: 134.3
Annelies Paulitsch: Zu Gast bei Brüchen und ganzen Zahlen, Aulis Verlag Deubner & Co. KG, Köln 1997: 154.2
Pfeiffer & Langen, Köln: 15.3
picture-alliance, Frankfurt: 46.1, 46.2, 190.18, 203.2, 221.1
Poster Now GmbH, Darmstadt: 171
Prof. Dr. Klaus Hausmann, Berlin: 179, 192.2
Regina Rösler, Beckum: 184.5
Robin Malte Schneider, Braunschweig: 100
Dipl. Ing. Wifried Ruttmann, Hattingen: 110.1
Nicole Sacha, Kissenbrück: 228.1
Sieper Werke GmbH, Lüdenscheid: 167, 168.1, 227
Sportimage Fotoagentur, Hamburg: 42
Starbucks Coffee Deutschland GmbH, Essen: 35.1
Dietrich Strohbach, Berlin: 90.7
SUPERBILD Bildarchiv, München: 23.2, 73, 90.1, 136.2, 192.6
Sven Simon, Essen: 58
Annemarie Tebbenjohanns, Braunschweig: 25.4
(c) VG Bild-Kunst, Bonn 2001, Hermann u. Margit Rumpf-Stiftung, Kunstmuseum Bern: 99
Werbeagentur ereignisraisch, Weinheim: 201
Westermann Archiv, Braunschweig: 10, 47, 184.6, 187, 214, 218.5
Wheel Maschine, Haflloch: 135.4
Reiner Will, Bremen: 12.2, 13.2, 15.2, 18,110.2, 132, 136.3
Wittner GmbH, Isny: 162
Zefa, Düsseldorf: 92, 93.5, 135.3, 218.1
Zentrallabor Mikroskopie, Universität Basel (Gugelheim/Bader), mit Genehmigung des Schweizerischen Bundes für Naturschutz (SBN): 192.7

Alle Illustrationen: Markus Humbach, Osnabrück
Alle technischen Zeichnungen und Karten: Technisch-Grafische Abteilung Westermann, Braunschweig
Idee zum Bruchalbum: Ilse Wiese, Göttingen

Es war nicht in allen Fällen möglich, die Inhaber der Bildrechte ausfindig zu machen und um Abdruckgenehmigungen zu bitten. Berechtigte Ansprüche werden selbstverständlich im Rahmen der üblichen Konditionen abgegolten.

Vorlagen für regelmäßige Vielecke

Arbeitshinweise:

1. Lege eine Pappe unter eine Kopie dieser Vorlage und übertrage die Eckpunkte einer Vieleckvorlage mit einer Nadelspitze auf Pappe.

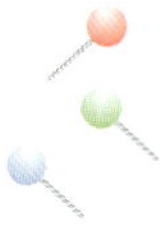

2. Verbinde die Punkte durch gerade Linien.

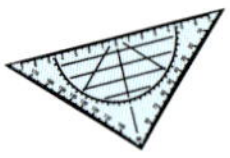

3. Schneide die Schablone sorgfältig aus.

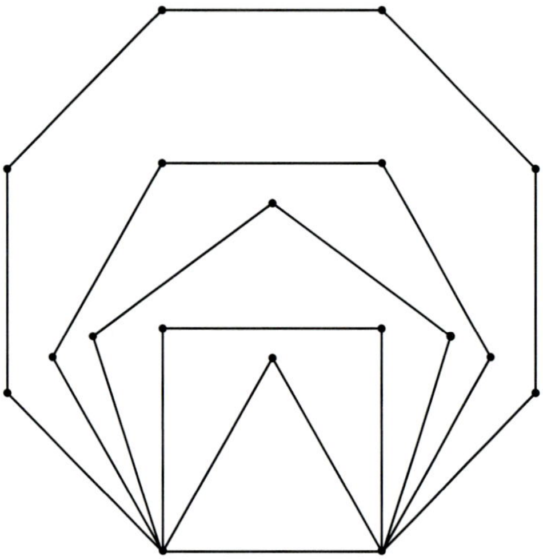

Vorlagen für Körperecken

Zeichenerklärung:

——— entlang der Linie schneiden

—·—·— entlang der Linie nach unten falten

(gelb) Klebefläche

Arbeitshinweise:

1. Lege eine Pappe unter eine Kopie dieser Vorlage und übertrage die Eckpunkte einer Eckenvorlage mit einer Nadelspitze auf Pappe.

2. Verbinde die Punkte durch gerade Linien.

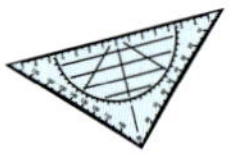

3. Schneide die Schablone sorgfältig aus.

4. Übertrage sie mehrmals auf Tonkarton, schneide die Teile aus und ziehe mit dem Scherenrücken die in der Vorlage eingezeichneten Faltlinien nach (Lineal benutzen).

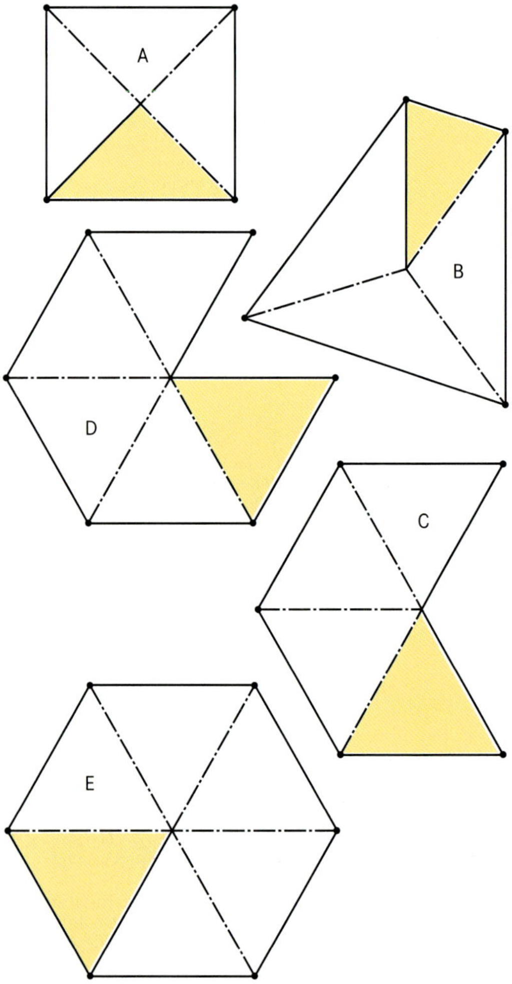